Docker

Adrian Mouat ist Chief Scientist bei Container Solutions – einem europaweit vertretenen Serviceunternehmen, das sich auf Docker und Mesos spezialisiert hat. Zuvor war er Anwendungsberater bei EPCC, das zur University of Edinburgh gehört.

Adrian Mouat

Docker

Software entwickeln und deployen mit Containern

dpunkt.verlag

Adrian Mouat

Übersetzung: Thomas Demmig
Überarbeitung und Aktualisierung: Peter Roßbach
Lektorat: René Schönfeldt
Copy-Editing: Annette Schwarz, Ditzingen
Satz: III-satz, www.drei-satz.de
Herstellung: Nadine Thiele
Umschlaggestaltung: Helmut Kraus, www.exclam.de
Druck und Bindung: M.P. Media-Print Informationstechnologie GmbH, Paderborn

Bibliografische Information der Deutschen Nationalbibliothek
Die Deutsche Nationalbibliothek verzeichnet diese Publikation in der Deutschen Nationalbibliografie; detaillierte bibliografische Daten sind im Internet über http://dnb.d-nb.de abrufbar.

ISBN:
Buch 978-3-86490-384-7
PDF 978-3-96088-036-3
ePub 978-3-96088-037-0
mobi 978-3-96088-038-7

1. Auflage 2016

Wieblinger Weg 17
69123 Heidelberg

5 4 3 2 1 0

Für alle, die es versuchen – ob mit oder ohne Erfolg

Geleitwort zur deutschen Übersetzung

Build, Ship and Run,
Any App,
Anywhere

Docker Mantra

Container-Technologie, Clouds, Microservices und die Anforderungen an Zuverlässigkeit und schnelle Reaktion verändern gerade die IT-Welt. Information werden als eigenständiger Wert gehandelt. Diese Entwicklung nimmt seit 20 Jahren durch das Internet ihren Lauf. Erst belächelt, dann immer schneller verwendet, ist es heute essenzieller Bestandteil des Lebens in unserer Gesellschaft. Nur durch die gigantischen Server-Farmen im Hintergrund und die Bereitstellung des Betriebsökosystems, ist das möglich. Immer leistungsfähigere Soft- und Hardware ist im Einsatz.

Ende 2013 entdeckte ich Docker und hatte ein Schlüsselerlebnis: endlich, nach fast 30 Jahren IT, eine simple Lösung, um komplexe Software einfach in kleine Containern zu verpacken, sinnvoll zu kombinieren und dann auch noch zwischen Maschinen austauschbar zu machen. Nach all den vorangegangenen Erfahrungen – manuell, mit Skripten, Packages, Betriebssystem-Images, Konfigurationsmanagement, kryptischer Isolierung von Prozessen – nun eine einfache Lösung! Docker vereint großartig die bestehende Linux-Virtualisierung, Ressourcen-Isolierung, Sicherheits-Features, Netzwerke und Storage-Lösungen in einem einfachen Ansatz.

Die Verbreitung von Docker ist die schnellste Technologie Adaption, die ich je beobachtet habe. Ende 2014 auf der DockerCon in Amsterdam, lernte ich Adrian Mouat und viele andere Docker-Enthusiasten kennen und schätzen. Zu diesem Zeitpunkt war in jedem Gespräch deutlich zu spüren, dass Docker unsere IT-Welt unumkehrbar veränderte und noch mehr zu erwarten war. Seit diesem Zeitpunkt promote ich Container-Technologien des Docker-Ökosystems, gebe Trainings, organisiere Meetings und Konferenzen, schreibe Artikel und lerne jeden Tag etwas Neues über IT-Infrastruktur.

Ein Buch über Docker zu schreiben – eine Technologie, die sich enorm schnell verändert – ist mutig. Adrian ist dies 2015 vorbildlich gelungen. Anschaulich beschreibt er die Grundlagen von Docker, das sich darum entwickelnde Ökosystem sowie aktuelle Trends. Mit einem durchgängigen Beispiel bietet er einen praktischen Einstieg und zeigt, wie Sie erste Schritte mit Docker gehen.

Die Idee einer deutschen Übersetzung betrachtete ich anfangs allerdings skeptisch: Konnte sie überhaupt die zahlreichen Neuerungen des Docker-Ökosystems seit Erscheinen des englischen Originals angemessen darstellen? Zwischen Version 1.8 und der heute aktuellen Version 1.12 von Docker gab es ja einige Erweiterungen und Veränderungen, z.B. was Netzwerke und die Orchestrierung von Containern angeht.

Nachdem ich mich im Auftrag des Verlages dann im Detail mit dem Manuskript beschäftigte, war ich allerdings erst erleichtert und dann begeistert: Adrians Text war so angelegt, dass eigentlich nichts falsch oder komplett umzubauen war. Nur an wenigen Stellen mussten Textstellen leicht umformuliert sowie Hinweise auf Neuerungen hinzugefügt werden, damit das Buch auch weiterhin einen gelungenen praktischen Einstieg in die Technologie von Docker bietet. Die Grundlagen von Docker sind stabile und müssen erlernt werden. Ohne gute Kenntnisse der Docker Basics kann man die großartigen Neuerungen in den Bereichen Netzwerk, Storage, Clustering und Betrieb von Docker nicht wirklich sicher nutzen.

Lieben Dank an den Übersetzer Thomas Demmig sowie René Schönfeldt und sein Verlagsteam, dass sie mir die Chance gegeben haben, Teil dieses Projektes zu sein.

Viel Spaß beim Lesen, Probieren, Übertragen und Einsetzen von Docker!

August 2016
Peter Roßbach

Vorwort

Container sind eine schlanke und portable Möglichkeit, beliebige Anwendungen und ihre Abhängigkeiten zu verpacken und transportabel zu machen.

Wenn man das so aufschreibt, klingt es ziemlich trocken und langweilig. Aber die Verbesserungen im Prozess, die durch Container möglich werden, sind das genaue Gegenteil davon – korrekt eingesetzt können Container wegweisend sein. Die Verlockungen der dadurch möglich werdenden Architekturen und Arbeitsabläufe sind so überzeugend, dass man glauben mag, spätestens in einem Jahr hat sich in jeder größeren IT-Firma der Status von »Docker? Nie gehört!« zu »Klar, schauen wir uns gerade an und setzen wir auch schon probehalber ein« geändert hat.

Der Aufstieg von Docker ist erstaunlich. Ich kann mich an keine Technologie erinnern, die so schnell so tiefgreifende Auswirkungen auf die IT-Branche hatte. Dieses Buch ist mein Versuch, Ihnen zu zeigen, *warum* Container so wichtig sind, *was* es Ihnen bringt, Ihre Umgebung zu containerisieren, und – am wichtigsten – *wie* Sie das erreichen.

Wer dieses Buch lesen sollte

Dieses Buch versucht, Docker ganzheitlich anzugehen, die Gründe für dessen Einsatz zu erklären und zu zeigen, wie man es nutzt und in einen Softwareentwicklungsworkflow integriert. Es behandelt den gesamten Software-Lifecycle – von der Entwicklung über die Produktion bis zur Wartung.

Ich habe versucht, möglichst wenige Annahmen über Sie als Leser zu treffen, und gehe nur davon aus, dass Sie grundlegende Kenntnisse von Linux und der Softwareentwicklung im Allgemeinen haben. Zielgruppe sind vor allem Softwareentwickler, Administratoren und Systemverwalter (insbesondere solche, die einen DevOps-Ansatz verfolgen wollen). Aber auch technisch affine Manager und andere Interessierte sollten ebenfalls Gewinn aus diesem Buch ziehen.

Warum ich dieses Buch geschrieben habe

Ich befand mich in der glücklichen Lage, Docker kennenzulernen und einzusetzen, während es noch ganz am Anfang seines kometenhaften Aufstiegs stand. Als sich die Gelegenheit ergab, dieses Buch zu schreiben, ergriff ich sie mit beiden Händen. Wenn mein Geschreibsel einem von Ihnen dabei hilft, die Containerisierungs-Community zu verstehen und das Beste daraus zu machen, dann habe ich mehr erreicht als in all den Jahren der Softwareentwicklung zuvor.

Ich hoffe wirklich, dass Ihnen das Lesen dieses Buches Spaß macht und es Ihnen dabei hilft, beim Einsatz von Docker in Ihrer Umgebung vorwärtszukommen.

Wie dieses Buch aufgebaut ist

Dieses Buch ist in drei Abschnitte unterteilt:

- Teil I beginnt mit der Erklärung, was Container sind und warum Sie an ihnen interessiert sein sollten. Dann folgt ein Tutorial-Kapitel mit den ersten Schritten beim Einsatz von Docker. Der Abschnitt endet mit einem langen Kapitel mit den zugrunde liegenden Konzepten und Technologien, die hinter Docker stecken, einschließlich eines Überblicks über die diversen Docker-Befehle.
- Teil II erklärt, wie Sie Docker in einem Softwareentwicklungs-Lifecycle einsetzen. Zuerst wird gezeigt, wie Sie eine Entwicklungsumgebung einrichten, bevor Sie eine einfache Webanwendung erstellen, die für den Rest dieses Abschnitts als Beispiel dient. Die Kapitel drehen sich um Entwicklung, Testen und Integration, aber auch darum, wie Sie Container ausrollen und ein Produktivsystem effektiv überwachen und protokollieren.
- In Teil III geht es um die fortgeschrittenen Details und die Tools und Techniken, die Sie brauchen, um Multihost-Cluster mit Docker-Containern sicher und zuverlässig zu betreiben. Haben Sie Docker schon im Einsatz und müssen herausfinden, wie Sie damit wachsen können oder Netzwerk- und Sicherheitsprobleme lösen, ist das Ihr Abschnitt.

Welchen Konventionen dieses Buch folgt

Die folgenden typografischen Konventionen werden in diesem Buch genutzt:

Kursiv
: für neue Begriffe, URLs, E-Mail-Adressen, Dateinamen und Dateierweiterungen

`Nichtproportionalschrift`
für Programmlistings, aber auch für Codefragmente in Absätzen, wie zum Beispiel Variablen- oder Funktionsnamen, Datenbanken, Datentypen, Umgebungsvariablen, Anweisungen und Schlüsselwörter

`fette Nichtproportionalschrift`
für Befehle und anderen Text, der genau so vom Benutzer eingegeben werden sollte

`kursive Nichtproportionalschrift`
für Text, der vom Benutzer durch eigene Werte ersetzt werden sollte

Dieses Symbol steht für einen Tipp oder Vorschlag.

Dieses Symbol steht für einen allgemeinen Hinweis.

Dieses Symbol steht für eine Warnung oder Vorsichtsmaßnahme.

Codebeispiele

Zusätzliches Material (Codebeispiele, Übungen und so weiter) finden Sie (auf Englisch) zum Herunterladen auf *https://github.com/using-docker*.

Dieses Buch soll Ihnen bei der Arbeit helfen. Die Codebeispiele in diesem Buch können Sie im Allgemeinen in Ihren Programmen und Ihrer Dokumentation nutzen. Sie müssen uns nicht um Erlaubnis fragen, sofern Sie nicht einen signifikanten Anteil des Codes veröffentlichen. So erfordert zum Beispiel das Schreiben eines Programms, das diverse Codeschnipsel aus diesem Buch nutzt, keine Erlaubnis. Das Verkaufen oder Bereitstellen einer CD-ROM mit Beispielen aus diesem Buch benötigt hingegen eine Erlaubnis. Beantworten Sie eine Frage, indem Sie dieses Buch zitieren und Beispielcode daraus nutzen, benötigen Sie keine Erlaubnis. Übernehmen Sie einen deutlichen Teil des Beispielcodes für Ihre Produktdokumentation, müssen Sie dieses Vorhaben von uns genehmigen lassen.

Wir freuen uns über eine Quellenangabe, verlangen sie aber nicht unbedingt. Zu einer Quellenangabe gehören normalerweise Titel, Autor, Verlag und ISBN (zum Beispiel: »Adrian Mouat: *Docker – Software entwickeln und deployen mit Containern.* dpunkt.verlag 2016, ISBN 978-3-86490-384-7«).

Wenn Sie das Gefühl haben, dass Ihr Einsatz der Codebeispiele über die Grenzen des Erlaubten hinausgeht, können Sie uns über *hallo@dpunkt.de* erreichen.

Danksagungen

Ich bin für all die Hilfe, Ratschläge und Kritik unglaublich dankbar, die ich während des Schreibens dieses Buches erhalten habe. Wenn ich einen Namen in der folgenden Liste vergessen habe, bitte ich um Verzeihung – ich wusste alle Beiträge zu schätzen, auch wenn ich nicht darauf reagiert habe.

Für allgemeines Feedback möchte ich mich bei Ally Hume, Tom Sugden, Lukasz Guminski, Tilaye Alemu, Sebastien Goasguen, Maxim Belooussov, Michael Boelen, Ksenia Burlachenko, Carlos Sanchez, Daniel Bryant, Christoffer Holmstedt, Mike Rathbun, Fabrizio Soppelsa, Yung-Jin Hu, Jouni Miikki und Dale Bewley bedanken.

Mein Dank für technische Diskussionen und Erläuterungen zu bestimmten Technologien geht an Andrew Kennedy, Peter White, Alex Pollitt, Fintan Ryan, Shaun Crampton, Spike Curtis, Alexis Richardson, Ilya Dmitrichenko, Casey Bisson, Thijs Schnitger, Sheng Liang, Timo Derstappen, Puja Abbassi, Alexander Larsson und Kelsey Hightower. Für die Erlaubnis, monsterid.js nutzen zu dürfen, bedanke ich mich bei Kevin Gaudin.

Ein großer Dank für all die Hilfe geht auch an die O'Reilly-Mitarbeiter, insbesondere an meinen Lektor Brian Anderson und an Meghan Blanchette, die das Ganze erst ins Rollen gebracht hat.

Diogo Mónica und Mark Coleman – vielen Dank an euch beide für das Beantworten meines Hilferufs in letzter Sekunde.

Zwei Firmen sollen besonders hervorgehoben werden: Container Solutions und CloudSoft. Jamie Dobson und Container Solutions sorgten dafür, dass ich mit Bloggen und Vorträgen beschäftigt war, und brachten mich mit vielen Leuten zusammen, die Einfluss auf dieses Buch hatten. CloudSoft erlaubten es mir freundlicherweise, in ihren Räumen an diesem Buch zu arbeiten. Zudem organisierten sie das Edinburgh Docker Meetup, das ebenfalls sehr wichtig für mich war.

Dafür, dass Ihr mein Gejammer über dieses Buch und meine Obsession ausgehalten habt, möchte ich mich bei all meinen Freunden und meiner Familie bedanken – Ihr wisst, wen ich meine (und werdet diese Zeilen sehr wahrscheinlich sowieso nicht lesen).

Schließlich möchte ich den DJs von BBC 6 Music danken, die den Soundtrack zu diesem Buch geliefert haben – unter anderem Lauren Laverne, Radcliffe and Maconie, Shaun Keaveny und Iggy Pop.

Inhaltsverzeichnis

Teil I

Hintergrund und Grundlagen

Im ersten Teil dieses Buches schauen wir uns zunächst an, was Container sind und warum sie sich so großer Beliebtheit erfreuen. Darauf folgt eine Einführung in Docker und die Schlüsselkonzepte, die Sie verstehen müssen, um Container wirklich sinnvoll einzusetzen.

1 Was Container sind und warum man sie nutzt

Container ändern die Art und Weise, wie wir Software entwickeln, verteilen und laufen lassen, grundlegend. Entwickler können Software lokal bauen, weil sie wissen, dass sie auch woanders genauso laufen wird – sei es ein Rack in der IT-Abteilung, der Laptop eines Anwenders oder ein Cluster in der Cloud. Administratoren können sich auf die Netzwerke, Ressourcen und die Uptime konzentrieren und müssen weniger Zeit mit dem Konfigurieren von Umgebungen und dem Kampf mit Systemabhängigkeiten verbringen. Der Einsatz von Containern wächst in der gesamten Branche mit einer erstaunlichen Geschwindigkeit – von den kleinsten Startups bis hin zu großen Unternehmen. Entwickler und Administratoren sollten davon ausgehen, dass sie innerhalb der nächsten Jahre Container regelmäßig einsetzen werden.

Container sind eine Verkapselung einer Anwendung und ihrer Abhängigkeiten. Auf den ersten Blick scheint das nur eine abgespeckte Version einer virtuellen Maschine (VM) zu sein – wie eine VM findet sich in einem Container eine isolierte Instanz eines Betriebssystems (Operating System, OS), mit dem wir Anwendungen laufen lassen können.

Container haben aber eine Reihe von Vorteilen, durch die Anwendungsfälle möglich werden, welche mit klassischen VMs schwierig oder unmöglich zu realisieren wären:

- Container teilen sich Ressourcen mit dem Host-Betriebssystem, wodurch sie um eine wesentliche Größenordnung effizienter sind als virtuelle Maschinen. Container können im Bruchteil einer Sekunde gestartet und gestoppt werden. Anwendungen, die in Containern laufen, verursachen wenig bis gar keinen Overhead im Vergleich zu Anwendungen, die direkt auf dem Host-Betriebssystem gestartet werden.
- Die Portierbarkeit von Containern besitzt das Potenzial, eine ganze Klasse von Bugs auszumerzen, die durch subtile Änderungen in der Laufzeitumgebung entstehen – sie könnte sogar die seit Anbeginn der Softwareentwicklung bestehende Litanei der Entwickler »Aber bei mir auf dem Rechner lief es doch!« beenden.

- Die leichtgewichtige Natur von Containern sorgt dafür, dass Entwickler dutzende davon zur gleichen Zeit laufen lassen können, wodurch das Emulieren eines produktiv nutzbaren, verteilten Systems möglich wird. Administratoren können viel mehr Container auf einer einzelnen Host-Maschine laufen lassen, als dies mit VMs möglich wäre.
- Container haben zudem Vorteile für Endanwender und Entwickler außerhalb des Bereitstellens in der Cloud. Benutzer können komplexe Anwendungen herunterladen und laufen lassen, ohne sich Stunden mit Konfiguration und Installation herumzuschlagen oder über die Änderungen Sorgen machen zu müssen, die am System notwendig wären. Umgekehrt brauchen sich die Entwickler solcher Anwendungen nicht mehr um solche Unterschiede in den Benutzerumgebungen und um eventuelle Abhängigkeiten Gedanken machen.

Wichtiger ist noch, dass sich die grundlegenden Ziele von VMs und Containern unterscheiden – eine VM ist dafür gedacht, eine fremde Umgebung vollständig zu emulieren, während ein Container Anwendungen portabel und in sich abgeschlossen macht.

1.1 Container versus VMs

Obwohl Container und VMs auf den ersten Blick sehr ähnlich wirken, gibt es einige wichtige Unterschiede, die sich am einfachsten über ein Schaubild aufzeigen lassen.

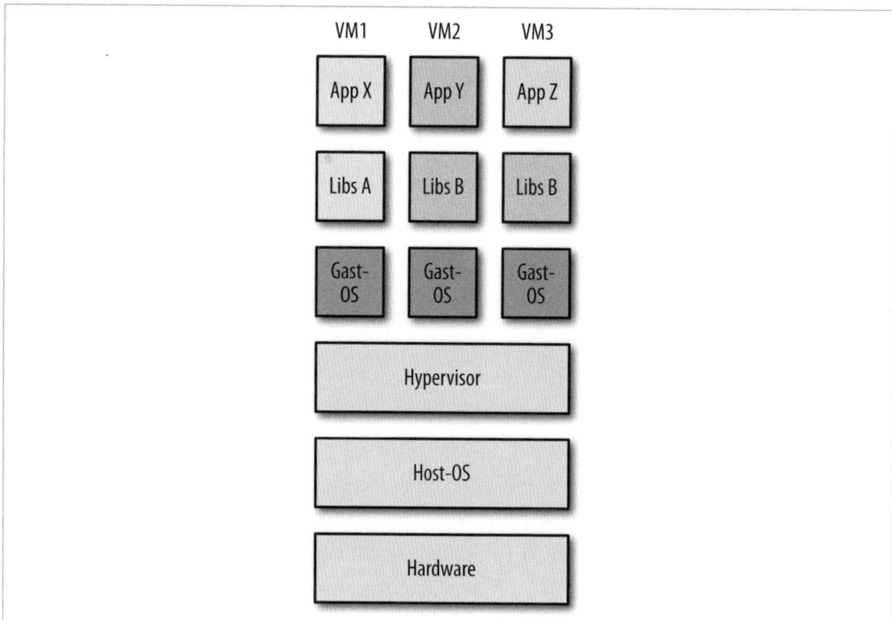

Abb. 1–1 *Drei VMs laufen auf einem Host.*

In Abbildung 1–1 sind drei Anwendungen zu sehen, die auf einem Host in getrennten VMs laufen. Der Hypervisor[1] wird dazu benötigt, VMs zu erstellen und laufen zu lassen, den Zugriff auf das zugrunde liegende Betriebssystem und die Hardware zu steuern und bei Bedarf Systemaufrufe umzusetzen. Jede VM erfordert eine vollständige Kopie des Betriebssystems für sich, dazu die gewünschte Anwendung und alle Bibliotheken, die dafür notwendig sind.

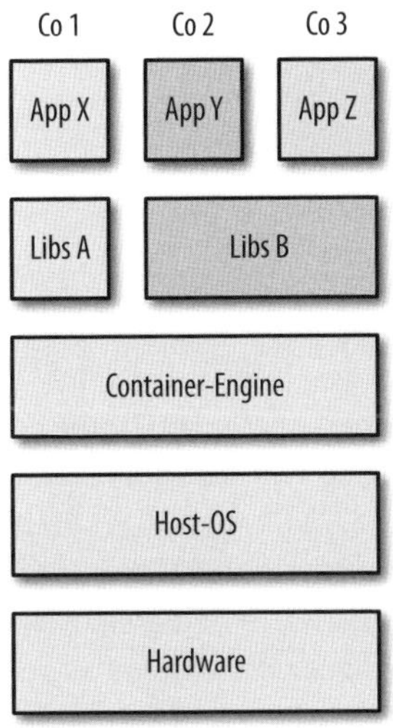

Abb. 1–2 *Drei Container laufen auf einem Host.*

Im Gegensatz dazu sehen Sie in Abbildung 1–2, wie die gleichen drei Anwendungen in einem containerisierten System laufen könnten. Anders als bei VMs wird der Kernel des Host[2] von den laufenden Containern gemeinsam genutzt. Sie sind also immer darauf beschränkt, den gleichen Kernel zu nutzen wie der Host. Die Anwendungen Y und Z verwenden die gleichen Bibliotheken, und sie müssen dafür keine identischen Kopien davon haben, sondern können auf die gleichen Dateien zugreifen. Die Container Engine ist für das Starten und Stoppen von Containern genauso verantwortlich wie der Hypervisor bei einer VM. Aber Prozesse, die innerhalb von Containern laufen, entsprechen nativen Prozessen auf dem Host, und es kommt kein Overhead durch die Ausführung des Hypervisors hinzu.

---

1. Das Diagramm stellt einen *Typ-2*-Hypervisor dar, wie zum Beispiel Virtualbox oder VMWare Workstation, die auf einem fremden Host-Betriebssystem laufen. Es gibt auch *Typ-1*-Hypervisoren, wie zum Beispiel Xen, bei denen der Hypervisor direkt auf der Hardware läuft.
2. Der Kernel ist die Kernkomponente in einem Betriebssystem. Er ist dafür verantwortlich, Anwendungen die grundlegenden Systemfunktionen rund um Speicher, CPU und den Zugriff auf Geräte zu ermöglichen. Ein vollständiges Betriebssystem besteht aus dem Kernel plus diversen Systemprogrammen, wie zum Beispiel Init-Systemen, Compilern und Window-Managern.

Sowohl VMs wie auch Container können genutzt werden, um Anwendungen von anderen Anwendungen zu isolieren, die auf dem gleichen Host laufen. VMs haben durch den Hypervisor eine weitgehendere Isolation, und es handelt sich bei ihnen um eine vertraute und durch Erfahrung gehärtete Technologie. Container sind verglichen damit recht neu, und viele Firmen scheuen sich, den Isolations-Features von Containern zu trauen, bevor diese ihr Können gezeigt haben. Aus diesem Grund findet man häufig Hybridsysteme mit Containern, die innerhalb von VMs laufen, um die Vorteile beider Technologien vereinen zu können.

1.2 Docker und Container

Container sind ein altes Konzept. Schon seit Jahrzehnten gibt es in UNIX-Systemen den Befehl `chroot`, der eine einfache Form der Dateisystem-Isolation bietet. Seit 1998 gibt es in FreeBSD das Jail-Tool, welches das chroot-Sandboxing auf Prozesse erweitert. Solaris Zones boten 2001 eine recht vollständige Technologie zum Containerisieren, aber diese war auf Solaris OS beschränkt. Ebenfalls 2001 veröffentlichte Parallels Inc. (damals noch SWsoft) die kommerzielle Containertechnologie Virtuozzo für Linux, deren Kern später (im Jahr 2005) als Open Source unter dem Namen OpenVZ bereitgestellt wurde.[3] Dann startete Google die Entwicklung von CGroups für den Linux-Kernel und begann damit, seine Infrastruktur in Container zu verlagern. Das Linux Containers Project (LXC) wurde 2008 initiiert, und in ihm wurden (unter anderem) CGroups, Kernel-Namensräume und die chroot-Technologie zusammengeführt, um eine vollständige Containerisierungslösung zu bieten. 2013 lieferte Docker schließlich die fehlenden Teile für das Containerisierungspuzzle, und die Technologie begann, den Mainstream zu erreichen.

Docker nahm die bestehende Linux-Containertechnologie auf und verpackte und erweiterte sie in vielerlei Hinsicht – vor allem durch portable Images und eine benutzerfreundliche Schnittstelle –, um eine vollständige Lösung für das Erstellen und Verteilen von Containern zu schaffen. Die Docker-Plattform besteht vereinfacht gesagt aus zwei getrennten Komponenten: der Docker Engine, die für das Erstellen und Ausführen von Containern verantwortlich ist, sowie dem Docker Hub, einem Cloud Service, um Container-Images zu verteilen.

Die Docker Engine bietet eine schnelle und bequeme Schnittstelle für das Ausführen von Containern. Zuvor waren für das Laufenlassen eines Containers mit einer Technologie wie LXC umfangreiches Wissen und viel manuelle Arbeit nötig. Auf dem Docker Hub finden sich unglaublich viele frei verfügbare Container-Images zum Herunterladen, so dass Anwender schnell loslegen können und es vermeiden, Arbeit doppelt zu erledigen, die andere schon gemacht hatten.

---

3. OpenVZ fand nie eine weite Verbreitung, vermutlich weil dafür ein gepatchter Kernel eingesetzt werden musste.

Zu weiteren Tools, die von Docker entwickelt wurden, gehören der Clustering Manager *Swarm*, die GUI *Kitematic* für die Arbeit mit Containern und das Befehlszeilentool *Machine* für die Erzeugung von Docker Hosts.

Durch das Bereitstellen der Docker Engine als Open Source konnte Docker eine große Community aufbauen und auf deren Hilfe bei Bugfixes und Verbesserungen zählen. Das massive Wachstum von Docker hat dazu geführt, dass es ein *De-facto*-Standard wurde, und das wiederum sorgte für Druck aus der Branche, einen unabhängigen, formalen Standard für die Runtime und das Format der Container zu entwickeln. 2015 schließlich wurde dafür die Open Container Initiative[4] gegründet – eine Initiative, die von Docker, Microsoft, CoreOS und vielen weiteren wichtigen Gruppen und Firmen unterstützt wird. Ihre Mission ist das Entwickeln solch eines Standards. Das Containerformat und die Runtime von Docker dienen dabei als Ausgangsbasis Seit der Version 1.11 basiert die Docker Engine auf dem RunC-Kern, der eine Implementierung des Open-Container-Standards ist.

Die wachsende Verbreitung von Containern geht vor allem auf Entwickler zurück, die nun erstmals Tools zur Verfügung hatten, um Container effektiv zu nutzen. Die kurze Startzeit von Docker-Containern hat für die Entwickler einen hohen Stellenwert, weil sie natürlich schnelle und iterative Entwicklungszyklen bevorzugen, in denen sie die Ergebnisse von Codeänderungen möglichst direkt sehen können. Die Portierbarkeits- und Isolationsgarantien von Containern vereinfachen die Zusammenarbeit mit anderen Entwicklern und Administratoren: Entwickler können sicher sein, dass ihr Code in allen Umgebungen laufen wird, während sich die Administratoren auf das Hosten und Orchestrieren von Containern konzentrieren können, statt sich mit dem Code herumschlagen, der darin läuft.

Die Änderungen, die Docker angestoßen hat, sorgen für eine deutlich unterschiedliche Art und Weise, wie wir Software entwickeln. Ohne Docker würden Container noch für eine lange Zeit bei der IT vergessen sein.

Die Fracht-Metapher

Die Docker-Philosophie wird häufig mit einer Frachtcontainer-Metapher erläutert, was auch den Namen »Docker« erklärt. Meist liest sich das wie folgt:

Wenn Güter transportiert werden, sind dafür sehr verschiedene *Hilfsmittel* notwendig, zum Beispiel Lastwagen, Gabelstapler, Kräne, Züge und Schiffe. All diese Hilfsmittel müssen sehr unterschiedliche Güter mit unterschiedlichen Größen und Anforderungen bewegen können (zum Beispiel Kaffeesäcke, Fässer mit gefährlichen Chemikalien, Kisten mit Elektronik, teure Autos oder Rollwagen mit gefrorenem Lammfleisch). Früher war das ein aufwendiger und teurer Prozess, für den viel manuelle Arbeit notwendig war, zum Beispiel durch Dockarbeiter, um die Güter per Hand an jeder Umladestelle aus- und wieder einzuladen (siehe Abbildung 1–3).

4. *https://www.opencontainers.org*

Das Transportgewerbe wurde durch die Einführung der intermodalen Container revolutioniert. Diese Container gibt es in Standardgrößen, und sie sind so entworfen, dass sie mit minimalem manuellen Aufwand zwischen den Verkehrsmitteln umgeladen werden können. Alle entsprechenden Hilfsmittel sind darauf ausgerichtet – Gabelstapler und Kräne, Lastwagen, Züge und Schiffe. Es gibt Kühl- und Isoliercontainer für das Transportieren temperaturempfindlicher Güter, wie zum Beispiel Lebensmittel oder Arzneimittel. Die Vorteile der Standardisierung wurden auch auf zugehörige Systeme ausgeweitet, wie zum Beispiel das Beschriften und Versiegeln der Container. So können sich die Produzenten der Güter um die Inhalte und die Transportunternehmen um das Verschicken und Lagern der Container kümmern.

Abb. 1–3 *Dockarbeiter (»Dockers«) in Bristol im Jahr 1940 (Ministry of Information Photo Division Photographer)*

Das Ziel von Docker ist, die Vorteile der Containerstandardisierung in die IT zu übertragen. In den letzten Jahren ist die Zahl der unterschiedlichen Softwaresysteme massiv gestiegen. Es ist lange her, dass es ausgereicht hat, einen LAMP-Stack[5] auf einem einzelnen Rechner laufen zu lassen. Zu einem typischen modernen System können zum Beispiel JavaScript-Frameworks, NoSQL-Datenbanken, Message Queues, REST-APIs und Backends gehören, die in unterschiedlichsten Programmiersprachen geschrieben wurden. Dieser Stack muss dann teilweise oder vollständig auf einer Vielzahl unterschiedlicher Hardware laufen – vom Laptop des Entwicklers über die Inhouse-Testing-Cluster bis hin zum Cloud Provider für das Produktivsystem. Jede dieser Umgebungen ist anders, auf jeder läuft ein anderes Betriebssystem mit anderen Bibliotheksversionen und anderer Hardware. Kurz gesagt: Wir haben ein ähnliches Szenario wie im Transportgewerbe – fortlaufend ist viel manuelle Arbeit notwendig, um den Code zwischen den Umgebungen zu transportieren.

5. Das stand ursprünglich für Linux, Apache, MySQL und PHP – häufig genutzte Komponenten einer Webanwendung.

> So wie die intermodalen Container das Transportieren von Gütern vereinfacht haben, vereinfachen Docker-Container den Transport von Softwareanwendungen. Entwickler können sich darauf konzentrieren, die Anwendung zu bauen und sie in die Test- und Produktivumgebung zu verschieben, ohne sich um Unterschiede in den Umgebungen oder bei den Abhängigkeiten Gedanken machen zu müssen. Die Administratoren können sich auf die wichtigsten Elemente des Ausführens der Container konzentrieren – das Beschaffen von Ressourcen, das Starten und Stoppen von Containern und das Migrieren zwischen den Servern.

1.3 Eine Geschichte von Docker

2008 gründete Solomon Hykes dotCloud, um ein sprachunabhängiges Platform-as-a-Service-(PaaS-)Angebot aufzubauen. Diese Sprachunabhängigkeit war das Alleinstellungsmerkmal für dotCloud – bestehende PaaS waren an bestimmte Sprachen gebunden (so unterstützte Heroku zum Beispiel Ruby und die Google App Engine Java und Python). 2010 beteiligte sich dotCloud am Y Combinator Accelerator Program, wo es mit neuen Partnern zusammengebracht wurde und damit begann, ernsthafte Investitionen einzuwerben. Die entscheidende Wende kam im März 2013, als dotCloud Docker als Open Source bereitstellte – den zentralen Baustein von dotCloud. Während manche Firmen Angst davor gehabt hätten, ihre Geheimnisse preiszugeben, erkannte dotCloud, dass Docker sehr stark davon profitieren würde, wenn es ein durch eine Community unterstütztes Projekt würde.

Frühe Versionen von Docker waren nicht mehr als ein Wrapper für LXC, kombiniert mit einem geschichteten Dateisystem (Union-Dateisystem). Aber die Entwicklung ging ausgesprochen schnell voran: Innerhalb von sechs Monaten gab es mehr als 6700 Stars bei GitHub und 175 Contributors, die keine Mitarbeiter waren. Das führte dazu, dass dotCloud seinen Namen in Docker Inc. änderte und sein Geschäftsmodell anpasste. Docker 1.0 wurde im Juni 2014 veröffentlicht, nur 15 Monate nach der Version 0.1. Docker 1.0 stand für einen großen Schritt in Bezug auf Stabilität und Zuverlässigkeit – und wurde jetzt als »Production Ready« bezeichnet (in vielen Firmen hatte man es sogar schon zuvor tatsächlich produktiveingesetzt, wie zum Beispiel bei Spotify und Baidu). Gleichzeitig eröffnete Docker den Docker Hub – ein öffentliches Repository für Container. Damit war Docker nicht mehr nur eine einfache Container-Engine, sondern begann, sich zu einer vollständigen Plattform zu entwickeln.

Andere Firmen sahen schnell das Potenzial von Docker. Red Hat wurde im September 2013 ein wichtiger Partner und nutzte Docker, um sein OpenShift-Cloud-Angebot zu unterstützen. Google, Amazon und DigitalOcean boten bald Docker-Support für ihre Clouds an, und eine Reihe von Startups spezialisierte sich auf das Docker Hosting, wie zum Beispiel StackDock. Im Oktober 2014 gab

Microsoft bekannt, dass zukünftige Versionen des Windows Server eine Unterstützung für Docker enthalten würden – was eine große Veränderung für eine Firma war, die klassischerweise mit aufgeblasener Firmensoftware in Verbindung gebracht wurde.

Auf der DockerConEU wurde im Dezember 2014 Docker Swarm angekündigt – ein Clustering Manager für Docker – sowie Docker Machine (Letzteres ein CLI-Tool für das Vorbereiten von Docker Hosts). Das war ein deutliches Signal für die Ziele von Docker: eine vollständige und integrierte Lösung für das Ausführen von Containern anzubieten und nicht nur selbst auf die Docker Engine beschränkt zu sein.

Im gleichen Monat kündigte CoreOS an, ihre eigene Container-Runtime rkt zu entwickeln und die appc-Containerspezifikation-S zu erstellen. Im Juni 2015 gaben Solomon Hykes von Docker und Alex Polvi von CoreOS auf der DockerCon in San Francisco die Gründung der Open Container Initiative bekannt (zunächst noch als Open Container Project bezeichnet), um einen gemeinsamen Standard für Containerformate und Runtimes zu entwickeln.

Ebenfalls im Juni 2015 kündigte das FreeBSD-Projekt an, dass Docker nun von FreeBSD unterstützt würde, wobei ZFS und der Linux Compatibility Layer zum Einsatz kommen. Im August 2015 veröffentlichten Docker und Microsoft ein »Tech Preview« der Docker Engine für Windows Server.

Mit dem Release 1.8 wurde von Docker das Content Trust Feature eingeführt, mit dem die Integrität und die Herausgeber von Docker-Images überprüft werden können. Content Trust ist eine entscheidende Komponente für den Aufbau vertrauenswürdiger Arbeitsabläufe, die auf aus Docker Registries stammenden Images basieren.

1.4 Plugins und Plumbing

Docker Inc. war sich schnell bewusst, dass es einen Großteil seines Erfolgs dem Ökosystem um sich herum zu verdanken hatte. Während sich Docker Inc. auf das Bereitstellen einer stabilen, produktiv einsetzbaren Version der Container-Engine konzentrierte, arbeiteten andere Firmen wie CoreOS, WeaveWorks und ClusterHQ an angrenzenden Bereichen, wie zum Beispiel dem Orchestrieren und Vernetzen von Containern. Es wurde aber schnell klar, dass Docker Inc. plante, eine vollständige Plattform zu liefern – mit Networking-, Storage- und Orchestrierungsmöglichkeiten. Um das Ökosystem aber weiter wachsen lassen zu können und um sicherzustellen, dass den Anwendern Lösungen für möglichst viele Szenarien zur Verfügung stehen, verkündete Docker Inc., dass es ein modulares, erweiterbares Framework für Docker schaffen würde, bei dem Komponenten durch entsprechende Elemente von dritter Seite ersetzbar oder erweiterbar wären.

Docker Inc. nannte diese Philosophie »Batteries Included, But Replaceable«: Es würde eine vollständige Lösung angeboten, Teile ließen sich aber austauschen.[6]

Im Laufe der bisherigen Entwicklung hat sich dadurch eine umfangreiche Plugin-Infrastruktur entwickelt. So gab es z.B. schon früh eine Reihe von Plugins, um Container zu vernetzen und die Daten zu verwalten. Stetig wächst das Plugin-Ökosystem weiter und wird mit der Docker-Version 1.12 nun mit dem Befehl `docker plugin` verwaltbar. Der neue Docker Store wird zudem dafür sorgen, dass neben dem Open-Source-Angebot zukünftig auch kommerzielle Erweiterungen bereitstehen.

Docker folgt darüber hinaus dem sogenannten »Infrastructure Plumbing Manifesto«, das sich dazu bekennt, wann immer möglich bestehende Infrastrukturkomponenten wiederzuverwenden und zu verbessern und der Community wiederverwendbare Komponenten bereitzustellen, wenn neue Tools gebraucht werden. Das führte dazu, dass der Low-Level-Code für das Ausführen von Containern in das Projekt *runC* ausgelagert wurde, das vom OCI betreut wird und als Basis für andere Containerplattformen genutzt werden kann.

1.5 64-Bit-Linux

Bis Redaktionsschluss dieser Übersetzung (Docker 1.12) ist die einzige stabile, produktiv nutzbare Plattform für Docker ein 64-Bit-Linux. Auf Ihrem Computer muss also eine 64-Bit-Linux-Distribution laufen, und all Ihre Container werden ebenfalls 64-Bit-Linux nutzen. Sind Sie ein Windows- oder Mac-OS-Anwender, können Sie Docker in einer VM laufen lassen. Übrigens: Eine Version für den Raspberry Pi auf 32-Bit-Basis steht ebenfalls zur Verfügung: *http://blog.hypriot.com/getting-started-with-docker-on-your-arm-device* [7]

Die Unterstützung für andere native Container auf anderen Plattformen, unter anderem BSD, Solaris und Windows Server, steckt in verschiedenen Entwicklungsstadien. Da Docker keine native Virtualisierung bietet, müssen Container immer zum Host-Kernel passen – ein Windows-Server-Container kann nur auf einem Windows-Server-Host laufen und ein 64-Bit-Linux-Container nur auf einem 64-Bit-Linux-Host.

6. Ich persönlich mochte diesen Slogan nie – alle Batterien bieten mehr oder weniger die gleiche Funktionalität und können nur durch Batterien ausgetauscht werden, die die gleiche Größe und Spannung besitzen. Vermutlich kommt er aus der Python-Philosophie »Batteries Included«, wo es darum geht, die umfangreiche Standardbibliothek hervorzuheben, die Python schon mitbringt.
7. Abgerufen am 05.08.2016.

Microservices und Monolithen

Einer der größten Anwendungsfälle und die stärkste treibende Kraft hinter dem Aufstieg von Containern sind *Microservices*.

Microservices sind ein Weg, Softwaresysteme so zu entwickeln und zu kombinieren, dass sie aus kleinen, unabhängigen Komponenten bestehen, die untereinander über das Netz interagieren. Das steht im Gegensatz zum klassischen, *monolithischen* Weg der Softwareentwicklung, bei dem es ein einzelnes, großes Programm gibt, das meist in C++ oder Java geschrieben ist.

Wenn solch ein Monolith dann skaliert werden muss, kann man sich meist nur dazu entscheiden, vertikal zu skalieren *(scale up)*, zusätzliche Anforderungen werden in Form von mehr RAM und mehr Rechenleistung bereitgestellt. Microservices sind dagegen so entworfen, dass sie horizontal skaliert werden können *(scale out)*, indem zusätzliche Anforderungen durch mehrere Rechner verarbeitet werden, auf die die Last verteilt werden kann. In einer Microservices-Architektur ist es möglich, nur die Ressourcen zu skalieren, die für einen bestimmten Service benötigt werden, und sich damit auf die Flaschenhälse des Systems zu beschränken. In einem Monolith wird alles oder gar nichts skaliert, was zu verschwendeten Ressourcen führt.

Bezüglich Komplexität sind Microservices allerdings ein zweischneidiges Schwert. Jeder einzelne Microservice sollte leicht verständlich und einfach zu verändern sein. Aber in einem System, das aus dutzenden oder hunderten solcher Services besteht, steigt die Gesamtkomplexität aufgrund der Interaktion zwischen den einzelnen Komponenten.

Die leichtgewichtige Natur und Geschwindigkeit von Containern bedeutet, dass sie besonders gut dafür geeignet sind, mit ihnen eine Microservices-Architektur zu betreiben.Verglichen mit VMs sind Container deutlich kleiner und schneller ausrollbar, so dass Microservices-Architekturen möglichst wenig Ressourcen nutzen und schnell auf Anforderungsänderungen reagieren können.

Mehr Informationen zu Microservices finden Sie in Microservices – Grundlagen flexibler Softwarearchitekturen von Eberhard Wolff (dpunkt.verlag 2015, ISBN 978-3-86490-313-7, *http://dpunkt.de/buecher/5026/9783864903137-microservices-12181.html*).

2 Installation

Dieses Kapitel wird kurz die Schritte beschreiben, mit denen Sie Docker installieren. Es gibt abhängig vom verwendeten Betriebssystem ein paar Fallstricke, aber mit ein bisschen Glück sollte das Ganze problemlos ablaufen. Haben Sie schon eine neuere Version von Docker installiert (zum Beispiel 1.8 oder höher), können Sie dieses Kapitel ohne Bedenken überspringen.

2.1 Docker auf Linux installieren

Am besten installieren Sie Docker auf Linux über das von Docker bereitgestellte Installationsskript. Obwohl die meisten großen Linux-Distributionen eigene Pakete anbieten, hängen diese den Docker-Releases doch meist hinterher. Angesichts der Geschwindigkeit, mit der Docker weiterentwickelt wird, ist das durchaus kritisch.

Anforderungen von Docker

Docker hat keine großen Anforderungen, aber Sie müssen einen halbwegs aktuellen Kernel nutzen (für die grundlegenden Docker-Features momentan mindestens Version 3.18 oder noch besser 4.4 oder neuer, wenn Sie alle Features von Docker nutzen wollen). Sie können dies durch den Aufruf von `uname -r` überprüfen. Wenn Sie RHEL oder CentOS einsetzen, benötigen Sie Version 7 oder neuer.

Denken Sie auch daran, dass Sie eine 64-Bit-Architektur nutzen müssen. Das können Sie durch den Aufruf von `uname -m` herausfinden – das Ergebnis sollte `x86_64` sein.

Sie sollten das Skript einsetzen können, das Sie auf *https://get.docker.com* finden, um Docker automatisch zu installieren. Die offizielle Anleitung wird Ihnen erklären, dass es reicht, einfach `curl -sSL https://get.docker.com | sh` oder `wget -qO- https://get.docker.com | sh` aufzurufen, und Sie dürfen das auch gerne tun, aber ich empfehle, sich das Skript vor dem Ausführen genauer anzuschauen, damit Sie auch sicher sind, dass Sie mit den vorgenommenen Änderungen an Ihrem System einverstanden sind:

```
$ curl-sSL https://get.docker.com > /tmp/install.sh
$ cat /tmp/install.sh
...
$ chmod +x /tmp/install.sh
$ /tmp/install.sh
...
```

Das Skript führt ein paar Prüfungen durch und installiert dann Docker mit dem passenden Paket für Ihr System. Zudem installiert es ein paar zusätzliche Abhängigkeiten zu Sicherheits- und Dateisystem-Features, falls diese noch fehlen.

Wollen Sie den Installer nicht nutzen oder möchten Sie eine andere Version von Docker einsetzen als die, für die der Installer gedacht ist, können Sie auch ein Binary von der Docker-Website herunterladen. Der Nachteil dieses Vorgehens ist, dass keine Abhängigkeiten geprüft werden und dass Sie Updates manuell installieren müssen. Mehr Informationen und Links zu den Binaries finden Sie auf der Docker-Binary-Seite *https://docs.docker.com/installation/binaries*.

Mit Docker 1.8 getestet

Der englischen Originalausgabe dieses Buchs liegt die Docker-Version 1.8 zugrunde. Alle Befehle wurden mit dieser Version getestet.

2.1.1 SELinux im Permissive Mode ausführen

Arbeiten Sie auf einer auf Red Hat basierenden Distribution (einschließlich RHEL, CentOS oder Fedora), wird bei Ihnen vermutlich das SELinux-Sicherheitsmodul installiert sein.

Wenn Sie in Docker einsteigen, empfehle ich Ihnen, SELinux im *Permissive Mode* laufen zu lassen, bei dem Fehler protokolliert und nicht ausgegeben werden. Lassen Sie SELinux im *Enforcing Mode* laufen, werden Sie beim Ausprobieren der Beispiele in diesem Buch eine Reihe kryptischer »Permission Denied«-Fehler erhalten.

Um den SELinux-Modus zu prüfen, rufen Sie `sestatus` auf und schauen sich die Ausgabe an. Zum Beispiel:

```
$ sestatus
SELinux status:                 enabled
SELinuxfs mount:                /sys/fs/selinux
SELinux root directory:         /etc/selinux
Loaded policy name:             targeted
Current mode:                   enforcing ❶
Mode from config file:          error (Success)
Policy MLS status:              enabled
Policy deny_unknown status:     allowed
Max kernel policy version:      28
```

❶ Steht hier »enforcing«, dann ist SELinux aktiviert und setzt die Regeln auch um.

Um SELinux in den Permissive Mode zu wechseln, rufen Sie einfach `sudo setenforce 0` auf.

Mehr Informationen zu SELinux und warum Sie sich überlegen sollten, es zu aktivieren, sobald Sie mehr Erfahrung mit Docker haben, finden Sie in Abschnitt 13.9.1.

2.1.2 Ohne sudo starten

Da Docker ein privilegiertes Binary ist, müssen wir den Befehlen standardmäßig `sudo` voranstellen, um sie ausführen zu können. Das wird schnell nervtötend. Wir können das aber umgehen, indem wir unseren Benutzer zur Gruppe docker hinzufügen. Unter Ubuntu sollten Sie Folgendes ausführen können:

```
$ sudo usermod -aG docker
```

Damit wird die Gruppe docker erstellt (wenn nicht schon vorhanden) und der aktuelle Benutzer hinzugefügt. Sie müssen sich nun ab- und wieder anmelden. Auf anderen Linux-Distributionen sollte es ähnlich funktionieren.

Auch müssen Sie den Docker-Service neu starten, was ebenfalls von der Distribution abhängt. Unter Ubuntu:

```
$ sudo service docker restart
```

Zur Vereinfachung wird in diesem Buch das `sudo` vor allen Docker-Befehlen weggelassen.

Wenn Sie einen Anwender zur Gruppe docker hinzufügen, entspricht das dem Ausstatten mit root-Privilegien. Das hat Folgen für die Sicherheit, deren Sie sich bewusst sein sollten – insbesondere, wenn Sie den Rechner zusammen mit anderen verwenden. Weitere Informationen dazu erhalten Sie auf der Sicherheitsseite von Docker *(https://docs.docker.com/ engine/security)*.

2.2 Docker auf Mac OS oder Windows installieren

Wenn Sie Windows oder Mac OS einsetzen, brauchen Sie irgendeine Form der Virtualisierung, um Docker laufen lassen zu können.[1] Sie können entweder eine vollständige VM-Lösung herunterladen und den Anweisungen für Linux folgen,

1. Windows und Docker haben eine gemeinsame Initiative angekündigt, um Docker auf Windows Server zu unterstützen. Damit werden Anwender auf dem Windows Server Windows-basierte Images starten können, ohne auf Virtualisierung zurückgreifen zu müssen.

um Docker zu installieren, oder Sie richten sich die Docker Toolbox *(https://www.docker.com/toolbox)* ein, welche die minimale VM boot2docker sowie weitere Docker-Tools enthält, die wir in diesem Buch einsetzen, wie zum Beispiel Compose und Swarm. Nutzen Sie Homebrew, um auf Ihrem Mac Anwendungen zu installieren, gibt es ein Braurezept für boot2docker, aber im Allgemeinen empfehle ich den Einsatz der offiziellen Toolbox-Installation, um Probleme zu vermeiden.

Ist die Toolbox installiert, können Sie auf Docker zugreifen, indem Sie das Docker Quickstart Terminal öffnen.[2] Alternativ können Sie ein bestehendes Terminal durch Eingabe folgender Befehle konfigurieren:

```
$ docker-machine start default
Starting VM...
Started machines may have new IP addresses. You may need to rerun the `docker-
machine env` command.
$ eval $(docker-machine env default)
```

So wird Ihre Umgebung mit den notwendigen Einstellungen versehen, um auf die in der VM laufende Docker Engine zugreifen zu können.

Achten Sie auf Folgendes, wenn Sie die Docker Toolbox einsetzen:

- In den Beispielen in diesem Buch gehe ich davon aus, dass Docker auf dem Host-Rechner läuft. Nutzen Sie die Docker Toolbox, ist das nicht der Fall. Insbesondere müssen Sie Verweise auf `localhost` durch die IP-Adresse der VM austauschen. Zum Beispiel wird

  ```
  $ curl localhost:5000
  ```

  zu so etwas:

  ```
  $ curl 192.168.99.100
  ```

  Sie können die IP der VM problemlos herausfinden, indem Sie `docker-machine ip default` aufrufen, was eine gewisse Automatisierung ermöglicht:

  ```
  $ curl $(docker-machine ip default):5000
  ```

- Gemappte Volumes zwischen Ihrem lokalen Betriebssystem und dem Docker-Container müssen in der VM crossmounted werden. Die Docker Toolbox automatisiert das zu einem gewissen Grad, aber achten Sie darauf, dass dies im Hintergrund passiert, wenn Sie Probleme beim Einsatz von Docker Volumes haben.
- Eventuell müssen Sie Einstellungen innerhalb der VM anpassen, wenn Sie besondere Anforderungen haben. Die Datei */var/lib/boot2docker/profile* in der boot2docker-VM besitzt eine Reihe von Einstellungen, einschließlich der Konfiguration der Docker Engine. Sie können nach der VM-Initialisierung

2. Die Docker Toolbox enthält zudem Kitematic, eine GUI zum Ausführen von Docker-Containern. Wir werden Kitematic in diesem Buch nicht behandeln, aber es lohnt auf jeden Fall einen Blick, insbesondere, wenn Sie gerade mit Docker anfangen.

auch Ihre eigenen Skripten laufen lassen, indem Sie die Datei */var/lib/boot2-docker/bootlocal.sh* anpassen. Weitere Informationen finden Sie im boot2docker GitHub-Repository unter *https://github.com/boot2docker/boot2docker*.

Haben Sie Probleme, die Beispiele in diesem Buch nachzuvollziehen, versuchen Sie, sich mit `docker-machine ssh default` direkt auf der VM anzumelden und die Befehle dort auszuführen.

Docker Experimental Channel

Neben dem normalen, stabilen Build bietet Docker auch einen *experimentellen* Build an, der zu Testzwecken die neuesten Features enthält. Da diese Features noch diskutiert und entwickelt werden, ist es recht wahrscheinlich, dass es deutliche Änderungen an ihnen gibt, bevor sie es in den stabilen Build schaffen. Der experimentelle Build sollte nur genutzt werden, wenn man neue Features ausprobieren möchte, bevor sie offiziell bereitgestellt werden. Nutzen Sie ihn nie in einer produktiven Umgebung.

Der experimentelle Build kann unter Linux mit folgendem Skript installiert werden:

```
$ curl -sSL https://experimental.docker.com/ | sh
```

Alternativ können Sie eine Binary-Version von der Docker-Website unter *http://bit.ly/1Q8g39C* herunterladen.

2.3 Ein schneller Check

Um sicherzustellen, dass alles sauber installiert ist und läuft, versuchen Sie, den Befehl `docker version` auszuführen. Sie sollten so etwas wie das Folgende erhalten:

```
$ docker version
Client:
 Version:      1.8.1
 API version:  1.20
 Go version:   go1.4.2
 Git commit:   d12ea79
 Built:        Thu Aug 13 02:35:49 UTC 2015
 OS/Arch:      linux/amd64

Server:
 Version:      1.8.1
 API version:  1.20
 Go version:   go1.4.2
 Git commit:   d12ea79
 Built:        Thu Aug 13 02:35:49 UTC 2015
 OS/Arch:      linux/amd64
```

Wenn das funktioniert hat, ist alles für das nächste Kapitel bereit. Erhalten Sie dagegen etwas wie das Folgende:

```
$ docker version
Client:
  Version:      1.8.1
  API version: 1.20
  Go version:   go1.4.2
  Git commit:   d12ea79
  Built:        Thu Aug 13 02:35:49 UTC 2015
  OS/Arch:      linux/amd64
Get http:///var/run/docker.sock/v1.20/version: dial unix /var/run/
docker.sock: no such file or directory.
* Are you trying to connect to a TLS-enabled daemon without TLS?
* Is your docker daemon up and running?
```

dann bedeutet das, dass der Docker Daemon nicht läuft (oder der Client nicht darauf zugreifen kann). Um das Problem zu analysieren, versuchen Sie, den Docker Daemon manuell zu starten, indem Sie `sudo docker daemon` ausführen – dabei sollten Sie Informationen erhalten, was für ein Problem vorliegt, und Sie erhalten Stichworte für die Suche nach einer Lösung. (Beachten Sie, dass dies nur für einen Linux-Host funktioniert. Nutzen Sie die Docker Toolbox oder etwas Ähnliches, werden Sie in der Dokumentation stöbern müssen.)

3 Erste Schritte

In diesem Kapitel werden Sie Ihre ersten Schritte mit Docker unternehmen. Wir beginnen mit dem Starten und dem Einsatz von ein paar einfachen Containern, um Ihnen ein Gefühl dafür zu vermitteln, wie Docker funktioniert. Dann wechseln wir zu den *Dockerfiles* – den grundlegenden Bausteinen von Docker-Containern – und *Docker Registries*, welche das Ausrollen von Containern unterstützen. Das Kapitel endet mit einem Blick auf den Einsatz eines Containers, bei dem ein Key/Value-Store mit persistentem Storage gehostet wird.

3.1 Ihr erstes Image ausführen

Um zu prüfen, ob Docker korrekt installiert wurde, geben Sie Folgendes ein:

```
$ docker run debian echo "Hallo Welt"
```

Das wird – abhängig von Ihrer Internetverbindung – ein bisschen dauern, aber schließlich werden Sie eine Ausgabe wie die folgende erhalten:

```
Unable to find image 'debian' locally
debian:latest: The image you are pulling has been verified
511136ea3c5a: Pull complete
638fd9704285: Pull complete
61f7f4f722fb: Pull complete
Status: Downloaded newer image for debian:latest
Hallo Welt
```

Was ist hier passiert? Wir haben den Befehl `docker run` gestartet, der dafür zuständig ist, Container zu starten. Das Argument `debian` ist der Name des Image,[1] das wir nutzen wollen – in diesem Fall eine abgespeckte Version der Linux-Distribution Debian. Die erste Zeile der Ausgabe teilt uns mit, dass wir keine lokale Kopie des Debian-Image haben. Docker schaut dann online auf dem Docker Hub nach und lädt die neueste Version des Image herunter. Ist das Image da, verwandelt Docker es in einen laufenden Container und führt den angegebenen Befehl – `echo`

1. Images werden später noch genauer erläutert. Sehen Sie sie jetzt erst einmal als »Vorlagen« für Container an.

`"Hallo Welt"` – darin aus. Das Ergebnis dieses Befehls ist dann als letzte Zeile der Ausgabe zu sehen.

Führen Sie den gleichen Befehl erneut aus, wird der Container direkt gestartet, ohne ihn vorher herunterzuladen. Das Ausführen sollte nur eine Sekunde dauern – was erstaunlich ist, wenn Sie bedenken, was alles passiert: Docker hat unseren Container vorbereitet und gestartet, unseren echo-Befehl ausgeführt und den Container dann wieder heruntergefahren. Wenn Sie so etwas mit einer klassischen VM probieren, warten Sie vermutlich einige Sekunden, wenn nicht sogar Minuten.

Wir können Docker bitten, uns mit folgendem Befehl eine Shell im Container bereitzustellen:

```
$ docker run -i -t debian /bin/bash
root@622ac5689680:/# echo "Hallo aus dem Container-Land!"
Hallo aus dem Container-Land!
root@622ac5689680:/# exit
exit
```

Sie erhalten so einen neuen Befehls-Prompt innerhalb des Containers – so als ob Sie sich per `ssh` mit einem entfernten Rechner verbinden. In diesem Fall informieren die Flags `-i` und `-t` Docker darüber, dass wir eine interaktive Sitzung mit einem tty verknüpft haben wollen. Der Befehl `/bin/bash` liefert uns eine bash-Shell. Verlassen Sie die Shell, wird der Container angehalten – *Container laufen nur so lange wie ihr Hauptprozess.*

3.2 Die grundlegenden Befehle

Versuchen wir, Docker ein bisschen besser zu verstehen, indem wir einen Container starten und sehen, was die verschiedenen Befehle und Aktionen für Auswirkungen haben. Beginnen wir mit dem Starten eines neuen Containers – dieses Mal geben wir ihm aber mit dem Flag `-h` einen neuen Hostnamen:

```
$ docker run -h CONTAINER -i -t debian /bin/bash
root@CONTAINER:/#
```

Was passiert, wenn wir in einen Container löschen oder kaputt machen?

```
root@CONTAINER:/# mv /bin /basket
root@CONTAINER:/# ls
bash: ls: command not found
```

Wir haben das Verzeichnis */bin* verschoben und den Container damit ziemlich unbrauchbar gemacht – zumindest temporär.[2] Bevor wir diesen Container weg-

2. Ich verwende normalerweise `rm` statt `mv`, wenn ich das in Präsentationen vorführe, aber die Angst, dass jemand den Befehl auf seinem Host laufen lässt, hat mich dazu veranlasst, auf `mv` umzusteigen.

schmeißen, wollen wir schauen, was `ps`, `inspect` und `diff` uns darüber erzählen können. Öffnen Sie ein neues Terminal (lassen Sie die Containersitzung laufen) und geben Sie für den Host `docker ps` ein. Sie werden eine Ausgabe wie diese erhalten:

```
CONTAINER ID  IMAGE   COMMAND      ... NAMES
00723499fdbf  debian  "/bin/bash"  ... stupefied_turing
```

Das sagt uns ein paar Dinge über die aktuell laufenden Container. Der größte Teil der Ausgabe sollte selbsterklärend sein, beachten Sie aber, dass Docker dem Container einen lesbaren Namen verpasst hat, den Sie nutzen können, um ihn auf dem Host identifizieren zu können – in diesem Fall über »`stupefied_turing`«.[3] Mehr Informationen zu einem bestimmten Container erhalten wir über den Aufruf von `docker inspect` mit dem Namen oder der ID des Containers:

```
$ docker inspect stupefied_turing
[
{
    "Id": "00723499fdbfe55c14565dc53d61452519deac72e18a8a6fd7...",
    "Created": "2015-09-14T09:47:20.2064793Z",
    "Path": "/bin/bash",
    "Args": [],
    "State": {
        "Running": true,
...
```

Sie finden hier viele wertvolle Informationen, aber die Ausgabe ist nicht wirklich einfach zu parsen. Wir können `grep` oder das Argument `--format` verwenden (das ein Go-Template[4] erwartet), um die für uns interessanten Informationen zu filtern. Zum Beispiel:

```
$ docker inspect stupefied_turing | grep IPAddress
        "IPAddress": "172.17.0.4",
        "SecondaryIPAddresses": null,
$ docker inspect --format {{.NetworkSettings.IPAddress}} stupefied_turing
172.17.0.4
```

Beide Befehle liefern uns die IP-Adresse des laufenden Containers. Aber jetzt wollen wir uns einem anderen Befehl zuwenden, nämlich `docker diff`:

```
$ docker diff stupefied_turing
C /.wh..wh.plnk
```

---

3. Die von Docker erzeugten Namen bestehen aus einem zufällig ausgewählten Adjektiv, gefolgt vom Namen eines berühmten Wissenschaftlers, Entwicklers oder Hackers. Sie können den Namen stattdessen auch über das Argument `--name` setzen (zum Beispiel `docker run --name boris debian echo "Boo"`).

4. Wie in der Templating Engine für die Programmiersprache Go. Dabei handelt es sich um eine umfassende Templating Engine, die sehr viel Flexibilität bietet und ausgesprochen mächtig ist, um Daten zu filtern und auszuwählen. Mehr Informationen dazu finden Sie auf der Docker-Website unter *https://docs.docker.com/engine/reference/commandline/inspect*.

```
A /.wh..wh.plnk/101.715484
D /bin
A /basket
A /basket/bash
A /basket/cat
A /basket/chacl
A /basket/chgrp
A /basket/chmod
...
```

Wir sehen hier die Liste der Dateien, die sich im laufenden Container geändert haben – in diesem Fall das Löschen von /bin und das Hinzufügen von allem in /basket, aber auch das Erstellen von ein paar Dateien, die mit dem Storage-Treiber zu tun haben. Docker nutzt ein Union File System (UFS) für Container, bei dem mehrere Dateisysteme in einer Hierarchie gemountet werden können, die dann als ein einzelnes Dateisystem erscheinen. Das Dateisystem aus dem Image wurde als Read-Only-Layer gemountet, alle Änderungen im laufenden Container geschehen auf einem Read-Write-Layer, der darüber gemountet wurde. Daher muss Docker nur auf den obersten Read-Write-Layer schauen, um die Änderungen herauszufinden, die am laufenden System vorgenommen wurden.

Das Letzte, was ich Ihnen zeigen möchte, bevor wir mit diesem Container fertig sind, ist der Befehl `docker logs`. Lassen Sie diesen Befehl mit dem Namen Ihres Containers laufen, erhalten Sie eine Liste von allem, was innerhalb des Containers passiert ist:

```
$ docker logs stupefied_turing
root@CONTAINER:/# mv /bin /basket
root@CONTAINER:/# ls
bash: ls: command not found
```

Wir brauchen unseren kaputten Container jetzt nicht mehr, also verwerfen wir ihn. Zuerst verlassen wir die Shell:

```
root@CONTAINER: /# exit
exit
$
```

Damit wird auch der Container gestoppt, da die Shell der einzige laufende Prozess war. Rufen Sie `docker ps` auf, sollten Sie keine laufenden Container mehr sehen.

Aber das ist nicht die ganze Geschichte. Geben Sie `docker ps -a` ein, erhalten Sie eine Liste aller Container – einschließlich der *gestoppten* (die offiziell als *»exited«* bezeichnet werden). Ein gestoppter Container kann durch `docker start` wieder neu gestartet werden (wobei wir allerdings die Pfade in diesem Container kaputtgemacht haben, er sich also nicht starten lassen wird). Um den Container loszuwerden, nutzen Sie den Befehl `docker rm`:

```
$ docker rm stupefied_turing
stupefied_turing
```

Gestoppte Container aufräumen

Wollen Sie all Ihre gestoppten Container loswerden, können Sie die Ausgabe von `docker ps -aq -f status=exited` nutzen, die Ihnen die IDs aller gestoppten Container liefert. Zum Beispiel:

```
$ docker rm -v $(docker ps -aq -f status=exited)
```

Da es sich dabei um eine häufiger genutzte Operation handelt, werden Sie sie vielleicht in ein Shell-Skript oder einen Alias verpacken. Beachten Sie, dass das Argument `-v` alle von Docker verwalteten Volumes löscht, die nicht von anderen Containern referenziert werden.

Sie können vermeiden, dass sich gestoppte Container bei Ihnen stapeln, indem Sie `docker run` das Flag `--rm` mitgeben. Dadurch werden der Container und das zugehörige Dateisystem gelöscht, sobald der Container verlassen wird.

Okay, schauen wir mal, wie wir einen neuen, nützlichen Container bauen können, den wir tatsächlich behalten wollen.[5] Wir werden eine dockerisierte cowsay-Anwendung erstellen. Wenn Sie nicht wissen, was cowsay ist, schlage ich vor, sich damit vertraut zu machen. Beginnen wir damit, einen Container zu starten und ein paar Pakete zu installieren:

```
$ docker run -it --name cowsay --hostname cowsay debian bash
root@cowsay:/# apt-get update
...
Reading package lists... Done
root@cowsay:/# apt-get install -y cowsay fortune
...
root@cowsay:/#
```

Dann mal los!

```
root@cowsay:/# /usr/games/fortune | /usr/games/cowsay
 _____________________________________
/ Writing is easy; all you do is sit  \
| staring at the blank sheet of paper |
| until drops of blood form on your   |
| forehead.                           |
|                                     |
\ -- Gene Fowler                      /
 -------------------------------------
        \   ^__^
         \  (oo)\_______
            (__)\       )\/\
                ||----w |
                ||     ||
```

5. Okay, ich schreibe zwar »nützlich«, aber das ist nicht *ganz* korrekt.

Toll! Diesen Container wollen wir aufheben.[6] Um ihn in ein Image zu verwandeln, können wir einfach den Befehl `docker commit` nutzen. Es ist egal, ob der Container läuft oder gestoppt wurde. Wir müssen dem Befehl den Namen des Containers mitgeben (»cowsay«), dazu einen Namen für das Image (»cowsayimage«) und den Namen des Repository, in dem es gespeichert werden soll (»test«):

```
root@cowsay:/# exit
exit
$ docker commit cowsay test/cowsayimage
d1795abbc71e14db39d24628ab335c58b0b45458060d1973af7acf113a0ce61d
```

Der zurückgegebene Wert ist die eindeutige ID unseres Image. Nun haben wir ein Image, in dem cowsay installiert ist und das wir ausführen können:

```
$ docker run test/cowsayimage /usr/games/cowsay "Muh"
 _____
< Muh >
 -----
        \   ^__^
         \  (oo)\_______
            (__)\       )\/\
                ||----w |
                ||     ||
```

Großartig! Es gibt allerdings ein paar Probleme. Müssen wir etwas ändern, müssen wir alle Schritte von Beginn an wiederholen. Wollen wir zum Beispiel ein anderes Basisimage nutzen, müssten wir ganz von vorne anfangen. Wichtiger noch: Es ist nicht leicht *wiederholbar* – die Schritte zum Erstellen des Image sind nur schwierig und möglicherweise fehlerbehaftet an andere weitergebbar. Die Lösung dazu ist der Einsatz eines *Dockerfile*, um einen automatischen Build für das Image zu erstellen.

3.3 Images aus Dockerfiles erstellen

Ein Dockerfile ist einfach eine Textdatei mit einer Reihe von Schritten, die genutzt werden können, um ein Docker-Image zu erzeugen. Legen Sie für dieses Beispiel zunächst einen neuen Ordner und eine Datei an:

```
$ mkdir cowsay
$ cd cowsay
$ touch Dockerfile
```

Nun fügen Sie den folgenden Inhalt in *Dockerfile* ein:

```
FROM debian:wheezy

RUN apt-get update && apt-get install -y cowsay fortune
```

6. Machen Sie einfach mit. So ist es einfacher.

Die `FROM`-Anweisung legt fest, welches Basisimage zu verwenden ist (wie zuvor `debian`, aber dieses Mal haben wir angegeben, dass wir die Version haben wollen, die mit »wheezy« getaggt ist). Alle Dockerfiles müssen als erste Anweisung (die kein Kommentar ist) eine `FROM`-Anweisung besitzen. `RUN`-Anweisungen geben einen Shell-Befehl an, der im Image ausgeführt werden soll. In diesem Fall installieren wir nur cowsay und fortune – und zwar genauso, wie wir das zuvor manuell getan haben.

Wir können jetzt das Image erstellen, indem wir den Befehl `docker build` in diesem Verzeichnis ausführen:

```
$ ls
Dockerfile
$ docker build -t test/cowsay-dockerfile .
Sending build context to Docker daemon  2.048 kB
Step 0 : FROM debian:wheezy
 ---> f6fab3b798be
Step 1 : RUN apt-get update && apt-get install -y cowsay fortune
 ---> Running in 29c7bd4b0adc
...
Setting up cowsay (3.03+dfsg1-4) ...
 ---> dd66dc5a99bd
Removing intermediate container 29c7bd4b0adc
Successfully built dd66dc5a99bd
```

Dann können wir das Image wie zuvor ausführen:

```
$ docker run test/cowsay-dockerfile /usr/games/cowsay "Muh"
```

Images, Container und das Union File System

Um die Beziehung zwischen Images und Containern zu verstehen, müssen wir ein Kernelement der Technologie erläutern, die Docker erst ermöglicht – das *UFS* (manchmal einfach als *Union Mount* bezeichnet). Union File Systems erlauben es, mehrere Dateisysteme so zu überlagern, dass sie dem Anwender als ein einzelnes Dateisystem erscheinen. Ordner können Dateien aus mehreren Dateisystemen enthalten, aber wenn zwei Dateien genau den gleichen Pfad besitzen, wird die zuletzt gemountete Datei alle vorigen Dateien verbergen. Docker unterstützt eine Reihe von UFS-Implementierungen, unter anderem AUFS, Overlay, devicemapperOverlay2, DM, BTRFS, VFS und ZFS. Es hängt vom System ab, welche Implementierung verwendet wird – Sie können dies mithilfe von `docker info` prüfen, wo es unter »Storage Driver« aufgeführt wird. Es ist möglich, das Dateisystem zu ändern, aber das empfiehlt sich nur, wenn Sie wissen, was Sie tun, und sich der Vor- und Nachteile bewusst sind.

Docker-Images bestehen aus mehreren *Schichten*. Jede dieser Schichten ist ein Read-Only-Dateisystem. Eine Schicht wird für jede Anweisung in einem Dockerfile erstellt, und diese sitzt auf den vorigen Schichten. Wird ein Image in einen *Container* verwandelt (mit den Befehlen `docker run` oder `docker create`), nimmt sich die Docker Engine das Image und fügt noch ein Read-Write-Dateisystem als Abschluss hinzu (neben dem Initialisieren einer Reihe von Einstellungen wie der IP-Adresse, dem Namen, der ID und den Ressourcengrenzen).

> Da unnötige Schichten Images nur aufblähen (und das AUFS-Dateisystem eine feste Obergrenze von 127 Schichten besitzt), werden Sie feststellen, dass viele Dockerfiles versuchen, die Anzahl an Schichten zu minimieren, indem mehrere UNIX-Befehle in einer einzelnen `RUN`-Anweisung verpackt werden.
>
> Ein Container kann sich in einem von mehreren Zuständen befinden: *Created*, *Restarting*, *Running*, *Paused* oder *Exited*. Ein »Created«-Container ist einer, der mit dem Befehl `docker create` initialisiert, aber noch nicht gestartet wurde. Der Status »Exited« wird meist als »Gestoppt/Stopped« bezeichnet und gibt an, dass es keine laufenden Prozesse innerhalb des Containers gibt (das gilt auch für »Created«-Container, aber ein gestoppter Container ist schon mindestens einmal gestartet worden. Ein Container wird gestoppt, wenn seine Hauptprozesse beendet sind. Ein gestoppter Container kann mit dem Befehl `docker start` wieder neu gestartet werden. Ein gestoppter Container ist *nicht* das Gleiche wie ein Image – er behält seine Änderungen an seinen Einstellungen, den Metadaten und dem Dateisystem bei, einschließlich der Laufzeitkonfiguration wie der IP-Adresse, was nicht in Images gespeichert ist. Dem Status »Restarting« begegnet man in der Praxis nur selten, und er tritt vor allem dann auf, wenn die Docker Engine versucht, einen fehlerhaften Container neu zu starten.

Aber wir können die Sache für den Anwender noch weiter vereinfachen, indem wir auf die Dockerfile-Anweisung `ENTRYPOINT` zurückgreifen. Mit `ENTRYPOINT` können wir eine ausführbare Datei angeben, an die alle Argumente weitergereicht werden, welche an `docker run` übergeben sind.

Fügen Sie die folgende Zeile am Ende des Dockerfiles hinzu:

```
ENTRYPOINT ["/usr/games/cowsay"]
```

Wir können nun das Image neu bauen und beim Aufruf den cowsay-Befehl weglassen:

```
$ docker build -t test/cowsay-dockerfile .
...
$ docker run test/cowsay-dockerfile "Muh"
...
```

Viel einfacher! Jetzt haben wir allerdings nicht mehr die Möglichkeit, den fortune-Befehl im Container zu verwenden, um diesen als Eingabe an cowsay weiterzureichen. Das lässt sich beheben, indem wir unser eigenes Skript für `ENTRYPOINT` angeben – ein gebräuchliches Muster beim Erstellen von Dockerfiles. Legen Sie also eine Datei *entrypoint.sh* mit dem folgenden Inhalt an und speichern Sie sie im gleichen Verzeichnis wie das Dockerfile:[7]

```
#!/bin/bash
if [ $# -eq 0 ]; then
```

7. Achten Sie darauf, die Anwender beim Schreiben von `ENTRYPOINT`-Skripten nicht zu verwirren – denken Sie daran, dass die Skripte in der Lage sein müssen, alles zu fressen, was an `docker run` übergeben wird – auch wenn sie das vielleicht nicht erwarten.

```
    /usr/games/fortune | /usr/games/cowsay
  else
    /usr/games/cowsay "$@"
fi
```

Machen Sie die Datei mit `chmod +x entrypoint.sh` ausführbar.

Dieses Skript leitet nur die Eingabe von fortune weiter nach cowsay, wenn es ohne Argumente aufgerufen wird, andernfalls ruft es cowsay direkt mit den Argumenten auf. Wir müssen jetzt noch das Dockerfile anpassen, damit das Skript mit in das Image wandert, und es mit der `ENTRYPOINT`-Anweisung aufrufen. Passen Sie das Dockerfile so an, dass es wie folgt aussieht:

```
FROM debian

RUN apt-get update && apt-get install -y cowsay fortune
COPY entrypoint.sh / ❶

ENTRYPOINT ["/entrypoint.sh"]
```

❶ Die `COPY`-Anweisung kopiert einfach eine Datei vom Host in das Dateisystem des Image, wobei das erste Argument die Datei auf dem Host und das zweite der Zielpfad ist – also ganz ähnlich wie bei `cp`.

Versuchen Sie, ein neues Image zu bauen und den Container dann mit und ohne Argumente laufen zu lassen:

```
$ docker build -t test/cowsay-dockerfile .
... Schnipp ...
$ docker run test/cowsay-dockerfile
 ____________________________________
/ The last thing one knows in        \
| constructing a work is what to put |
| first.                             |
|                                    |
\ -- Blaise Pascal                   /
 ------------------------------------
        \   ^__^
         \  (oo)\_______
            (__)\       )\/\
                ||----w |
                ||     ||
$ docker run test/cowsay-dockerfile Hallo Muh
 ___________
< Hallo Muh >
 -----------
        \   ^__^
         \  (oo)\_______
            (__)\       )\/\
                ||----w |
                ||     ||
```

3.4 Mit Registries arbeiten

Nachdem wir schon etwas so Tolles geschaffen haben – wie können wir es da mit anderen teilen? Als wir das Debian-Image am Anfang des Kapitels starteten, wurde es aus der offiziellen Docker Registry heruntergeladen – dem Docker Hub. Genauso können wir unsere eigenen Images in den Docker Hub hochladen, damit andere sie wieder laden und einsetzen können.

Der Docker Hub kann sowohl über die Befehlszeile als auch über die Website angesprochen werden. Zum Suchen nach bestehenden Images nutzen Sie den search-Befehl von Docker oder Sie rufen *https://hub.docker.com* auf.

Registries, Repositories, Images und Tags

Es gibt ein hierarchisches System für das Speichern von Images. Dabei wird die folgende Terminologie verwendet:

- *Registry*
  Ein Service, der für das Hosten und Verteilen von Images zuständig ist. Die Standard-Registry ist der Docker Hub.
- *Repository*
  Eine Sammlung zusammengehöriger Images (oft handelt es sich um verschiedene Versionen der gleichen Anwendung oder des gleichen Service)
- *Tag*
  Eine alphanumerische Kennung, die mit den Images in einem Repository verknüpft ist (zum Beispiel `14.04` oder `stable`)

Der Befehl `docker pull amouat/revealjs:latest` lädt daher das Image mit dem Tag `latest` im Repository `amouat/revealjs` von der Docker Hub Registry herunter.

Um Ihr cowsay-Image hochzuladen, müssen Sie einen Account beim Docker Hub erstellen (entweder online oder mit dem Befehl `docker login`). Nachdem Sie das getan haben, müssen wir das Image nur noch in ein passendes Repository taggen und es mit `docker push` in den Docker Hub hochladen. Zuerst wollen wir aber im Dockerfile noch eine `MAINTAINER`-Anweisung ergänzen, durch das einfach die Kontaktinformationen des Autors angegeben werden:

```
FROM debian

MAINTAINER John Smith <john@smith.com>
RUN apt-get update && apt-get install -y cowsay fortune
COPY entrypoint.sh /

ENTRYPOINT ["/entrypoint.sh"]
```

Jetzt wollen wir das Image neu bauen und in den Docker Hub hochladen. Dieses Mal müssen Sie einen Repository-Namen verwenden, der mit Ihrem Benutzernamen auf dem Docker Hub beginnt (in meinem Fall amouat), gefolgt von einem / und einem beliebigen Namen für Ihr Image. Zum Beispiel:

```
$ docker build -t amouat/cowsay .
...
$ docker push amouat/cowsay
The push refers to a repository [docker.io/amouat/cowsay] (len: 1)
e8728c722290: Image successfully pushed
5427ac510fe6: Image successfully pushed
4a63ead8b301: Image successfully pushed
73805e6e9ac7: Image successfully pushed
c90d655b99b2: Image successfully pushed
30d39e59ffe2: Image successfully pushed
511136ea3c5a: Image successfully pushed
latest: digest: sha256:bfd17b7c5977520211cecb202ad73c3ca14acde6...
```

Da ich nach dem Repository-Namen kein Tag angegeben habe, wird automatisch `latest` zugewiesen. Um ein Tag mitzugeben, fügen Sie es einfach, getrennt durch einen Doppelpunkt, nach dem Repository-Namen, ein (zum Beispiel `docker build -t amouat/cowsay:stable .`).

Ist der Upload abgeschlossen, kann die ganze Welt Ihr Image über den Befehl `docker pull` herunterladen (zum Beispiel `docker pull amouat/cowsay`).

3.4.1 Private Repositories

Natürlich wollen Sie eventuell nicht, dass die ganze Welt auf Ihr Image zugreifen kann. In diesem Fall stehen Ihnen mehrere Optionen zur Verfügung. Sie können für ein gehostetes privates Repository bezahlen (auf dem Docker Hub oder ähnlichen Services wie quay.io) oder Sie betreiben Ihre eigene Registry. Mehr Informationen zu privaten Repositories und Registries finden Sie in Kapitel 7.

Imagenamensräume

Es gibt drei Namensräume, zu denen hochgeladene Docker-Images gehören können und die sich über den Imagenamen erkennen lassen:

- Namen, vor denen ein String und ein / stehen, wie zum Beispiel `amouat/revealjs`, gehören zum »User«-Namensraum. Dabei handelt es sich um Images auf dem Docker Hub, die von einem Benutzer hochgeladen wurden. So ist `amouat/revealjs` zum Beispiel das revealjs-Image, das vom Benutzer `amouat` hochgeladen wurde. Man kann öffentliche Images kostenlos auf den Docker Hub hochladen, auf dem schon tausende Images zu finden sind – vom eher skurrilen `supertest2014/nyan` bis zum sehr nützlichen `gliderlabs/logspout`.

- Namen wie `debian` und `ubuntu` – ohne Präfixe oder / – gehören zum »Root«-Namensraum, der durch Docker Inc. kontrolliert wird und für die offiziellen Images bekannter Software und Distributionen reserviert ist, die auf dem Docker Hub zur Verfügung stehen. Auch wenn die Images von Docker betreut und qualitätsgeprüft sind, werden sie im Allgemeinen von anderen Firmen betreut – meist die Anbieter der fraglichen Software (so wird das Image `nginx` zum Beispiel von der Firma Nginx betreut). Dabei handelt es sich um offizielle Images für die verbreitetsten Softwarepakete, und das sollte auch die erste Anlaufstelle sein, wenn Sie nach solch einem Image Ausschau halten.
- Namen, denen ein Hostname oder eine IP vorangestellt sind, stehen für Images, die auf Fremd-Registries gehostet sind (also nicht dem Docker Hub). Dazu gehören selbst gehostete Registries von Firmen, aber auch Konkurrenten zum Hub, wie zum Beispiel quay.io. So bezieht sich zum Beispiel `localhost:5000/wordpress` auf ein WordPress-Image, das auf einer lokalen Registry gehostet ist.

Diese Verwendung von Namensräumen sorgt dafür, dass die Anwender von Namensräumen sicher sein können, woher Images kommen – nutzen Sie das `debian`-Image, wissen Sie, dass es sich um das offizielle Image vom Docker Hub handelt und nicht um eine Version von irgendjemand anderem.

Zusätzlich können Images auch kryptographisch signiert werden, um eine bessere Authentizität sicherzustellen. Dabei spricht man von Trusted Images. Das entsprechende Projekt heißt Notary (*https://github.com/docker/notary*).

3.5 Das offizielle Redis-Image verwenden

Okay, ich gebe es zu: Das cowsay-Image wird Ihnen vermutlich nicht sehr viel helfen. Schauen wir daher mal, wie wir ein Image aus einem der offiziellen Docker Repositories erhalten – in diesem Fall wollen wir nach dem offiziellen Image für Redis suchen, einem beliebten Key/Value-Store.

Offizielle Repositories

Suchen Sie im Docker Hub nach einer bekannten Anwendung oder einem Service, wie zum Beispiel der Programmiersprache Java oder der Datenbank PostgreSQL, werden Sie Hunderte von Ergebnissen erhalten.[8] Die offiziellen Docker Repositories sind dafür gedacht, kuratierte Images mit bekannter Qualität und Herkunft zu bieten. Sie sollten wann immer möglich Ihre erste Wahl sein. Beim Suchen sollten sie ganz oben erscheinen und als offiziell gekennzeichnet sein.

Pullen Sie aus einem offiziellen Repository, wird der Name keinen Benutzernamen enthalten oder dieser ist auf `library` gesetzt (so steht das MongoDB-Repository zum Beispiel unter `mongo` oder als `library/mongo` bereit). Zudem erhalten Sie eine Meldung: »The image you are pulling has been verified«, womit der Docker Daemon anzeigt, dass die Prüfsummen für das Image kontrolliert wurden und die Herkunft damit bestätigt ist.

8. Beim Schreiben dieser Zeilen gab es 1350 PostgreSQL-Images.

Holen Sie sich nun das Image:

```
$ docker pull redis
Using default tag: latest
latest: Pulling from library/redis

d990a769a35e: Pull complete
8656a511ce9c: Pull complete
f7022ac152fb: Pull complete
8e84d9ce7554: Pull complete
c9e5dd2a9302: Pull complete
27b967cdd519: Pull complete
3024bf5093a1: Pull complete
e6a9eb403efb: Pull complete
c3532a4c89bc: Pull complete
35fc08946add: Pull complete
d586de7d17cd: Pull complete
1f677d77a8fa: Pull complete
ed09b32b8ab1: Pull complete
54647d88bc19: Pull complete
2f2578ff984f: Pull complete
ba249489d0b6: Already exists
19de96c112fc: Already exists
library/redis:latest: The image you are pulling has been verified.
Important: image verification is a tech preview feature and sho...
Digest: sha256:3c3e4a25690f9f82a2a1ec6d4f577dc2c81563c1ccd52efdf4903ccd...
Status: Downloaded newer image for redis:latest
```

Starten Sie den Redis-Container, dieses Mal aber mit dem Argument `-d`:

```
$ docker run --name myredis -d redis
585b3d36e7cec8d06f768f6eb199a29feb8b2e5622884452633772169695b94a
```

Das `-d` weist Docker an, den Container im Hintergrund laufen zu lassen. Docker startet den Container normal, gibt dessen Ausgabe aber nicht aus, sondern liefert nur die Container-ID zurück und beendet sich wieder. Der Container läuft weiter im Hintergrund, und Sie können `docker logs` nutzen, um sich Ausgaben vom Container anzeigen zu lassen.

Und wie nutzen wir den jetzt? Offensichtlich müssen wir uns irgendwie mit der Datenbank verbinden. Wir haben keine Anwendung, also werden wir einfach das Tool `redis-cli` verwenden. Das ließe sich schnell auf dem Host installieren, aber es ist lehrreicher, einen neuen Container zu starten, in dem `redis-cli` läuft, und die beiden miteinander zu verbinden:

```
$ docker run --rm -it --link myredis:redis redis /bin/bash
root@ca38735c5747:/data# redis-cli -h redis -p 6379
redis:6379> ping
PONG
redis:6379> set "abc" 123
OK
redis:6379> get "abc"
```

```
"123"
redis:6379> exit
root@ca38735c5747:/data# exit
exit
```

Ziemlich cool – wir haben gerade in wenigen Sekunden zwei Container miteinander verbunden und ein paar Daten eingefügt. Wie hat das funktioniert?

Änderungen beim Verknüpfen von Docker-Containern

Dieses Kapitel – und die restlichen in diesem Buch – nutzen den Befehl `--link`, um Container zu verbinden. Seit der Veröffentlichung des englischen Orginals hat es allerdings Änderungen an der Art und Weise gegeben, wie Docker Container verknüpft. Das bedeutet, dass nun Services im gesamten Cluster veröffentlicht werden, statt dass Container auf nur einer Maschine verknüpft werden. Aber auch in absehbarer Zukunft werden Links funktionieren, und die Beispiele in diesem Buch weiter nutzbar sein.

Mehr Informationen zu den anstehenden Änderungen finden Sie unter Abschnitt 11.4.

Die Magie geschieht hier durch das Argument `--link myreds:redis` von `docker run`. Damit wird Docker angewiesen, den neuen Container mit dem bestehenden Container »myredis« zu verbinden, der im neuen Container als »redis« angesprochen werden kann. Um das zu erreichen, richtet Docker in der */etc/hosts* des Containers einen Eintrag für »redis« ein und lässt ihn auf die IP-Adresse von »myredis« zeigen. Damit können wir den Hostnamen »redis« im redis-cli nutzen, statt die IP-Adresse des Redis-Containers irgendwie übergeben oder herausfinden zu müssen.

Danach führen wir den Redis-Befehl `ping` aus, um zu prüfen, dass wir mit einem Redis-Server verbunden sind, bevor wir Daten mit `set` und `put` schreiben und auslesen.

Das ist jetzt ja alles gut und schön, aber wir haben immer noch ein Problem: Wie persistieren wir unsere Daten und wie sichern wir sie? Dazu können wir nicht das Standard-Container-Dateisystem verwenden – stattdessen brauchen wir etwas, das sich leicht von mehreren Containern und dem Host gemeinsam nutzen lässt. Docker bietet dazu das Konzept der *Volumes* an. Bei Volumes handelt es sich um Dateien oder Verzeichnisse, die direkt auf dem Host gemountet sind und nicht zum normalen Union File System gehören. Sie können also auch von anderen Containern genutzt werden, und alle Änderungen finden direkt auf dem Host-Dateisystem statt. Es gibt drei Wege, ein Verzeichnis als Volume zu deklarieren – entweder über die `VOLUME`-Anweisung in einem Dockerfile, durch die Angabe des Flags `-v` beim Aufruf von `docker run` oder durch die Referenz auf ein Docker-Volume, das durch ein Docker Volume Plugin bereitgestellt wird. Sowohl die folgende Dockerfile-Anweisung als auch der Befehl `docker run` erzeugen ein Volume als */data* innerhalb eines Containers:

```
VOLUME /data
```

und

```
$ docker run -v /data test/webserver
```

Standardmäßig wird das Verzeichnis oder die Datei auf dem Host im Installationsverzeichnis von Docker gemountet (im Allgemeinen */var/lib/docker*). Es ist aber auch möglich, per `docker run` das Host-Verzeichnis anzugeben, das als Mount genutzt werden soll (zum Beispiel mit `docker run -d -v /host/dir:/container/dir test/webserver`). In einem Dockerfile kann das Host-Verzeichnis aus Gründen der Portierbarkeit und der Sicherheit nicht definiert werden (die Datei oder das Verzeichnis existiert in anderen Systemen eventuell nicht, und Container sollten nicht dazu in der Lage sein, kritische Dateien wie *etc/passwd* ohne explizite Erlaubnis zu mounten).

Wie können wir nun Backups mit dem Redis-Container durchführen? Im Folgenden sehen Sie eine Möglichkeit unter der Annahme, dass der Container `myredis` noch läuft:

```
$ docker run --rm -it --link myredis:redis redis /bin/bash
root@09a1c4abf81f:/data# redis-cli -h redis -p 6379
redis:6379> set "persistence" "test"
OK
redis:6379> save
OK
redis:6379> exit
root@09a1c4abf81f:/data# exit
exit
$ docker run --rm --volumes-from myredis -v \
        $(pwd)/backup:/backup debian cp /data/dump.rdb /backup/
$ ls backup
dump.rdb
```

Beachten Sie, wie wir mit dem Argument `-v` ein bekanntes Verzeichnis auf dem Host gemountet und mit `--volumes-from` den neuen Container mit dem Datenbankverzeichnis von Redis verbunden haben.

Brauchen Sie den Container `myredis` nicht mehr, können Sie ihn stoppen und löschen:

```
$ docker stop myredis
myredis
$ docker rm -v myredis
myredis
```

Jetzt können Sie noch alle verbliebenen Container wie folgt löschen:

```
$ docker rm $(docker ps -aq)
45e404caa093
e4b31d0550cd
7a24491027fc
...
```

3.6 Zusammenfassung

Damit ist das Kapitel für den Einstieg in Docker beendet. Es war eine schwindelerregende Reise, aber jetzt sollten Sie sich sicher genug fühlen, Ihre eigenen Container zu erstellen und laufen zu lassen. Im nächsten Kapitel werden wir uns die Architektur von Docker und einige seiner grundlegenden Konzepte im Detail anschauen.

4 Grundlagen von Docker

In diesem Kapitel werden wir uns mit den grundlegenden Docker-Konzepten befassen. Wir beginnen mit einem Überblick über die Architektur und die Technologien, auf denen Docker aufbaut. Dann folgen tiefergehende Abschnitte zum Erstellen von Docker-Images, dem Verknüpfen von Containern und dem Umgang mit Daten in Volumes. Das Kapitel endet mit einem Überblick über die restlichen Docker-Befehle.

Da dieses Kapitel stark referenzlastig ist, können Sie auch nur die wichtigsten Punkte überfliegen, mit Kapitel 5 weitermachen und bei Bedarf zurückkehren.

4.1 Die Architektur von Docker

Um zu verstehen, wie Sie Docker am besten nutzen und warum es sich manchmal ungewöhnlich verhält, ist es gut, ein grobes Verständnis dafür zu haben, wie die Plattform unter der Motorhaube aufgebaut ist.

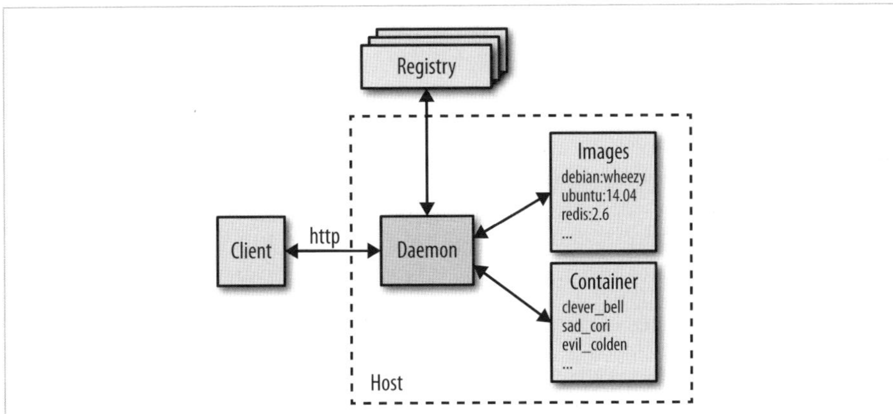

Abb. 4–1 *Übersicht über die wichtigsten Docker-Komponenten*

In Abbildung 4–1 sehen wir die wichtigsten Komponenten einer Docker-Installation:

- Im Zentrum steht der *Docker Daemon*, der für das Erstellen, Ausführen und Überwachen der Container zuständig ist. Aber auch das Bauen und Speichern von Images fallen in seinen Zuständigkeitsbereich. Sowohl Container als auch Images sehen Sie in der Abbildung rechts. Der Docker Daemon wird durch `docker daemon` gestartet, was normalerweise schon durch das Host-Betriebssystem geschieht.[1]
- Der Docker Client auf der linken Seite wird dazu genutzt, per HTTP REST-mit dem Docker Daemon zu kommunizieren. Standardmäßig geschieht das über ein Unix Domain Socket, aber es ist auch ein TCP-Socket möglich, um Remote Clients zu nutzen, oder ein Dateideskriptor für durch systemd verwaltete Sockets. Da die gesamte Kommunikation über HTTP abläuft, ist es einfach, sich mit entfernten Docker Daemons zu verbinden und Bindings an Programmiersprachen zu entwickeln. Es hat aber auch Auswirkungen darauf, wie Features implementiert werden – so ist zum Beispiel ein *Build Context* für Dockerfiles notwendig (siehe Abschnitt 4.2.1). Die für die Kommunikation mit dem Daemon verwendete API ist wohldefiniert und dokumentiert, so dass Entwickler Programme schreiben können, die direkt mit dem Daemon arbeiten, statt auf den Docker Client zurückgreifen zu müssen. Docker Client und Docker Daemon werden als ein Binary bereitgestellt.
- In Docker Registries werden Images abgelegt und verteilt. Die Standard-Registry ist der Docker Hub, auf dem tausende öffentlich verfügbarer Images zur Verfügung stehen, aber auch kuratierte »offizielle« Images. Viele Organisationen und Firmen nutzen eigene Registries, um kommerzielle oder »private« Images zu hosten, aber auch um den Overhead zu vermeiden, der mit dem Herunterladen von Images über das Internet einhergeht. In Abschnitt 7.4.1 finden Sie weitere Informationen über das Betreiben einer eigenen Registry. Der Docker Daemon lädt Images aus Registries herunter, wenn er `docker pull`-Anforderungen bekommt. Aber auch, wenn `docker run` ausgeführt wird oder Images in der `FROM`-Anweisung von Dockerfiles aufgeführt sind, die lokal nicht vorhanden sind, greift er auf die Registry zu.

4.1.1 Zugrunde liegende Technologien

Der Docker Daemon nutzt einen »Execution Driver«, um Container zu erstellen. Standardmäßig ist dies der Docker-eigene Treiber *runc*, aber es wird auch

1. Mit der Umstellung der Docker Engine auf den OCI-Standard runc im Release 1.11 wird nun noch ein weiterer containerd-Daemon gestartet.

noch LXC unterstützt. Runc ist sehr eng mit den folgenden Kernel-Features verbunden:

- *cgroups*, das für das Verwalten der von einem Container genutzten Ressourcen verantwortlich ist (zum Beispiel CPU- und Speicherbedarf). Es ist zudem für das *Freezing* und *Unfreezing* von Containern verantwortlich, was für `docker pause` genutzt wird.
- *Namensräume* dienen dem Isolieren der Container, sie stellen sicher, dass Dateisystem, Hostname, Benutzer, Netzwerk und Prozesse vom Rest des Systems getrennt sind.

Libcontainer unterstützen zudem *SELinux* und *AppArmor*, die für stärkere Sicherheitsbedürfnisse aktiviert werden können. In Kapitel 13 finden Sie mehr Informationen dazu.

Eine weitere wichtige Technologie, auf der Docker aufbaut, ist das Union File System (UFS), das genutzt wird, um die Dateischichten für die Container-Images zu verwalten. Das UFS wird von einem der vielen Storage-Treiber bereitgestellt – AUFS, devicemapper, BTRFS, ZFS, VFS oder Overlay. Siehe dazu den Kasten »Images, Container und das Union File System« weiter oben.

4.1.2 Zugehörige Technologien

Die Docker Engine und der Docker Hub bilden zusammen noch keine vollständige Lösung für die Arbeit mit Containern. Die meisten Anwender möchten gerne noch zusätzliche Services und Software nutzen, wie zum Beispiel für das Cluster Management, Tools zum Finden von Services und ausgefeiltere Netzwerkmöglichkeiten. Wie in Abschnitt 1.4 beschrieben, verwirklicht Docker Inc. mit dem Release 1.12 den Aufbau einer vollständigen Out-of-the-Box-Lösung, die all diese Features beinhaltet, es den Anwendern aber ermöglicht, die Standardkomponenten einfach gegen solche von anderen Herstellern auszutauschen.[2] Die Strategie der »austauschbaren Batterien« bezieht sich vor allem auf die API-Ebene – so dass sich Komponenten in die Docker Engine einhängen können –, aber dazu kann auch die Idee gezählt werden, zusätzliche Docker-Technologien in unabhängige Binaries zu verpacken, um diese dann einfacher austauschen zu können.

Die aktuelle Liste der von Docker unterstützten Technologien enthält:

- *Swarm*
  Die Clustering-Lösung von Docker. Swarm kann viele Docker Hosts in Gruppen zusammenfassen und es dem Anwender dann ermöglichen, sie als ge-

2. Seit der Version 1.12 sind die Erweiterungen enthalten, um eine Orchestrierung von Containern eines Cluster von Maschinen zu steuern.

meinsame Ressource zu betrachten. In Kapitel 12 finden Sie weitere Informationen dazu.

- *Compose*
  Docker Compose ist ein Tool zum Bauen und Ausführen von Anwendungen, die aus mehreren Docker-Containern bestehen. Es wird vor allem in der Entwicklung und beim Testen und weniger im Produktivumfeld genutzt. In Abschnitt 5.2 ist das Tool ausführlicher beschrieben.
- *Machine*
  Docker Machine installiert und konfiguriert Docker Hosts auf lokalen oder entfernten Ressourcen. Machine konfiguriert zudem den Docker Client und erleichtert damit den Wechsel zwischen Umgebungen. In Kapitel 9 finden Sie ein Beispiel.
- *Kitematic*
  Kitematic ist eine GUI für Mac OS und Windows, um Docker-Container auszuführen und zu verwalten.
- *Docker Trusted Registry*
  Dies ist die On-Premise-Lösung für das Speichern und Verwalten von Docker-Images. Dabei handelt es sich mehr oder weniger um eine lokale Version des Docker Hub, die mit bestehender Sicherheitsinfrastruktur interagieren und Unternehmen dabei helfen kann, den Gesetzen und Regeln bezüglich des Speicherns und der Sicherheit von Daten Folge leisten zu können. Zu den Features gehören Metriken, Role-Based Access Control (RBAC) und Logs, die alle über eine Administrationskonsole verwaltet werden.
- *Docker Universal Plane*
  Dies ist die On-Premise-Lösung für die gesamte Verwaltung eines verteilen Docker-Clusters. Das Management der Docker-Machines, der Images, Netzwerke, Volumes und Status der Container sind in einer zentralen Anwendung möglich.
- *Docker Cloud*
  Mit dem Angebot der Docker-Cloud lassen sich mit einer Weboberfläche Docker-Machines bei verschiedenen Cloud-Providern verwalten.
- *Notary*
  Das Projekt Notary erlaubt es, beliebige Daten vertraulich zu behandeln
- *SWARMKIT*
  Das Projekt Swarmkit ist die Basis für die Cluster und Container-Orchestrierung der Docker Engine 1.12.

Es gibt schon eine lange Liste von Services und Anwendungen von dritter Seite, die auf Docker aufbauen oder damit arbeiten. In den folgenden Bereichen finden Sie eine Reihe von Lösungen:

- *Netzwerk*
  Das Aufsetzen von Netzwerken aus Containern über mehrere Hosts hinweg ist ein nichttriviales Problem, das auf unterschiedlichen Wegen gelöst werden kann. Es gibt hier eine Reihe von Lösungen, einschließlich Weave *(https://www.weave.works/products/weave-net)* und Project Calico *(https://www.projectcalico.org)*. Seit dem Release 1.9 bietet Docker selbst eine integrierte Netzwerklösung namens Overlay an. Anwender können mit verschiedenen Overlay-Treiber per Networking Plugin Framework die Default Treiber erweitern.
- *Services Discovery*
  Wird ein Docker-Container gestartet, muss er irgendwie die anderen Services finden, mit denen er reden soll – und die im Allgemeinen auch in Containern laufen. Da Container dynamisch zugewiesene IP-Adressen haben, ist das in einem großen System gar nicht so einfach. Lösungen dafür gibt es unter anderem von Consul *(https://www.consul.io)*, Registrator *(https://github.com/gliderlabs/registrator)*, SkyDNS *(https://github.com/skynetservices/skydns)* und etcd *(https://github.com/coreos/etcd)*.
- *Orchestrieren und Cluster-Management*
  In großen Containerszenarien sind gute Tools zum Überwachen und Verwalten des Systems außerordentlich wichtig. Jeder neue Container muss auf einem Host untergebracht, überwacht und aktualisiert werden. Das System muss auf Fehler oder Laständerungen reagieren, indem Container entsprechend verschoben, gestartet oder gestoppt werden. Es gibt in diesem Bereich schon eine Reihe von Lösungen, unter anderem Kubernetes von Google *(http://kubernetes.io)*, Marathon (*https://github.com/mesosphere/marathon*, ein Framework für Mesos *[https://mesos.apache.org]*), Fleet von CoreOS *(https://github.com/coreos/fleet)*, das Docker-eigene Swarm-Tool sowie mit dem Release 1.12 eine Integration des Swarmkit (*https://github.com/docker/swarmkit*).

All diese Themen werden detaillierter in Teil III besprochen. Es sei zudem darauf hingewiesen, dass es auch Alternativen zur Docker Trusted Registry gibt, unter anderem die Enterprise Registry von CoreOS *(https://coreos.com/products/enterprise-registry)* und Artifactory von JFrog *(http://www.jfrog.com/open-source/#os-arti)*.

Neben den schon erwähnten Netzwerktreiber-Plugins unterstützt Docker auch *Volume-Plugins* für die Integration mit anderen Storage-Systemen. Erwähnenswert sind hier Flocker *(https://github.com/ClusterHQ/flocker)*, ein Data Management und Migration-Tool für mehrere Hosts, und GlusterFS *(https://github.com/calavera/docker-volume-glusterfs)* für verteilten Storage. Mehr Informationen zum Plugin-Framework finden Sie auf der Docker-Website unter *https://docs.docker.com/engine/extend/plugins*.

Ein interessanter Nebeneffekt des wachsenden Containermarkts ist das Entstehen von Betriebssystemen, die dazu gedacht sind, die Container zu hosten. Während Docker problemlos auf den meisten aktuellen Linux-Distributionen wie Ubuntu und Red Hat läuft, gibt es eine Reihe von Projekten für minimale und leicht zu wartende Distributionen, die sich nur darauf konzentrieren, Container (oder Container und VMs) laufen zu lassen, insbesondere im Rahmen eines Data Centers oder Clusters. Dazu gehören unter anderem Project Atomic *(http://www.projectatomic.io)*, CoreOS *(https://coreos.com)* und RancherOS *(http://rancher.com/rancher-os)*.

4.1.3 Docker Hosting

Wir werden das Docker Hosting detaillierter in Kapitel 9 besprechen, aber es lohnt sich, auf manche der vielen Auswahlmöglichkeiten schon einmal hinzuweisen. Viele der klassischen Cloud-Provider, wie zum Beispiel Amazon, Azure, Google und Digital Ocean, haben Docker auf die eine oder andere Art und Weise im Angebot. Die Container Engine von Google erscheint hier am interessantesten, da sie direkt auf Kubernetes aufbaut. Natürlich ist es normalerweise auch dann möglich, VMs für das Ausführen von Docker-Containern aufzusetzen, wenn der Provider keine speziellen Angebote für Docker besitzt.

Joyent ist mit seinem eigenen Containerangebot namens Triton auf den Markt gekommen, das auf SmartOS aufbaut. Durch das Implementieren der Docker API mit seiner eigenen Container- und Linux-Emulationstechnologie konnte Joyent eine öffentliche Cloud aufbauen, die mit dem normalen Docker Client zusammenarbeitet. Wichtig ist dabei, dass Joyent der Meinung ist, seine Containerimplementierung sei so sicher, dass sie direkt auf der Hardware laufen kann, statt noch in VMs gesteckt werden zu müssen. Das kann zu einer deutlich höheren Effizienz führen, insbesondere im Bereich I/O.

Es gibt zudem einige Projekte, die eine PaaS-Plattform auf Docker aufbauen, unter anderem Deis *(http://deis.io)*, Flynn *(https://flynn.io)* und Paz *(http://www.paz.sh)*.

4.2 Wie Images gebaut werden

Wir haben in Abschnitt 3.3 gesehen, dass man neue Images vor allem über Dockerfiles und den Befehl `docker build` erstellt. Dieser Abschnitt wird sich genauer damit befassen, was dabei passiert, und die verschiedenen Anweisungen beschreiben, die in einem Dockerfile genutzt werden können. Es lohnt sich, ein grobes Verständnis von der Arbeitsweise des Build-Befehls zu haben, da dessen Verhalten gelegentlich überraschend sein kann.

4.2.1 Der Build Context

Der Befehl `docker build` erfordert ein Dockerfile und einen *Build Context* (der leer sein kann). Der Build Context ist der Satz lokaler Dateien und Verzeichnisse, die aus `ADD`- oder `COPY`-Anweisungen im Dockerfile angesprochen werden können. Er wird im Allgemeinen als Pfad zu einem Verzeichnis definiert. So haben wir zum Beispiel den Build-Befehl `docker build -t test/cowsay-dockerfile .` in Abschnitt 3.3 genutzt, bei dem der Context auf `'.'` gesetzt wurde – das aktuelle Arbeitsverzeichnis. Alle Dateien und Verzeichnisse unter diesem Pfad bilden den Build Context und werden als Teil des Build-Prozesses an den Docker Daemon geschickt.

In Fällen, in denen ein Context nicht angegeben ist – weil nur eine URL auf ein Dockerfile geliefert wird oder der Inhalt eines Dockerfiles aus `STDIN` gepipet wird – wird der Build Context als leer angesehen.

Nutzen Sie / nicht als Build Context

Da der Build Context in einem Tarball zusammengefasst und an den Docker Daemon geschickt wird, *wollen* Sie kein Verzeichnis mit vielen Dateien darin nutzen. So führt zum Beispiel der Einsatz von */home/user*, *Downloads* oder / zu einer sehr starken Verzögerung, während der Docker Client alles verpackt und an den Daemon sendet.

Wird eine URL, die mit *http* oder *https* beginnt, übergeben, geht Docker davon aus, einen direkten Link auf ein Dockerfile zu erhalten. Das ist eher selten sehr nützlich, weil kein Kontext damit verbunden ist (und Links auf Archive werden nicht akzeptiert).

Es kann auch ein git-Repository als Build Context genutzt werden. In solch einer Situation klont der Docker Client das Repository und alle Submodule in ein temporäres Verzeichnis, das dann als Build Context an den Docker Daemon geschickt wird. Docker interpretiert den Context als git-Repository, wenn der Pfad mit *github.com/*, *git@* oder *git://* beginnt. Im Allgemeinen schlage ich vor, diese Methode zu vermeiden und stattdessen Repositories per Hand auszuchecken, da Sie dann flexibler sind und weniger Verwirrung entstehen kann.

Der Docker Client kann seine Daten auch von STDIN erhalten, indem statt des Build Context ein `"-"` übergeben wird. Die Eingabe kann dann entweder ein Dockerfile ohne Context sein (zum Beispiel `docker build - < Dockerfile`) oder eine Archivdatei, die den Context aufsetzt und ein Dockerfile enthält (zum Beispiel `docker build - < context.tar.gz`). Archivdateien können das Format *tar.gz*, *xz* oder *bzip2* haben.

Die Position des Dockerfiles im Context kann mit dem Argument `-f` angegeben werden (zum Beispiel `docker build -f dockerfiles/Dockerfile.debug .`). Wenn Sie nichts festlegen, sucht Docker nach einer Datei namens *Dockerfile* im Wurzelverzeichnis des Context.

Eine .dockerignore-Datei einsetzen

Um nicht benötigte Dateien aus dem Build Context herauszuhalten, können Sie eine Datei *.dockerignore* verwenden. Die Datei sollte, durch Zeilenumbrüche getrennt, die Namen von Dateien enthalten, die aus dem Context herauszunehmen sind. Die Jokerzeichen `*` und `?` sind dabei erlaubt. Schauen wir uns zum Beispiel folgende `.dockerignore` an:

```
.git ❶
*/.git ❷
*/*/.git ❸
*.sw? ❹
```

❶ Ignoriert eine Datei oder ein Verzeichnis *.git* im Wurzelverzeichnis des Build Context, erlaubt sie aber in einem Unterverzeichnis (so wird zum Beispiel *.git* ignoriert, aber nicht *dir1/.git*).

❷ Ignoriert eine Datei oder ein Verzeichnis *.git* in einem Verzeichnis direkt unterhalb des Wurzelverzeichnisses (zum Beispiel wird *dir1/.git* ignoriert, nicht aber *.git* oder *dir1/dir2/.git*).

❸ Ignoriert eine Datei oder ein Verzeichnis *.git* in einem Verzeichnis, das zwei Unterverzeichnisse unter dem Wurzelverzeichnis liegt (zum Beispiel wird *dir1/dir2/.git* ignoriert, nicht aber *.git* oder *dir1/.git*).

❹ Ignoriert *test.swp*, *test.swo* und *bla.swp*, aber nicht *dir1/test.swp*.

»Richtige« reguläre Ausdrücke wie `[A-Z]*` werden nicht unterstützt.

Aktuell gibt es keine Möglichkeit, Dateien in allen Unterverzeichnissen gleichzeitig zu erreichen (Sie können also nicht sowohl */test.tmp* als auch */dir1/test.tmp* mit einem Ausdruck abdecken).

4.2.2 Imageschichten

Neulinge im Docker-Universum sind häufig davon irritiert, wie Images gebaut werden. Jede Anweisung in einem Dockerfile führt zu einer neuen Imageschicht – einem *Layer* –, die wieder zum Starten eines neuen Containers genutzt werden kann. Die neue Schicht wird erzeugt, indem ein Container mit dem Image der vorigen Schicht gestartet, dann die Dockerfile-Anweisung ausgeführt und schließlich ein neues Image gespeichert wird. Ist eine Dockerfile-Anweisung erfolgreich abgeschlossen worden, wird der temporär erzeugte Container wieder gelöscht, sofern nicht das Argument `--rm=false` angegeben wurde.[3] Da jede Anweisung zu einem statischen Image führt – mehr oder weniger nur ein Dateisystem und ein paar Metadaten –, werden alle laufenden Prozesse in der Anweisung gestoppt. Das hat Folgen: Sie können zwar in einer `RUN`-Anweisung langlebige Prozesse starten, wie zum Beispiel eine Datenbank oder einen SSH-Daemon,

3. Machen Sie sich keine Gedanken, wenn ich Sie hier abgehängt habe. Sie werden das besser verstehen, nachdem Sie sich die Ausgabe von `docker build` in unserem Debug-Szenario angeschaut haben.

aber diese laufen nicht mehr, wenn die nächste Anweisung verarbeitet oder ein Container gestartet wird. Wollen Sie, dass ein Service oder Prozess zusammen mit dem Container gestartet wird, müssen Sie ihn über eine `ENTRYPOINT`- oder `CMD`-Anweisung aufrufen.

Sie können sich alle Schichten eines Image anzeigen lassen, indem Sie den Befehl `docker history` aufrufen. Zum Beispiel:

```
$ docker history mongo:latest
IMAGE          CREATED       CREATED BY                                    ...
278372cb22b2   4 days ago    /bin/sh -c #(nop) CMD ["mongod"]
341d04fd3d27   4 days ago    /bin/sh -c #(nop) EXPOSE 27017/tcp
ebd34b5e9c37   4 days ago    /bin/sh -c #(nop) ENTRYPOINT &{["/entr
f3b2b8cf226c   4 days ago    /bin/sh -c #(nop) COPY file:ef2883b33e
ba53e9f50f18   4 days ago    /bin/sh -c #(nop) VOLUME [/data/db]
c537910de5cc   4 days ago    /bin/sh -c mkdir -p /data/db && chown
f48ad436057a   4 days ago    /bin/sh -c set -x
df59596772ab   4 days ago    /bin/sh -c echo "deb http://repo.mongo
96de83c82d4b   4 days ago    /bin/sh -c #(nop) ENV MONGO_VERSION=3.
0dab801053d9   4 days ago    /bin/sh -c #(nop) ENV MONGO_MAJOR=3.0
5e7b428dddf7   4 days ago    /bin/sh -c apt-key adv --keyserver ha.
e81ad85ddfce   4 days ago    /bin/sh -c curl -o /usr/local/bin/gosu
7328803ca452   4 days ago    /bin/sh -c gpg --keyserver ha.pool.sks
ec5be38a3c65   4 days ago    /bin/sh -c apt-get update
430e6598f55b   4 days ago    /bin/sh -c groupadd -r mongodb && user
19de96c112fc   4 days ago    /bin/sh -c #(nop) CMD ["/bin/bash"]
ba249489d0b6   4 days ago    /bin/sh -c #(nop) ADD file:b908886c97e
```

Schlägt ein Build fehl, kann es sehr nützlich sein, die Schicht vor dem Fehler zu starten. Nehmen wir zum Beispiel folgendes Dockerfile:

```
FROM busybox:latest

RUN echo "Das sollte funktionieren"
RUN /bin/bash -c echo "Das nicht"
```

Jetzt versuchen wir, das Image zu bauen:

```
$ docker build -t echotest .
Sending build context to Docker daemon 2.048 kB
Step 0 : FROM busybox:latest
 ---> 4986bf8c1536
Step 1 : RUN echo "Das sollte funktionieren"
 ---> Running in f63045cc086b ❶
Das sollte funktionieren
 ---> 85b49a851fcc ❷
Removing intermediate container f63045cc086b ❸
Step 2 : RUN /bin/bash -c echo "Das nicht"
 ---> Running in e4b31d0550cd
/bin/sh: /bin/bash: not found
The command '/bin/sh -c /bin/bash -c echo "Das nicht"' returned a
non-zero code: 127
```

❶ ID des temporären *Containers*, den Docker gestartet hat, um unsere Anweisung darin auszuführen

❷ ID des *Image*, das aus dem Container erstellt wurde

❸ Der temporäre Container wird jetzt gelöscht.

Obwohl das Problem in diesem Fall ziemlich eindeutig ist, können wir das Image aus der letzten erfolgreichen Schicht laufen lassen, um die Anweisung zu debuggen. Beachten Sie, dass wir hier die letzte *Image*-ID (85b49a851fcc) verwenden, nicht die ID des letzten *Containers* (e4b31d0550cd):

```
$ docker run -it 85b49a851fcc
/ # /bin/bash -c "echo hmm"
/bin/sh: /bin/bash: not found
/ # /bin/sh -c "echo ahh!" ahh!
/#
```

So wird das Problem offensichtlicher: Das Image `busybox` enthält keine `bash`-Shell.

4.2.3 Caching

Docker cacht zudem jede Schicht, um das Bauen der Images zu beschleunigen. Dieses Caching ist für einen effizienten Workflow sehr wichtig, allerdings wird dabei recht naiv vorgegangen. Der Cache wird für eine Anweisung genutzt, wenn:

- die vorige Anweisung im Cache gefunden wurde *und*
- es eine Schicht im Cache gibt, die genau die gleiche Anweisung und Eltern-Schicht besitzt (selbst ein anders gesetztes Leerzeichen invalidiert den Cache).

Im Fall von `COPY`- und `ADD`-Anweisungen wird der Cache invalidiert, wenn sich die Prüfsumme oder Metadaten für eine der Dateien geändert haben.

Das bedeutet, dass `RUN`-Anweisungen, die bei mehrfachen Aufrufen nicht zwingend zum gleichen Ergebnis führen, *trotzdem gecacht werden*. Achten Sie darauf vor allem, wenn Sie Dateien herunterladen, `apt-get update` aufrufen oder Quellcode-Repositories klonen.

Müssen Sie den Cache invalidieren, können Sie `docker build` mit dem Argument `--no-cache` aufrufen. Sie können auch noch vor der Stelle, an der Sie den Cache invalidieren wollen, eine Anweisung hinzufügen oder ändern, daher sehen Sie manchmal Dockerfiles mit Zeilen wie den folgenden:

```
ENV UPDATED_ON "14:12 17 February 2015"
RUN git clone ...
```

Ich empfehle, diese Technik nicht einzusetzen, da sie Anwender des Image verwirren kann – insbesondere, wenn das Image an einem anderen Tag gebaut wurde, als diese Zeile nahelegt.

4.2.4 Basis-Images

Wenn Sie Ihre eigenen Images erstellen, werden Sie sich entscheiden müssen, mit welchem Basis-Image Sie beginnen. Sie haben hier eine große Auswahl zur Verfügung, und es lohnt sich, ein wenig Zeit zu investieren, um die diversen Vor- und Nachteile der Images zu verstehen.

Im besten Fall müssen Sie gar kein Image erstellen – Sie können einfach ein bestehendes nutzen und Ihre Konfigurationsdateien und/oder Daten damit verknüpfen. Das wird für verbreitete Anwendungssoftware der Fall sein, wie zum Beispiel bei Datenbanken und Webservern, für die offizielle Images zur Verfügung stehen. Im Allgemeinen ist es besser, ein offizielles Image zu verwenden, statt Ihr eigenes zu bauen – Sie können auf die Arbeit und Erfahrung anderer setzen, die sich damit befasst haben, wie die Software am besten in einem Container läuft. Gibt es einen bestimmten Grund, warum ein offizielles Image für Sie nicht nutzbar ist, überlegen Sie sich, ob es sich lohnt, ein Issue beim jeweiligen Projekt aufzumachen, da es sein kann, dass andere ähnliche Probleme haben oder schon eine Lösung kennen.

Brauchen Sie ein Image, um Ihre eigene Anwendung zu hosten, halten Sie zuerst Ausschau nach einem offiziellen Basis-Image für die Sprache oder das Framework, die/das Sie einsetzen (zum Beispiel Go oder Ruby on Rails). Häufig können Sie Images für das Bauen und Bereitstellen Ihrer Software getrennt halten (zum Beispiel lässt sich das Image `java:jdk` nutzen, um eine Java-Anwendung zu bauen, während zum Bereitstellen der daraus entstandenen JAR-Datei das kleinere Image `java:jre` sinnvoll ist, welches all die unnötigen Build-Tools weglässt). Genauso gibt es für manche offiziellen Images (wie zum Beispiel `node`) spezielle »Slim«-Builds, bei denen Entwicklungstools und Header weggelassen wurden.

Manchmal brauchen Sie tatsächlich eine kleine, aber vollständige Linux-Distribution. Wenn ich wirklich minimalistisch vorgehen will, nutze ich das Image `alpine`, das nur etwa 5 MB groß ist, aber trotzdem einen umfassenden Paketmanager zum einfachen Installieren von Anwendungen und Tools enthält. Möchte ich ein etwas vollständigeres Image nutzen, verwende ich im Allgemeinen eines der `debian`-Images, die viel kleiner sind als die ebenfalls weit verbreiteten `ubuntu`-Images, aber trotzdem auf die gleichen Pakete zurückgreifen können. Ist Ihr Unternehmen an eine bestimmte Linux-Distribution gebunden, sollten Sie auch ein Docker-Image dafür finden. Das ist sinnvoller, als zu einer neuen Distribution zu wechseln, die in Ihrem Unternehmen keine Unterstützung hat und für die noch keine Erfahrungen vorhanden sind.

Meist ist es nicht notwendig, viel Aufwand in die »Minimalisierung« von Images zu stecken. Denken Sie daran: Die Basisschichten werden von den Images gemeinsam genutzt. Haben Sie also schon das Image `ubuntu:14.04` und ziehen Sie ein Image vom Hub, das darauf basiert, werden nur die Änderungen geholt, nicht das gesamte Image. Minimale Images sind aber trotzdem von Vorteil, wenn Sie auf schnelle Deployments und einfache Verteilung aus sind.

Es ist möglich, besonders minimal zu werden und Images nur mit Binaries auszuliefern. Dazu schreiben Sie ein Dockerfile, das von dem speziellen Image `scratch` erbt (ein komplett leeres Dateisystem) und in das Sie Ihr Binary kopieren und dazu eine passende `CMD`-Anweisung eintragen. Ihr Binary benötigt dann alle erforderlichen Bibliotheken (kein dynamisches Linken), und es gibt keine Möglichkeit, externe Befehle aufzurufen. Zudem müssen Sie daran denken, dass das Binary für die Architektur des Containers kompiliert wird – die sich von der Maschine unterscheiden kann, auf der der Docker Client läuft.[4]

Während der minimalistische Ansatz sehr verlockend sein kann, sollten Sie sich darüber im Klaren sein, dass das Debuggen und Warten solch eines Systems ausgesprochen schwierig ist – `busybox` besitzt nicht viele Tools, mit denen man arbeiten kann, und wenn Sie `scratch` eingesetzt haben, gibt es nicht einmal eine Shell.

Phusion Reaction

Ein weiteres interessantes Basisimage ist `phusion/baseimage-docker`. Die Phusion-Entwickler haben dieses Basisimage als Reaktion auf das offizielle Ubuntu-Image erstellt, weil diesem ihrer Meinung nach eine Reihe wichtiger Services fehlt. Viele Entwickler aus dem zentralen Docker-Umfeld sehen das nicht so, was zu einer bunten Diskussion in Blogs, auf IRC und Twitter führte. Die größten Differenzen sind dabei:

- *Die Notwendigkeit eines Init-Service*
  Docker ist der Meinung, dass in jedem Container nur eine einzelne Anwendung und idealerweise auch nur *ein Prozess* laufen sollten. Haben Sie nur einen Prozess, besteht kein Bedarf für einen Init-Service. Das Hauptargument von Phusion ist, dass das Fehlen eines Init-Service zu Containern voll mit Zombie-Prozessen führen kann – also Prozessen, die nicht sauber von ihren Elternprozessen beendet oder durch einen Überwachungsprozess abgeräumt wurden. Das ist zwar korrekt, aber Zombie-Prozesse können nur durch Fehler im Anwendungscode entstehen – die meisten Benutzer sollten dieses Problem nicht haben, und wenn doch, ist es besser, den Fehler im Code zu beheben.

4. Es ist tatsächlich möglich, dieses Konzept der minimalen Images noch weiter zu treiben, indem Sie Docker und den vollständigen Linux-Kernel außen vor lassen und einem *Unikernel*-Ansatz folgen. Bei einer Unikernel-Architektur werden Anwendungen mit einem Kernel kombiniert, der nur die für die Anwendung nötigen Features enthält. Das Ganze läuft dann direkt auf einem Hypervisor. Damit entledigen Sie sich einer Reihe unnötiger Codeschichten und ungenutzter Treiber, was zu einer viel kleineren und schnelleren Anwendung führt (Unikernel booten im Allgemeinen in weniger als einer Sekunde, sie können also direkt als Reaktion auf eine Benutzeranforderung gestartet werden). Wollen Sie mehr darüber erfahren, werfen Sie einen Blick auf »Unikernels: Rise of the Virtual Library Operating System« von Anil Madhavapeddy und David J. Scott *(https://queue.acm.org/detail.cfm?id=2566628)* und MirageOS *(http://www.openmirage.org)*.

- *Ein laufender cron-Daemon*
  Die Basis-Images `ubuntu` und `debian` starten standardmäßig nicht den `cron`-Daemon, das `phusion`-Image aber schon. Phusion argumentiert damit, dass viele Anwendungen von `cron` abhängen, daher ist eine laufende Instanz davon wichtig. Docker sagt hingegen – und ich stimme ihnen da zu –, dass `cron` nur laufen sollte, wenn Ihre Anwendung das erfordert.
- *Ein SSH-Daemon*
  Die Standardimages installieren und starten nicht automatisch einen SSH-Daemon. Eine Shell erhält man normalerweise über den Befehl `docker exec` (siehe Abschnitt 4.6.2), wodurch man sich den Aufwand eines unnötigen Prozesses pro Container spart. Phusion scheint das zu akzeptieren und hat seinen SSH-Daemon standardmäßig deaktiviert, aber ihr Image ist immer noch durch das Einbinden des Daemons und seiner Bibliotheken deutlich aufgeblasen.

Ich persönlich würde empfehlen, das Basis-Image von Phusion nur dann zu nehmen, wenn Sie die Anforderung haben, mehrere Prozesse, `cron` und `ssh` in Ihrem Container laufen zu lassen. Andernfalls würde ich bei den Images aus dem offiziellen Docker Repository bleiben, wie zum Beispiel `ubuntu:14.04` oder `debian:wheezy`.

Images neu bauen

Denken Sie daran, dass sich Docker beim Ausführen von `docker build` die `FROM`-Anweisung anschaut und versucht, das Image zu ziehen, wenn es noch nicht lokal vorhanden ist. Ist es hingegen schon da, wird Docker das Image verwenden, ohne zu prüfen, ob es eine neuere Version gibt. Ein `docker build` reicht also nicht aus, um sicherzustellen, dass Ihre Images immer aktuell sind. Sie müssen entweder explizit `docker pull` für alle »vererbenden« Images aufrufen oder sie löschen, um den Build-Befehl zu zwingen, die neueste Version herunterzuladen.

Das wird besonders wichtig, wenn verbreitete Basis-Images, wie zum Beispiel `debian`, mit Sicherheitspatches aktualisiert werden.

4.2.5 Anweisungen im Dockerfile

Dieser Abschnitt behandelt kurz die diversen Anweisungen, die in Dockerfiles genutzt werden können. Er geht nicht allzu sehr in die Tiefe, weil sich einerseits vieles noch ändert und es andererseits eine umfassende und immer aktuelle Dokumentation auf der Docker-Website unter *http://docs.docker.com/reference/builder* gibt. Kommentare in Dockerfiles werden durch ein # am Zeilenanfang markiert.

Exec- versus Shell-Format

Mehrere Anweisungen (`RUN`, `CMD` und `ENTRYPOINT`) verarbeiten sowohl ein *Shell*-Format als auch ein *Exec*-Format. Das Exec-Format erwartet ein JSON-Array (zum Beispiel `["executable", "param1", "param2"]`), bei dem das erste Element der Name einer ausführbaren Datei ist, die dann mit den weiteren Elementen als Parameter aufgerufen wird. Das Shell-Format ist ein String, der durch Übergabe an /bin/sh -c ausgewertet wird. Nutzen Sie das Exec-Format, um zu verhindern, dass die Shell Strings umbaut, oder wenn das Image kein /bin/sh besitzt.

Die folgenden Anweisungen stehen in Dockerfiles zur Verfügung:

- ADD
  Kopiert Dateien aus dem Build Context oder von URLs in das Image. Wird eine Archivdatei von einem lokalen Pfad aus hinzugefügt, wird diese automatisch ausgepackt. Da ADD ziemlich viel kann, ist es meist besser, das einfachere COPY zu nutzen, um Dateien und Verzeichnisse aus dem Build Context zu kopieren, und mit RUN und curl oder wget Ressourcen von anderer Stelle herunterzuladen (womit Sie die Möglichkeit haben, mit einer Anweisung die heruntergeladenen Daten nach dem Verarbeiten auch wieder zu löschen).
- ARG
  Mit dem Parameter ARG wird seit Docker-Version 1.9 eine temporäre ENV-Variable aus dem Build Context des Aufrufers gesetzt. Die ENV-Variable wird nicht in den META-Daten des Image vermerkt. Mit dem Parameter --build-arg <VARIBALE>=<VALUE> kann der Aufrufer die ARG-ENV-Variable setzen. Automatisch werden die folgenden ENV-Variablen des Aufrufers vom docker client übertragen: HTTP_PROXY, HTTPS_PROXY, http_proxy, https_proxy, FTP_PROXY und NO_PROXY. Mit einem kleinen Trick kann man mit dem ARG-Befehl ein einfaches Dockerfile-Templating realisieren:

```
...
ARG MY_VERSION
ENV MY_VERSIONLABEL "com.example.vendor"="ACME Incorporated"
LABEL com.example.label-with-value="foo"
LABEL version="1.0"
LABEL description="This text illustrates \
that label-values can span multiple lines."${MY_VERSION-:1.3}
RUN apt-get install -y mypackage=$MY_VERSION
...
```

- CMD
  Führt die angegebene Anweisung aus, wenn der Container gestartet wurde. Ist auch ein ENTRYPOINT definiert, wird die Anweisung als Argument für ENTRYPOINT verwendet (in diesem Fall müssen Sie das Exec-Format verwenden). Die CMD-Anweisung wird durch Argumente überschrieben, die docker run nach dem Imagenamen übergeben werden. Nur die letzte CMD-Anweisung hat eine Auswirkung, und alle vorigen CMD-Anweisungen werden ignoriert (einschließlich der in Basis-Images).
- COPY
  Wird verwendet, um Dateien aus dem Build Context in das Image zu kopieren. Es gibt die zwei Formen COPY *src dest* und COPY ["*src*", "*dest*"], die

beide die Datei oder das Verzeichnis an *src* im Build Context nach *dest* im Container kopieren. Das JSON-Array-Format ist notwendig, wenn die Pfade Leerzeichen enthalten. Jokerzeichen können genutzt werden, um mehrere Dateien oder Verzeichnisse anzugeben. Beachten Sie, dass Sie keine *src*-Pfade außerhalb des Build Context nutzen können (so wird zum Beispiel *../another_dir/myfile* nicht funktionieren).

- `ENTRYPOINT`
  Legt eine ausführbare Datei (und Standardargumente) fest, die beim Start des Containers laufen soll. Jegliche `CMD`-Anweisungen oder an `docker run` nach dem Imagenamen übergebenen Argumente werden als Parameter an das Executable durchgereicht. `ENTRYPOINT`-Anweisungen werden häufig genutzt, um »Start«-Skripten anzustoßen, die Variablen und Services initialisieren, bevor andere übergebene Argumente ausgewertet werden.

- `ENV`
  Setzt Umgebungsvariablen im Image. Diese können in folgenden Anweisungen genutzt werden. Zum Beispiel:

  ```
  ...
  ENV MY_VERSION 1.3
  RUN apt-get install -y mypackage=$MY_VERSION
  ...
  ```

  Die Variablen stehen zudem innerhalb des Image zur Verfügung.

- `EXPOSE`
  Erklärt Docker, dass der Container einen Prozess enthält, der an dem oder den angegebenen Port(s) lauscht. Diese Information wird von Docker beim Verbinden von Containern (siehe Abschnitt 4.4) oder beim Veröffentlichen von Ports durch das Argument `-P` von `docker run` genutzt. Die Anweisung alleine hat ansonsten keine Auswirkungen.

- `FROM`
  Setzt das Basis-Image für das Dockerfile, nachfolgende Anweisungen bauen auf diesem Image auf. Das Basis-Image wird in der Form `IMAGE:TAG` angegeben (zum Beispiel `debian:wheezy`). Lässt man das Tag weg, wird `latest` angenommen, aber ich empfehle dringend, immer das Tag auf eine bestimmte Version zu setzen, um Überraschungen zu vermeiden. Diese Anweisung muss die erste in einem Dockerfile sein.

- `HEALTHCHECK`
  Die Docker Engine prüft regelmäßig den Status der Anwendung im Container. Das Ergebnis kann mit dem Befehl `docker inspect` oder seit Docker-Version 1.12 über das API »health_status« erfragt werden.

  ```
  ...
  HEALTHCHECK --interval=5m --timeout=3s \
    CMD curl -f http://localhost/ || exit 1
  ...
  ```

- `MAINTAINER`
  Setzt die »Author«-Metadaten des Image auf den angegebenen String. Sie können sie mit `docker inspect -f {{.Author}} IMAGE` auslesen. Normalerweise werden mit dieser Anweisung der Name und die Kontaktdaten des Maintainers des Image gesetzt.
- `LABEL`
  Mit diesem Befehl können Meta-Daten für ein Image eingetragen werden. Ein Image kann nun mit Information über den Autor, die Lizenz, Version oder den Zweck angereichert werden.

```
...
LABEL "com.example.vendor"="ACME Incorporated"
LABEL com.example.label-with-value="foo"
LABEL version="1.0"
LABEL description="Dieser Text verdeutlicht\
das ein Wert eines Labels sich auf mehrere Zeilen verteilen kann."
...
```

- `ONBUILD`
  Gibt eine Anweisung an, die später ausgeführt werden soll, wenn das Image als Basis-Image für ein weiteres Image genutzt wird. Das kann sinnvoll sein, um Daten zu verarbeiten, die in einem Kind-Image hinzugefügt werden (zum Beispiel kann so Code aus einem ausgewählten Verzeichnis kopiert und ein Build-Skript damit ausgeführt werden).
- `RUN`
  Führt die angegebene Anweisung im Container aus und bestätigt das Ergebnis.
- `SHELL`
  Die Anweisung SHELL erlaubt es seit Docker 1.12, die Shell für den folgenden RUN-Befehl zu setzten. So ist es möglich, dass nun auch direkt bash, zsh oder Powershell-Befehle in einem Dockerfile genutzt werden können.
- `STOPSIGNAL`
  Mit der Anweisung STOPSIGNAL wird seit Docker 1.9 der Wert des Signals des System-Aufrufs gesetzt, der zum Beenden des Containers benutzt wird.
- `USER`
  Setzt den Benutzer (über Name oder UID), der in folgenden `RUN`-, `CMD`- oder `ENTRYPOINT`-Anweisungen genutzt werden soll. Beachten Sie, dass UIDs auf Host und Container die gleichen sind, die Benutzernamen aber verschiedenen UIDs zugewiesen sein können – was das Setzen von Berechtigungen knifflig machen kann.
- `VOLUME`
  Deklariert die angegebene Datei oder das Verzeichnis als Volume. Besteht die Datei oder das Verzeichnis schon im Image, wird sie beziehungsweise es in das Volume kopiert, wenn der Container gestartet wird. Werden mehrere

Argumente angegeben, werden sie als mehrfache VOLUME-Anweisungen interpretiert. Sie können aus Gründen der Portierbarkeit und Sicherheit nicht das Host-Verzeichnis für ein Volume in einem Dockerfile angeben. Mehr Informationen erhalten Sie in Abschnitt 4.5.

- WORKDIR
  Setzt das Arbeitsverzeichnis für alle folgenden RUN-, CMD-, ENTRYPOINT-, ADD- oder COPY-Anweisungen. Diese Anweisung kann mehrfach genutzt werden. Relative Pfadangaben sind möglich und werden relativ zum zuvor gesetzten WORKDIR interpretiert.

4.3 Container mit der Außenwelt verbinden

Stellen Sie sich vor, Sie lassen einen Webserver in einem Container laufen. Wie können Sie dann der Außenwelt darauf Zugriff gewähren? Die Antwort ist, Ports mit den Befehlen -p oder -P zu »veröffentlichen«. Dieser Befehl leitet Ports auf den Host des Containers weiter. Zum Beispiel:

```
$ docker run -d -p 8000:80 nginx
af9038e18360002ef3f3658f16094dadd4928c4b3e88e347c9a746b131db5444
$ curl localhost:8000
<!DOCTYPE html>
<html>
<head>
<title>Welcome to nginx!</title>
...
```

Das Argument -p 8000:80 hat Docker angewiesen, Port 8000 auf dem Host an Port 80 im Container weiterzuleiten. Alternativ kann das Argument -P genutzt werden, um Docker automatisch einen freien Port zum Weiterleiten auf dem Host auswählen zu lassen. Zum Beispiel:

```
$ ID=$(docker run -d -P nginx)
$ docker port $ID 80
0.0.0.0:32771
$ curl localhost:32771
<!DOCTYPE html>
<html>
<head>
<title>Welcome to nginx!</title>
...
```

Der Hauptvorteil von -P ist, dass Sie sich nicht mehr länger um das Verwalten der belegten Ports kümmern müssen. Das wird wichtig, wenn Sie viele Container einsetzen, die Ports veröffentlichen. In diesen Fällen können Sie den Befehl docker port nutzen, um die von Docker belegten Ports herauszufinden.

4.4 Container verlinken

Docker-*Links* sind die einfachste Möglichkeit, Container auf dem gleichen Host miteinander reden lassen zu können. Nutzen Sie das Standardnetzwerk-Modell von Docker, geschieht die Kommunikation zwischen Containern über ein internes Docker-Netzwerk, so dass sie nicht im Host-Netzwerk erreichbar ist.

> **Änderungen beim Verknüpfen von Docker-Containern**
>
> Seit der Version 1.12 erstellt man ein Containernetzwerk durch das »Veröffentlichen von Services«, statt sie direkt miteinander zu verknüpfen. Die Links werden aber noch eine ganze Zeit weiter funktionieren, und die Beispiele in diesem Buch sollten ohne Änderungen nachstellbar sein.
>
> Mehr Informationen zu den zukünftigen Änderungen finden Sie in Abschnitt 11.4.

Links werden über das Argument `--link CONTAINER:ALIAS` des Befehls `docker run` initialisiert, wobei `CONTAINER` der Name des Link-Containers[5] und `ALIAS` ein lokaler Name ist, der innerhalb des Master-Containers verwendet wird, um den Link-Container zu referenzieren.

Mit Docker-Links werden der Alias und die ID des Link-Containers in die */etc/hosts* des Master-Containers eingetragen, so dass der Link-Container aus dem Master-Container über den Namen angesprochen werden kann.

Zusätzlich setzt Docker eine Reihe von Umgebungsvariablen innerhalb des Master-Containers, die dazu gedacht sind, die Kommunikation mit dem Link-Container zu vereinfachen. So sieht das zum Beispiel aus, wenn wir einen Redis-Container erzeugen und darauf verlinken würden:

```
$ docker run -d --name myredis redis
c9148dee046a6fefac48806cd8ec0ce85492b71f25e97aae9a1a75027b1c8423
$ docker run --link myredis:redis debian env
PATH=/usr/local/sbin:/usr/local/bin:/usr/sbin:/usr/bin:/sbin:/bin
HOSTNAME=f015d58d53b5
REDIS_PORT=tcp://172.17.0.22:6379
REDIS_PORT_6379_TCP=tcp://172.17.0.22:6379
REDIS_PORT_6379_TCP_ADDR=172.17.0.22
REDIS_PORT_6379_TCP_PORT=6379
REDIS_PORT_6379_TCP_PROTO=tcp
REDIS_NAME=/distracted_rosalind/redis
REDIS_ENV_REDIS_VERSION=3.0.3
REDIS_ENV_REDIS_DOWNLOAD_URL=http://download.redis.io/releases/red
is-3.0.3.tar.gz
```

5. In diesem Buch werde ich den Container, der verlinkt wird, als *Link-Container* und den zu startenden Container als *Master-Container* bezeichnen (da letzterer verantwortlich für das Einrichten des Links ist).

```
REDIS_ENV_REDIS_DOWNLOAD_SHA1=0e2d7707327986ae652df717059354b358b8
3358
HOME=/root
```

Wir sehen hier, dass Docker Umgebungsvariablen eingerichtet hat, die mit `REDIS_PORT` beginnen und Informationen für das Verbinden mit dem Container enthalten. Die meisten davon scheinen mehr oder weniger redundant zu sein, da die Informationen in den Werten schon im Variablennamen enthalten sind. Aber immerhin stellen sie wenigstens eine Form von Dokumentation dar.

Docker hat auch Umgebungsvariablen aus dem verlinkten Container importiert, die mit dem Präfix `REDIS_ENV` beginnen. Diese Funktionalität kann zwar nützlich sein, es ist aber wichtig, sich ihrer bewusst zu sein, wenn Sie Umgebungsvariablen verwenden, in denen geheim zu haltende Daten gespeichert sind, wie zum Beispiel API-Token oder Datenbank-Passwörter.

Standardmäßig können Container miteinander reden – unabhängig davon, ob sie explizit verlinkt sind oder nicht. Wollen Sie verhindern, dass nicht verlinkte Container miteinander kommunizieren, verwenden Sie die Argumente `--icc=false` und `--iptables`, wenn Sie den Docker Daemon starten. Wenn nun Container verlinkt werden, richtet Docker Iptables-Regeln ein, damit die Container über Ports kommunizieren können, die nach außen veröffentlicht werden.

Leider haben Docker-Links aktuell einige Nachteile. Der vielleicht wichtigste ist, dass sie statisch sind – Links sollten zwar den Neustart eines Containers überleben, sie werden aber nicht aktualisiert, wenn der verlinkte Container ersetzt wird. Zudem muss der Link-Container vor dem Master-Container gestartet werden, was zur Folge hat, dass Sie keine bidirektionalen Links nutzen können.

Weitere Informationen zum Vernetzen von Containern finden Sie in Kapitel 11.

4.5 Daten mit Volumes und Datencontainern verwalten

Zur Erinnerung: Docker-Volumes sind Verzeichnisse,[6] die nicht Teil des UFS des Containers sind (siehe »Images, Container und das Union File System«, Seite 25), sondern bei denen es sich um normale Verzeichnisse auf dem Host handelt, die in den Container *bind-mounted* sind (siehe »Bind Mounting«, Seite 55).

Es gibt drei[7] verschiedene Möglichkeiten, Volumes zu initialisieren, und es ist wichtig, die Unterschiede zu kennen. Ein Weg ist, ein Volume zur Laufzeit mit dem Flag `-v` zu deklarieren:

```
$ docker run -it --name container-test -h CONTAINER \
        -v /data debian /bin/bash
```

6. Technisch gesehen sind es Verzeichnisse oder Dateien, da ein Volume auch aus einer einzelnen Datei bestehen kann.
7. Okay, zweieinhalb, abhängig davon, wie Sie zählen wollen.

```
root@CONTAINER:/# ls /data
root@CONTAINER:/#
```

Damit wird das Verzeichnis */data* im Container zu einem Volume. Jegliche Dateien, die das Image darin enthält, werden in das Volume kopiert. Wir können mit `docker inspect` in einer neuen Shell herausfinden, wo das Volume auf dem Host zu Hause ist:

```
$ docker inspect -f {{.Mounts}} container-test
[{5cad... /mnt/sda1/var/lib/docker/volumes/5cad.../_data /data local true}]
```

In diesem Fall ist das Volume */data/* im Container einfach ein Link auf das Verzeichnis */var/lib/docker/volumes/5cad.../_data* auf dem Host. Um das zu beweisen, können wir eine Datei im entsprechenden Host-Verzeichnis anlegen:[8]

```
$ sudo touch /var/lib/docker/volumes/5cad.../_data/test_file
```

Sie sollten die Datei nun direkt im Container sehen können:

```
$ root@CONTAINER: ls /data
test-file
```

Die zweite Möglichkeit, ein Volume einzurichten, ist der Einsatz von `VOLUME` in einem Dockerfile:

```
FROM debian:wheezy
VOLUME /data
```

Das hat den gleichen Effekt wie die Angabe von `-v /data` bei `docker run`.

Die dritte[9] Möglichkeit besteht darin, beim Argument `-v` von `docker run` ein explizites Verzeichnis anzugeben, mit dem das Volume auf dem Host gebunden werden soll. Dabei verwenden Sie das Format `-v HOST_DIR:CONTAINER_DIR`. Das lässt sich in einem Dockerfile nicht umsetzen (weil man sich damit Portabilitäts- und Sicherheitsprobleme einfangen würde). Zum Beispiel:

```
$ docker run -v /home/adrian/data:/data debian ls /data
```

Damit wird das Verzeichnis */home/adrian/data* auf dem Host als */data* im Container gemountet. Alle Dateien, die schon in */home/adrian/data* vorhanden sind, werden innerhalb des Containers zur Verfügung stehen. Existierte das Verzeichnis */data* schon im Container, wird dessen Inhalt durch das Volume verborgen. Anders als bei den anderen Aufrufformen werden hier keine Dateien aus dem Image in das Volume kopiert, und das Volume wird nicht durch Docker gelöscht

8. Sind Sie mit einem Docker Daemon auf einem entfernten Rechner verbunden, müssen Sie diesen Befehl auf dem Remote-Host via SSH ausführen. Nutzen Sie Docker Machine (was Sie tun, wenn Sie Docker über die Docker Toolbox installiert haben), können Sie das mit `docker-machine ssh default` erreichen.
9. Wirklich eine dritte?

(`docker rm -v` wird also kein Volume entfernen, das als ein vom Anwender ausgewähltes Verzeichnis gemountet ist).

Volume-Berechtigungen in Dockerfiles setzen

Sie werden auf einem Volume häufig Berechtigungen und Eigentümer setzen oder ein Volume mit Standarddaten oder Konfigurationsdateien vorbefüllen müssen. Entscheidend ist hier, dass Anweisungen *nach* der `VOLUME`-Anweisung in einem Dockerfile *keine* Änderungen an diesem Volume vornehmen können. So wird zum Beispiel das folgende Dockerfile nicht wie erwartet funktionieren:

```
FROM debian:wheezy
RUN useradd foo
VOLUME /data
RUN touch /data/x
RUN chown -R foo:foo /data
```

Wir wollen hier, dass die Befehle `touch` und `chown` auf dem Dateisystem des Image laufen, aber in Wirklichkeit laufen sie innerhalb des Volume eines temporären Containers, mit dem die Schicht erstellt wird (siehe dazu weiter oben Abschnitt 4.2). Das Volume wird entfernt, sobald der Befehl abgeschlossen ist, und die Anweisungen waren überflüssig.

Das folgende Dockerfile wird hingegen funktionieren:

```
FROM debian:wheezy
RUN useradd foo
RUN mkdir /data && touch /data/x
RUN chown -R foo:foo /data
VOLUME /data
```

Wird aus diesem Image ein Container gestartet, wird Docker alle Dateien aus dem Volume-Verzeichnis im Image in das Volume des Containers kopieren. Das passiert nicht, wenn Sie ein Host-Verzeichnis für das Volume angeben (so dass Host-Dateien nicht unabsichtlich überschrieben werden).

Wenn Sie aus irgendeinem Grund in einer `RUN`-Anweisung keine Berechtigungen und keinen Eigentümer setzen können, müssen Sie das mit einem `CMD`- oder `ENTRYPOINT`-Skript machen, das nach dem Erstellen eines Containers abläuft.

Bind Mounting

Wird ein bestimmtes Host-Verzeichnis in einem Volume verwendet (mit der Syntax `-v HOST_DIR:CONTAINER_DIR`), wird dies häufig als *Bind Mounting* bezeichnet. Das ist etwas irreführend, da alle Volumes technisch gesehen bind-mounted werden. Der Unterschied liegt eher darin, dass der Mount Point explizit gewählt wurde, statt in einem von Docker ausgewählten Verzeichnis versteckt zu sein.

4.5.1 Daten gemeinsam nutzen

Die Syntax -v HOST_DIR:CONTAINER_DIR ist sehr nützlich, um Dateien zwischen dem Host und einem oder mehreren Containern gemeinsam zu nutzen. So können zum Beispiel Konfigurationsdateien auf dem Host gehalten und in die Container eingebunden werden, die aus generischen Images erzeugt wurden.

Wir können Daten auch zwischen Containern teilen, indem wir docker run mit --volumes-from CONTAINER verwenden. So lässt sich zum Beispiel wie folgt ein neuer Container erzeugen, der Zugriff auf die Volumes des Containers in unserem vorigen Beispiel hat:

```
$ docker run -it -h NEWCONTAINER \
        --volumes-from container-test debian /bin/bash
root@NEWCONTAINER:/# ls /data
test-file
root@NEWCONTAINER:/#
```

Es ist wichtig, darauf hinzuweisen, dass dies auch dann funktioniert, wenn der Container, der die Volumes verwaltet (hier container-test) aktuell gar nicht läuft. Solange zumindest ein bestehender Container auf ein Volume verweist, wird dieses nicht gelöscht.

4.5.2 Datencontainer

Häufig werden *Datencontainer* erstellt – Container, deren einziger Zweck das gemeinsame Nutzen von Daten durch andere Container ist. Der größte Vorteil dieses Ansatzes ist, dass man so einen praktischen Namensraum für Volumes besitzt, die sich leicht mit dem Befehl --volumes-from laden lassen.

So können wir zum Beispiel mit folgender Anweisung einen Datencontainer für eine PostgreSQL-Datenbank erstellen:

```
$ docker run --name dbdata postgres echo "Postgres-Datencontainer"
```

Damit wird aus dem Image postgres ein Container erzeugt und die im Image definierten Volumes werden initialisiert, bevor der echo-Befehl ausgeführt und der Container wieder beendet wird.[10] Es ist nicht notwendig, den Container laufen zu lassen, weil das nur Ressourcen verschwenden würde.

Wir können dieses Volume nun in anderen Containern über das Argument --volumes-from verwenden. Zum Beispiel:

```
$ docker run -d --volumes-from dbdata --name db1 postgres
```

10. Wir könnten hier einen beliebigen Befehl nutzen, der sofort wieder endet, aber die echo-Meldung erinnert uns gleichzeitig noch an den Zweck des Containers, wenn wir docker ps -a ausführen. Eine andere Möglichkeit ist, den Container gar nicht zu starten, indem wir docker create statt docker run verwenden.

Images aus Datencontainern

Es ist normalerweise nicht notwendig, ein »minimales Image« wie `busybox` oder `scratch` für den Datencontainer zu verwenden. Nutzen Sie einfach das gleiche Image, das auch für die Container eingesetzt wird, welche die Daten verwenden. Greifen Sie zum Beispiel auf `postgres` zurück, um einen Datencontainer zu erstellen, der zusammen mit der Postgres-Datenbank verwendet wird.

Der Einsatz des gleichen Image erfordert keinen zusätzlichen Platz – Sie müssen das Image für den eigentlichen Anwendungsfall sowieso heruntergeladen oder erstellt haben. Auch hat das Image so die Möglichkeit, den Container mit initialen Daten auszustatten und sicherzustellen, dass die Berechtigungen korrekt eingerichtet sind.

Volumes löschen

Volumes werden nur gelöscht, wenn:

- der Container mit `docker rm -v` gelöscht wird *oder*
- `docker run` mit dem Flag `--rm` aufgerufen wurde

und

- kein bestehender Container auf das Volume verweist sowie
- kein Host-Verzeichnis für das Volume angegeben wurde (also die Syntax `-v HOST_DIR:CONTAINER_DIR` nicht zum Einsatz kam).

Volume-Befehl und Plugins

Seit der Version 1.9 existiert das Kommando `docker volume` zur Verwaltung von Volumes auf einem Docker Host. Man kann damit verschiedene Volume-Driver-Dateisysteme für Container bereitstellen.[11] Ein Volume kann nun auf einem Host angelegt werden und verschiedenen Container bereitgestellt werden. Volumes können einheitlich mit diesen Befehlen verwaltet werden. Wenn keine Default-Dateien auf dem Volume benötigt werden, kann auf einen separaten Datencontainer verzichtet werden. Mit diesem Schritt können nun verschiedene Dateisysteme und Optionen effizient in Containern genutzt werden. Mit dem Docker Release 1.12 können die Erweiterung eines Docker Host auch mit dem Befehl `docker plugin` verwaltet werden.

```
$ docker volume create --drvier local --name dbdata_postgres
$ docker run -d -v dbdata_postgress:/var/lib/postgresql/data postgres
```

Bei Redaktionsschluss des englische Originals dieses Buches bedeutete das, dass Sie sehr genau darauf achten mussten, Ihre Container genau so laufen zu lassen, da Sie

11. *https://docs.docker.com/engine/extend/plugins*
https://docs.docker.com/engine/reference/commandline/volume_create

sonst sehr wahrscheinlich verwaiste Dateien und Verzeichnisse im Installationsverzeichnis von Docker erhielten – und es schwierig war, herauszufinden, wofür sie noch gedacht waren. Docker arbeitete zu dem Zeitpunkt allerdings schon an einem »volume«-Befehl, der es Ihnen jetzt ermöglicht, Volumes unabhängig von Containern aufzuführen, zu erstellen, zu untersuchen und zu entfernen.

4.6 Häufig eingesetzte Docker-Befehle

Dieser Abschnitt bietet Ihnen einen kurzen (zumindest verglichen mit der offiziellen Dokumentation), nicht vollständigen Überblick über die verschiedenen Docker-Befehle, wobei ich mich auf diejenigen konzentriere, die im täglichen Einsatz benötigt werden. Da sich Docker immer noch deutlich ändert und weiterentwickelt, schauen Sie sich auch die offizielle Dokumentation auf der Docker-Website unter *https://docs.docker.com* an, um über alle Details und die neuesten Änderungen informiert zu sein. Ich habe bei den Befehlen nicht alle Argumente und die Syntax im Detail beschrieben (außer bei `docker run`). Rufen Sie dazu die eingebaute Hilfe auf, die Sie über das Argument `--help` bei einem Befehl oder über den Befehl `docker help` erreichen.

Boolesche Flags in Docker

Bei den meisten Befehlszeilentools von Unix werden Sie Flags ohne Werte finden, wie zum Beispiel das `-l` bei `ls -l`. Da diese Flags entweder gesetzt oder nicht gesetzt werden, betrachtet Docker sie als *Boolesche* Flags und unterstützt – anders als die meisten anderen Tools – die explizite Angabe eines Wertes (zum Beispiel werden sowohl `-f=true` als auch `-f` akzeptiert). Zudem (und hier wird es unübersichtlich) können Sie Flags haben, die standardmäßig auf true gesetzt sind *(Default-True-Flags)*, und solche, die standardmäßig false sind *(Default-False-Flags)*. Anders als Default-False-Flags werden Default-True-Flags als gesetzt angesehen, wenn sie nicht angegeben wurden. Das Angeben eines Flags ohne ein Argument hat den gleichen Wert wie das Setzen auf true – ein Default-True-Flag wird also *nicht* zurückgesetzt, indem man den Wert weglässt, sondern nur durch explizites Setzen auf false (zum Beispiel `-f=false`).

Um herauszufinden, ob ein Flag standardmäßig true oder false ist, schauen Sie in der eingebauten Docker-Hilfe danach. Zum Beispiel:

```
$ docker logs --help
...
  -f, --follow=false        Follow log output
  --help=false              Print usage
  -t, --timestamps=false    Show timestamp
...
```

Dies zeigt, dass `-f`, `--help` und `-t` Default-False-Flags sind.

Noch zwei weitere Beispiele: Schauen Sie sich das Argument `--sig-proxy` von `docker run` an. Die einzige Möglichkeit, dieses Argument abzuschalten, ist das explizite Setzen auf false. Zum Beispiel:

```
$ docker run --sig-proxy=false ...
```

Alle folgenden Zeilen bewirken das Gleiche:

```
$ docker run --sig-proxy=true ...
$ docker run --sig-proxy ...
$ docker run ...
```

Bei einem Default-False-Flag wie `--read-only` bewirken die folgenden beiden Zeilen, dass es auf true gesetzt wird:

```
$ docker run --read-only=true
$ docker run --read-only
```

Um das Flag auf false zu setzen, gibt man dies explizit an oder lässt es einfach weg.

Das führt zu manch seltsamem Verhalten bei Flags, die Logik-Abkürzungen nehmen (so funktioniert zum Beispiel `docker ps --help=false` wie üblich, ohne dass die Hilfetexte ausgegeben werden).

4.6.1 Der Befehl run

Wir haben `docker run` schon im Einsatz gesehen – es ist der Befehl zum Starten neuer Container. Dabei handelt es sich auch um den bei weitem komplexesten Befehl, und er unterstützt eine lange Liste möglicher Argumente. Diese ermöglichen es dem Anwender, zu konfigurieren, wie das Image laufen soll, Dockerfile-Einstellungen zu überschreiben, Verbindungen zu konfigurieren und Berechtigungen und Ressourcen für den Container zu setzen.

Die folgenden Optionen steuern den Lebenszyklus des Containers und seinen grundsätzlichen Arbeitsmodus:

`-a, --attach`
: Verbindet den angegebenen Stream (zum Beispiel `STDOUT`) mit dem Terminal. Wird kein Stream angegeben, werden sowohl `stdout` als auch `stderr` angebunden. Wird der Container zudem im interaktiven Modus gestartet (`-i`), wird auch `stdin` angebunden.

  Ist inkompatibel mit `-d`.

`-d, --detach`
: Lässt den Container im »Detached«-Modus laufen. Der Befehl führt den Container im Hintergrund aus und gibt die Container-ID zurück.

`-i, --interactive`
: Lässt `stdin` offen (auch wenn es nicht angebunden ist). Wird im Allgemeinen zusammen mit `-t` genutzt, um eine interaktive Containersitzung zu starten. Zum Beispiel:

```
$ docker run -it debian /bin/bash
root@bd0f26f928bb:/# ls
... Schnipp ...
```

`--restart`
: Hiermit wird festgelegt, wie Docker versucht, einen gestoppten Container neu zu starten. Mit dem Argument `no` wird nie versucht, einen Container neu zu starten, mit `always` wird es immer versucht – unabhängig vom Exit-Status. Das Argument `on-failure` versucht, Container neu zu starten, die *mit einem Nonzero-Status enden*. Mit einem optionalen Argument lässt sich angeben, wie häufig versucht wird, neu zu starten, bevor Docker aufgibt (ohne den Parameter wird unbegrenzt oft versucht, neu zu starten). So wird zum Beispiel `docker run --restart on-failure:10 postgres` den Postgres-Container starten und bis zu zehn Mal versuchen, ihn neu zu starten, falls er mit einem Nonzero-Code endet.[12]

`--rm`
: Entfernt den Container automatisch, wenn er endet. Kann nicht zusammen mit `-d` verwendet werden.

`-t, --tty`
: Allokiert ein Pseudo-TTY. Wird normalerweise zusammen mit `-i` genutzt, um einen interaktiven Container zu starten.

Die folgenden Optionen erlauben es, Namen und Variablen von Containern zu setzen:

`-e, --env`
: Setzt Umgebungsvariablen innerhalb des Containers. Zum Beispiel:

```
$ docker run -e var1=val -e var2="val 2" debian env PATH=/usr/local/sbin:/
usr/local/bin:/usr/sbin:/usr/bin:/sbin:/bin HOSTNAME=b15f833d65d8
var1=val
var2=val 2
HOME=/root
```

Schauen Sie sich auch die Option `--env-file` an, um Variablen über eine Datei zu übergeben.

`-h, --hostname`
: Setzt den Unix-Hostnamen des Containers auf `NAME`. Zum Beispiel:

```
$ docker run -h "myhost" debian hostname
myhost
```

`--name NAME`
: Weist dem Container den Namen `NAME` zu. Der Name kann genutzt werden, um den Container in anderen Docker-Befehlen zu referenzieren.

Die folgenden Container erlauben es dem Anwender, Volumes einzurichten (in Abschnitt 4.5 finden Sie weitere Informationen):

---

12. Mit der Option `unless-stopped` wird ein Restart nur durchgeführt, wenn der Container nicht vorher manuell gestoppt wurde.

`-v, --volume`
: Es gibt zwei Formen dieses Arguments, um ein Volume einzurichten (eine Datei oder ein Verzeichnis in einem Container, die/das Teil des Host-Systems ist und nicht zum Union File System des Containers gehört). Die erste Form gibt nur das Verzeichnis im Container an und bindet an ein Host-Verzeichnis, das von Docker ausgewählt wird. Die zweite Form gibt auch das Host-Verzeichnis an, an das gebunden werden soll.[13]

`--volumes-from`
: Mountet Volumes aus dem angegebenen Container. Wird häufig zusammen mit Datencontainern verwendet (siehe Abschnitt 4.5.2).

Es gibt eine Reihe von Optionen für die Zusammenarbeit zwischen Containern. Die am häufigsten genutzten Befehle dazu sind:

`--expose`
: Äquivalent zur Dockerfile-Anweisung `EXPOSE`. Gibt den Port oder Portbereich an, der im Container genutzt wird, öffnet diesen aber nicht. Diese Option ist nur zusammen mit `-P` oder beim Verlinken von Containern nützlich.

`--link`
: Richtet eine private Netzwerkschnittstelle zum angegebenen Container ein. In Abschnitt 4.4 finden Sie mehr Informationen dazu.

`-p, --publish`
: »Veröffentlicht« einen Port auf dem Container und macht ihn vom Host aus erreichbar. Wird der Host-Port nicht angegeben, wählt Docker zufällig einen Port im oberen Bereich. Dieser lässt sich dann durch den Befehl `docker port` ermitteln. Die Host-Schnittstelle, für die der Port veröffentlicht werden soll, lässt sich ebenfalls angeben.

`-P, --publish-all`
: Veröffentlicht alle mit `--expose` oder `EXPOSE` bereitgestellten Ports des Containers auf dem Host. Für jeden dieser Ports wird ein zufälliger Port im oberen Bereich ausgewählt. Mit dem Befehl `docker port` lässt sich das Mapping ermitteln.

Es gibt noch eine Reihe weiterer Optionen, die hilfreich sein können, wenn Sie sich intensiver mit dem Verknüpfen und Freigeben von Containern befassen. Achten Sie darauf, dass Sie für viele dieser Optionen Netzwerkkenntnisse haben müssen und Ihnen auch klar sein muss, wie das Ganze in Docker implementiert ist. Mehr Informationen dazu finden Sie in Kapitel 11.

Zum Befehl `docker run` gibt es noch einen Haufen weiterer Optionen, mit denen sich die Berechtigungen und Fähigkeiten von Containern steuern lassen. In

13. Seit Docker 1.9 gibt es die weitere Option, Volumes durch verschiedene Plugins bereitzustellen und in einen Container einzubinden.

Kapitel 13 finden Sie weitere Details dazu.

Die folgenden Optionen überschreiben direkt Dockerfile-Einstellungen:

`--entrypoint`
: Setzt den Entrypoint für den Container auf das angegebene Argument und überschreibt damit die `ENTRYPOINT`-Anweisungen im Dockerfile.

`-u, --user`
: Setzt den Benutzer, unter dem Befehle ausgeführt werden. Kann als Benutzername oder UID angegeben werden. Überschreibt `USER`-Anweisungen im Dockerfile.

`-w, --workdir`
: Setzt das Arbeitsverzeichnis im Container auf den angegebenen Pfad. Überschreibt einen entsprechenden Wert aus dem Dockerfile.

4.6.2 Container verwalten

Neben `docker run` werden folgende Docker-Befehle genutzt, um Container während ihres Lebenszyklus zu verwalten:

`docker attach [OPTIONS] CONTAINER`
: Der Befehl `attach` ermöglicht es dem Benutzer, den Hauptprozess im Container anzeigen zu lassen oder mit ihm zu interagieren. Zum Beispiel:

```
$ ID=$(docker run -d debian sh -c \
        "while true; do echo 'tick'; sleep 1; done;")
$ docker attach $ID
tick
tick
tick
tick
```

Beachten Sie, dass der Prozess mit Strg-C beendet wird und der Container damit auch stoppt.

`docker create`
: Erzeugt einen Container aus einem Image, ohne ihn zu starten. Erwartet mehr oder weniger die gleichen Argumente wie `docker run`. Um den Container zu starten, nutzen Sie `docker start`.

`docker cp`
: Kopiert Dateien und Verzeichnisse zwischen einem Container und seinem Host.

`docker exec`
: Führt einen Befehl innerhalb eines Containers aus. Kann genutzt werden, um Wartungsaufgaben durchzuführen oder als Ersatz für `ssh`, um sich an einem Container anzumelden.

Zum Beispiel:

```
$ ID=$(docker run -d debian sh -c "while true; sleep 1; done;")
$ docker exec $ID echo "Hallo"
Hallo
$ docker exec -it $ID /bin/bash
root@5c6c32041d68:/# ls
bin   dev  home  lib64  mnt  proc  run   selinux  sys  usr
boot  etc  lib   media  opt  root  sbin  srv      tmp  var
root@5c6c32041d68:/# exit
exit
```

`docker kill`

Schickt ein Signal an den Hauptprozess (PID 1) in einem Container. Standardmäßig wird `SIGKILL` gesendet, womit der Container sofort stoppt. Alternativ kann das Signal auch mit dem Argument `-s` angegeben werden. Es wird die Container-ID zurückgegeben.

Zum Beispiel:

```
$ ID=$(docker run -d debian bash -c \
    "trap 'echo caught' SIGTRAP; while true; do sleep 1; done;")
$ docker kill -s SIGTRAP $ID
e33da73c275b56e734a4bbbefc0b41f6ba84967d09ba08314edd860ebd2da86c
$ docker logs $ID
caught
$ docker kill $ID
e33da73c275b56e734a4bbbefc0b41f6ba84967d09ba08314edd860ebd2da86c
```

`docker pause`

Lässt alle Prozesse im angegebenen Container pausieren. Sie empfangen kein Signal, dass sie pausiert werden, daher können sie sich auch nicht herunterfahren oder aufräumen. Mit `docker unpause` lassen sie sich wieder starten. `docker pause` nutzt intern die Freezer-Funktion von Linux-cgroups. Im Gegensatz dazu steht der Befehl `docker stop`, der die Prozesse stoppt und Signale schickt, die von ihnen empfangen werden können.

`docker restart`

Startet einen oder mehrere Container neu. Entspricht in etwa dem Aufruf von `docker stop`, gefolgt von `docker start` für die Container. Ein optionales Argument `-t` gibt an, wie lange auf das Herunterfahren der Container gewartet werden soll, bis sie mit einem `SIGTERM` abgeschossen werden.

`docker rm`

Entfernt einen oder mehrere Container. Gibt die Namen oder IDs erfolgreich gelöschter Container zurück. Standardmäßig entfernt `docker rm` keine Volumes. Mit dem Argument `-f` lassen sich auch laufende Container entfernen, und mit `-v` werden von den Containern erzeugte Volumes ebenfalls gelöscht (solange sie nicht bind-mounted sind oder von einem anderen Container verwendet werden).

So werden zum Beispiel alle gestoppten Container gelöscht:

```
$ docker rm $(docker ps -aq)
b7a4e94253b3
e33da73c275b
f47074b60757
```

`docker start`

Startet einen (oder mehrere) gestoppten Container. Kann genutzt werden, um einen Container neu zu starten, der beendet wurde, oder um einen Container zu starten, der mit `docker create` erzeugt, aber nie gestartet wurde.

`docker stop`

Stoppt einen oder mehrere Container (ohne sie zu entfernen). Nach dem Aufruf von `docker stop` für einen Container wird er in den Status »exited« überführt. Ein optionales Argument `-t` gibt an, wie lange darauf gewartet werden soll, bis der Container heruntergefahren ist, bevor er mit einem `SIGTERM` abgeschossen wird.

`docker unpause`

Startet einen Container neu, der zuvor mit `docker pause` pausiert wurde.

Von einem Container trennen

Sind Sie mit einem Docker-Container verbunden (attached) – entweder über den interaktiven Modus oder durch ein Verbinden mit `docker attach` –, werden Sie den Container stoppen, wenn Sie versuchen, mit Strg-C die Verbindung aufzulösen. Stattdessen können Sie sich mit Strg-P Strg-Q vom Container trennen, ohne ihn zu stoppen.

Das funktioniert allerdings nur, wenn Sie im interaktiven Modus mit einem TTY mit dem Container verbunden sind (also wenn Sie sowohl `-i` als auch `-t` verwenden).

4.6.3 Docker-Info

Die folgenden Unterbefehle können genutzt werden, um mehr Informationen über die Docker-Installation und deren Einsatz zu erhalten:

`docker info`

Gibt eine Reihe von Informationen über das Docker-System und den Host aus.

`docker help`

Gibt Informationen zum Einsatz und zur Hilfe rund um den angegebenen Unterbefehl aus. Sie können stattdessen auch einen Befehl mit dem Flag `--help` aufrufen.

`docker version`
Gibt Informationen über die Docker-Version für den Client und Server aus, aber auch über die Go-Version, die im Einsatz ist.

4.6.4 Container-Info

Die folgenden Befehle liefern weitere Informationen zu laufenden und gestoppten Containern.

`docker diff`
Gibt die Änderungen am Dateisystem des Containers verglichen mit dem Image aus, aus dem er gestartet wurde. Zum Beispiel:

```
$ ID=$(docker run -d debian touch /NEW-FILE)
$ docker diff $ID
A /NEW-FILE
```

`docker events`
Gibt Realtime-Events des Daemon aus. Mit Strg-C beenden Sie die Ausgabe. Mehr Informationen dazu finden Sie in Kapitel 10.

`docker inspect`
Gibt umfangreiche Informationen zu Containern oder Images aus. Dazu gehören die meisten Konfigurationsoptionen und Netzwerkeinstellungen sowie Volumes-Mappings. Dem Befehl kann das Argument `-f` mitgegeben werden, um ein Go-Template zum Formatieren und Filtern der Ausgabe anzuwenden.

`docker logs`
Gibt die »Logs« für einen Container aus. Dabei handelt es sich einfach um alles, was innerhalb des Containers nach `STDERR` oder `STDOUT` geschrieben wurde. Mehr Informationen zum Protokollieren in Docker finden Sie in Kapitel 10.

`docker port`
Gibt die freigegebenen Port-Mappings für den angegebenen Container aus. Dem Befehl können optional der interne Container-Port und das Protokoll, nach dem er schauen soll, mitgegeben werden,. Wird häufig nach `docker run -P <image>` genutzt, um die zugewiesenen Ports herauszufinden.

Zum Beispiel:

```
$ ID=$(docker run -P -d redis)
$ docker port $ID
6379/tcp -> 0.0.0.0:32768
$ docker port $ID 6379
0.0.0.0:32768
$ docker port $ID 6379/tcp
0.0.0.0:32768
```

`docker ps`

Gibt einen Überblick über die aktuellen Container, wie zum Beispiel Namen, IDs und Status. Es stehen viele verschiedene Argumente zur Verfügung, unter anderem `-a`, um alle Container zu erhalten und nicht nur die aktuell laufenden. Mit `-q` werden nur die Container-IDs zurückgegeben, was sehr nützlich als Eingabe für andere Befehle wie `docker rm` ist.

`docker top`

Gibt Informationen zu den laufenden Prozessen in einem angegebenen Container aus. Intern wird bei diesem Befehl das UNIX-Tool `ps` auf dem Host ausgeführt und dessen Ausgabe auf Prozesse im angegebenen Container gefiltert. Dem Befehl können die gleichen Argumente mitgegeben werden wie beim `ps`-Tool, wobei die Standardwerte `-ef` sind (achten Sie aber darauf, sicherzustellen, dass sich das PID-Feld weiterhin in der Ausgabe befindet).

Zum Beispiel:

```
$ ID=$(docker run -d redis)
$ docker top $ID
UID  PID   PPID  C  STIME  TTY  TIME      CMD
999  9243  1836  0  15:44  ?    00:00:00  redis-server *:6379
$ ps -f -u 999
UID  PID   PPID  C  STIME  TTY  TIME      CMD
999  9243  1836  0  15:44  ?    00:00:00  redis-server *:6379
$ docker top $ID -axZ
LABEL           PID   TTY  STAT  TIME  COMMAND
docker-default  9243  ?    Ssl   0:00  redis-server *:6379
```

4.6.5 Arbeit mit Images

Die folgenden Befehle sind Tools für das Erstellen von Images und die Arbeit mit ihnen:

`docker build`

Erstellt ein Image aus einem Dockerfile. In den Abschnitten 3.3 und 4.2 erhalten Sie mehr Informationen dazu.

`docker commit`

Erstellt ein Image aus dem angegebenen Container. Dieser Befehl kann zwar nützlich sein, im Allgemeinen ist es aber besser, Images mithilfe von `docker build` zu erstellen, da sich dies leichter reproduzierbar gestalten lässt. Standardmäßig werden Container vor einem Commit pausiert, das lässt sich aber mit dem Argument `--pause=false` unterdrücken. Mit den Argumenten `-a` und `-m` lassen sich Metadaten setzen.

Zum Beispiel:

```
$ ID=$(docker run -d redis touch /new-file)
$ docker commit -a "Joe Bloggs" -m "Comment" $ID commit:test
ac479108b0fa9a02a7fb290a22dacd5e20c867ec512d6813ed42e3517711a0cf
```

```
$ docker images commit
REPOSITORY  TAG   IMAGE ID      CREATED              VIRTUAL SIZE
commit      test  ac479108b0fa  About a minute ago   111 MB
$ docker run commit:test ls /new-file
/new-file
```

`docker export`
: Exportiert den Inhalt des Container-Dateisystems als Tar-Archiv auf `STDOUT`. Das so entstandene Archiv lässt sich mit `docker import` wieder laden. Beachten Sie, dass nur das Dateisystem exportiert wird – Metadaten wie die exportierten Ports, `CMD`- und `ENTRYPOINT`-Einstellungen gehen verloren. Zudem sind im Exportarchiv keine Volumes enthalten. Vergleichen Sie dazu auch `docker save`.

`docker history`
: Gibt Informationen zu jeder Schicht in einem Image aus.

`docker images`
: Gibt eine Liste lokaler Images aus, wobei Informationen zu Repository-Namen, Tag-Namen und Größe enthalten sind. Standardmäßig sind Zwischen-Images (die beim Erstellen von Top-Level-Images verwendet werden) nicht enthalten. Bei der `VIRTUAL SIZE` handelt es sich um die Gesamtgröße des Image einschließlich aller darunterliegenden Schichten. Da diese Schichten eventuell gemeinsam mit anderen Images genutzt werden, führt ein einfaches Aufsummieren der Größe aller Images nicht zwingend zu einer korrekten Einschätzung des Platzverbrauchs auf der Festplatte. Zudem erscheinen Images auch mehrfach, wenn sie mehr als ein Tag besitzen. Die Images lassen sich dabei über ihre ID unterscheiden. Dieser Befehl kennt eine Reihe von Argumenten. Insbesondere `-q` ist interessant, da damit nur die Image-IDs zurückgegeben werden, was für andere Tools wie `docker rmi` nützlich sein kann.

Zum Beispiel:

```
$ docker images | head -4
REPOSITORY               TAG     IMAGE ID      CREATED      VIRTUAL SIZE
identidock_identidock    latest  9fc66b46a2e6  2 hours ago  839.8 MB
redis                    latest  868be653dea3  6 days ago   110.8 MB
containersol/pre-base    latest  13919d434c95  2 weeks ago  401.8 MB
$ docker rmi $(docker images -q -f dangling=true)
Deleted: a9979d5ace9af55a562b8436ba66a1538357bc2e0e43765b406f2c...
```

`docker import`
: Erstellt aus einer Archivdatei mit einem Dateisystem ein Image. Solch ein Archiv kann durch `docker export` erstellt worden sein. Es kann über einen Dateipfad oder eine URL angegeben oder (durch den Einsatz des Flags `-`) von `STDIN` gestreamt werden. Der Befehl gibt die ID des neu erstellten Image zurück. Das Image kann durch Angabe eines Repository- und Tag-Namen getaggt werden. Beachten Sie, dass ein per `docker import` erstelltes Image nur eine Schicht besitzt und keine Docker-Konfigurationseinstellungen wie die

bereitgestellten Ports und CMD-Werte besitzt. Vergleichen Sie dazu auch docker load.

Ein Beispiel für das »Flachklopfen« eines Image durch Export und Import:

```
$ docker export 35d171091d78 | docker import - flatten:test
5a9bc529af25e2cf6411c6d87442e0805c066b96e561fbd1935122f988086009
$ docker history flatten:test
IMAGE          CREATED          CREATED BY SIZE      COMMENT
981804b0c2b2   59 seconds ago              317.7 MB  Imported from -
```

docker load

Lädt ein Repository aus einem von STDIN übergebenen Tar-Archiv. Das Repository kann diverse Images und Tags enthalten. Anders als bei docker import enthalten die Images ihre Historie und Metadaten. Passende Archivdateien werden durch docker save erstellt, womit save und load eine nützliche Alternative zu Registries sind, um Images zu verteilen und Backups herzustellen. Bei docker save finden Sie ein Beispiel.

docker rmi

Löscht das oder die angegebenen Images. Diese werden durch ihre ID oder Repository- und Tag-Namen spezifiziert. Wird ein Repository-Name ohne Tag-Namen angegeben, wird für Letzteren latest angenommen. Um Images zu löschen, die in mehreren Repositories vorhanden sind, definieren Sie die Images über ihre IDs und nutzen Sie das Argument -f. Den Befehl müssen Sie dann ein Mal pro Repository ausführen.

docker save

Sichert die angegebenen Images oder Repositories in ein Tar-Archiv, welches nach STDOUT gestreamt wird (mit -o wird in eine Datei geschrieben). Images können über ihre ID oder als repository:tag angegeben werden. Wird nur ein Repository-Name genutzt, werden alle Images in diesem Repository in das Archiv geschrieben und nicht nur das mit dem Tag latest. Dieser Befehl lässt sich zusammen mit docker load verwenden, um Images zu verteilen oder Backups von ihnen zu erstellen.

Zum Beispiel:

```
$ docker save -o /tmp/redis.tar redis:latest
$ docker rmi redis:latest
Untagged: redis:latest
Deleted: 868be653dea3ff6082b043c0f34b95bb180cc82ab14a18d9d6b8e2...
...
$ docker load -i /tmp/redis.tar
$ docker images redis
REPOSITORY TAG     IMAGE ID      CREATED        VIRTUAL SIZE
redis      latest  0f3059144681  3 months ago   111 MB
```

`docker tag`
: Weist einem Image einen Repository- und Tag-Namen zu. Das Image kann über seine ID oder über einen bestehenden Repository- und Tag-Namen angegeben werden (fehlt der Tag-Name, wird `latest` genutzt). Wird für den neuen Namen kein Tag angegeben, wird `latest` verwendet.

Zum Beispiel:

```
$ docker tag faa2b75ce09a newname ❶
$ docker tag newname:latest amouat/newname ❷
$ docker tag newname:latest amouat/newname:newtag ❸
$ docker tag newname:latest myregistry.com:5000/newname:newtag ❹
```

❶ Fügt das Image mit der ID `faa2b75ce09a` zum Repository `newname` hinzu, wobei als Tag-Name `latest` genutzt wird (weil nichts für ihn angegeben wurde).

❷ Fügt das Image `newname:latest` zum Repository `amouat/newname` hinzu, ebenfalls wieder mit dem Tag-Namen `latest`. Dieses Label kann genutzt werden, um das Image auf den Docker-Hub zu schieben, sofern der Benutzer dort `amouat` ist.

❸ Wie zuvor, nur mit dem Tag `newtag` statt `latest`.

❹ Fügt das Image `newname:latest` zum Repository `myregistry.com/newname` mit dem Tag `newtag` hinzu. Dieses Label hat ein Format, mit dem das Image auf eine Registry unter *http://myregistry.com:5000* geschoben werden kann.

4.6.6 Die Registry verwenden

Die folgenden Befehle dienen der Zusammenarbeit mit Registries, einschließlich des Docker Hub. Beachten Sie, dass Docker die Credentials in Ihrem Home-Verzeichnis in der Datei *.dockercfg* sammelt:

`docker login`
: Registriert sich am angegebenen Registry-Server oder meldet sich dort an. Ist kein Server genannt, wird der Docker Hub angenommen. Der Prozess fragt bei Bedarf interaktiv nach Details, sie lassen sich aber auch als Argumente mitgeben.

`docker logout`
: Meldet sich von einer Docker Registry ab. Wird kein Server angegeben, meldet sich Docker vom Docker Hub ab.

`docker pull`
: Lädt das angegebene Image von einer Registry herunter. Die Registry wird durch den Imagenamen ermittelt und ist standardmäßig der Docker-Hub. Wird kein Tag-Name mitgegeben, wird das Image mit dem Tag `latest` herun-

tergeladen (sofern vorhanden). Mit dem Argument `-a` laden Sie alle Images aus einem Repository herunter.

`docker push`
: Schiebt ein Image oder Repository in die Registry. Wird kein Tag angegeben, werden *alle* Images im Repository in die Registry geschoben, nicht nur das mit dem Tag `latest`.

`docker search`
: Gibt eine Liste öffentlicher Repositories auf dem Docker Hub aus, die zum Suchbegriff passen. Die Ergebnisse werden auf 25 Repositories beschränkt. Sie können auch mit Sternchen und auf automatisierte Builds filtern. Im Allgemeinen ist es einfacher, die Website zu verwenden.

4.7 Zusammenfassung

Das waren jetzt ganz schön viele Informationen! Haben Sie zumindest die wichtigsten Punkte überfliegen können, sollten Sie jetzt einen halbwegs vernünftigen Überblick über die Funktionsweise von Docker und seine wichtigsten Befehle haben. In Teil II werden wir dieses Wissen auf ein Softwareprojekt anwenden und dabei von der Entwicklung bis zur Produktion alle Schritte durchlaufen. Vielleicht hilft Ihnen dieser praxisnähere Ansatz beim Verstehen einiger der Themen aus diesem Kapitel.

Teil II

Der Software-Lebenszyklus mit Docker

In Teil I haben wir die Philosophie der Container vorgestellt und uns mit den Grundlagen vertraut gemacht. In Teil II werden wir mehr in die Tiefe gehen und Docker verwenden, um eine Webanwendung zu bauen, zu testen und bereitzustellen. Wir werden sehen, wie Docker-Container beim Entwickeln, Testen und in der Produktion genutzt werden können. Dieser Teil wird sich auf ein Single-Host-System konzentrieren – in Teil III finden Sie Informationen über das Deployen und Orchestrieren von Containern auf mehreren Hosts.

Am Ende von Teil II werden Sie verstehen, wie Docker in den Software-Entwicklungsprozess integriert wird und wie angenehm die tagtägliche Arbeit damit ist. Um das Beste aus Docker herauszuholen, ist es wichtig, einem DevOps-Ansatz zu folgen. Insbesondere während der Entwicklung werden wir uns Gedanken darüber machen, wie die Software im Produktivumfeld laufen wird, was das Bereitstellen in vielen verschiedenen Umgebungen deutlich erleichtert.

Obwohl die Anwendung, die wir im Laufe der Kapitel bauen werden, notwendigerweise recht klein sein wird, wollen wir auch die Technologien und Praktiken behandeln, die für das Ausführen großer, durch umfangreiche Entwicklerteams entstehende Anwendungen notwendig sind.

Container sind nicht dafür gedacht, Enterprise-Software-Monolithen zu erstellen, deren Releasezyklen in Wochen oder Monaten gemessen werden. Stattdessen werden wir es ganz natürlich finden, einem Microservices-Ansatz zu folgen und Techniken wie das Continuous Deployment anzuwenden, bei denen es unproblematisch ist, mehrmals pro Tag Code in die Produktivumgebung auszuliefern.

Die Vorteile von Containern, DevOps, Microservices und Continuous Delivery verbinden sich alle zur Idee einer Fast-Feedback-Schleife. Durch schnellere Iterationen können wir Systeme mit höherer Qualität in kürzeren Zyklen entwickeln, testen und validieren.

5 Docker in der Entwicklung einsetzen

In Teil II dieses Buches werden wir eine einfache Webanwendung entwickeln, die für einen gegebenen String ein eindeutiges Bild zurückgibt – ähnlich den Identicons von GitHub und StackOverflow für Benutzer ohne eigenes Bild. Wir werden die Anwendung in Python mit dem Flask-Webframework schreiben. Python wurde für dieses Beispiel gewählt, weil es eine weite Verbreitung gefunden hat, kurz und prägnant ist, dabei aber gut lesbar bleibt. Machen Sie sich keine Sorgen, wenn Sie nicht in Python programmieren. Wir werden uns auf die Interaktion mit Docker konzentrieren, nicht auf die Details des Python-Codes.[1] Aus ähnlichen Gründen wurde Flask gewählt – es ist schlank und leicht zu verstehen. Wir werden Docker verwenden, um all unsere Abhängigkeiten zu verwalten, so dass es nicht notwendig ist, Python oder Flask auf Ihrem Host-Computer zu installieren.

Dieses Kapitel wird sich darauf konzentrieren, einen auf Containern basierenden Workflow und die notwendigen Tools einzurichten, bevor wir im nächsten Kapitel mit der Entwicklung beginnen.

5.1 Sag »Hallo Welt!«

Beginnen wir damit, einen Webserver zu erstellen, der einfach nur »Hallo Welt!« zurückgibt. Legen Sie zuerst ein neues Verzeichnis mit dem Namen *identidock* an, in dem unser Projekt liegen wird. Innerhalb dieses Verzeichnisses erstellen Sie ein Unterverzeichnis *app* für unseren Python-Code. In diesem Verzeichnis erstellen Sie eine Datei namens *identidock.py*:

```
$ tree identidock/
identidock/
└── app
    └── identidock.py

1 directory, 1 file
```

1. Wollen Sie mehr über Python und Flask erfahren, schauen Sie sich *Flask Web Development* von Miguel Grinberg an (O'Reilly, *http://shop.oreilly.com/product/0636920031116.do*), insbesondere, wenn Sie Webanwendungen schreiben wollen.

Fügen Sie nun in *identidock.py* folgenden Code ein:

```
from flask import Flask
app = Flask(__name__) ❶

@app.route('/') ❷
def hello_world():
    return 'Hallo Welt!\n'

if __name__ == '__main__':
    app.run(debug=True, host='0.0.0.0') ❸
```

Erklären wir kurz den Code:

❶ Initialisiert Flask und richtet das Anwendungsobjekt ein.

❷ Erstellt eine Route, die mit der URL verbunden ist. Wann immer diese URL angefordert wird, führt das zu einem Aufruf der Funktion `hello_world`.

❸ Initialisiert den Python-Webserver. Durch den Einsatz von `0.0.0.0` als Host-Argument (statt `localhost` oder `127.0.0.1`) wird an alle Netzwerkschnittstellen gebunden, was notwendig ist, damit der Container auch vom Host oder von anderen Containern aus angesprochen werden kann. Die `if`-Anweisung in der Zeile darüber stellt sicher, dass der Code nur ausgeführt wird, wenn die Datei als Standalone-Programm läuft und nicht als Teil einer größeren Anwendung.

Quellcode

Sie finden den Quellcode für dieses Kapitel auf GitHub unter *https://github.com/using-docker/using_docker_in_dev*. Es gibt Git-Tags für die verschiedenen Zustände des Codes im Kapitel.

Mir wurde gesagt, dass sich der Code eher schlecht aus dem E-Book herauskopieren lässt, daher nutzen Sie am besten das GitHub-Repository, wenn Sie Probleme haben.

Jetzt benötigen wir einen Container, in dem wir diesen Code unterbringen und ihn ausführen können. Erstellen Sie im Verzeichnis *identidock* eine Datei namens *Dockerfile* mit folgendem Inhalt:

```
FROM python:3.4

RUN pip install Flask==0.10.1
WORKDIR /app
COPY app /app

CMD ["python", "identidock.py"]
```

Dieses Dockerfile nutzt als Basis ein offizielles Python-Image, welches eine Installation von Python 3 enthält. Darauf installiert es Flask und kopiert unseren Code hinein. Die `CMD`-Anweisung führt dann einfach unseren Identidock-Code aus.

> **Offizielle Imagevarianten**
>
> Viele der offiziellen Repositories für beliebte Programmiersprachen wie Python, Go und Ruby enthalten mehrere Images für unterschiedliche Zwecke. Neben den Images für verschiedene Versionsnummern werden Sie sehr wahrscheinlich mindestens eines der folgenden vorfinden:
>
> *slim*
> Diese Images sind ausgedünnte Versionen der Standardimages. Viele gebräuchliche Pakete und Bibliotheken werden fehlen. Diese Images sind notwendig, wenn Sie die Imagegröße für die Bereitstellung reduzieren müssen, aber sie erfordern zusätzlichen Aufwand beim Installieren und Warten der Pakete, die im Standardimage schon vorhanden sind.
>
> *onbuild*
> Diese Images nutzen die Dockerfile-Anweisung `ONBUILD`, um mit dem Ausführen bestimmter Befehle zu warten, bis aus dem Image ein neues »Kind«-Image erstellt wird. Diese Befehle werden als Teil der `FROM`-Anweisung für das Kind-Image verarbeitet und sind im Allgemeinen dazu gedacht, Code zu kopieren oder einen Kompilierungsschritt auszuführen. Solche Images können den Einstieg in eine Sprache vereinfachen, aber langfristig sind sie meist zu eingeschränkt und verwirrend. Ich empfehle, Onbuild-Images nur zu verwenden, wenn Sie ein Repository erstmalig durchstöbern.
>
> Für unsere Beispielanwendung werden wir ein Standardbasisimage für Python 3 verwenden und nicht auf eine dieser Varianten zurückgreifen.

Jetzt können wir unsere einfache Anwendung bauen und ausführen:

```
$ cd identidock
$ docker build -t identidock .
...
$ docker run -d -p 5000:5000 identidock
0c75444e8f5f16dfe5aceb0aae074cc33dfc06f2d2fb6adb773ac51f20605aa4
```

Hier habe ich das Flag `-d` an `docker run` übergeben, um den Container im Hintergrund zu starten. Sie können es aber auch weglassen, um die Ausgabe des Webservers zu sehen. Das Argument `-p 5000:5000` teilt Docker mit, dass wir Port 5000 im Container an Port 5000 auf dem Host weiterleiten wollen.

Testen wir das Ganze:

```
$ curl localhost:5000
Hallo Welt!
```

Docker Machine-IPs

Lassen Sie Docker mithilfe von Docker Machine laufen (was der Fall ist, wenn Sie Docker mit der Docker Toolbox auf dem Mac oder unter Windows installiert haben), werden Sie für die URL nicht `localhost` nutzen können.[2] Stattdessen müssen Sie die IP-Adresse der VM verwenden, in der Docker läuft. Mit der `ip`-Anweisung von Docker Machine können Sie das automatisieren. Zum Beispiel:

```
$ curl $(docker-machine ip default):5000
Hallo Welt!
```

Dieses Buch geht davon aus, dass Docker lokal auf ihrer Linux Maschine läuft. Achten Sie ansonsten darauf, `localhost` durch die passende IP-Adresse zu ersetzen.

Ausgezeichnet! Es gibt allerdings ein ziemlich großes Problem mit dem Workflow: Für jede kleine Änderung am Code müssen wir das Image neu bauen und den Container wieder starten. Zum Glück gibt es eine einfache Lösung. Wir können den Quellcode-Ordner auf dem Host über das entsprechende Verzeichnis im Container *bind-mounten*. Der folgende Code stoppt und entfernt den letzten laufenden Container (wenn das vorige Beispiel nicht der letzte laufende Container war, müssen Sie dessen ID mit `docker ps` herausfinden), bevor ein neuer gestartet wird, bei dem das Codeverzeichnis nach */app* gemountet ist:

```
$ docker stop $(docker ps -lq)
0c75444e8f5f
$ docker rm $(docker ps -lq)
$ docker run -d -p 5000:5000 -v "$PWD"/app:/app identidock
```

Das Argument `-v $PWD/app:/app` mountet das App-Verzeichnis im Container als */app*. Der Inhalt von */app* innerhalb des Containers wird überschrieben, und das Verzeichnis ist auch beschreibbar (wenn Sie das nicht wollen, können Sie ein Volume auch als schreibgeschützt mounten). Argumente von `-v` müssen absolute Pfade sein, daher haben wir `$PWD` genutzt, um auf das aktuelle Verzeichnis zuzugreifen, was uns einige Schreibarbeit erspart und alles portabel hält.

Bind Mount

Wird ein Host-Verzeichnis für ein Volume bei `docker run` mit dem Argument `-v HOST_DIR:CONTAINER_DIR` angegeben, bezeichnet man es im Allgemeinen als »Bind Mount«, da es einen Ordner (oder eine Datei) auf dem Host an einen Ordner (oder eine Datei) im Container bindet. Das ist ein bisschen verwirrend, weil alle Volumes technisch gesehen bind-mounted sind, aber

2. Mit der Bereitstellung von Docker for Mac/Windows gibt es nun eine direkte Anbindung via xhyve und hyper-v, die eine vollständigere Integration ermöglicht.

wir müssen ein wenig mehr Aufwand treiben, um das Verzeichnis auf dem Host zu finden, wenn es nicht explizit angegeben wurde.

Beachten Sie, dass sich `HOST_DIR` immer auf die Maschine bezieht, auf der die Docker Engine läuft. Sind Sie mit einem entfernten Docker Daemon verbunden, muss der Pfad auf dem entfernten Rechner existieren. Nutzen Sie eine lokale VM, die von Docker Machine bereitgestellt wird (was Sie tun, wenn Sie Docker über Toolbox installiert haben), wird Ihr Home-Verzeichnis cross-mounted, um während der Entwicklung die Sache nicht noch komplizierter zu gestalten.

Prüfen Sie, ob immer noch alles funktioniert:

```
$ curl localhost:5000
Hallo Welt!
```

Auch wenn wir das gleiche Verzeichnis gemountet haben, das mit der `COPY`-Anweisung zuvor hinzugefügt wurde, wird nun exakt das gleiche Verzeichnis auf dem Host und im Container genutzt und nicht eine Kopie aus dem Image. Daher können wir jetzt *identidock.py* bearbeiten und unsere Änderungen direkt sehen:

```
$ sed -i '' s/Welt/Docker/ app/identidock.py
$ curl localhost:5000
Hallo Docker!
```

Hier habe ich das sed-Tool genutzt, um schnell etwas in der Datei *identidock.py* zu ändern. Steht sed nicht zur Verfügung oder sind Sie nicht vertraut damit, können Sie auch einfach einen normalen Texteditor verwenden, um das Wort »Welt« durch »Docker« auszutauschen.

Bitte? Keine virtualenv?

Sind Sie erfahrener Python-Entwickler, werden Sie vielleicht überrascht sein, dass wir nicht virtualenv verwenden *(https://virtualenv.pypa.io/en/latest)*, um unsere Anwendung zu entwickeln. virtualenv ist ein ausgesprochen nützliches Tool, um Python-Umgebungen zu isolieren. Es ermöglicht es Entwicklern, für jede Anwendung eigene Python-Versionen und zugehörige Bibliotheken vorzuhalten. Normalerweise ist das in der Python-Entwicklung ein Standardvorgehen.

Wenn Sie mit Containern arbeiten, ist das allerdings weniger nützlich, da wir schon eine isolierte Umgebung zur Hand haben. Sind Sie an virtualenv gewöhnt, können Sie es natürlich immer noch im Container verwenden, aber Sie werden vermutlich keinen Vorteil darin sehen, sofern Sie nicht Konflikte mit anderen Anwendungen oder Bibliotheken haben, die im Container installiert sind.

Jetzt haben wir eine ziemlich normale Entwicklungsumgebung, nur dass all unsere Abhängigkeiten – der Python-Compiler und die Bibliotheken – innerhalb eines Docker-Containers gekapselt sind. Es gibt aber immer noch ein entscheidendes Problem. Wir haben keine Möglichkeit, diesen Container produktiv zu verwenden, vor allem weil er den Standard-Flask-Webserver laufen lässt. Der ist nur für die Entwicklung gedacht, weil er für ein Produktivumfeld zu ineffizient und zu unsicher ist. Ein kritischer Punkt beim Einbinden von Docker ist das Verringern der Unterschiede zwischen Entwicklung und Produktion, also wollen wir uns mal anschauen, wie wir das erreichen können.

uWSGI *(https://uwsgi-docs.readthedocs.org/en/latest)* ist ein produktiv einsetzbarer Anwendungsserver, der auch hinter einem Webserver wie nginx sitzen kann. Durch den Einsatz von uWSGI statt des Standard-Flask-Webservers erhalten wir einen flexiblen Container, den wir in vielen verschiedenen Situationen nutzen können. Der Container lässt sich mit nur zwei geänderten Zeilen im Dockerfile auf uWSGI umstellen:

```
FROM python:3.4

RUN pip install Flask==0.10.1 uWSGI=2.0.8 ❶
WORKDIR /app
COPY app /app

CMD ["uwsgi", "--http", "0.0.0.0:9090", "--wsgi-file", \
     "/app/identidock.py", "--callable", "app", "--stats", \
     "0.0.0.0:9191"] ❷
```

❶ uWSGI zur Liste der zu installierenden Python-Pakete hinzufügen.

❷ Einen neuen Befehl zum Ausführen von uWSGI erzeugen. Hier erklären wir uWSGI, einen HTTP-Server zu starten, der auf Port 9090 lauscht, und die Anwendung `app` aus */app/identidock.py* zu starten. Zudem wird ein Stats-Server auf Port 9191 gestartet. Wir könnten alternativ auch das `CMD` über den Befehl `docker run` überschreiben.

Bauen Sie das Image und starten Sie es, damit wir den Unterschied sehen:

```
$ docker build -t identidock .
...
Successfully built 3133f91af597
$ docker run -d -p 9090:9090 -p 9191:9191 identidock
00d6fa65092cbd91a97b512334d8d4be624bf730fcb482d6e8aecc83b272f130
$ curl localhost:9090
Hallo Docker!
```

Wenn Sie jetzt `docker logs` mit der Container-ID ausführen, werden Sie die Logging-Informationen für uWSGI erhalten und damit die Bestätigung haben, dass wir tatsächlich den uWSGI-Server verwenden. Zudem haben wir uWSGI gebeten, ein paar Statistiken bereitzustellen, die Sie über *http://localhost:9191* erhalten. Der Python-Code, der normalerweise den Standardwebserver startet, wurde nicht ausgeführt, da er nicht direkt von der Befehlszeile aus aufgerufen wurde.

Der Server arbeitet nun korrekt, aber ein paar administrative Dinge müssen wir noch erledigen. Wenn Sie sich die Logs des uWSGI anschauen, werden Sie feststellen, dass sich der Server darüber beschwert, dass er als root läuft. Das ist ein unnötiges Sicherheitsloch, welches wir im Dockerfile leicht stopfen können, indem wir einen Benutzer festlegen, unter dem der Server laufen soll. Zudem deklarieren wir explizit die Ports, an denen der Server lauscht:

```
FROM python:3.4

RUN groupadd -r uwsgi && useradd -r -g uwsgi uwsgi ❶
RUN pip install Flask==0.10.1 uWSGI==2.0.8
WORKDIR /app
COPY app /app

EXPOSE 9090 9191 ❷
USER uwsgi ❸

CMD ["uwsgi", "--http", "0.0.0.0:9090", "--wsgi-file", \
    "/app/identidock.py", \ "--callable", "app", "--stats", \
    "0.0.0.0:9191"]
```

Das bedeuten die neuen Zeilen:

❶ Erstellt Benutzer und Gruppe `uwsgi` auf dem üblichen Unix-Weg.

❷ Nutzt `EXPOSE`, um die Ports zu deklarieren, die für den Host und andere Container ansprechbar sind.

❸ Setzt den Benutzer für die folgenden Zeilen (einschließlich `CMD` und `ENTRYPOINT`) auf uwsgi.

Benutzer und Gruppen in Containern

Der Linux-Kernel nutzt *UIDs* und *GIDs*, um Benutzer zu identifizieren und deren Zugriffsrechte zu ermitteln. Das Abbilden von UIDs und GIDs auf Kennungen geschieht im Userspace durch das Betriebssystem. Darum sind UIDs im Container die gleichen wie auf dem Host, nur dass innerhalb von Containern erzeugte Benutzer und Gruppen nicht an den Host kommuniziert werden. Ein Nebeneffekt davon ist, dass Zugriffsberechtigungen verwirrend sein können – Dateien scheinen eventuell innerhalb und außerhalb des Containers unterschiedlichen Benutzer zu gehören. Achten Sie zum Beispiel auf die verschiedenen Besitzer der folgenden Datei:

```
$ ls -l test-file
-rw-r--r--    1 docker   staff 0 Dec 28 18:26 test-file
$ docker run -it -v $(pwd)/test-file:/test-file \
    debian bash
root@e877f924ea27:/# ls -l test-file
-rw-r--r-- 1 1000 staff 0 Dec 28 18:26 test-file
root@e877f924ea27:/# useradd -r test-user
root@e877f924ea27:/# chown test-user test-file
root@e877f924ea27:/# ls -l /test-file
```

```
-rw-r--r-- 1 test-user staff 0 Dec 28 18:26 /test-file
root@e877f924ea27:/# exit
exit
docker@boot2docker:~$ ls -l test-file
-rw-r--r-- 1 999       staff 0 Dec 28 18:26 test-file
```

Bauen Sie dieses Image wie üblich und testen Sie die neuen Benutzervorgaben:

```
$ docker build -t identidock .
...
$ docker run identidock whoami
uwsgi
```

Beachten Sie, dass wir die Standard-`CMD`-Anweisung überschrieben haben, die den Webserver startet, und stattdessen den Befehl `whoami` aufrufen. Dieser Befehl gibt den Namen des Benutzers zurück, der im Container zum Einsatz kommt.

Setzen Sie immer einen USER

Es ist wichtig, die `USER`-Anweisung in all Ihren Dockerfiles zu setzen (oder ihn in einem `ENTRYPOINT`- oder `CMD`-Skript zu ändern). Wenn Sie das nicht tun, laufen Ihre Prozesse im Container als root. Da UIDs innerhalb eines Containers und auf dem Host identisch sind, hat ein Angreifer, der sich Zugang zum Container verschafft, auch root-Zugriff auf dem Host-Rechner.

Bei Redaktionsschluss des englische Originals dieses Buches wurde noch daran gearbeitet, den root-Benutzer in einem Container auf einen Host-Benutzer mit großer UID abzubilden. Mit der Version 1.10 wurde dieses Feature mit der Daemon-Option `--userns-remap` verfügbar.

Super, jetzt laufen die Befehle innerhalb des Containers nicht mehr als root. Starten wir den Container erneut, jetzt aber mit etwas anderen Argumenten:

```
$ docker run -d -P --name port-test identidock
```

Dieses Mal haben wir die Ports auf dem Host nicht spezifiziert, an die gebunden werden soll. Stattdessen haben wir das Argument `-P` genutzt, welches dafür sorgt, dass Docker auf dem Host automatisch einen zufälligen Port im oberen Bereich auf jeden »bereitgestellten« Port des Containers abbildet. Wir müssen Docker dann fragen, um welche Ports es sich dabei handelt, bevor wir den Service ansprechen können:

```
$ docker port port-test
9090/tcp -> 0.0.0.0:32769
9191/tcp -> 0.0.0.0:32768
```

Hier sehen wir, dass 9090 an 32769 und 9191 an 32768 gebunden wurden, so dass wir den Service erreichen können (beachten Sie, dass die Ports bei Ihnen sehr wahrscheinlich andere sind):

```
$ curl localhost:32769
Hallo Docker!
```

Auf den ersten Blick scheint das einen unnötigen Zusatzschritt zu erfordern – was in diesem Fall durchaus zutrifft –, aber wenn Sie mehrere Container haben, die auf einem einzelnen Host laufen, ist es viel einfacher, Docker darum zu bitten, freie Ports automatisch zu mappen, statt sich selbst darum kümmern zu müssen.

Wir haben jetzt also einen laufenden Webservice, der schon sehr nahe an dem dran ist, wie er im Produktivumfeld laufen würde. Es gibt immer noch eine ganze Menge zu tun – zum Beispiel das Anpassen der uWSGI-Optionen für Prozesse und Threads –, aber im Vergleich zum Standard-Python-Debug-Webserver ist dieser viel ähnlicher.

Nun stellt sich uns aber ein neues Problem: Wir haben den Zugriff auf die Entwicklungstools verloren, wie zum Beispiel die Debugging-Ausgabe und das Live-Code-Reloading, das der Standard-Python-Webserver bietet. Wir konnten zwar die Unterschiede zwischen Entwicklungs- und Produktivumgebung massiv verringern, aber es gibt trotzdem grundsätzlich unterschiedliche Anforderungen, die immer ein paar Änderungen erfordern. Idealerweise wollen wir das gleiche Image für Entwicklung und Produktion verwenden und abhängig von der Umgebung ein leicht unterschiedliches Feature-Set einsetzen. Das können wir erreichen, indem wir eine Umgebungsvariable und ein einfaches Skript nutzen, das die Features abhängig von der Umgebung umschaltet.

Erstellen Sie eine Datei namens *cmd.sh* im gleichen Verzeichnis wie das Dockerfile und fügen Sie folgenden Inhalt ein:

```
#!/bin/bash
set -e

if [ "$ENV" = 'DEV' ]; then
  echo "Running Development Server"
  exec python "identidock.py"
else
  echo "Running Production Server"
  exec uwsgi --http 0.0.0.0:9090 --wsgi-file /app/identidock.py \
             --callable app --stats 0.0.0.0:9191
fi
```

Es sollte ziemlich klar sein, was dieses Skript bewirkt. Ist die Variable `ENV` auf `DEV` gesetzt, wird der Debug-Webserver gestartet, ansonsten der Produktivserver.[3] Der Befehl exec wird verwendet, um zu verhindern, dass ein neuer Prozess erzeugt wird. Damit ist sichergestellt, dass Signale (wie zum Beispiel `SIGTERM`) auch von unserem uwsgi-Prozess erhalten werden, statt dass der Eltern-Prozess sie verschluckt.

3. Wir haben jetzt Variablen wie zum Beispiel Port-Nummern, die in mehreren Dateien vorkommen. Das lässt sich durch Argumente oder Umgebungsvariablen lösen.

Konfigurationsdateien und Helper-Skripten verwenden

Um es nicht zu kompliziert zu machen, habe ich alles in das Dockerfile gesteckt. Wenn die Anwendung aber wächst, ist es sinnvoll, vieles wann immer möglich in zusätzlichen Dateien und Skripten unterzubringen. Insbesondere die pip-Abhängigkeiten sollten in eine Datei *requirements.txt* umziehen, und die uWSGI-Konfiguration kann in eine *.ini*-Datei wandern.

Als Nächstes müssen wir das Dockerfile so anpassen, dass auch das Skript berücksichtigt wird:

```
FROM python:3.4

RUN groupadd -r uwsgi && useradd -r -g uwsgi uwsgi
RUN pip install Flask==0.10.1 uWSGI==2.0.8
WORKDIR /app
COPY app /app
COPY cmd.sh / ❶

EXPOSE 9090 9191
USER uwsgi

CMD ["/cmd.sh"] ❷
```

❶ Fügt das Skript zum Container hinzu.

❷ Ruft es per `CMD`-Anweisung auf.

Bevor wir die neue Version ausprobieren, müssen wir noch alte, laufende Container anhalten. Mit den folgenden Zeilen werden alle Container auf dem Host gestoppt und entfernt. Nutzen Sie sie *nicht*, wenn Sie Container weiterlaufen lassen wollen:

```
$ docker stop $(docker ps -q)
c4b3d240f187
9be42abaf902
78af7d12d3bb
$ docker rm $(docker ps -aq)
1198f8486390
c4b3d240f187
9be42abaf902
78af7d12d3bb
```

Jetzt können wir das Image mit dem Skript neu bauen und es ausprobieren:

```
$ chmod +x cmd.sh
$ docker build -t identidock .
...
$ docker run -e "ENV=DEV" -p 5000:5000 identidock
Running Development Server
* Running on http://0.0.0.0:5000/ (Press CTRL+C to quit)
* Restarting with stat
```

Gut. Wenn wir es jetzt mit `-e "ENV=DEV"` laufen lassen, erhalten wir einen Entwicklungsserver, andernfalls den Produktionsserver.

Entwicklungsserver

Vielleicht reicht Ihnen der Standard-Python-Server bei der Entwicklung nicht aus, insbesondere wenn Sie mehrere Container miteinander verbinden. In diesem Fall können Sie uWSGI auch in der Entwicklung nutzen. Sie werden aber trotzdem die Möglichkeit anwenden wollen, die Umgebungen zu wechseln, um uWSGI-Features wie Live-Code-Reloading zu aktivieren – was im Produktivumfeld nicht genutzt werden sollte.

5.2 Mit Compose automatisieren

Um alles noch etwas einfacher zu gestalten, können wir mit der Automation noch weiter gehen. Docker Compose *(http://docs.docker.com/compose)* ist dazu gedacht, Docker-Entwicklungsumgebungen schneller erstellen zu können. Dabei werden YAML-Dateien genutzt, um die Konfiguration für eine Gruppe von Containern abzulegen, womit Entwickler sich das wiederholte und fehlerbehaftete Eingeben und Bereitstellen ihrer eigenen Lösung ersparen. Unsere Anwendung ist so einfach, dass wir davon nicht so viel haben, aber das kann sich schnell ändern, wenn alles etwas komplexer wird. Compose befreit uns davon, unsere eigenen Skripten für die Orchestrierung warten zu müssen – einschließlich des Startens, Verlinkens, Aktualisierens und Stoppens unserer Container.

Haben Sie Docker über die Docker Toolbox installiert, sollte Compose schon verfügbar sein. Wenn das nicht der Fall ist, folgen Sie den Anweisungen auf der Docker-Website unter *https://docs.docker.com/compose/install*. Ich habe in diesem Kapitel Version 1.4.0 genutzt, aber wir verwenden nur die grundlegende Funktionalität, daher sollte alles nach 1.2 in Ordnung sein.

Erstellen Sie eine Datei namens *docker-compose.yml* im Verzeichnis *identidock* mit folgendem Inhalt:

```
identidock: ❶
  build: . ❷
  ports: ❸
    - "5000:5000"
  environment: ❹
    ENV: DEV
  volumes: ❺
    - ./app:/app
```

❶ Die erste Zeile deklariert den Namen des zu bauenden Containers. Es können in einer YAML-Datei mehrere Container (in der Compose-Sprache häufig als Services bezeichnet) definiert werden.

❷ Der Schlüssel `build` weist Compose an, das Image für diesen Container aus einem Dockerfile zu bauen, das im aktuellen Verzeichnis (`.`) liegt. Jede Containerdefinition benötigt entweder einen `build`- oder einen `image`-Schlüssel. `image`-Schlüssel erwarten das Tag oder die ID eines Image, das für den Container genutzt werden soll – genau wie das Imageargument von `docker run`.

❸ Der Schlüssel `ports` ist das direkte Äquivalent zu `-p` bei `docker run`, um Ports zu veröffentlichen. Hier bilden wir Port 5000 im Container auf Port 5000 auf dem Host ab. Ports können ohne Anführungszeichen spezifiziert werden, aber es ist besser, sie zu nutzen, da YAML ansonsten Anweisungen wie 56:56 als eine Zahl zur Basis 60 parst.

❹ Der Schlüssel `environment` entspricht dem Argument `-e` von `docker run`, mit dem Umgebungsvariablen im Container gesetzt werden. Hier setzen wir `ENV` auf `DEV`, um den Flask-Entwicklungswebserver zu starten.

❺ Der Schlüssel `volumes` entspricht dem Argument `-v` von `docker run`, um Volumes zu definieren. Hier bind-mounten wir das Verzeichnis *app* wie zuvor in den Container, um vom Host aus Änderungen am Code vornehmen zu können.

In den YAML-Dateien von Compose können noch viele weitere Schlüssel zum Einsatz kommen, die meist direkt zu Argumenten von `docker run` passen.

Führen Sie nun `docker-compose` aus, werden Sie nahezu das gleiche Ergebnis erhalten wie beim vorigen Ausführen von `docker run`:

```
$ docker-compose up
Creating identidock_identidock_1...
Attaching to identidock_identidock_1
identidock_1 | Running Development Server
identidock_1 | * Running on http://0.0.0.0:5000/
identidock_1 | * Restarting with reloader
```

In einem anderen Terminal können Sie das Ganze wieder testen:

```
$ curl localhost:5000
Hallo Docker!
```

Sind Sie mit dem Ausführen der Anwendung fertig, drücken Sie einfach Strg-C, um den Container zu stoppen.

Um zum uWSGI-Server zu wechseln, müssten wir in der YAML-Datei die Schlüssel `environment` und `ports` anpassen. Das erreichen Sie durch ein Ändern von *docker-compose.yml* oder durch das Erstellen einer neuen YAML-Datei für die Produktivumgebung, auf die Sie `docker-compose` mit dem Flag `-f` oder der Umgebungsvariable `COMPOSE_FILE` zeigen lassen.

5.2.1 Der Compose-Workflow

Die folgenden Befehle werden bei der Arbeit mit Compose häufig zum Einsatz kommen. Die meisten sind selbsterklärend und besitzen direkte Docker-Äquivalente, aber es lohnt sich, sie trotzdem einmal kennenzulernen:

`up`
: Startet alle Container, die in der Compose-Datei definiert sind, und sammelt die Ausgabe. Meist werden Sie das Argument `-d` verwenden, um Compose im Hintergrund laufen zu lassen.

`build`
: Baut alle Images aus Dockerfiles neu. Der Befehl `up` baut nur fehlende Images, daher verwenden Sie diesen Befehl, wenn Sie ein Image aktualisieren müssen.

`ps`
: Stellt Informationen zum Status der durch Compose verwalteten Container bereit.

`run`
: Ruft einen Container für das einmalige Ausführen eines Befehls auf. Damit werden auch alle verlinkten Container gestartet, sofern nicht das Argument `--no-deps` mitgegeben wird.

`logs`
: Gibt aggregierte und farbig hervorgehobene Logs für die durch Compose verwalteten Container aus.

`stop`
: Stoppt Container, ohne sie zu entfernen.

`rm`
: Entfernt gestoppte Container. Mit dem Argument `-v` werden auch alle durch Docker verwalteten Volumes entfernt.

Ein normaler Workflow beginnt mit dem Aufruf von `docker-compose up -d`, um die Anwendung zu starten. Die Befehle `docker-compose logs` und `ps` können genutzt werden, um den Status der Anwendung zu prüfen und um Hilfe beim Debuggen zu erhalten.

Nach Änderungen am Code rufen Sie `docker-compose build` auf, gefolgt von `docker-compose up -d`. Damit wird das neue Image gebaut und der laufende Container ausgetauscht. Beachten Sie, dass Compose alte Volumes aus dem Originalcontainer aufhebt, was heißt, dass Datenbanken und Caches über Container-Lebenszyklen hinweg bestehen bleiben (das kann verwirren, seien Sie also aufmerksam). Wenn Sie kein neues Image benötigen, aber die Compose-YAML-Datei angepasst haben, sorgt ein Aufruf mit `-d` dafür, dass Compose den Container durch einen mit den neuen Parametern ersetzt. Wollen Sie Compose zwingen, alle Container zu stoppen und neu zu erstellen, nutzen Sie das Flag `--force-recreate`.

Sind Sie mit der Anwendung fertig, sorgt ein Aufruf von `docker-compose stop` für ein Anhalten der Anwendung. Die gleichen Container werden mit `docker-compose start` oder `up` neu gestartet, wenn sich kein Code geändert hat. Mit `docker-compose rm` werden sie hingegen komplett gelöscht.

Einen vollständigen Überblick über alle Befehle finden Sie auf der Referenzseite von Docker unter *https://docs.docker.com/compose/reference*.

5.3 Zusammenfassung

Wir haben nun eine funktionierende Umgebung und können damit beginnen, unsere Anwendung zu entwickeln. In diesem Kapitel haben wir einiges kennengelernt:

- wie man die offiziellen Images einsetzt, um schnell eine portierbare und reproduzierbare Entwicklungsumgebung zu erhalten, ohne irgendwelche Tools auf dem Host zu installieren
- wie man Volumes nutzt, um dynamische Änderungen am Code vornehmen zu können, der in Containern läuft
- wie man mit einem einzelnen Container sowohl eine Produktiv- als auch eine Entwicklungsumgebung wartet
- wie man mit Compose den Entwickler-Workflow automatisiert

Docker hat uns eine vertraute Entwicklungsumgebung zur Verfügung gestellt, die alle notwendigen Tools enthält – und gleichzeitig können wir unseren Code schnell in einer Umgebung testen, die die Produktivumgebung widerspiegelt.

Es gibt trotzdem noch viel zu tun – insbesondere in Bezug auf Testen und Continuous Integration/Delivery, aber wir werden uns damit in den nächsten Kapiteln befassen, wenn wir mit der Entwicklung fortfahren.

6 Eine einfache Webanwendung erstellen

In diesem Kapitel werden wir unser Programm »Hallo Welt!« in eine einfache Webanwendung verwandeln, die ein eindeutiges Bild erzeugt, wenn ein Anwender etwas Text eingibt. Diese Bilder werden manchmal als *Identicons* bezeichnet und können genutzt werden, um Anwender zu identifizieren, wenn deren Benutzername oder die IP-Adresse angegeben ist. Am Ende dieses Kapitels werden Sie eine einfache, aber funktionsfähige Anwendung haben, mit der Sie spielen können und die wir in den folgenden Kapiteln noch erweitern. Durch das Erstellen dieser Anwendung sehen wir, wie Sie Docker-Container zusammenarbeiten lassen, um ein vollfunktionsfähiges System aufzubauen, und wie dies ganz natürlich zu einem Microservices-Ansatz führt.

Wenn Sie das Beispiel aus dem vorigen Kapitel nachgestellt haben, sollten es bei Ihnen ein Projekt mit folgender Struktur geben:

```
identidock/
├── Dockerfile
├── app
│   └── identidock.py
├── cmd.sh
└── docker-compose.yml
```

Keine Sorge, wenn Sie das noch nicht gemacht haben. Den bisherigen Code erhalten Sie auch auf der GitHub-Seite zu diesem Buch *(https://github.com/using-docker/creating-a-simple-web-app)*. Zum Beispiel:

```
$ git clone -b v0 \
    https://github.com/using-docker/creating-a-simple-web-app/
...
```

Alternativ können Sie auf die Releases-Seite des GitHub-Projekts gehen und die Dateien herunterladen.

Das Tag v0 ist der Code mit dem Stand vom Ende des letzten Kapitels – Tags mit höheren Zahlen stehen für Updates im Laufe des Kapitels.

Identicons

Identicons sind Bilder, die automatisch aus einem Wert erzeugt werden – meist aus dem Hash einer IP-Adresse oder eines Benutzernamens. Sie bieten eine visuelle Darstellung des Objekts, so dass es sich gut identifizieren lässt. Zu den Anwendungsfällen gehören Benutzerbilder auf einer Website und das Bereitstellen automatischer Favicons.

Ursprünglich wurden sie Anfang 2007 von Don Park entwickelt, um Kommentatoren auf seinem Blog identifizieren zu können. Der Code dazu steht immer noch auf seiner GitHub-Projektseite *(https://github.com/donpark/identicon)* zur Verfügung.

Seitdem gab es eine Reihe weiterer Implementierungen mit unterschiedlichen grafischen Stilen. Zwei große Erschaffer von Identicons sind Stack Overflow und GitHub (Abbildung 6–1, links), die sie beide für Benutzer verwenden, welche keine eigenen Bilder gesetzt haben. Stack Overflow nutzt Identicons, die durch den Gravatar-Service erzeugt wurden (Abbildung 6–1, rechts).[1] GitHub erzeugt seine eigenen Identicons.

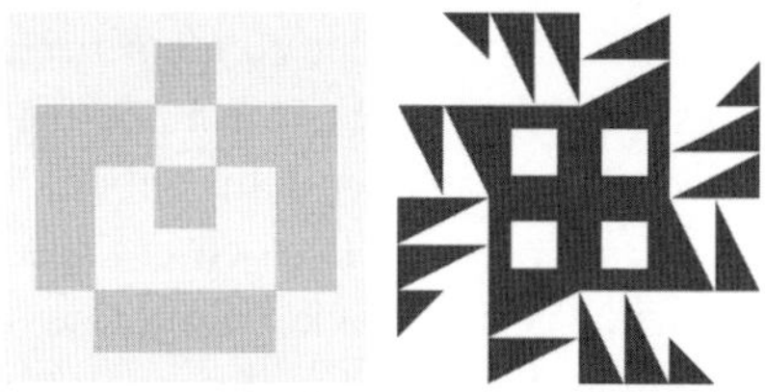

Abb. 6–1 *Links: ein typisches GitHub-Identicon; rechts: ein typisches Gravatar-Identicon*

Versionskontrolle

Dieses Buch geht davon aus, dass Sie wissen, wie Sie mit Git Repositories pushen und klonen. In einem noch folgenden Kapitel werden wir uns auch die Integration des Docker Hub mit GitHub und BitBucket anschauen. Wenn Sie mit Git nicht wirklich vertraut sind, werfen Sie für ein kostenloses Tutorial einen Blick auf *https://try.github.io/*.

6.1 Eine einfache Webseite erstellen

Lassen Sie uns als ersten Schritt eine sehr schlichte Webseite für unsere Anwendung erstellen. Aus Gründen der Einfachheit werden wir den HTML-Code einfach als String zurückgeben.[2] Ersetzen Sie den Inhalt von *identidock.py* durch folgenden Code:

1. Welcher wiederum uner anderem das WP_Identicon-Projekt *(http://scott.sherrillmix.com/blog/blogger/wp_identicon)* nutzt.
2. Eine bessere Lösung wäre, eine Templating Engine wie Jinja2 zu verwenden, das zusammen mit Flask ausgeliefert wird.

```
from flask import Flask

app = Flask(__name__)
default_name = 'Joe Bloggs'

@app.route('/')
def get_identicon():

    name = default_name

    header = '<html><head><title>Identidock</title></head><body>'
    body = '''<form method="POST">
              Hallo <input type="text" name="name" value="{}">
              <input type="submit" value="Abschicken">
              </form>
              <p>Du siehst aus wie ein:
              <img src="/monster/monster.png"/>
              '''.format(name)
    footer = '</body></html>'

    return header + body + footer

if __name__ == '__main__':
    app.run(debug=True, host='0.0.0.0')
```

Eigentlich haben wir hier nicht viel mehr als beim »Hallo Welt!«-Programm gemacht. Angepasst wurde der zurückgegebene Text, der nun eine kleine HTML-Seite mit einem Formular ist, auf der der Anwender einen Namen eingeben kann. Die Funktion `format` ersetzt den Substring `"{}"` durch den Wert der Variable `name`, welche wir für den Anfang fest mit »Joe Bloggs« belegt haben.

Rufen Sie `docker-compose up -d` auf und öffnen Sie in einem Browser *http://localhost:5000*, um die Seite aus Abbildung 6–2 zu erhalten.

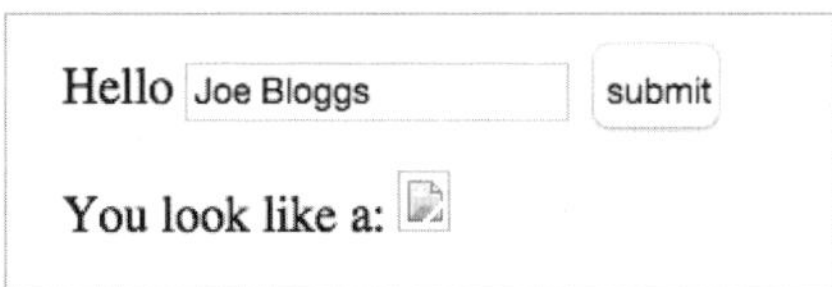

Abb. 6–2 *Ein erster Blick auf identidock*

Das defekte Bild ist zu erwarten, da wir noch keinen Code zum Generieren eines Bildes geliefert haben. Genauso wird auch der »Abschicken«-Button noch nichts bewirken.

An diesem Punkt in der Entwicklung wäre es eine sehr gute Idee, automatische Tests und vielleicht sogar Continuous Integration/Delivery einzurichten. Aber um die Handlung nicht zu unterbrechen, werden wir die Anwendung noch ein wenig weiterentwickeln, bevor wir in den folgenden Kapiteln Tests und Continuous Integration aufsetzen.

6.2 Auf vorhandene Images zurückgreifen

Jetzt soll das Programm auch wirklich etwas tun. Wir brauchen eine Funktion oder einen Service, die/der einen String erwartet und ein eindeutiges Bild zurückliefert. Die Funktion oder den Service können wir dann mit dem vom Benutzer auf der Webseite angegebenen Namen aufrufen und damit das kaputte Bild ersetzen.

In diesem Fall werden wir *dnmonster* verwenden, ein bestehendes Docker-Image, das diesem Zweck dient. dnmonster bietet eine (mehr oder weniger) REST-API, die wir einsetzen können. Ein anderer Identicon-Service lässt sich dann einfach für dnmonster einsetzen, insbesondere, wenn er eine REST-API anbietet und in einem Container verpackt ist.

Um ihn aus unserem bestehenden Code aufzurufen, müssen wir ein paar Änderungen vornehmen – vor allem eine neue Funktion `get_identicon` ist fällig:

```
from flask import Flask, Response ❶
import requests ❷
app = Flask(__name__)
default_name = 'Joe Bloggs'

@app.route('/')
def mainpage():

    name = default_name

    header = '<html><head><title>Identidock</title></head><body>'
    body = '''<form method="POST">
              Hallo <input type="text" name="name" value="{}">
              <input type="submit" value="Abschicken">
              </form>
              <p>Du siehst aus wie ein:
              <img src="/monster/monster.png"/>
              '''.format(name)
    footer = '</body></html>'

    return header + body + footer

@app.route('/monster/<name>')
def get_identicon(name):

    r = requests.get('http://dnmonster:8080/monster/' \
        + name + '?size=80') ❸
    image = r.content

    return Response(image, mimetype='image/png') ❹

if __name__ == '__main__':
    app.run(debug=True, host='0.0.0.0')
```

❶ Importiert das Modul `Response` von Flask, welches wir zum Bereitstellen der Bilder nutzen.

❷ Importiert die requests-Bibliothek *(http://docs.python-requests.org/en/latest)*, die wir nutzen, um mit dem dnmonster-Service zu kommunizieren.

❸ Führt einen HTTP-GET-Request zum dnmonster-Service durch. Wir fragen nach einem Identicon für den Wert der Variablen `name` mit einer Größe von 80 Pixeln.

❹ Unsere `return`-Anweisung ist ein bisschen komplizierter, weil wir die `Response`-Funktion nutzen müssen, um Flask mitzuteilen, dass wir ein PNG-Bild und keinen HTML-Code oder Text zurückgeben.

Als Nächstes müssen wir eine kleine Änderung an unserem Dockerfile vornehmen, so dass unser neuer Code die passenden Bibliotheken zur Verfügung hat:

```
FROM python:3.4

RUN groupadd -r uwsgi && useradd -r -g uwsgi uwsgi
RUN pip install Flask==0.10.1 uWSGI==2.0.8 requests==2.5.1 ❶
WORKDIR /app
COPY app /app
COPY cmd.sh /

EXPOSE 9090 9191
USER uwsgi

CMD ["/cmd.sh"]
```

❶ Wir fügen die requests-Bibliothek hinzu, die wir im vorigen Python-Code eingesetzt haben.

Jetzt können wir den dnmonster-Container starten und ihn mit unserem Anwendungscontainer verknüpfen. Um deutlicher zu machen, was da unter der Motorhaube passiert, werden wir das mit einfachen Docker-Befehlen durchführen, bevor wir das Ganze später Compose in die Hände drücken. Da dies das erste Mal ist, dass wir das dnmonster-Image nutzen, wird es vom Docker Hub heruntergeladen:

```
$ docker build -t identidock .
...
$ docker run -d --name dnmonster amouat/dnmonster:1.0
Unable to find image 'amouat/dnmonster:1.0' locally
1.0: Pulling from amouat/dnmonster
...
Status: Downloaded newer image for amouat/dnmonster:1.0
e695026b14f7d0c48f9f4b110c7c06ab747188c33fc80ad407b3ead6902feb2d
```

Jetzt starten wir den Anwendungscontainer fast genauso wie im vorigen Kapitel, nur dass wir das Argument `--link dnmonster:dnmonster` hinzufügen, um die Container miteinander zu verbinden. Das ist die Magie, die die URL *http://dnmonster:8080* im Python-Code nutzbar macht:

```
$ docker run -d -p 5000:5000 -e "ENV=DEV" \
        --link dnmonster:dnmonster identidock
16ae698a9c705587f6316a6b53dd0268cfc3d263f2ce70eada024ddb56916e36
```

Mehr Informationen zu Links finden Sie weiter oben in Abschnitt 4.4.

Öffnen Sie Ihren Browser erneut mit *http://localhost:5000*, sollten Sie so etwas wie in Abbildung 6–3 sehen.

Abb. 6–3 *Das erste Identicon!*

Das sieht nicht sehr spannend aus, aber wir haben gerade unser erstes Identicon generiert. Der »Abschicken«-Button funktioniert immer noch nicht, daher verwenden wir die Benutzereingabe gar nicht wirklich, aber das werden wir gleich klären. Sorgen wir zuerst dafür, dass Compose läuft, so dass wir uns all die `docker run`-Befehle nicht mehr merken müssen. Passen Sie *docker-compose.yml* an:

```
identidock:
  build: .
  ports:
    - "5000:5000"
  environment:
    ENV: DEV
  volumes:
    - ./app:/app
  links: ❶
    - dnmonster

dnmonster: ❷
  image: amouat/dnmonster:1.0
```

❶ Deklariert einen Link vom identidock-Container zum dnmonster-Container. Compose kümmert sich darum, dass die Container in der richtigen Reihenfolge gestartet werden, damit der Link auch funktioniert.

❷ Definiert den neuen dnmonster-Container. Wir müssen Compose nur mitteilen, das Image `amouat/dnmonster:1.0` vom Docker Hub zu verwenden.

Bevor wir die Anwendung starten, müssen wir alte Container entfernen:

```
$ docker rm $(docker stop ps -q)
...
```

Mit diesem Befehl werden alle laufenden Container gestartet – nicht nur die von identidock. Mit Compose können wir nun die Anwendung neu bauen und starten:

```
$ docker-compose build
...
$ docker-compose up -d
...
```

Die Anwendung sollte nun wieder laufen, und der Code lässt sich aktualisieren, ohne dass die Container erneut gestartet werden müssen.

Um den Button mit Leben zu füllen, müssen wir einen POST-Request an den Server verarbeiten und die Variable `form` auswerten (die den Benutzernamen enthält), um das Bild zu erzeugen. Zudem werden wir ein bisschen intelligent vorgehen und die Benutzereingabe hashen. Damit werden kritische Werte wie E-Mail-Adressen anonymisiert, und es ist sichergestellt, dass der Eingabewert für eine URL passend ist (wir müssen keine Leerzeichen und Ähnliches maskieren). In unserer Anwendung ist das Hashing nicht wichtig, da wir nur mit Namen arbeiten, aber es zeigt, wie man den Service in anderen Szenarien einsetzen und dafür sorgen kann, dass niemand unabsichtlich private Informationen preisgibt.

Passen Sie *identidock.py* wie folgt an:

```
from flask import Flask, Response, request
import requests
import hashlib ❶

app = Flask(__name__)
salt = "UNIQUE_SALT" ❷
default_name = 'Joe Bloggs'


@app.route('/', methods=['GET', 'POST']) ❸
def mainpage():

    name = default_name
    if request.method == 'POST': ❹
        name = request.form['name']

    salted_name = salt + name
    name_hash = hashlib.sha256(salted_name.encode()).hexdigest() ❺

    header = '<html><head><title>Identidock</title></head><body>'
    body = '''<form method="POST">
              Hallo <input type="text" name="name" value="{0}">
              <input type="submit" value="Abschicken">
              </form>
              <p>Du siehst aus wie ein:
              <img src="/monster/{1}"/>
              '''.format(name, name_hash) ❻

    footer = '</body></html>'
```

```
    return header + body + footer

@app.route('/monster/<name>')
def get_identicon(name):

    r = requests.get('http://dnmonster:8080/monster/' \
        + name + '?size=80')
    image = r.content

    return Response(image, mimetype='image/png')

if __name__ == '__main__':
    app.run(debug=True, host='0.0.0.0')
```

❶ Importiert die Bibliothek, mit der wir die Benutzereingabe hashen. Da es sich um eine Standardbibliothek handelt, müssen wir das Dockerfile zur Installation nicht anpassen.

❷ Definiert den Wert `salt`, der für unsere Hash-Funktion genutzt wird. Durch Ändern dieses Wertes können unterschiedliche Sites für die gleichen Eingabewerte verschiedene Identicons erzeugen.

❸ Standardmäßig reagieren Flask-Routes nur auf HTTP-GET-Requests. Unser Formular schickt einen HTTP-POST-Request, daher müssen wir das benannte Attribut `methods` der Routendeklaration hinzufügen und explizit mitteilen, dass diese Route sowohl POST- als auch GET-Requests verarbeitet.

❹ Hat `request.method` den Wert `"POST"`, ist der Request das Ergebnis eines Klicks auf den »Abschicken«-Button. In diesem Fall wollen wir der Variablen `name` den vom Benutzer eingegebenen Text zuweisen.

❺ Ermittelt für unseren Eingabewert mithilfe des SHA256-Algorithmus den Hash.

❻ Modifiziert die Bild-URL, so dass unser gehashter Wert genutzt wird. Das führt dazu, dass über den Browser die Route `get_identicon` aufgerufen wird, wenn er versucht, das Bild zu laden.

Haben Sie die neue Version dieser Datei gespeichert, sollte der Debug-Python-Webserver die Änderungen erkennen und sich automatisch neu starten. Sie können nun die vollständig funktionierende Version unserer Webanwendung anschauen und herausfinden, was Ihr Identicon ist (Abbildung 6–4).

Abb. 6–4 *Das Identicon von Gordon the Turtle*

dnmonster

Das Image dnmonster ist eine Node.js-Anwendung, die in einem Docker-Container verpackt ist. Bei der Anwendung handelt es sich um eine Portierung von Kevin Guadins monsterid.js *(https://github.com/KevinGaudin/monsterid.js)*, die von JavaScript im Browser auf Node.js angepasst wurde. Monsterid.js selbst basiert auf MonsterID von Andreas Gohr *(http://www.splitbrain.org/projects/monsterid)*, das Monster im 8-Bit-Stil von RetroAvatar *(http://retroavatar.appspot.com)* erzeugt. Sie finden dnmonster auf GitHub unter *https://github.com/amouat/dnmonster.*

Anders als monsterid.js führt dnmonster kein Hashing der Eingabewerte durch, sondern überlässt dies dem Aufrufer (Abbildung 6–5).

Abb. 6–5 *Monster!*

6.3 Caching ergänzen

So weit, so gut. Aber diese Anwendung ist noch immer grauenhaft (abgesehen von den Monstern) – jedes Mal, wenn ein Monster angefordert wird, führen wir einen rechenintensiven Aufruf des dnmonster-Service durch. Das ist nicht notwendig – der Witz an einem Identicon ist ja, dass das Bild für einen gegebenen Wert immer gleich bleibt. Also sollten wir das Ergebnis cachen.

Mehrere Prozesse in einem Container laufen lassen

Der Großteil der Container führt nur einen einzelnen Prozess aus. Wenn mehrere Prozesse notwendig sind, ist es am besten, mehrere Container laufen zu lassen und sie miteinander zu verknüpfen, so wie wir es in diesem Beispiel getan haben.

Aber manchmal müssen Sie wirklich mehrere Prozesse in einem einzelnen Container laufen lassen. In solchen Fällen ist es am besten, einen Process Manager wie supervisord *(http://supervisord.org)* oder runit *(http://smarden.org/runit)* zu nutzen, der sich um das Starten und Überwachen der Prozesse kümmert. Es ist möglich, ein einfaches Skript zum Starten Ihrer Prozesse zu schreiben – seien Sie sich dann aber bewusst, dass Sie dafür verantwortlich sind, die Prozesse aufzuräumen und Signale weiterzuleiten.

Mehr Informationen zum Einsatz von supervisord in Containern finden Sie in einem Docker-Artikel unter *https://docs.docker.com/engine/admin/using_supervisord.*

Dazu werden wir Redis nutzen. Redis ist ein Key/Value-Store, der für solche Aufgaben wie geschaffen ist. Denn die Menge an Informationen ist nicht groß, und es ist nicht schlimm, wenn sie verloren gehen (ist ein Eintrag verloren, können wir das Bild einfach neu generieren). Wir könnten den Redis-Server zu unserem identidock-Container hinzufügen, aber es ist einfacher und passt besser zu der in diesem Kapitel erzählten Geschichte, einen neuen Container zu starten. So können wir Vorteil aus dem offiziellen Redis-Image ziehen, das schon auf dem Docker Hub zur Verfügung steht, und wir vermeiden, uns mit dem Zusatzaufwand herumzuschlagen, mehrere Prozesse in einem Container laufen zu lassen.

Als Erstes müssen wir unseren Python-Code so anpassen, dass der Cache genutzt wird:

```
from flask import Flask, Response, request
import requests
import hashlib
import redis ❶

app = Flask(__name__)

cache = redis.StrictRedis(host='redis', port=6379, db=0) ❷
salt = "UNIQUE_SALT"
default_name = 'Joe Bloggs'


@app.route('/', methods=['GET', 'POST'])
def mainpage():

    name = default_name
    if request.method == 'POST':
        name = request.form['name']

    salted_name = salt + name
    name_hash = hashlib.sha256(salted_name.encode()).hexdigest()
    header = '<html><head><title>Identidock</title></head><body>'
    body = '''<form method="POST">
              Hallo <input type="text" name="name" value="{0}">
              <input type="submit" value="Abschicken">
              </form>
              <p>Du siehst aus wie ein:
              <img src="/monster/{1}"/>
              '''.format(name, name_hash)
    footer = '</body></html>'

    return header + body + footer


@app.route('/monster/<name>')
def get_identicon(name):

    image = cache.get(name) ❸
    if image is None: ❹
        print ("Cache miss", flush=True) ❺
        r = requests.get('http://dnmonster:8080/monster/' + name \
            + '?size=80')
        image = r.content
```

```
        cache.set(name, image) ❻

    return Response(image, mimetype='image/png')

if __name__ == '__main__':
    app.run(debug=True, host='0.0.0.0')
```

❶ Importiert das Redis-Modul.

❷ Richtet den Redis-Cache ein. Wir werden Docker-Links nutzen, um den Hostnamen `redis` auflösbar zu machen.

❸ Prüft, ob sich der Name schon im Cache befindet.

❹ Redis gibt `None` zurück, wenn es keinen Treffer im Cache gibt. In diesem Fall holen wir uns das Identicon wie bisher, nur dass wir ...

❺ ... ein paar Debug-Informationen zum Fehlen einer Cache-Version ausgeben und ...

❻ ... das Bild zum Cache hinzufügen und mit dem angegebenen Namen verbinden.

Wir verwenden ein neues Modul und einen neuen Container, daher müssen wir leider sowohl das Dockerfile als auch unser *docker-compose.yml* anpassen. Zuerst das Dockerfile:

```
FROM python:3.4

RUN groupadd -r uwsgi && useradd -r -g uwsgi uwsgi
RUN pip install Flask==0.10.1 uWSGI==2.0.8 requests==2.5.1 \
    redis==2.10.3 ❶
WORKDIR /app
COPY app /app
COPY cmd.sh /

EXPOSE 9090 9191
USER uwsgi

CMD ["/cmd.sh"]
```

❶ Wir müssen nur die Redis-Client-Bibliothek für Python installieren.

Und die angepasste *docker-compose.yml*:

```
identidock:
  build: .
  ports:
    - "5000:5000"
  environment:
    ENV: DEV
  volumes:
    - ./app:/app
  links:
```

```
    - dnmonster
    - redis ❶

dnmonster:
    image: amouat/dnmonster:1.0

redis:
  image: redis:3.0 ❷
```

❶ Richtet einen Link auf den Redis-Container ein.

❷ Erstellt einen Redis-Container, der auf dem offiziellen Image basiert.

Stoppen Sie jetzt identidock mit `docker-compose stop`, können Sie ein `docker-compose build` und `docker-compose up` ausführen, um die neue Version zu starten. Da wir keine funktionalen Änderungen vorgenommen haben, sollten Sie bei der neuen Version auch keine Unterschiede sehen. Wollen Sie sich selbst überzeugen, dass der neue Code funktioniert, können Sie die Debug-Ausgabe prüfen oder – wenn Sie wirklich eifrig sind – versuchen, eine Monitoring-Lösung wie das in Kapitel 10 beschriebene Prometheus zu nutzen, und beobachten, was passiert, wenn Sie Last erzeugen.

6.4 Microservices

Wir haben identidock auf Basis einer *Microservices*-Architektur entwickelt, bei der Systeme aus vielen kleinen und unabhängigen Services zusammengestellt werden. Dieser Stil wird häufig als Gegenteil zu einer *monolithischen* Architektur beschrieben, bei der das System aus einem einzelnen, großen Service besteht. Und obwohl identidock nur eine Spiel-Anwendung ist, zeigt sie doch einige Eigenschaft dieses Stils.

Würden wir einer monolithischen Architektur folgen, hätten wir die Entsprechungen von dnmonster, Redis und identidock alle in einer einzelnen Sprache geschrieben und würden sie als eine Komponente in einem einzelnen Container laufen lassen. Ein gut entworfener Monolith würde diese Komponenten in getrennten Bibliotheken unterbringen und wann immer möglich bestehende Bibliotheken nutzen.

Im Gegensatz dazu besitzt unsere identidock-Anwendung eine Python-Webanwendung, die mit einem JavaScript-Service und einem Key/Value-Store-Service in C über drei Container hinweg verteilt spricht. Weiter hinten in diesem Buch werden wir sehen, wie wir identidock mit wenig Aufwand mit noch mehr Microservices verbinden können – einschließlich einem Reverse Proxy in Kapitel 9 und einer Monitoring- und Logging-Lösung in Kapitel 10.

Dieses Vorgehen besitzt eine Reihe von Vorteilen. Es ist viel einfacher, ein Microservice-Framework auf mehrere Maschinen zu verteilen, um es zu skalieren. Microservices können schnell und einfach durch effizientere Komponenten ausgetauscht oder notfalls auch wieder zurückgerollt werden, falls unerwartete Probleme auftauchen, die den Rest des Systems ins Stolpern bringen. Die einzelnen Microservices können unterschiedliche Programmiersprachen nutzen und erlauben es so den Entwicklern, jeweils die Sprache zu verwenden, die für die aktuelle Aufgabe am besten passt.

Es gibt auch Nachteile, vor allem der Overhead der verteilten Komponenten. Die Kommunikation geschieht über das Netz statt über einen Bibliotheksaufruf. Wir müssen Tools wie Compose verwenden, um sicherzustellen, dass alle Komponenten zusammen gestartet und passend miteinander verknüpft werden. Orchestrierung und Service Discovery sind kritische Elemente, die man nicht vernachlässigen darf.

Moderne Internetanwendungen können große Vorteile aus den besseren Skalierungs- und Dynamikmöglichkeiten ziehen, die Microservices bieten. Das zeigen Firmen wie Netflix, Amazon und SoundCloud. Aus diesem Grund werden Microservices in Zukunft eine wichtige und verbreitete Architektur werden, aber – wie üblich – sind sie kein Allheilmittel.[3]

6.5 Zusammenfassung

Wir besitzen jetzt eine lauffähige, einfache Version unserer Anwendung. Trotz ihres übersichtlichen Umfangs hat sie genug Funktionalität, um mehrere Container zu verwenden und die verschiedenen Aspekte der Entwicklung mit Containern deutlich zu machen. Wir haben gesehen, wie wir bestehende Images wiederverwenden können, sowohl als Grundlage für eigene Entwicklungen – wie bei dem auf Python basierenden Image – als auch als Black Boxes, die einen Service bereitstellen, wie beim dnmonster-Image.

Noch wichtiger ist, dass wir gesehen haben, wie Container ganz natürlich zu Gruppen kleiner, wohldefinierter Services führen, die zusammenarbeiten, um ein größeres System zu bilden – den Microservices-Ansatz.

3. Mehr Informationen zu den Vor- und Nachteilen von Microservices finden Sie in Martin Fowlers Artikel zu diesem Thema unter *http://martinfowler.com/articles/microservices.html*.

7 Bereitstellen von Images

Haben Sie Ihre Images erstellt, werden Sie sie auch bereitstellen wollen – sei es Ihren Kollegen, auf Continuous-Integration-Servern oder für Endanwender. Es gibt viele verschiedene Möglichkeiten, Images bereitzustellen: Sie können sie aus Dockerfiles neu bauen, aus einer Registry ziehen oder sie mit `docker load` aus einer Archivdatei installieren.

In diesem Kapitel werden wir uns die Unterschiede zwischen diesen Methoden genauer anschauen und die besten Wege herausfinden, Images sowohl intern in einem Team als auch extern an Benutzer zu verteilen. Wir werden sehen, wie wir unser identidock-Image taggen und hochladen, so dass es in anderen Abschnitten unseres Workflows genutzt und von anderen Gruppen heruntergeladen werden kann.

Der Code aus diesem Kapitel steht auf der GitHub-Seite zu diesem Buch unter *http://bit.ly/1laHmJE* bereit. Das Tag v0 kennzeichnet den Code, wie er am Ende des letzten Kapitels entwickelt war, die weiteren Tags zeigen den Fortschritt im Laufe dieses Kapitels. Um diese Version des Codes zu erhalten, nutzen Sie folgenden Befehl:

```
$ git clone -b v0 https://github.com/using-docker/image-dist
...
```

Stattdessen können Sie auch den Code für ein beliebiges Tag von der Releases-Seite des GitHub-Projekts unter *http://bit.ly/1laHitw* herunterladen.

7.1 Namensgebung für Images und Repositories

Wir haben in Abschnitt 3.4 gesehen, wie man Images passend mit Tags versieht und auf Repositories hochlädt. Beim Bereitstellen von Images ist es sehr wichtig, beschreibende und exakte Namen und Tags einzusetzen. Zur Erinnerung: Imagenamen und -Tags werden beim Bauen der Images oder durch den Befehl `docker tag` gesetzt:

```
$ cd identidock
$ docker build -t "identidock:0.1" . ❶
$ docker tag "identidock:0.1" "amouat/identidock:0.1" ❷
```

❶ Setzt den Repository-Namen auf `identidock` und das Tag auf `0.1`.

❷ Weist dem Image den Namen `amouat/identidock` zu, welcher sich auf den Benutzernamen amouat auf dem Docker Hub bezieht.

Warnung vor dem `latest`-Tag

Lassen Sie sich nicht vom Tag `latest` täuschen! Docker nutzt es als Standardwert, wenn kein Tag vergeben wurde, darüber hinaus hat es aber keine spezielle Bedeutung. Viele Repositories verwenden es als Alias für das aktuellste stabile Image, dabei handelt es sich aber nur um eine Konvention, die durch keinerlei technische Maßnahmen erzwungen wird.

Images, die mit `latest` getaggt sind, werden – genau wie alle anderen Images – nicht automatisch aktualisiert, wenn eine neue Version in die Registry gestellt wird. Sie müssen immer noch explizit `docker pull` aufrufen, um die neue Version zu erhalten.

Bezieht sich ein `docker run` oder `docker pull` auf einen Imagenamen ohne Tag, wird Docker das Image verwenden, das mit `latest` gekennzeichnet ist. Gibt es kein solches Image, wird ein Fehler ausgegeben.

Da die Anwender vom Tag `latest` so verwirrt sind, sollte man darüber nachdenken, es ganz zu vermeiden, insbesondere bei Repositories, die für die Öffentlichkeit gedacht sind.

Tag-Namen müssen sich an ein paar Regeln halten. Sie müssen aus Groß- und Kleinbuchstaben, Zahlen oder den Symbolen `.` und `-` bestehen. Sie dürfen nicht länger als 128 Zeichen sein. Beim ersten Zeichen darf es sich nicht um ein `.` oder `-` handeln.

Namen von Repositories und Tags sind ausgesprochen wichtig, wenn Sie einen Entwicklungs-Workflow aufbauen. Docker hat nur sehr wenige Regeln für gültige Namen und erlaubt es jederzeit, Namen zu erstellen oder zu löschen. Es liegt also am Entwicklungsteam, ein vernünftiges Namensschema zu entwerfen und umzusetzen.

7.2 Der Docker Hub

Die einfachste Möglichkeit, Ihre Images bereitzustellen, ist der Einsatz des Docker Hub. Bei diesem handelt es sich um die von Docker Inc. angebotene Online-Registry. Der Hub ermöglicht kostenlose Repositories für öffentliche Images, die Anwender können aber auch für private Repositories bezahlen.

Alternatives privates Hosting

Der Docker Hub ist nicht die einzige Möglichkeit, wenn Sie Ihr privates Repository in der Cloud hosten wollen. Aktuell ist der größte Konkurrent quay.io, der zu einem vergleichbaren Preis ein paar mehr Features bietet.

Wir können unser identidock-Image sehr einfach hochladen. Wenn Sie schon einen Account auf dem Docker Hub besitzen,[1] können wir das direkt von der Befehlszeile aus erledigen:

```
$ docker tag identidock:latest amouat/identidock:0.1 ❶
$ docker push amouat/identidock:0.1 ❷
The push refers to a repository [docker.io/amouat/identidock] (len: 1)
76899e56d187: Image successfully pushed
...
0.1: digest: sha256:8aecd14cb97cc4333fdffe903aec1435a1883a44ea9...
```

❶ Zuerst müssen wir einen Alias für das Image im Benutzernamensraum des Docker Hub erzeugen. Er muss die Form `<username>/<repositoryname>` haben, wobei `<username>` Ihr Benutzername auf dem Docker Hub ist (in meinem Fall `amouat`) und `<repositoryname>` der Name ist, den das Repository auf dem Hub haben soll. Wir nutzen auch gleich die Möglichkeit, das Tag für dieses Image auf `0.1` zu setzen.

❷ Schiebt das Image mit dem gerade erzeugten Aliasnamen auf den Hub. Damit wird das Repository erzeugt, wenn es noch nicht vorhanden ist, und das Image mit dem passenden Tag hochgeladen.

Jetzt steht identidock öffentlich zur Verfügung, und jeder kann es mit einem `docker pull` herunterladen.

Rufen Sie die Website des Docker Hub auf, werden Sie Ihr Repository über eine URL wie *https://registry.hub.docker.com/u/amouat/identidock* erreichen. Sind Sie angemeldet, können Sie dort eine Reihe von administrativen Aufgaben wahrnehmen, wie zum Beispiel das Setzen einer Beschreibung, das Kennzeichnen anderer Benutzer als Mitarbeiter und das Einrichten von Webhooks.

Immer wenn wir das Repository updaten wollen, wiederholen wir schlicht die Schritte zum Taggen und Hochladen mit dem gewünschten Image. Verwenden wir ein bestehendes Tag, wird das vorige Image überschrieben. Das ist toll, aber was machen wir, wenn wir unsere Images immer dann aktualisieren wollen, wenn sich unser Code ändert? Das ist ein häufig vorkommender Anwendungsfall, und daher hat der Docker Hub das Konzept von *automatisierten Builds* eingeführt.

1. Wenn nicht, melden Sie sich auf *https://hub.docker.com* an.

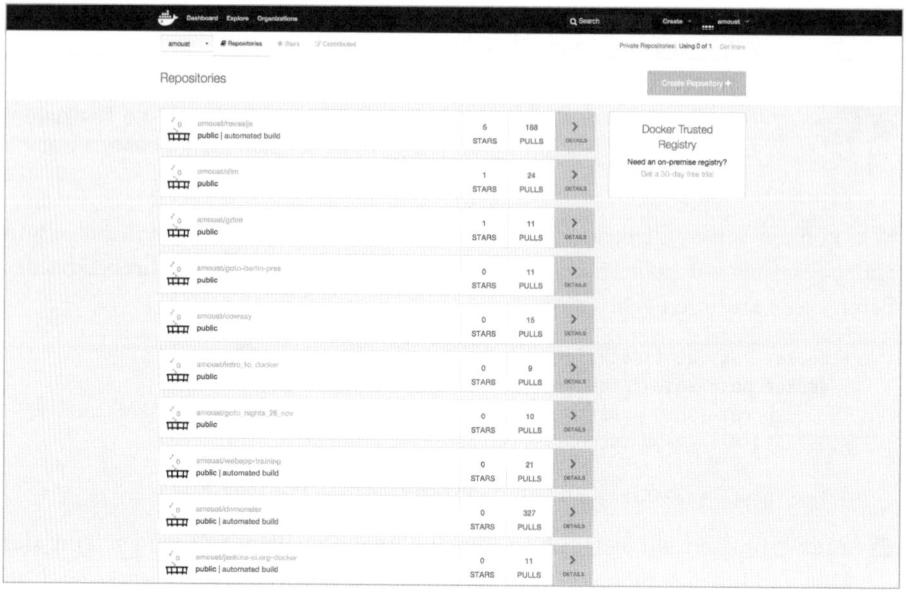

Abb. 7–1 *Homepage auf dem Docker Hub*

7.3 Automatisierte Builds

Richten wir einmal einen automatisierten Build für identidock auf dem Docker Hub ein. Haben wir das erledigt, wird der Hub das identidock-Image immer dann bauen und in unserem Repository sichern, wenn wir Änderungen am Quellcode hochladen. Dazu müssen Sie ein GitHub- oder Bitbucket-Repository einrichten. Sie können entweder den aktuellen Code hochschieben oder den offiziellen Code »forken«, den Sie auf der GitHub-Seite dieses Buches unter *https://github.com/using-docker/image-dist* finden.

Automatisierte Builds werden nicht über Befehlszeilentools, sondern über die Website-Oberfläche des Hub konfiguriert. Sind Sie an der Website angemeldet, sollten Sie oben rechts ein Auswahlmenü namens »Create« sehen. Wählen Sie dort »Create Automated Build« und wählen Sie das Repository mit dem identidock-Code aus.[2] Ist das Repository ausgewählt, landen Sie auf der Konfigurationsseite für den automatisierten Build. Der Repository-Name ist mit dem Namen des Quellcode-Repository vorbelegt, Sie sollten hier aber selbst etwas Sinnvolles eintragen, zum Beispiel `identidock_auto`. Verpassen Sie dem Repository eine kurze Beschreibung wie »Automatischer Build für identidock«. Lassen Sie im ersten »Tag«-Feld `Branch` stehen und geben Sie den Namen `master` an, um den Code aus

2. Sie müssen erst noch Ihren GitHub- oder Bitbucket-Account verknüpfen, wenn Sie das nicht schon getan haben.

dem Master-Branch zu beobachten. Setzen Sie »Dockerfile Location« auf */identidock/Dockerfile*, wenn Sie mein Repository geforkt haben. Das letzte »Tag«-Feld bestimmt den Namen, der auf dem Docker Hub mit dem Image verbunden ist. Sie können ihn auf `latest` stehen lassen oder etwas Sinnvolleres wie `auto` wählen. Haben Sie alles erledigt, klicken Sie auf »Create«. Docker leitet Sie nun zur Build-Seite für dieses neue Repository weiter. Sie können den ersten Build durch einen Klick auf »Trigger a Build« anstoßen. Ist er abgeschlossen, können Sie das Image herunterladen (sofern der Build erfolgreich war).

Wir können die Build-Automatisierung testen, indem wir eine kleine Änderung an unserem Quellcode vornehmen. Dazu fügen wir eine README-Datei hinzu, die der Docker Hub auch nutzt, um Informationen zum Repository anzuzeigen. Erstellen Sie im Verzeichnis *identidock* eine Datei *README.md* und tragen Sie dort eine kurze Beschreibung wie die folgende ein:[3]

```
identidock
==========

Einfacher identicon-Server, der auf monsterid von Kevin Gaudin basiert.

Aus "Docker" von Adrian Mouat (dpunkt.verlag).
```

Checken Sie diese Datei ein und befördern Sie sie auf den Server:

```
$ git add README.md
$ git commit -m "README ergänzt"
[master d8f3317] README ergänzt
1 file changed, 6 insertions(+)
create mode 100644 identidock/README.md
$ git push
Counting objects: 4, done.
Delta compression using up to 4 threads.
Compressing objects: 100% (4/4), done.
Writing objects: 100% (4/4), 456 bytes | 0 bytes/s, done.
Total 4 (delta 2), reused 0 (delta 0)
To git@github.com:using-docker/image-dist.git
c81ff68..d8f3317 master -> master
```

Warten Sie einen Moment und schauen sich dann die Build-Seite für das Repository an, so sollten Sie sehen, dass eine neue Version des Image gebaut wird.

Falls aus irgendeinem Grund ein Build fehlschlägt, können Sie die Logs über einen Klick auf »Build Code« auf dem Tab »Build Details« erreichen. Sie können auch jederzeit einen neuen Build anstoßen, indem Sie auf den Button »Trigger a Build« klicken.

3. Wenn Sie das Repository geforkt haben, wird diese Datei schon vorhanden sein – ändern Sie dann einfach den Text ein wenig.

Dieser Ansatz, Images zu bauen und bereitzustellen, passt nicht bei allen Projekten. Ihre Images sind öffentlich, sofern Sie nicht dafür bezahlen, ein privates Repository nutzen zu können, und Sie hängen von der Gnade des Docker Hub ab – sollte dieser ein Problem haben, können Sie Ihre Images nicht aktualisieren und die Anwender sie nicht herunterladen. Zudem ist das Ganze auch eine Frage der Effizienz – wenn Sie Images schnell bauen und auf den Weg schicken müssen, wollen Sie sich nicht den Overhead antun, Dateien vom Hub übertragen und auf gequeuete Builds warten zu müssen. Für Open-Source-Projekte und kleine Nebenprojekte ist der Hub perfekt. Aber für größere oder kritischere Dinge werden Sie andere Lösungen einsetzen wollen.

7.4 Private Distribution

Es gibt neben dem Docker Hub noch ein paar weitere Möglichkeiten. Sie können alles manuell machen, indem Sie Images exportieren und importieren oder einfach Images auf jedem Docker Host aus Dockerfiles neu bauen. Beide Lösungen sind suboptimal: Das immer neue Bauen aus Dockerfiles ist langsam und kann auf den verschiedenen Hosts zu unterschiedlichen Images führen, während das Exportieren und Importieren von Images knifflig und fehleranfällig sein kann. Die verbleibende Möglichkeit ist, eine andere Registry zu verwenden, die entweder von Ihnen selbst oder durch eine andere Firma gehostet werden kann.

Wir werden uns zunächst die kostenlose Lösung anschauen – eine eigene Registry zu betreiben –, bevor wir ein paar der kommerziellen Angebote vorstellen.

7.4.1 Eine eigene Registry betreiben

Die Docker Registry ist nicht das Gleiche wie der Docker Hub. Beide implementieren die Registry-API, über die Anwender Images hochladen, herunterziehen und suchen können, aber der Docker Hub ist ein Closed-Source Remote Service, während es sich bei der Registry um eine Open-Source-Anwendung handelt, die lokal genutzt werden kann. Der Docker Hub bietet zudem Benutzerkonten, Statistiken und eine Weboberfläche, die die Docker Registry nicht bietet.

In Arbeit

Registry v2 ist zwar stabil, aber viele wichtige Features werden noch entwickelt. Daher beschränke ich mich in diesem Abschnitt auf die wichtigsten Anwendungsfälle und vermeide es, fortgeschrittenere Features im Detail zu beschreiben. Eine vollständige, aktuelle Dokumentation zur Registry finden Sie im GitHub-Projekt von Docker Distribution *(https://github.com/docker/distribution)*.

In diesem Kapitel werden wir uns nur Version 2 der Registry anschauen, die nur mit Docker Daemons der Version 1.6 oder neuer zusammenarbeitet. Brauchen Sie die Unterstützung älterer Docker-Versionen, müssen Sie die ältere Version der Registry einsetzen. (Es ist auch möglich, für eine Übergangszeit beide Versionen der Registry gemeinsam zu verwenden.) Version 2 der Registry ist in Bezug auf Sicherheit, Zuverlässigkeit und Effizienz gegenüber Version 1 eine deutliche Verbesserung, daher empfehle ich Ihnen, wann immer möglich Version 2 zu verwenden.

Am einfachsten betreiben Sie eine lokale Registry, indem Sie das offizielle Image nutzen. Mit dem folgenden Aufruf haben Sie in »Nullkommanichts« eine lauffähige Version:

```
$ docker run -d -p 5000:5000 registry:2
...
75fafd23711482bbee7be50b304b795a40b7b0858064473b88e3ddcae3847c37
```

Jetzt haben wir eine laufende Registry und können ein Image mit einem passenden Tag versehen und es dort hochladen. Verwenden Sie `docker-machine`, können Sie immer noch die Adresse `localhost` verwenden, da diese von der Docker Engine (und nicht vom Client) interpretiert wird, der auf dem gleichen Host wie die Registry läuft:

```
$ docker tag amouat/identidock:0.1 localhost:5000/identidock:0.1
$ docker push localhost:5000/identidock:0.1
The push refers to a repository [localhost:5000/identidock] (len: 1)
...
0.1: digest: sha256:d20affe522a3c6ef1f8293de69fea5a8621d6956199...
```

Entfernen wir nun die lokale Version, können wir sie wieder herunterladen:

```
$ docker rmi localhost:5000/identidock:0.1
Untagged: localhost:5000/identidock:0.1
$ docker pull localhost:5000/identidock:0.1
0.1: Pulling from identidock
...
76899e56d187: Already exists
Digest: sha256:d20affe522a3c6ef1f8293de69fea5a8621d695619955262f3fc2885...
Status: Downloaded newer image for localhost:5000/identidock:0.1
```

Docker sieht, dass wir schon ein Image mit dem gleichen Inhalt besitzen, also wird nur das Tag wieder hinzugefügt. Vielleicht ist Ihnen aufgefallen, dass die Registry einen *Digest* für das Image erzeugt hat. Dabei handelt es sich um einen eindeutigen Hash, der auf dem Inhalt des Image und seinen Metadaten basiert. Sie können die Images auch über deren Digest herunterladen:

```
$ docker pull localhost:5000/identidock@sha256:\
d20affe522a3c6ef1f8293de69fea5a8621d695619955262f3fc28852e173108
sha256:d20affe522a3c6ef1f8293de69fea5a8621d695619955262...: Pul...
...
```

```
76899e56d187: Already exists
Digest: sha256:d20affe522a3c6ef1f8293de69fea5a8621d695619955262f3fc2885...
Status: Downloaded newer image for localhost:5000/identidock@sh...
```

Der größte Vorteil beim Einsatz eines Digest ist die Garantie, dass Sie genau das Image laden, das Sie haben wollen. Holen Sie sich eines über das Tag, kann sich das zugrunde liegende Image ohne Ihr Wissen geändert haben. Nutzen Sie Digests auch, um die Integrität des Image sicherzustellen – so können Sie sicher sein, dass es nicht bei der Übertragung oder im Storage beeinflusst wurde. Details zum sicheren Umgang mit Images und dem Überprüfen ihrer Herkunft finden Sie in Abschnitt 13.6.

Der Hauptgrund für eine Registry ist, damit einen zentralen Ablageort für Ihr Team oder Unternehmen zu besitzen. Dann müssen Sie über einen entfernten Docker Daemon darauf zugreifen können. Versuchen wir das aber mit der gerade gestarteten Registry, erhalten wir folgenden Fehler:

```
$ docker pull 192.168.1.100:5000/identidock:0.1 ❶
Error response from daemon: unable to ping registry endpoint
https://192.168.99.100:5000/v0/
v2 ping attempt failed with error: Get https://192.168.99.100:5000/v2/:
tls: oversized record received with length 20527
v1 ping attempt failed with error: Get https://192.168.99.100:5000/v1/_ping:
tls: oversized record received with length 20527
```

❶ Hier habe ich statt `localhost` die IP-Adresse des Servers eingesetzt. Sie erhalten diesen Fehler unabhängig davon, ob Sie über einen Daemon auf dem gleichen Rechner wie die Registry oder auf einem anderen Rechner arbeiten.

Was ist passiert? Der Docker Daemon weigert sich, eine Verbindung zum Remote-Host aufzunehmen, weil der kein gültiges TLS(Transport Layer Security)-Zertifikat besitzt. Zuvor hat es nur deshalb geklappt, weil Docker eine Ausnahme für ein Laden von »localhost«-Servern macht. Wir können dieses Problem auf einem von drei Wegen lösen:

1. Jeden Docker Daemon, der auf die Registry zugreift, mit dem Argument `--insecure-registry 192.168.1.100:5000` starten, wobei Sie Adresse und Port an Ihre Gegebenheiten anpassen.
2. Ein signiertes Zertifikat von einer Trusted Certificate Authority auf dem Host installieren, so wie Sie es für das Hosten einer Website machen würden, die über HTTPS angesprochen wird.
3. Ein selbst signiertes Zertifikat auf dem Host und eine Kopie auf jedem Docker Daemon installieren, der auf die Registry zugreifen muss.

Die erste Option ist die einfachste, aber wir werden sie hier aufgrund der Sicherheitsbedenken nicht in Betracht ziehen. Die zweite Option ist die beste, erfordert aber das Beschaffen eines Zertifikats von einer Trusted Certificate Authority, was im Allgemeinen Geld kostet. Die dritte Option ist sicher, erfordert aber den manuellen Schritt, das Zertifikat auf jeden Daemon zu kopieren.

Wollen Sie Ihr eigenes, selbst signiertes Zertifikat erstellen, können Sie das OpenSSL-Tool nutzen. Diese Schritte sollten Sie auf einem Rechner durchführen, den Sie langfristig als Registry-Server verwenden wollen. Sie wurden auf einer VM mit Ubuntu 14.04 getestet, die auf Digital Ocean läuft – auf anderen Betriebssystemen wird es sehr wahrscheinlich Unterschiede geben.

```
root@reginald:~# mkdir registry_certs
root@reginald:~# openssl req -newkey rsa:4096 -nodes -sha256 \
>     -keyout registry_certs/domain.key -x509 -days 365 \
      -out registry_certs/domain.crt ❶
Generating a 4096 bit RSA private key
..................................................++
..................................................++
writing new private key to 'registry_certs/domain.key'
-----
You are about to be asked to enter information that will be
Incorporated into your certificate request.
What you are about to enter is what is called a Distinguished Name or a DN.
There are quite a few fields but you can leave some blank
For some fields there will be a default value,
If you enter '.', the field will be left blank.
-----
Country Name (2 letter code) [AU]:
State or Province Name (full name) [Some-State]:
Locality Name (eg, city) []:
Organization Name (eg, company) [Internet Widgits Pty Ltd]:
Organizational Unit Name (eg, section) []:
Common Name (e.g. server FQDN or YOUR name) []:reginald ❷
Email Address []:
root@reginald:~# ls registry_certs/
domain.crt domain.key ❸
```

❶ Erstellt ein selbst signiertes x509-Zertifikat und einen privaten RSA-Schlüssel mit 4096 Bit. Das Zertifikat ist mit einem SHA256-Digest signiert und für 365 Tage gültig. OpenSSL fragt nach weiteren Informationen, die können Sie angeben oder auch die Standardwerte übernehmen.

❷ Der Common Name ist wichtig – er muss zu dem Namen passen, über den Sie den Server ansprechen wollen, und es sollte sich nicht um eine IP-Adresse handeln (»reginald« ist der Name meines Servers).

❸ Am Ende dieses Prozesses besitzen wir eine Zertifikatsdatei namens *domain.crt*, die den Clients zur Verfügung gestellt werden kann, und einen privaten Schlüssel *domain.key*, der *sicher aufbewahrt werden muss und nicht mit anderen geteilt werden darf*.

Die Registry über die IP-Adresse ansprechen

Wollen Sie eine IP-Adresse verwenden, um Ihre Registry zu erreichen, wird das Ganze ein bisschen komplizierter. Sie können nicht einfach die IP-Adresse als Common Name nutzen, sondern müssen Subject Alternative Names (SANs) für die IP-Adresse(n) einrichten, die Sie nutzen wollen.

Im Allgemeinen empfehle ich, diesem Ansatz nicht zu folgen. Es ist besser, einfach einen Namen für Ihren Server auszuwählen und diesen intern darüber erreichbar zu machen (im schlimmsten Fall können Sie den Servernamen immer noch per Hand zur */etc/hosts* hinzufügen). Das ist normalerweise einfach einzurichten und erfordert kein Umtaggen aller Images, wenn Sie die IP-Adresse ändern wollen.

Als Nächstes müssen wir das Zertifikat auf jeden Docker Daemon kopieren, der die Registry ansprechen will.[4] Es sollte in die Datei */etc/docker/certs.d/<registry_address>/ca.crt* kopiert werden, wobei *<registry_address>* Adresse und Port Ihres Registry-Servers entsprechen. Zudem müssen Sie den Docker Daemon neu starten. Zum Beispiel:

```
root@reginald:~# sudo mkdir -p /etc/docker/certs.d/reginald:5000
root@reginald:~# sudo cp registry_certs/domain.crt \
                 /etc/docker/certs.d/reginald:5000/ca.crt  ❶
root@reginald:~# sudo service docker restart
docker stop/waiting
docker start/running, process 3906
```

❶ Damit es auf einem Remote-Host funktioniert, müssen Sie das CA-Zertifikat mit scp oder einem ähnlichen Tool auf den Docker Host kopieren. Haben Sie eine öffentliche Trusted Certificate Authority genutzt, können Sie diesen Schritt überspringen.

Jetzt können wir die Registry starten:[5]

```
root@reginald:~# docker run -d -p 5000:5000 \
-v $(pwd)/registry_certs:/certs \  ❶
-e REGISTRY_HTTP_TLS_CERTIFICATE=/certs/domain.crt \
-e REGISTRY_HTTP_TLS_KEY=/certs/domain.key \  ❷
--restart=always --name registry registry:2
...
b79cb734d8778c0e36934514c0a1ed13d42c342c7b8d7d4d75f84497cc6f45f4
```

❶ Macht die Zertifikate im Container als Volume verfügbar.

❷ Wir können Umgebungsvariablen nutzen, um die Registry für den Einsatz unserer Zertifikate einzurichten.

4. Sie können diesen Schritt überspringen, wenn Sie ein Zertifikat von einer Trusted Certificate Authority besitzen.
5. Eventuell müssen Sie erst zuvor gestartete Registry-Instanzen entfernen.

Holen Sie sich ein Image, verpassen Sie ihm ein neues Tag und schieben Sie es wieder hoch – nur um zu zeigen, dass es jetzt funktioniert:

```
root@reginald:~# docker pull debian:wheezy
wheezy: Pulling from library/debian
ba249489d0b6: Pull complete
19de96c112fc: Pull complete
library/debian:wheezy: The image you are pulling has been
verified.
Important: image verification is a tech preview feature and should not be
relied on to provide security.
Digest: sha256:90de9d4ecb9c954bdacd9fbcc58b431864e8023e42f8cc21782f2107...
Status: Downloaded newer image for debian:wheezy
root@reginald:~# docker tag \
                        debian:wheezy reginald:5000/debian:local  ❶
root@reginald:~# docker push reginald:5000/debian:local
The push refers to a repository [reginald:5000/debian] (len: 1)
19de96c112fc: Image successfully pushed
ba249489d0b6: Image successfully pushed
local: digest: sha256:3569aa2244f895ee6be52ed5339bc83e19fafd713...
```

❶ Sie müssen `reginald` mit dem Namen Ihres Servers ersetzen.

Jetzt haben wir eine remote erreichbare Registry, die sicher arbeitet und Images speichert. Beim Testen von anderen Rechnern dürfen Sie nicht vergessen, die Zertifikatsdatei nach */etc/docker/certs.d/<regsitry_address>/ca.crt* auf der Docker Engine zu kopieren und sicherzustellen, dass die Engine die Adresse der Registry auflösen kann.[6]

Docker besitzt eine große Zahl von Konfigurationsoptionen, mit denen Sie die Registry für bestimmte Anwendungsfälle einrichten können. Diese Optionen werden über eine YAML-Datei im Image angepasst, welche Sie durch ein Volume ersetzen können. Die Werte können auch zur Laufzeit durch das Definieren von Umgebungsvariablen überschrieben werden, so wie wir das im vorigen Beispiel mit `REGISTRY_HTTP_TLS_KEY` und `REGISTRY_HTTP_TLS_CERTIFICATE` gemacht haben. Aktuell finden Sie die Konfigurationsdatei unter */etc/docker/registry/config.yml*. Die Standardkonfiguration passt für den Einsatz im Entwicklungsumfeld und muss für eine Produktivumgebung deutlich angepasst werden. Alle Details zum Konfigurieren der Registry und Beispiel-Konfigurationsdateien finden Sie im Distributions-GitHub-Projekt.

Die folgenden Abschnitte beschreiben die wichtigsten Features und Anpassungsmöglichkeiten, die Sie beim Einrichten einer Registry kennen sollten.

6. Sie können den Registry-Namen nicht durch eine IP-Adresse ersetzen, weil dann das Zertifikat nicht mehr gefunden wird. Passen Sie stattdessen die */etc/hosts* an oder richten Sie DNS so ein, dass der Name aufgelöst wird.

Storage

Standardmäßig nutzt das Registry-Image den Filesystem-Treiber, der wenig überraschend alle Daten und Images im Dateisystem ablegt. Das ist für die Entwicklung in Ordnung und passt vermutlich auch für viele andere Situationen. Sie müssen ein Volume für das definierte root-Verzeichnis deklarieren und es auf einen verlässlichen Filestore zeigen lassen. So sorgen Sie zum Beispiel mit folgendem Code in der *config.yml* dafür, dass die Registry den Filesystem-Treiber nutzt und die Daten unter */var/lib/registry* ablegt, welches als Volume deklariert sein sollte:

```
storage:
    filesystem:
        rootdirectory: /var/lib/registry
```

Um Daten in der Cloud zu sichern, können Sie die Storage-Treiber von Amazon S3 oder Microsoft Azure verwenden.

Es gibt zudem Unterstützung für den Ceph Distributed Object Store und den Einsatz von Redis als In-Memory-Cache, um den Zugriff auf die Schichten zu beschleunigen.

Authentifizierung

Bisher haben wir gesehen, wie wir die Registry per TLS ansprechen, aber wir haben noch nichts für das Authentifizieren von Benutzern getan. Das ist meist in Ordnung, wenn Sie nur öffentlich verfügbare Images verwenden oder sich Ihre Registry nur in einem privaten Netzwerk ansprechen lässt, aber die meisten Firmen werden den Zugriff auf authentifizierte Benutzer beschränken wollen.

Es gibt zwei Möglichkeiten, das zu erreichen:

1. Richten Sie einen Proxy wie nginx vor der Registry ein, der für das Authentifizieren von Anwendern verantwortlich ist. Ein Beispiel dazu finden Sie in der offiziellen Dokumentation auf dem GitHub-Projekt unter *https://docs.docker.com/registry/nginx*, welches die Benutzer/Passwort-Authentifizierung von nginx einsetzt. Einmal eingerichtet, kann der Befehl `docker login` zum Authentifizieren an der Registry genutzt werden.
2. Token-basierte Authentifizierung mit JSON Web Tokens. Beim Einsatz dieser Methode weist die Registry Clients ab, die kein gültiges Token vorweisen können, und leitet sie an den Authentifizierungsserver weiter. Dort können die Clients ein Token erhalten und wieder auf die Registry zugreifen. Der Authentifizierungsserver wird nicht von Docker angeboten, und aktuell gibt es nur eine Open-Source-Lösung von Cesanta Software *(https://github.com/cesanta/docker_auth)*. Die einzige andere Option ist (momentan), selbst eine

Lösung auf Basis einer JSON-WebToken-Bibliothek zu schreiben oder für eines der in Abschnitt 7.4.2 beschriebenen Angebote zu bezahlen. Diese Vorgehensweise ist zwar deutlich komplexer und schwieriger einzurichten, aber für viele große oder räumlich verteilte Gruppen die einzig mögliche Variante.[7]

HTTP

Dieser Abschnitt enthält ein Beispiel für das Konfigurieren der HTTP-Schnittstelle für die Registry. Es ist sehr wichtig, dass diese korrekt eingerichtet ist. Insbesondere müssen Sie den Ablageort des TLS-Zertifikats und -Schlüssels für die Registry angeben – im vorigen Beispiel haben wir das über die Umgebungsvariablen `REGISTRY_HTTP_TLS_KEY` und `REGISTRY_HTTP_TLS_CERTIFICATE` erreicht.

Eine typische Konfiguration kann so aussehen:

```
http:
    addr: reginald:5000 ❶
    secret: DD100CC4-1356-11E5-A926-33C19330F945 ❷
    tls: ❸
        certificate: /certs/domain.crt
        key: /certs/domain.key
```

❶ Adresse der Registry

❷ Ein zufälliger String, der genutzt wird, um die von Clients gespeicherten Informationen zu signieren. Das soll davor schützen, dass jemand unerlaubt Einfluss auf die Inhalte nimmt. Dieser String sollte möglichst zufällig erzeugt werden.

❸ Richtet die Zertifikate wie zuvor schon gesehen ein. Die Dateien müssen im Container erreichbar sein – entweder über das Mounten eines Volumes oder durch Kopieren in den Container.

Andere Einstellungen

Es gibt noch eine Fülle weiterer Einstellungen, die zum Einrichten von Middleware, Benachrichtigungen, Logging und Caching dienen. Alle Informationen dazu finden Sie im GitHub-Projekt von Docker Distribution.

7.4.2 Kommerzielle Registries

Sind Sie auf der Suche nach einer umfassenderen Lösung mit einer webbasierten Verwaltung, stehen sowohl die Docker Trusted Registry *(https://www.docker.com/docker-trusted-registry)* als auch die CoreOS Enterprise Registry

---

7. Eine Lösung für einen solchen AUTH-Servie ist das Projekt Portus das dann gleich ein UI für die eigene Registry mitbringt.: *https://github.com/SUSE/Portus*.

(https://coreos.com/products/enterprise-registry) zur Verfügung. Bei beiden handelt es sich um kommerzielle On-Premise-Lösungen, die hinter Ihrer Firewall sitzen.[8]

Über das einfache Speichern von Images hinaus bieten beide Produkte interessante Features. Sie helfen bei der Arbeit mit Docker-Images in Teams durch feingranulare Berechtigungen und GUIs für Installations- und Verwaltungsaufgaben.

7.5 Die Imagegröße verringern

Mittlerweile dürften Sie bemerkt haben, dass Docker-Images ziemlich groß werden können. Die meisten liegen im dreistelligen MB-Bereich, was viel Zeit beim Transferieren bedeutet. Das wird durch die hierarchische Struktur der Images deutlich abgemildert – haben Sie schon eine Eltern-Schicht eines Image auf dem Rechner, müssen Sie nur die neuen Kind-Schichten herunterladen. Aber es gibt trotzdem einiges zu den Versuchen zu sagen, die Größe von Images zu reduzieren, und es ist nicht so einfach, wie es klingt. Die naive Vorgehensweise wäre, ungenutzte Dateien aus dem Image zu löschen. Leider funktioniert das nicht. Denken Sie daran, dass ein Image aus vielen Schichten besteht – jeweils einer für jeden Befehl im zugehörigen Dockerfile und in den Eltern-Dockerfiles. Die Gesamtgröße des Image ist die Summe all seiner Schichten. Entfernen Sie eine Datei in einer Schicht, wird diese immer noch in den anderen Schichten vorhanden sein. Schauen Sie sich für ein konkretes Beispiel das folgende Dockerfile an:

```
FROM debian:wheezy

RUN dd if=/dev/zero of=/bigfile count=1 bs=50MB ❶
RUN rm /bigfile
```

❶ Dies ist eine einfache Möglichkeit, eine große Datei zu erzeugen.

Jetzt bauen wir das Image und schauen es uns genauer an:

```
$ docker build -t filetest .
...
$ docker images filetest ❶
REPOSITORY  TAG     IMAGE ID      CREATED        VIRTUAL SIZE
filetest    latest  e2a98279a101  8 seconds ago  135 MB
$ docker history filetest ❷
IMAGE       ... CREATED BY                               SIZE ...
e2a98279a101 /bin/sh -c rm /bigfile                      0 B
5d0f04380012 /bin/sh -c dd if=/dev/zero of=/bigfile count 50 MB
c90d655b99b2 /bin/sh -c #(nop) CMD [/bin/bash]           0 B
30d39e59ffe2 /bin/sh -c #(nop) ADD file:3f1a40df75bc5673c 85.01 MB
511136ea3c5a                                             0 B
```

8. Die Repository-Produkte Nexus und Artifactory bieten mittlerweile ebenfalls Docker-Registry-Support.

❶ Wir sehen hier, dass das Image 135 MB groß ist – genau 50 MB größer als das Basisimage.

❷ Der Befehl `docker history` verschafft uns einen vollständigen Überblick. Die ersten zwei Zeilen beschreiben die Schichten, die durch unser Dockerfile erzeugt wurden. Wir sehen, dass der Befehl `dd` für eine Schicht von 50 MB gesorgt hat, während mit `rm` nur eine neue Schicht darüber entstanden ist.

Im Gegensatz dazu schauen wir uns dieses Dockerfile an:

```
FROM debian:wheezy

RUN dd if=/dev/zero of=/bigfile count=1 bs=50MB && rm /bigfile
```

Wieder bauen wir das Image und schauen es uns genauer an:

```
$ docker build -t filetest .
...
$ docker images filetest
REPOSITORY TAG      IMAGE ID      CREATED          VIRTUAL SIZE
filetest   latest   40a9350a4fa2  34 seconds ago   85.01 MB
$ docker history filetest
IMAGE        ... CREATED BY                               SIZE ...
40a9350a4fa2 /bin/sh -c dd if=/dev/zero of=/bigfile count 0 B
c90d655b99b2 /bin/sh -c #(nop) CMD [/bin/bash]           0 B
30d39e59ffe2 /bin/sh -c #(nop) ADD file:3f1a40df75bc5673c 85.01 MB
511136ea3c5a                                              0 B
```

Die Größe des Basisimage hat sich nicht verändert. Löschen wir die Datei in der gleichen Schicht, in der sie erzeugt wurde, wird sie auch nicht mit ins Image aufgenommen. Daher werden Sie häufig Dockerfiles finden, die Tarballs oder andere Archivdateien herunterladen, sie entpacken und direkt wieder löschen – und zwar alles in einer einzelnen `RUN`-Anweisung. So enthält zum Beispiel das offizielle MongoDB-Image folgende Anweisung (die URLs wurden aus Formatierungsgründen gekürzt):

```
RUN curl -SL "https://$MONGO_VERSION.tgz" -o mongo.tgz \
   && curl -SL "https://$MONGO_VERSION.tgz.sig" -o mongo.tgz.sig \
   && gpg --verify mongo.tgz.sig \
   && tar -xvf mongo.tgz -C /usr/local --strip-components=1 \
   && rm mongo.tgz*
```

Eine ähnliche Technik können Sie auf Quellcode anwenden – manchmal werden Sie sehen, wie er in einer Zeile heruntergeladen, zu einem Binary gebaut und wieder gelöscht wird.

Aus dem gleichen Grund lohnt es sich nicht, nach dem Paketmanager aufzuräumen:

```
RUN rm -rf /var/lib/apt/lists/*
```

Aber das können Sie machen (wieder aus dem offiziellen mongo-Dockerfile):

```
RUN apt-get update \
    && apt-get install -y curl numactl \
    && rm -rf /var/lib/apt/lists/*
```

Werfen Sie auch noch mal einen Blick auf den Abschnitt 4.2.4 über das kluge Auswählen von Basisimages, um die Imagegröße klein zu halten.

Es gibt eine weitere Option, die Sie nutzen können, um die Imagegröße zu verringern, wenn es wirklich knapp ist. Lassen Sie für einen Container `docker export` laufen und importieren dann das Ergebnis per `docker import`, erhalten Sie ein Image mit nur einer Schicht. Zum Beispiel:

```
$ docker create identidock:latest
fe165be64117612c94160c6a194a0d8791f4c6cb30702a61d4b3ac1d9271e3bf
$ docker export $(docker ps -lq) | docker import -
146880a742cbd0e92cd9a79f75a281f0fed46f6b5ece0219f5e1594ff8c18302
$ docker tag 146880a identidock:import
$ docker images identidock
REPOSITORY  TAG     IMAGE ID      CREATED        VIRTUAL SIZE
identidock  import  146880a742cb  5 minutes ago  730.9 MB
identidock  0.1     76899e56d187  23 hours ago   839.5 MB
identidock  latest  1432cc6c20e5  4 days ago     839 MB
$ docker history identidock:import
IMAGE         CREATED         CREATED BY  SIZE      COMMENT
146880a742cb  11 minutes ago              730.9 MB  Imported from -
```

Damit ist die Imagegröße reduziert – aber das hat seinen Preis:

- Wir müssen alle Dockerfile-Anweisungen wie `EXPOSE`, `CMD` oder `PORTS` erneut durchführen, die sich nicht im Dateisystem widerspiegeln.
- Wir haben alle Metadaten verloren, die mit dem Image verbunden sind.
- Wir können keine Schichten mehr mit anderen Images gemeinsam nutzen, die die gleichen Vorfahren haben.

7.6 Herkunft eines Image

Wenn man Images bereitstellt und selbst nutzt, ist es wichtig, sich darüber Gedanken zu machen, die *Herkunft* (Provenance) eines Images ermitteln zu können. Laden Sie ein Image herunter, wollen Sie sicher sein, dass es wirklich von demjenigen erstellt wurde, der dies vorgibt, dass es seitdem nicht manipuliert wurde und dass es sich um genau das Image handelt, das der Ersteller des Image getestet hat.

Die Docker-Lösung dafür heißt Docker Content Trust *(https://docs.docker.com/security/trust/content_trust)*, welches standardmäßig manuell aktiviert werden muss. In Abschnitt 13.6 finden Sie weitere Informationen dazu.

7.7 Zusammenfassung

Das effektive Bereitstellen von Images ist in jedem Docker-Workflow eine entscheidende Komponente. Dieses Kapitel hat sich die vorrangigen Lösungen dafür angeschaut: den Docker Hub und private Registries. Wir haben zudem noch ein paar andere Themen rund um das Bereitstellen von Images angerissen, unter anderem die Notwendigkeit, Images passend mit Namen und Tags zu versehen, und das Verringern der Imagegröße.

Im nächsten Kapitel werden wir sehen, wie wir die Images auf die nächste Stufe des Workflow bringen – den Continuous Integration Server.

8 Continuous Integration und Testen mit Docker

In diesem Kapitel werden wir uns anschauen, wie Docker und Jenkins genutzt werden können, um einen Continuous-Integration-(CI-)Workflow für das Bauen und Testen unserer Anwendung aufzusetzen. Wir werden uns auch noch andere Aspekte des Testens mit Docker vornehmen und kurz anreißen, wie man eine Microservices-Architektur testet.

Das Testen von Containern und Microservices bringt ein paar neue Herausforderungen mit sich. Microservices ermöglichen einfache Unit-Tests, aber System- und Integrationstests werden mit wachsender Anzahl von Services und Netzwerkverbindungen schwieriger. Das Mocken von Netzwerkservices wird wichtiger als das klassische Mocken von Klassen in einer monolithischen Java- oder C#-Codebasis. Verfrachtet man den Testcode in Images, nutzt man die Wartbarkeit und Konsistenzvorteile von Containern, aber es wächst auch deren Größe.

Den Code für dieses Kapitel finden Sie auf der GitHub-Seite zum Buch unter *https://github.com/using-docker/ci-testing*. Das Tag `v0` ist der identidock-Code mit dem Stand vom Ende des letzten Kapitels, die anderen Tags stehen jeweils für weitere Stände in diesem Kapitel. Um diese Version des Codes zu erhalten:

```
$ git clone -b v0 \
https://github.com/using-docker/ci-testing
...
```

Alternativ können Sie auch den Code für ein beliebiges Tag von der Releases-Seite des GitHub-Projekts unter *https://github.com/using-docker/ci-testing/releases* herunterladen.

8.1 identidock mit Unit-Tests versehen

Zuallererst sollten wir unsere identidock-Codebasis mit ein paar Unit-Tests versehen. Diese testen grundlegende Funktionalität unseres Codes, die nicht mit externen Services arbeitet.[1]

1. Viele Entwickler plädieren für den Ansatz des Test-Driven Development (TDD), bei dem Tests geschrieben werden, bevor der Code entsteht, der sie bestehen soll. Dieses Buch ist diesem Ansatz nicht gefolgt, vor allem, um den roten Faden besser verfolgen zu können.

Beginnen wir mit dem Erstellen der Datei *identidock/app/tests.py* mit folgendem Inhalt:

```
import unittest
import identidock


class TestCase(unittest.TestCase):

    def setUp(self):
        identidock.app.config["TESTING"] = True
        self.app = identidock.app.test_client()

    def test_get_mainpage(self):
        page = self.app.post("/", data=dict(name="Moby Dock"))
        assert page.status_code == 200
        assert 'Hallo' in str(page.data)
        assert 'Moby Dock' in str(page.data)

    def test_html_escaping(self):
        page = self.app.post("/", \
            data=dict(name='"><b>TEST</b><!--'))
        assert '<b>' not in str(page.data)


if __name__ == '__main__':
    unittest.main()
```

Das ist eine sehr einfache Testdatei mit drei Methoden:

`setUp`
: Initialisiert eine Testversion unserer Flask-Webanwendung.

`test_get_mainpage`
: Testmethode, die die URL / mit dem Eingabewert »Moby Dock« für das `name`-Feld aufruft. Der Test prüft dann, ob die Methode einen Statuscode 200 zurückgibt und die Daten die Strings »Hallo« und »Moby Dock« enthalten.

`test_html_escaping`
: Testet, ob HTML-Entities im Eingabewert korrekt maskiert werden.

Führen wir die Tests aus:

```
$ docker build -t identidock .
...
$ docker run identidock python tests.py
.F ======================================================================
FAIL: test_html_escaping (__main__.TestCase)
----------------------------------------------------------------------
Traceback (most recent call last):
  File "tests.py", line 19, in test_html_escaping
    assert '<b>' not in str(page.data)
AssertionError
```

```
----------------------------------------------------------------------
Ran 2 tests in 0.010s

FAILED (failures=1)
```

Hmm, das ist nicht gut. Der erste Test war erfolgreich, aber der zweite schlug fehl, da wir die Benutzereingabe nicht sauber maskiert haben. Das ist ein ernsthaftes Sicherheitsproblem, welches in größeren Anwendungen zu Datenlecks und Cross-Site-Scripting-Angriffen (XSS) führen kann. Um den Effekt für die Anwendung zu sehen, starten Sie identidock und versuchen, einen Namen wie `"><b>pwned!</b><!--"` einzugeben (einschließlich der Anführungszeichen). Ein Angreifer kann potenziell bösartigen JavaScript-Code einschleusen und Ihre Anwender dazu bringen, ihn auszuführen.

Zum Glück lässt sich das einfach beheben. Wir müssen nur unsere Python-Anwendung so anpassen, dass sie die Benutzereingabe bereinigt, indem sie HTML-Entitäten und Anführungszeichen maskiert. Passen Sie *identidock.py* so an, dass es den folgenden Code enthält:

```
from flask import Flask, Response, request
import requests
import hashlib
import redis
import html

app = Flask(__name__)
cache = redis.StrictRedis(host='redis', port=6379, db=0)
salt = "UNIQUE_SALT"
default_name = 'Joe Bloggs'


@app.route('/', methods=['GET', 'POST'])
def mainpage():

    name = default_name
    if request.method == 'POST':
        name = html.escape(request.form['name'], quote=True)  ❶
    salted_name = salt + name
    name_hash = hashlib.sha256(salted_name.encode()).hexdigest()
    header = '<html><head><title>Identidock</title></head><body>'
    body = '''<form method="POST">
              Hallo <input type="text" name="name" value="{0}">
              <input type="submit" value="Abschicken">
              </form>
              <p>Du siehst aus wie ein:
              <img src="/monster/{1}"/>
              '''.format(name, name_hash)
    footer = '</body></html>'

    return header + body + footer
```

```
@app.route('/monster/<name>')
def get_identicon(name):

    name = html.escape(name, quote=True) ❶
    image = cache.get(name)
    if image is None:
        print ("Cache miss", flush=True)
        r = requests.get('http://dnmonster:8080/monster/' + name \
            + '?size=80')
        image = r.content
        cache.set(name, image)

    return Response(image, mimetype='image/png')

if __name__ == '__main__':
    app.run(debug=True, host='0.0.0.0')
```

❶ Mit der Methode `html.escape` bereinigen Sie die Benutzereingabe.

Bauen wir nun unsere Anwendung neu und testen sie wieder, erhalten wir:

```
$ docker build -t identidock .
...
$ docker run identidock python tests.py
..
----------------------------------------------------------------------
Ran 2 tests in 0.009s

OK
```

Super, das Problem ist gelöst. Sie können das überprüfen, indem Sie identidock mit dem neuen Container neu starten (denken Sie daran, `docker-compose build` auszuführen, um sicherzustellen, dass Compose den neuen Code verwendet) und versuchen, bösartige Eingaben vorzunehmen.[2] Würden wir eine echte Templating Engine statt der einfachen String-Verkettung einsetzen, würde das Maskieren schon für uns erledigt werden und das Problem gar nicht auftauchen.

Jetzt haben wir ein paar Tests und sollten unsere Datei *cmd.sh* so erweitern, dass sie sie automatisch ausführt. Ersetzen Sie den Inhalt von *cmd.sh* durch folgenden Code:

```
#!/bin/bash
set -e

if [ "$ENV" = 'DEV' ]; then
  echo "Running Development Server"
  exec python "identidock.py"
elif [ "$ENV" = 'UNIT' ]; then
```

2. Peinlicherweise fiel mir dieses Problem erst auf, als dieses Buch schon in der Korrekturphase war. Erneut habe ich gelernt, dass es wichtig ist, selbst trivial erscheinenden Code zu testen, und dass man wann immer möglich bestehende und getestete Codeabschnitte und Tools nutzen sollte.

```
    echo "Running Unit Tests"
    exec python "tests.py"
  else
    echo "Running Production Server"
    exec uwsgi --http 0.0.0.0:9090 --wsgi-file /app/identidock.py \
               --callable app --stats 0.0.0.0:9191
  fi
```

Jetzt können wir die Tests neu bauen und ausführen, indem wir einfach die Umgebungsvariable anpassen:

```
$ docker build -t identidock .
...
$ docker run -e ENV=UNIT identidock
Running Unit Tests
..
------------------------------------------------------------------
Ran 2 tests in 0.010s

OK
```

Wir könnten noch mehr Unit-Tests schreiben. Insbesondere gibt es keine Tests für die Methode `get_identicon`. Um diese in einem Unit-Test zu prüfen, müssten wir entweder Testversionen der dnmonster- und Redis-Services erstellen oder ein *Testdouble* verwenden. Ein Testdouble springt für den echten Service ein und ist im Allgemeinen entweder ein *Stub*, der einfach eine vorgefertige Antwort zurückgibt (zum Beispiel könnte der Stub für einen Aktienwert-Service immer »42« liefern), oder ein *Mock*, der mit Erwartungen programmiert werden kann, wie er gerufen werden sollte (zum Beispiel nur genau einmal für eine Transaktion). Mehr Informationen zu Testdoubles finden Sie beim Python-Modul mock *(https://docs.python.org/3/library/unittest.mock.html)*, aber auch bei spezialisierten HTTP-Tools wie Pact *(https://github.com/realestate-com-au/pact)*, Mountebank *(http://www.mbtest.org)* und Mirage *(https://mirage.readthedocs.org)*.

Tests in Images aufnehmen

In diesem Kapitel binden wir die Tests für identidock in das Image mit ein, was der Docker-Philosophie entspricht, ein einzelnes Image für Entwicklung, Test und Produktion zu verwenden. Das bedeutet auch, dass wir die Tests auf Images in unterschiedlichen Umgebungen leicht ausführen können, was beim Debuggen durchaus hilfreich ist.

Der Nachteil ist, dass damit ein größeres Image entsteht – Sie müssen den Testcode und alle seine Abhängigkeiten wie Testbibliotheken mit einbinden. Zudem bieten Sie dadurch eine größere *Angriffsfläche* – es ist möglich, wenn auch unwahrscheinlich, dass ein Angreifer Test-Tools oder -Code nutzt, um in das System im Produktivumfeld einzudringen.

In den meisten Fällen werden die Vorteile der Einfachheit und Zuverlässigkeit beim Einsatz eines einzelnen Image die Nachteile der leicht erhöhten Größe und des theoretischen Sicherheitsrisikos überwiegen.

Im nächsten Schritt wollen wir unsere Tests jetzt automatisch auf einem CI-Server laufen lassen, so dass wir sehen können, wie unser Code beim Einchecken in die Versionsverwaltung automatisch geprüft wird, bevor er ins Staging oder in die Produktion wandert.

Container zum schnelleren Testen verwenden

Alle Tests – insbesondere Unit-Tests – müssen schnell ablaufen, damit die Entwickler sie auch häufig laufen lassen und nicht auf die Ergebnisse warten müssen. Container stellen eine schnelle Möglichkeit dar, eine saubere und isolierte Umgebung zu starten. Das kann hilfreich sein, wenn Tests ihre Umgebung verändern. Stellen Sie sich zum Beispiel vor, Sie haben eine Testsuite, die einen Service[3] nutzt, welcher mit ein paar Testdaten bestückt ist. Jeder Test, der den Service verwendet, wird die Daten sehr wahrscheinlich auf die eine oder andere Art beeinflussen – durch Ändern, Hinzufügen oder Löschen. Eine Möglichkeit, die Tests zu schreiben, ist, jeden Test nach dem Durchlauf wieder aufräumen zu lassen, aber das ist problematisch. Denn wenn ein Test (oder das Aufräumen) fehlschlägt, werden die Testdaten für alle Folgetests nicht mehr wie erwartet sein, wodurch es schwieriger wird, Fehler zu finden, und Wissen über den Service benötigt wird (es handelt sich nicht mehr um eine Black Box). Eine Alternative ist, den Service nach jedem Test zu zerstören und mit einer frischen Version den nächsten zu beginnen. Mit VMs würde dieser Ansatz viel zu langsam sein, aber mit Containern ist es durchaus machbar.

Eine weitere Testvariante, bei der Container hilfreich sein können, ist das Ausführen von Services in unterschiedlichen Umgebungen oder Konfigurationen. Muss Ihre Software auf diversen Linux-Distributionen und unterschiedlichen Datenbanken laufen, richten Sie ein Image für jede Konfiguration ein und lassen Sie die Tests einfach durchlaufen. Ein Nachteil dieses Vorgehens ist, dass keine Kernel-Unterschiede zwischen den Distributionen berücksichtigt werden können.

8.2 Einen Jenkins-Container erstellen

Jenkins ist ein beliebter Open-Source-CI-Server. Es gibt andere Optionen für CI-Server und gehostete Lösungen, aber wir werden für unsere Web-App Jenkins verwenden, weil er so große Verbreitung gefunden hat. Wir werden Jenkins so einrichten, dass er bei jedem Pushen von Änderungen an unserem identidock-Projekt diese automatisch auscheckt, die neuen Images baut und ein paar Tests auf ihnen laufen lässt – sowohl unsere Unit-Tests als auch einige Systemtests. Dann wird ein Bericht mit den Ergebnissen erstellt.

3. Solche Tests sind sehr wahrscheinlich System- oder Integrationstests und keine Unit-Tests, oder es könnten Unit-Tests in einer nicht gemockten Testkonfiguration sein. Viele Unit-Test-Experten werden den Rat geben, Komponenten wie Datenbanken durch Mocks zu ersetzen, aber in Situationen, in denen die Komponente stabil und zuverlässig ist, ist es oft am einfachsten und sinnvollsten, die Komponente direkt zu verwenden.

Docker-in-Docker

Docker-in-Docker (oder DinD) bedeutet einfach, dass Docker selbst in einem Docker-Container läuft. Dazu sind ein paar besondere Konfigurationseinstellungen notwendig – vor allem muss der Container im privilegierten Modus laufen und ein paar Hakeleien mit dem Dateisystem berücksichtigen. Statt das alles selbst zu lösen, ist es am einfachsten, auf das DinD-Projekt von Jérôme Petazzoni zurückzugreifen, das Sie unter *https://github.com/jpetazzo/dind* finden. Dort sind alle Schritte beschrieben. Am einfachsten beginnen Sie damit, sich Jérômes DinD-Image vom Docker-Hub zu holen:

```
$ docker run --rm --privileged -t -i -e LOG=file jpetazzo/
dind
ln: failed to create symbolic link '/sys/fs/cgroup/systemd/
name=systemd': Operation not permitted
root@02306db64f6a:/# docker run busybox echo "Hallo neue
Welt!"
Unable to find image 'busybox:latest' locally
Pulling repository busybox
d7057cb02084: Download complete
cfa753dfea5e: Download complete
Status: Downloaded newer image for busybox:latest
Hallo neue Welt!
```

Der größte Unterschied zwischen DinD und dem Socket Mounting ist, dass die bei DinD erzeugten Container von den Host-Containern isoliert sind; ein Ausführen von `docker ps` im DinD-Container zeigt nur die Container, die vom DinD-Docker Daemon erstellt wurden. Im Gegensatz dazu zeigt `docker ps` beim Socket Mounting alle Container unabhängig davon, wo dieser Befehl ausgeführt wird.

Ich bevorzuge im Allgemeinen die Einfachheit des Socket Mounting, aber in bestimmten Situationen wird Ihnen die zusätzliche Isolierung von DinD zupasskommen. Wenn Sie sich dazu entscheiden, DinD zu verwenden, achten Sie auf Folgendes:

- Sie haben Ihren eigenen Cache, daher werden die Builds zu Beginn langsamer sein und Sie müssen alle Images erneut herunterladen. Das lässt sich durch den Einsatz einer lokalen Registry oder eines Mirrors abmildern. Versuchen Sie nicht, den Build Cache vom Host zu mounten – die Docker Engine geht davon aus, dass sie exklusiven Zugriff darauf hat, daher können schlimme Dinge geschehen, wenn der Cache von zwei Instanzen gleichzeitig verwendet wird.
- Der Container muss im privilegierten Modus laufen, daher ist er nicht sicherer als beim Socket Mounting (wenn ein Angreifer Zugriff auf den Container erhält, kann er beliebige Geräte mounten, auch Festplatten). Das sollte in Zukunft besser werden, da Docker Unterstützung für feingranularere Berechtigungen angekündigt hat, so dass Benutzer die Geräte auswählen können, auf die DinD Zugriff hat.
- DinD nutzt ein Volume für das Verzeichnis */var/lib/docker*, was Ihren Plattenplatz schnell aufbrauchen wird, wenn Sie vergessen, das Volume beim Entfernen des Containers zu löschen.

Warum Sie bei DinD besonders überlegt vorgehen sollten, erfahren Sie auch im GitHub-Artikel von jpetazzo unter *https://jpetazzo.github.io/2015/09/03/do-not-use-docker-in-docker-for-ci*.

Wir werden unsere Lösung auf einem Image aus dem offiziellen Jenkins-Repository aufbauen. Ich habe Version `1.609.3` verwendet, aber es erscheinen regelmäßig neue Releases – probieren Sie ruhig eines aus, ich kann nur nicht garantieren, dass es ohne Anpassungen funktionieren wird.

Um es unserem Jenkins-Container zu erlauben, Images zu bauen, werden wir den Docker Socket[4] vom Host in den Container mounten und es Jenkins damit ermöglichen, »Geschwister«-Container zu erzeugen. Eine Alternative dazu wäre der Einsatz von Docker-in-Docker (DinD), bei dem der Docker-Container seine eigenen »Kind«-Container erzeugen kann. Die beiden Ansätze sehen Sie in Abbildung 8–1 gegenübergestellt.

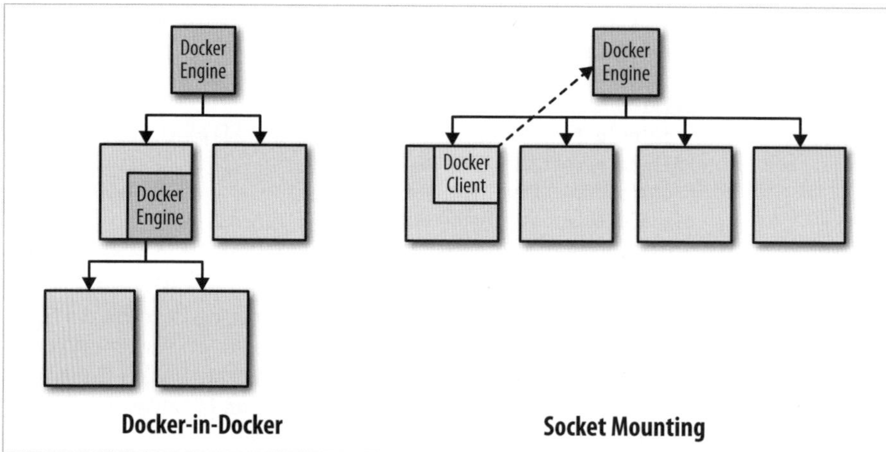

Abb. 8–1 *Docker-in-Docker versus Socket Mounting*

Um den Socket vom Host zu mounten, müssen wir sicherstellen, dass der Jenkins-Benutzer im Container ausreichende Zugriffsrechte hat. Erstellen Sie in einem neuen Verzeichnis mit dem Namen *identijenk* ein Dockerfile mit folgendem Inhalt:

```
FROM jenkins:1.609.3

USER root
RUN echo \
    "deb http://apt.dockerproject.org/repo debian-jessie main" \
        > /etc/apt/sources.list.d/docker.list \
```

4. Der Docker Socket ist der Endpunkt, der für die Kommunikation zwischen dem Client und dem Daemon verwendet wird. Standardmäßig ist dies ein IPC-Socket, der über die Datei */var/run/docker.sock* angesprochen wird, aber Docker unterstützt auch TCP-Sockets, die über eine Netzwerkadresse erreichbar sind, und Sockets im systemd-Stil. Dieses Kapitel geht davon aus, dass Sie den Standard-Socket unter */var/run/docker.sock* einsetzen. Da der Socket über einen Dateideskriptor angesprochen wird, können wir diesen Endpunkt einfach als Volume im Container mounten.

```
    && apt-key adv --keyserver \
        hkp://p80.pool.sks-keyservers.net:80 \
        --recv-keys 58118E89F3A912897C070ADBF76221572C52609D \
    && apt-get update \
    && apt-get install -y apt-transport-https \
    && apt-get install -y sudo \
    && apt-get install -y docker-engine \
    && rm -rf /var/lib/apt/lists/*
RUN echo "jenkins ALL=NOPASSWD: ALL" >> /etc/sudoers

USER jenkins
```

Dieses Dockerfile nimmt das Jenkins-Basisimage, installiert das Docker Binary und fügt passwortlose `sudo`-Rechte für den Benutzer `jenkins` hinzu. Wir haben `jenkins` mit Absicht nicht zur Docker-Gruppe hinzugefügt, daher müssen wir all unseren Docker-Befehlen `sudo` voranstellen.

Verwenden Sie nicht die Gruppe docker

Statt `sudo` zu nutzen, hätten wir auch den Benutzer `jenkins` zur Host-Gruppe `docker` hinzufügen können. Das Problem ist, dass wir dafür auf dem CI-Host die GID der Gruppe `docker` finden und verwenden und diese hartkodiert in das Dockerfile eintragen müssen. Damit ist unser Dockerfile nicht mehr portierbar, da verschiedene Hosts auch verschiedene GIDs für die Gruppe `docker` besitzen. Um die Verwirrung und die Probleme zu vermeiden, die damit einhergehen, ist es sinnvoll, `sudo` zu verwenden.

Bauen Sie das Image:

```
$ docker build -t identijenk .
...
Successfully built d0c716682562
```

Testen Sie es:

```
$ docker run -v /var/run/docker.sock:/var/run/docker.sock \
        identijenk sudo docker ps
CONTAINER ID IMAGE      COMMAND             CREATED         STATUS ...
a36b75062e06 identijenk "/bin/tini -- ... 1 seconds ago Up Less...
```

Beim Befehl `docker run` haben wir den Docker Socket gemountet, um uns mit dem Docker Daemon des Host zu verbinden. In älteren Versionen von Docker war es auch üblich, das Docker Binary zu mounten, statt Docker im Container zu installieren. Das hatte den Vorteil, dass die Version von Docker auf dem Host und im Container gleich war. Aber mit Version 1.7.1 begann Docker damit, dynamische Bibliotheken zu verwenden, womit auch viele Abhängigkeiten in den Container zu mounten waren. Statt sich damit herumzuschlagen, die korrekten Bibliotheken zum Mounten zu finden und zu aktualisieren, ist es einfacher, Docker im Image zu installieren.

Nachdem wir Docker im Container zum Laufen gebracht haben, können wir noch andere Sachen installieren, die wir brauchen, um unseren Jenkins-Build nutzen zu können. Passen Sie das Dockerfile wie folgt an:

```
FROM jenkins:1.609.3

USER root
RUN echo \
    "deb http://apt.dockerproject.org/repo debian-jessie main" \
        > /etc/apt/sources.list.d/docker.list \
    && apt-key adv --keyserver \
        hkp://p80.pool.sks-keyservers.net:80 \
        --recv-keys 58118E89F3A912897C070ADBF76221572C52609D \
    && apt-get update \
    && apt-get install -y apt-transport-https \
    && apt-get install -y sudo \
    && apt-get install -y docker-engine \
    && rm -rf /var/lib/apt/lists/*
RUN echo "jenkins ALL=NOPASSWD: ALL" >> /etc/sudoers

RUN curl -L \ https://github.com/docker/compose/releases/download/1.4.1/\
    docker-compose-`uname -s`-`uname -m` > \
    /usr/local/bin/docker-compose; \
    chmod +x /usr/local/bin/docker-compose ❶

USER jenkins
COPY plugins.txt /usr/share/jenkins/plugins.txt ❷
RUN /usr/local/bin/plugins.sh /usr/share/jenkins/plugins.txt
```

❶ Installiert Docker Compose, mit dem wir unsere Images bauen und ausführen.

❷ Kopiert und verarbeitet eine Datei *plugins.txt*, die eine Liste mit in Jenkins zu installierenden Plugins definiert.

Erstellen Sie die Datei *plugins.txt* im gleichen Verzeichnis wie das Dockerfile und tragen Sie folgende Zeilen ein:

```
scm-api:0.2
git-client:1.16.1
git:2.3.5
greenballs:1.14
```

Die ersten drei Plugins bilden eine Schnittstelle, über die wir den Zugriff auf das identidock-Projekt in Git einrichten können. Das »greenballs«-Projekt ersetzt die blauen Standard-Jenkins-Bälle für erfolgreiche Builds durch grüne.

Wir können jetzt unseren Jenkins-Container starten und damit beginnen, unseren Build zu konfigurieren, aber zuerst sollten wir einen Datencontainer anlegen, um unsere Konfiguration zu persistieren:

```
$ docker build -t identijenk .
...
```

```
$ docker run --name jenkins-data identijenk \
        echo "Jenkins Data Container"
Jenkins Data Container
```

Wir haben das Jenkins-Image für den Datencontainer genutzt, um sicher zu sein, dass die Berechtigungen korrekt gesetzt sind. Der Container wird beendet, sobald der `echo`-Befehl abgeschlossen ist, aber solange er nicht gelöscht wird, kann er in Argumenten `--volumes-from` genutzt werden. Mehr Details zu Datencontainern finden Sie in Abschnitt 4.5.

Jetzt können wir den Jenkins-Container starten:

```
$ docker run -d --name jenkins -p 8080:8080 \
    --volumes-from jenkins-data \
    -v /var/run/docker.sock:/var/run/docker.sock \
    identijenk
75c4b300ade6a62394a328153b918c1dd58c5f6b9ac0288d46e02d5c593929dc
```

Öffnen Sie einen Browser mit der URL *http://localhost:8080*, sollten Sie sehen, wie sich Jenkins initialisiert. Wir werden gleich sehen, wie es unser identidock-Projekt baut und testet. Aber zuerst müssen wir eine kleine Änderung am identidock-Projekt selbst vornehmen. Aktuell initialisiert die Datei *docker-compose.yml* für unser Projekt eine Entwicklungsversion von identidock, aber wir wollen Systemtests entwickeln, die in einer Umgebung laufen, welche näher am Produktivsystem sind. Aus diesem Grund müssen wir eine neue Datei *jenkins.yml* erstellen, mit der wir die Produktivversion von identidock in Jenkins starten:

```
identidock:
  build: .
  expose:
    - "9090"  ❶
  environment:
    ENV: PROD  ❷
  links:
    - dnmonster
    - redis

  dnmonster:
    image: amouat/dnmonster:1.0

redis:
  image: redis:3.0
```

❶ Da Jenkins in einem Geschwister-Container lebt, müssen wir die Ports auf dem Host nicht veröffentlichen, um beide miteinander verbinden zu können. Ich habe den `expose`-Befehl vor allem zu Dokumentationszwecken mit aufgenommen – Sie werden den identidock-Container von Jenkins aus auch ohne ihn ansprechen können, wenn Sie nicht mit den Standard-Netzwerkeinstellungen herumgespielt haben.

❷ Setzt die Produktivumgebung.

Diese Datei muss dem identidock-Repository hinzugefügt werden, aus dem Jenkins den Quellcode holt. Sie können es entweder zu Ihrem eigenen Repository hinzufügen, wenn Sie das zuvor schon konfiguriert hatten, oder Sie nutzen das bestehende Repository unter *https://github.com/using-docker/identidock*.

Wir können jetzt mit dem Konfigurieren unseres Jenkins-Build beginnen. Öffnen Sie die Weboberfläche von Jenkins unter *http://localhost:8080* und folgen Sie diesen Schritten:

1. Klicken Sie auf den Link »Create new jobs«.
2. Geben Sie für den »Item name« den Wert »identidock« an, wählen Sie »Freestyle project« und klicken Sie auf OK.
3. Konfigurieren Sie die »Source Code Management«-Einstellungen. Haben Sie ein öffentliches GitHub-Repository genutzt, müssen Sie nur »Git« wählen und die Repository-URL eingeben. Nutzen Sie ein privates Repository, werden Sie eine Form von Credentials einrichten müssen (viele Repositories, unter anderem auch BitBucket, bieten *Deployment Keys*, die einen schreibgeschützten Zugriff erlauben und für diesen Zweck genau richtig sind). Alternativ können Sie auch die Version nutzen, die auf GitHub unter *https://github.com/using-docker/identidock* zur Verfügung steht.
4. Klicken Sie auf »Add build step« und wählen Sie »Execute shell«. Im Kasten »Command« geben Sie Folgendes ein:

```
#Default compose args
COMPOSE_ARGS=" -f jenkins.yml -p jenkins "

#Make sure old containers are gone
sudo docker-compose $COMPOSE_ARGS stop ❶
sudo docker-compose $COMPOSE_ARGS rm --force -v

#build the system
sudo docker-compose $COMPOSE_ARGS build --no-cache
sudo docker-compose $COMPOSE_ARGS up -d

#Run unit tests
sudo docker-compose $COMPOSE_ARGS run --no-deps --rm -e \
    ENV=UNIT identidock
ERR=$?

#Run system test if unit tests passed
if[$ERR-eq0];then
  IP=$(sudo docker inspect -f {{.NetworkSettings.IPAddress}} \
          jenkins_identidock_1) ❷
  CODE=$(curl -sL -w "%{http_code}" $IP:9090/monster/bla \
          -o /dev/null) || true ❸
  if [ $CODE -ne 200 ]; then
    echo "Site returned " $CODE
    ERR=1
  fi
```

```
fi

#Pull down the system
sudo docker-compose $COMPOSE_ARGS stop
sudo docker-compose $COMPOSE_ARGS rm --force -v

return $ERR
```

❶ Beachten Sie, dass Docker Compose mit `sudo` aufgerufen wird, weil sich der Jenkins-Benutzer nicht in der Docker-Gruppe befindet.

❷ Wir nutzen `docker inspect`, um die IP-Adresse des identidock-Containers zu ermitteln.

❸ Mit `curl` greifen wir auf den identidock-Service zu und kontrollieren, dass er einen HTTP-Code 200 zurückgibt, womit ein korrektes Funktionieren angezeigt wird. Beachten Sie, dass wir den Pfad */monster/bla* nutzen, um sicherzustellen, dass identidock sich mit dem dnmonster-Service verbinden kann.

Sie können diesen Code auch auf GitHub unter *https://github.com/using-docker/ci-testing* finden. Normalerweise würden solche Skripten zusammen mit anderem Code in die Versionskontrolle einchecken, aber für unser Beispiel reicht es aus, es einfach in Jenkins einzufügen.

Jetzt sollten Sie das Ganze testen können, indem Sie auf »Save« und dann auf »Build Now« klicken. Sie können die Build-Details anzeigen, indem Sie auf die Build-ID klicken und »Console Output« auswählen. Sie sollten so etwas wie in Abbildung 8–2 sehen.

Abb. 8–2 *Erfolgreicher Jenkins-Build*

Das ist so weit schon ziemlich gut. Wir haben erfolgreich Docker zum Laufen gebracht und dafür gesorgt, dass unsere Unit-Tests ausgeführt werden, dazu haben wir einen einfachen »Smoke Test« für unsere Anwendung. Wenn es sich um eine reale Anwendung handeln würde, würden wir dafür sorgen wollen, dass wir eine vollständige Testsuite haben, die prüft, dass die Anwendung wirklich korrekt funktioniert und mit allen möglichen Eingaben klarkommt, aber wir wollten hier ja nur eine kleine Demo zeigen.

8.2.1 Builds triggern

Im Moment werden Builds noch manuell über einen Klick auf »Build Now« angetriggert. Eine deutliche Verbesserung wäre, die Builds automatisch geschehen zu lassen, wenn etwas in das GitHub-Projekt eingecheckt wird. Dazu aktivieren Sie die Methode »Poll SCM« in der identidock-Konfiguration und geben in das Textfeld »H/5 * * * *« ein. Damit wird Jenkins dazu gebracht, das Repository alle fünf Minuten auf Änderungen zu überprüfen und einen Build anzustoßen, wenn es solche entdeckt hat.

Das ist eine einfache Lösung, die ausreichend gut funktioniert, aber sie verschwendet Ressourcen, und Builds werden trotzdem bis zu fünf Minuten verzögert. Eine bessere Lösung ist, das Repository so anzupassen, dass es Jenkins über Updates benachrichtigt. Das können Sie in BitBucket oder GitHub über Web Hooks erreichen, allerdings muss der Jenkins-Server dazu vom Internet aus erreichbar sein.

Das Docker Hub Image

Vielleicht fragen sich jetzt einige von Ihnen: »Warum bauen wir überhaupt ein Image?« Wenn Sie den Schritten aus dem vorigen Abschnitt gefolgt sind, sollten Sie einen automatischen Build auf dem Docker Hub eingerichtet haben, der bei Check-ins ins Quellcode-Repository feuert. Es ist möglich, das zu Ihrem Vorteil auszunutzen, indem Sie die Webhooks-Features von Docker Hub nutzen, um automatisch nach einem erfolgreichen Build auf dem Docker Hub einen Jenkins-Build anzustoßen. Wir können dann das Image in unserem Skript herunterladen, statt es zu bauen. Dazu muss der Jenkins-Server aber ebenfalls aus dem Internet erreichbar sein.

Diese Lösung kann für kleine Projekte nützlich sein, die Standalone-Docker-Images erstellen, aber größere Projekte werden vermutlich die kürzere Zeit zum Erstellen und die umfangreichen Steuermöglichkeiten bei eigenen Builds haben wollen.

8.3 Das Image pushen

Nachdem wir unser identidock-Image getestet haben, müssen wir es irgendwie durch den Rest unserer Pipeline schieben können. Der erste Schritt ist, es zu taggen und in eine Registry zu schieben. Von hier aus kann es vom nächsten Schritt in der Pipeline aufgenommen und ins Stagging oder in die Produktion übermittelt werden.

8.3.1 Sinnvolles Taggen

Es ist ausgesprochen wichtig, Images richtig zu taggen, um die Kontrolle über eine containerbasierte Pipeline zu behalten. Machen Sie es falsch, haben Sie Images, die im Produktivumfeld laufen und bei denen es schwierig – wenn nicht gar unmöglich – ist, sie zu den Builds zurückzuverfolgen. Dadurch werden Debugging und Wartung unnötig kompliziert. Wir sollten für jedes gegebene Image in der Lage sein, dessen Dockerfile und Build Context benennen zu können, aus dem es erschaffen wurde.[5]

Tags können jederzeit überschrieben und geändert werden. Daher *liegt es an Ihnen, einen zuverlässigen Prozess für das Taggen und Versionieren von Images zu schaffen und auch durchzusetzen.*

Bei unserer Beispielanwendung werden wir das Image mit zwei Tags versehen: dem Git-Hash des Repository und `newest`. So wird sich das Tag `newest` immer auf den neuesten Build beziehen, der unsere Tests erfolgreich bestanden hat, und wir können den Git-Hash nutzen, um die Build-Files für ein Image wiederzufinden. Ich habe mit Absicht das Tag `latest` weggelassen, weil es dabei zu Verwirrung kommen kann (siehe »Warnung vor dem `latest`-Tag«, Seite 102). Passen Sie das Build-Skript in Jenkins wie folgt an:

```
#Default compose args
COMPOSE_ARGS=" -f jenkins.yml -p jenkins "

#Make sure old containers are gone
sudo docker-compose $COMPOSE_ARGS stop
sudo docker-compose $COMPOSE_ARGS rm --force -v

#build the system
sudo docker-compose $COMPOSE_ARGS build --no-cache
sudo docker-compose $COMPOSE_ARGS up -d

#Run unit tests
sudo docker-compose $COMPOSE_ARGS run --no-deps --rm \
    -e ENV=UNIT identidock
ERR=$?

#Run system test if unit tests passed
if [ $ERR -eq 0 ]; then
```

5. Damit ist allerdings nicht garantiert, dass Sie einen identischen Container herstellen können, da sich eventuell die Abhängigkeiten geändert haben. Siehe auch Abschnitt 13.6.3, wo beschrieben ist, wie man das abfedern kann.

```
    IP=$(sudo docker inspect -f {{.NetworkSettings.IPAddress}} \
        jenkins_identidock_1)
    CODE=$(curl -sL -w "%{http_code}" $IP:9090/monster/bla \
        -o /dev/null) || true
    if [ $CODE -eq 200 ]; then
      echo "Test passed - Tagging"
      HASH=$(git rev-parse --short HEAD) (1)
      sudo docker tag -f jenkins_identidock amouat/identidock:$HASH (2)
      sudo docker tag -f jenkins_identidock amouat/identidock:newest (2)
      echo "Pushing"
      sudo docker login -e joe@bloggs.com -u jbloggs -p jbloggs123 (3)
      sudo docker push amouat/identidock:$HASH (4)
      sudo docker push amouat/identidock:newest (4)
    else
      echo "Site returned " $CODE
      ERR=1
    fi
fi

#Pull down the system
sudo docker-compose $COMPOSE_ARGS stop
sudo docker-compose $COMPOSE_ARGS rm --force -v

return $ERR
```

(1) Die Kurzform des Git-Hash holen.

(2) Die Tags hinzufügen.

(3) An der Registry anmelden.

(4) Die Images in die Registry schieben.

Beachten Sie, dass Sie das Tag für das gewünschte Repository anpassen müssen. Läuft Ihre Repository zum Beispiel unter `myhost:5000`, müssen Sie `myhost:5000/identidock:newest` verwenden. Genauso müssen Sie die Credentials bei `docker login` an Ihre Gegebenheiten anpassen.

Beginnen Sie einen neuen Build, sollten Sie sehen, wie das Skript das Image jetzt taggt und in die Registry schiebt, wo es für den nächsten Schritt in der Pipeline bereit ist. Das ist für unsere Beispielanwendung großartig und vermutlich ein guter Ausgangspunkt für die meisten Projekte. Aber wenn diese komplizierter werden, wollen Sie wahrscheinlich mehr Tags und beschreibende Namen einsetzen. Der Befehl `git describe` kann hier verwendet werden, basierend auf den Tags sinnvolle Namen zu erzeugen.

Alle Tags für ein Image finden

Jedes Tag für ein Image wird getrennt abgelegt. Das bedeutet, dass Sie die vollständige Imageliste anhand der Image-ID filtern müssen, um alle Tags für ein Image zu erhalten. So finden Sie zum Beispiel alle Tags für das Image mit dem Tag `amouat/identidock:newest`:

```
$ docker images --no-trunc | grep \
    $(docker inspect -f {{.Id}} amouat/identidock:newest)
amouat/identidock   51f6152   96c7b4c094c8f76ca82b6206f...
amouat/identidock   newest    96c7b4c094c8f76ca82b6206f...
jenkins_identidock  latest    96c7b4c094c8f76ca82b6206f...
```

Wir sehen hier, dass das gleiche Image auch mit `51f6152` getaggt ist.

Denken Sie daran, dass Sie ein Tag nur sehen, wenn es in Ihrem Image-Cache vorhanden ist. Hole ich mir zum Beispiel `debian:latest`, erhalte ich das Tag `debian:7` nicht, auch wenn es (zum Zeitpunkt des Entstehens dieser Zeilen) die gleiche Image-ID besitzt. Genauso gilt: Habe ich die Images `debian:latest` und `debian:7` und hole ich nun eine neue Version von `debian:latest`, wird das mit `debian:7` getaggte Image nicht aktualisiert und bleibt mit der alten Image-ID verbunden.

8.3.2 Staging und Produktion

Wurde ein Image getestet, getaggt und in eine Registry geschoben, muss es in die nächste Stufe in der Pipeline gehen – vermutlich *Staging* oder *Produktion*. Das lässt sich auf viele Arten auslösen, unter anderem mit den Webhook-Benachrichtigungen der Registry *(https://docs.docker.com/registry/notifications)* oder durch den Einsatz von Jenkins.

8.3.3 Image Sprawl

In einem produktiven System müssen Sie das Problem des *Image Sprawl* berücksichtigen. Der Jenkins-Server sollte regelmäßig von Images befreit werden, und Sie müssen auch die Anzahl der Images in der Registry im Griff haben, da sich diese sonst schnell mit alten und überflüssigen Images füllt. Eine Lösung ist, alle Images zu entfernen, die älter als ein bestimmtes Datum sind, und sie eventuell in einen Backup-Store zu verschieben, wenn der Platz dies erlaubt.[6] Alternativ können Sie sich Tools mit mehr Funktionalität anschauen, wie zum Beispiel die CoreOS Enterprise Registry oder die Docker Trusted Registry, die beide beim Verwalten von Repositories mehr zu bieten haben.

Testen Sie das Richtige

Es ist wichtig, sicherzustellen, dass Sie die gleichen Container-Images testen, die in der Produktion laufen. Bauen Sie das Image nicht beim Testen aus einem Dockerfile und dann erneut für die Produktivumgebung – Sie wollen sicher sein, dass Sie das gleiche Image laufen lassen, das Sie

6. Aktuell ist das bei lokal gehosteten Docker Registries leichter gesagt als getan, da die Funktion zum Entfernen von Images gerade erst implementiert wurde. Es gibt da noch einige Hindernisse zu beseitigen, was detailliert in der Distribution Roadmap *(https://github.com/docker/distribution/blob/master/ROADMAP.md)* beschrieben ist.

getestet haben, und dass sich keine Unterschiede einschleichen. Aus diesem Grund ist es wichtig, irgendeine Form von Registry oder Storage zu betreiben, die von Testing, Staging und Production gemeinsam genutzt werden kann.

8.3.4 Jenkins Slaves durch Docker betreiben

Wenn Ihre Build-Anforderungen wachsen, werden Sie mehr und mehr Ressourcen für Ihre Tests benötigen. Jenkins nutzt das Konzept der »Build Slaves«, die im Prinzip eine Task-Farm bilden, auf die Jenkins zum Outsourcen von Builds zurückgreifen kann.

Wollen Sie Docker einsetzen, um diese Slaves dynamisch bereitzustellen, schauen Sie sich das Docker-Plugin für Jenkins an *(https://wiki.jenkins-ci.org/display/JENKINS/Docker+Plugin)*.

8.4 Backups für Jenkins

Da wir einen Datencontainer für unseren Jenkins-Service verwendet haben, sollte das Erstellen eines Backups ganz einfach sein:

```
$ docker run --volumes-from jenkins-data -v $(pwd):/backup \
    Debian tar -zcvf /backup/jenkins-data.tar.gz /var/jenkins_home
```

Damit sollte die Datei *jenkins-data.tar.gz* in Ihrem Verzeichnis *$(pwd)/backup* erscheinen. Eventuell wollen Sie den Jenkins-Container vor dem Ausführen dieses Befehls stoppen oder pausieren lassen. Dann können zum Beispiel die folgenden Befehle nutzen, um einen neuen Datencontainer zu erstellen und das Backup dorthin zu entpacken:

```
$ docker run --name jekins-data2 identijenk \
    echo "Neuer Jenkins-Daten-Container"
$ docker run --volumes-from jekins-data2 -v $(pwd):/backup \
    Debian tar -xzvf /backup/backup.tar
```

Leider müssen Sie für dieses Vorgehen die Mount Points Ihres Containers kennen. Das kann durch das Untersuchen der Container automatisiert werden, so dass Sie dann auch Tools wie docker-backup *(https://wiki.jenkins-ci.org/display/JENKINS/Docker+Plugin)* nutzen können. Ich gehe zudem davon aus, dass zukünftige Versionen von Docker noch mehr Unterstützung für solche Workflows anbieten.

8.5 Gehostete CI-Lösungen

Es gibt auch eine Reihe gehosteter Lösungen für CI von Firmen, die für Sie eine Jenkins-Installation in der Cloud betreuen, bis zu spezialisierteren Lösungen wie Travis *(https://travis-ci.org)*, Wercker *(http://wercker.com)*, CircleCI *(https://*

circleci.com) und drone.io *(https://drone.io)*. Die meisten dieser Lösungen scheinen darauf ausgerichtet zu sein, Unit-Tests für vorgegebene Programmiersprachen-Stacks laufen zu lassen, statt Tests für ein System aus Containern anzuwenden. Es scheint in diesem Bereich einiges an Bewegung zu geben, und ich gehe davon aus, dass es auch bald Angebote für das Testen von Docker-Containern geben wird.

8.6 Testen und Microservices

Verwenden Sie Docker, ist die Wahrscheinlichkeit hoch, dass Sie sich auch an einer Microservices-Architektur orientieren. Beim Testen einer solchen Architektur werden Sie feststellen, dass es mehr Testebenen gibt, als man sinnvoll testen kann, und dass Sie entscheiden müssen, wie und was Sie testen. Die Grundlagen eines Frameworks können dabei so aussehen:

Unit-Tests
: Jeder Service[7] sollte mit einem umfassenden Satz an Unit-Tests verbunden sein. Unit-Tests sollten nur kleine, isolierte Teile der Funktionalität testen. Sie können Testdoubles einsetzen, um Abhängigkeiten zu anderen Services zu ersetzen. Aufgrund der großen Anzahl an Tests ist es wichtig, dass sie so schnell wie möglich durchlaufen, um ein häufiges Testen zu unterstützen und zu vermeiden, dass die Entwickler auf die Tests warten müssen. Unit-Tests sollten den größten Anteil an Tests in Ihrem System ausmachen.

Komponententests
: Diese können sich um das Testen der externen Schnittstelle einzelner Services oder auf Subsystem-Ebene um das Testen von Servicegruppen drehen. In beiden Fällen werden Sie sehr wahrscheinlich Abhängigkeiten zu anderen Services haben, die Sie eventuell wie weiter oben beschrieben durch Testdoubles ersetzen müssen. Auch werden Sie es vielleicht nützlich finden, Metriken und Logs über die API Ihres Services bereitzustellen. Das sollten Sie aber in einem von der funktionalen API getrennten Namensraum machen (zum Beispiel durch ein anderes URL-Präfix).

End-to-End-Tests
: Tests, die sicherstellen, dass das Gesamtsystem funktioniert. Da das Ausführen solcher Tests ziemlich teuer ist (in Bezug auf Ressourcen und Zeit), sollte es nur ein paar davon geben – Sie wollen nicht wirklich in die Situation geraten, die Tests über Stunden laufen lassen zu müssen und damit Auslieferungen und Fixes ernsthaft zu verzögern (machen Sie sich dann Gedanken über *Scheduled Runs*, auf die wir bald eingehen werden). Einige Teile des Systems wer-

7. Normalerweise wird es einen Service pro Container geben oder mehrere Container pro Service, wenn mehr Ressourcen benötigt werden.

den nahezu unmöglich oder nur unter immensem Aufwand zu testen sein und müssen eventuell trotzdem durch Testdoubles ersetzt werden (das Starten von Atomraketen ist für einen Test vielleicht keine so gute Idee). Unser identidock-Test fällt unter das End-to-End-Testen – der Test nutzt das gesamte System vom Anfang bis zum Ende und ohne Testdoubles.

Zusätzlich können Sie sich über folgende Tests Gedanken machen:

Consumer-Contract-Tests
: Diese Tests, auch als Consumer-driven Contracts bezeichnet, werden vom Anwender eines Service geschrieben und definieren vor allem die erwarteten Ein- und Ausgabedaten. Sie können auch Nebeneffekte (Statusänderungen) und Performance-Erwartungen beinhalten. Es sollte für jeden Anwender des Service einen getrennten Contract geben. Der größte Vorteil solcher Tests ist, dass er es den Entwicklern eines Service ermöglicht, zu wissen, wann sie es riskieren, die Kompatibilität mit den Konsumenten zu zerstören – schlägt ein Contract-Test fehl, wissen sie, dass sie entweder ihren Service ändern oder mit den Entwicklern des Konsumenten zusammenarbeiten müssen, um den Contract anzupassen.

Integrationstests
: Dies sind Tests, die die Kommunikationskanäle zwischen den Komponenten prüfen. Solche Tests werden in einer Microservices-Architektur wichtig, weil dort die Verknüpfungen und die Koordination zwischen Komponenten viel umfangreicher sind als bei monolithischen Architekturen. Sie werden allerdings feststellen, dass ein Großteil Ihrer Kommunikationskanäle schon durch Ihre Komponenten- und End-to-End-Tests abgedeckt sind.

Scheduled Runs
: Da es wichtig ist, den CI-Build schnell zu halten, ist häufig nicht genug Zeit, umfangreiche Tests laufen zu lassen, wie zum Beispiel gegen ungewöhnliche Konfigurationen oder auf anderen Plattformen. Stattdessen können diese Tests nachts laufen, wenn genug Kapazität zur Verfügung steht.

Viele dieser Tests können als *Preregistry* oder *Postregistry* eingestuft werden – abhängig davon, ob sie vor dem Hinzufügen des Image zur Registry laufen. So sind Unit-Tests zum Beispiel Preregistry: Kein Image sollte in die Registry geschoben werden, wenn ein Unit-Test fehlschlägt. Das Gleiche gilt für manche Consumer-Contract-Tests und Komponententests. Andererseits wird ein Image schon in eine Registry übertragen worden sein, bevor es End-to-End getestet werden kann. Schlägt ein Postregistry-Test fehl, ist die Frage, was als Nächstes zu tun ist. Es sollten keine neuen Images in die Produktivumgebung wandern (oder sogar zurückgerollt werden, wenn sie schon ausgeliefert wurden), aber der Fehler kann tatsächlich aufgrund anderer, älterer Images oder der Interaktion zwischen neuen Images entstanden sein. Solche Fehler erfordern daher eine genauere Untersuchung und mehr Überlegungen, um sie erfolgreich zu beheben.

8.6.1 Im Produktivumfeld testen

Schließlich werden Sie sich Gedanken über das Testen im Produktivumfeld machen wollen. Keine Angst – das ist nicht so verrückt, wie es klingt. Insbesondere kann das Ganze sehr sinnvoll sein, weil man sich nun mit mehr Benutzern mit sehr unterschiedlichen Umgebungen und Konfigurationen herumschlagen muss, die sich nur schlecht vorab testen ließen.

Ein häufig verfolgter Ansatz wird manchmal als *Blue/Green Deployment* bezeichnet. Angenommen, wir wollen einen bestehenden Produktivservice aktualisieren – nennen wir ihn die »blaue« Version – und eine neue »grüne« Version einspielen. Statt einfach die blaue Version durch die grüne zu ersetzen, können wir beide für eine gewisse Zeit parallel laufen lassen. Ist die grüne Version eingerichtet, fangen wir an, Datenverkehr dorthin zu leiten. Wir überwachen das System und halten nach unerwarteten Veränderungen Ausschau, wie zum Beispiel erhöhte Fehlerraten oder größere Latenzzeiten. Sind wir mit der neuen Version nicht glücklich, müssen wir den Schalter nur wieder zur blauen Version zurücklegen. Ist hingegen alles wie gewünscht, können wir die blaue Version abschalten.

Andere Methoden folgen einem ähnlichen Prinzip – alte und neue Version sollten parallel laufen. Beim *A/B-* oder *Multivariate-Testing* laufen zwei (oder mehrere) Versionen eines Service für einen Testzeitraum parallel, wobei die Benutzer zufällig verteilt werden. Es werden statistische Daten erhoben, und abhängig vom Ergebnis wird am Testende eine der Versionen behalten. Beim *Ramped Deployment* wird die neue Version eines Service nur einem kleinen Kreis von Benutzern zugänglich gemacht. Finden diese keine Probleme, wird die neue Version nach und nach immer mehr Benutzern freigeschaltet. Im *Shadowing* laufen beide Versionen eines Service für jede Anfrage, aber nur die Ergebnisse der alten, stabilen Version werden genutzt. Durch den Vergleich der Ergebnisse der alten und der neuen Version ist es möglich, sicherzustellen, dass sich die neue Version genauso wie die alte verhält (oder die Unterschiede nur wie erwartet sind). Das Shadowing ist besonders nützlich, wenn Sie neue Versionen testen, die keine funktionalen Änderungen, sondern zum Beispiel nur Performance-Verbesserungen mit sich bringen.

8.7 Zusammenfassung

Der Kerngedanke, den Sie verinnerlichen sollten, ist, dass Container ganz natürlich in einen Continuous Integration/Delivery Workflow passen. Es gibt ein paar Dinge, die man beachten sollte – insbesondere, dass Sie das gleiche Image in allen Stadien der Pipeline einsetzen, statt jeweils ein neues zu bauen. Aber Sie sollten die bestehenden CI-Tools ohne größere Probleme auf Container anwenden können, und in Zukunft wird es sehr wahrscheinlich auch spezialisierte Tools dafür geben.

Haben Sie eine große Microservices-Architektur im Einsatz, lohnt es sich, sich über das Testen noch mehr Gedanken zu machen und einige der in diesem Kapitel angerissenen Techniken genauer unter die Lupe zu nehmen.

9 Container deployen

Jetzt ist es an der Zeit, den Code auch zum echten Anwender zu bringen und sich zu überlegen, wie Sie Docker im Produktivumfeld wirklich einsetzen. Aktuell redet jeder über Docker, und viele experimentieren damit, aber nur recht wenige lassen Docker auch in der Produktion laufen. Während Kritiker das manchmal als Fehlschlag von Docker bezeichnen, scheinen sie dabei doch ein paar wichtige Dinge zu übersehen. Angesichts der relativen Jugend von Docker ist es sehr ermutigend, dass so viele Leute es produktiv verwenden (unter anderem Spotify, Yelp und Baidu) und dass sich auch nur in Entwicklung und Test sehr viele Vorteile aus Docker ziehen lassen.

Es ist also durchaus möglich und vernünftig, Container aktuell produktiv einzusetzen. Größere Projekte und Unternehmen wollen vielleicht erst einmal klein anfangen und mit der Zeit wachsen, aber es ist für die meisten Projekte schon jetzt eine realistische und unkomplizierte Lösung.

Aktuell werden für Container im Produktivumfeld meist VMs aufgesetzt, in denen dann die Container gestartet werden. Das ist keine ideale Lösung – es erzeugt viel Overhead, verlangsamt das Scaling und zwingt Benutzer zu einer Multicontainer-Granularität. Der Hauptgrund dafür ist aber einfach die Sicherheit. Es ist sehr wichtig, dass Benutzer nicht auf die Daten oder den Netzwerkverkehr anderer Benutzer zugreifen können, und die Container selbst bieten da aktuell nur eine schwache Isolierung. Zudem kann ein Container, der alle Kernel-Ressourcen an sich reißt oder eine Panic auslöst, alle anderen Container beeinflussen, die auf dem gleichen Host laufen. Selbst die meisten spezialisierten Versionen – Docker Cloud,[1] Google Container Engine (GKE) und der Amazon EC2 Container Service (ECS) – nutzen intern noch VMs. Es gibt zwei Ausnahmen von dieser Regel – Giant Swarm und Triton von Joyent –, auf die wir noch eingehen werden.

In diesem Kapitel werden wir Ihnen zeigen, wie einfach Webanwendungen auf verschiedenen Clouds und spezialisierten Docker-Hosting-Services bereitgestellt werden können. Zudem werden wir uns ein paar der Hürden und Techni-

1. *https://www.docker.com/products/docker-cloud*

ken beim Einsatz von Containern im Produktivumfeld anschauen – sowohl in der Cloud als auch auf On-Premise-Ressourcen.

Den Code für dieses Kapitel finden Sie im GitHub-Projekt für dieses Buch unter *https://github.com/using-docker/deploying-containers*. Wir nutzen nicht mehr den bisherigen Python-Code, sondern werden nur noch mit den erstellten Images arbeiten. Sie können sich dazu entscheiden, Ihre eigene Version des identidock-Image einzusetzen, oder einfach das Repository `amouat/identidock` verwenden.

Den Code für den Anfang dieses Kapitels können Sie über das Tag `v0` auschecken:

```
$ git clone -b v0 \
    https://github.com/using-docker/deploying-containers/
...
```

Die anderen Tags repräsentieren die Änderungen des Codes innerhalb dieses Kapitels.

Alternativ können Sie den Code für jedes Tag über die Releases-Seite des GitHub-Projekts herunterladen *(https://github.com/using-docker/deploying-containers/releases)*.

9.1 Ressourcen mit Docker Machine aufsetzen

Am einfachsten und schnellsten richten Sie neue Hosts über *Docker Machine* ein und lassen dann die Container darauf laufen. Machine kann Server erstellen, Docker darauf installieren und den lokalen Docker Client für den Zugriff darauf einrichten. Machine bringt Treiber für die meisten großen Cloud Provider mit (unter anderem AWS, Google Compute Engine, Microsoft Azure und Digital Ocean), aber auch für VMWare und VirtualBox.

Achtung, Beta-Software!

Aktuell befindet sich Docker Machine noch im Beta-Status (ich habe Docker Machine Version 0.4.1 getestet). Das bedeutet, Ihnen werden vermutlich Bugs über den Weg laufen und es wird Funktionalität fehlen, aber das Programm sollte trotzdem nutzbar und ausreichend stabil sein. Leider bedeutet das auch, dass die Befehle und deren Syntax sich wohl noch ändern werden. Daher empfehle ich momentan noch nicht den Einsatz im Produktivumfeld, auch wenn es zum Testen und Experimentieren sehr hilfreich ist. Zum Zeitpunkt der deutschen Übersetzung ist die Version 0.8 von Docker Machine aktuell und sie ist stabiler. Es gibt jede Menge Erweiterungen für verschiedene Provider und auch in der Produktion findet man zunehmend Cluster, die mit Docker Machine erzeugt wurden.

(Und ja, diese Warnung gilt für so gut wie alles in diesem Buch. Ich hatte nur das Gefühl, es wäre wieder an der Zeit, darauf hinzuweisen ...)

Schauen wir uns an, wie wir Machine nutzen können, um identidock in der Cloud aufzusetzen und laufen zu lassen. Zuerst müssen Sie Machine auf Ihrem lokalen Computer installieren. Haben Sie Docker über Docker Toolbox installiert, sollte Machine schon zur Verfügung stehen. Wenn nicht, können Sie ein Binary von GitHub unter *https://github.com/docker/machine/releases* herunterladen, das Sie dann auf Ihrem Rechner ablegen (zum Beispiel unter */usr/local/bin/docker-machine*). Ist das erledigt, sollten Sie Befehle ausführen können:

```
$ docker-machine ls
NAME     ACTIVE  DRIVER      STATE    URL                         SWARM
Default          virtualbox  Running  tcp://192.168.99.100:2376...
```

Sie erhalten bei sich vielleicht keine Ausgabe – das ist davon abhängig, welche Hosts Machine entdeckt hat. In meinem Fall hat es meine lokale VM `boot2docker` gefunden. Wir wollen als Nächstes irgendwo in der Cloud einen Host hinzufügen. Ich werde als Beispiel Digital Ocean nehmen, aber bei AWS und den anderen Cloud-Providern läuft es sehr ähnlich ab. Sie müssen sich online registriert und ein Personal Access Token generiert haben (öffnen Sie dazu die Seite »Applications & API« unter *https://cloud.digitalocean.com/settings/applications*), bevor Sie mit den nächsten Schritten fortfahren können. Für den Einsatz der Ressourcen müssen Sie bezahlen, daher sollten Sie darauf achten, die Maschine wieder zu entfernen, wenn Sie sie nicht mehr benötigen:

```
$ docker-machine create --driver digitalocean \
    --digitalocean-access-token 4820... \
    identihost-do
Creating SSH key...
Creating Digital Ocean droplet...
To see how to connect Docker to this machine, run: docker-machi...
```

Wir haben jetzt einen Docker-Host auf Digital Ocean erstellt. Als Nächstes lassen wir unseren lokalen Client darauf zeigen:

```
$ docker-machine env identihost-do
export DOCKER_TLS_VERIFY="1"
export DOCKER_HOST="tcp://104.236.32.178:2376"
export DOCKER_CERT_PATH="/Users/amouat/.docker/machine/machines/identiho...
export DOCKER_MACHINE_NAME="identihost-do"
# Run this command to configure your shell:
# eval "$(docker-machine env identihost-do)"
$ eval "$(docker-machine env identihost-do)"
$ docker info
Containers: 0
Images: 0
Storage Driver: aufs
 Root Dir: /var/lib/docker/aufs
 Backing Filesystem: extfs
 Dirs: 0
 Dirperm1 Supported: false
Execution Driver: native-0.2
Logging Driver: json-file
```

```
Kernel Version: 3.13.0-57-generic
Operating System: Ubuntu 14.04.3 LTS
CPUs: 1
Total Memory: 490 MiB
Name: identihost-do
ID: PLDY:REFM:PU5B:PRJK:L4QD:TRKG:RWL6:5T6W:AVA3:2FXF:ESRC:6DCT
Username: amouat
Registry: https://index.docker.io/v1/
WARNING: No swap limit support
Labels:
 provider=digitalocean
```

Wir können hier sehen, dass wir uns mit einem Ubuntu-Host verbunden haben, der auf Digital Ocean läuft. Rufen wir nun `docker run hello-world` auf, wird dies auf dem Remote-Server ausgeführt.

Um jetzt identidock laufen zu lassen, können Sie das *docker-compose.yml* vom Ende von Kapitel 6 nutzen oder die folgende *docker-compose.yml* einsetzen, die ein Image aus dem Docker Hub für identidock nutzt:

```
identidock:
  image: amouat/identidock:1.0
  ports:
    - "5000:5000"
    - "9000:9000"
  environment:
    ENV: DEV
  links:
    - dnmonster
    - redis
  dnmonster:
    image: amouat/dnmonster:1.0
  redis:
    image: redis:3
```

Beachten Sie, dass der Build auf dem Remote-Server vorgenommen wird, wenn die Compose-Datei eine `build`-Anweisung enthält. Volume-Mounts müssen entfernt werden, da sie sich auf die Festplatte des Remote-Servers beziehen, nicht auf Ihren lokalen Computer.

Rufen Sie Compose normal auf:

```
$ docker-compose up -d ❶
...
Creating identidock_identidock_1...
$ curl $(docker-machine ip identihost-do):5000 ❷
<html><head><title>Hello...
```

❶ Das dauert eine Weile, weil zuerst die notwendigen Images heruntergeladen beziehungsweise gebaut werden müssen.

❷ Wir können den Befehl `docker-machine ip` nutzen, um herauszufinden, wo der Docker Host läuft.

identidock läuft jetzt also in der Cloud und ist für jeden erreichbar.[2] Es ist toll, dass wir etwas so schnell zum Laufen gebracht haben, aber ein paar Dinge sind noch nicht ganz richtig. Zum Beispiel läuft die Anwendung mit dem Entwicklungs-Python-Server auf Port 5000. Wir sollten zur Produktivversion wechseln, es wäre aber auch nett, einen Reverse Proxy oder Load Balancer vor die Anwendung zu setzen, so dass wir Änderungen an der identidock-Infrastruktur vornehmen können, ohne die externe IP-Adresse anpassen zu müssen. Nginx bietet Unterstützung für Load Balancing, damit ist es auch einfach, mehrere identidock-Instanzen hochzufahren und die Last auf sie zu verteilen.

Ein Smoke-Test für identidock

In diesem Buch surfen wir den identidock-Server per curl an, um sicherzustellen, dass er funktioniert. Aber das einfache Abrufen der Startseite ist kein echter Test – es prüft nur, ob der identidock-Container hochgefahren wurde und läuft. Ein besserer Test ist, ein Identicon anzufordern, wodurch geprüft wird, ob sowohl der identidock- als auch der dnmonster-Container laufen und ob sie miteinander kommunizieren. Das erreichen Sie mit einem Test wie:

```
$ curl localhost:5000/monster/gordon | head -c 4
� PNG
```

Hier verwenden wir das Unix-Tool head, um die ersten vier Zeichen des Bildes auszulesen. So vermeiden wir, unser Terminal mit Binärdaten zu fluten.

9.2 Einen Proxy verwenden

Beginnen wir damit, mithilfe von nginx einen Reverse Proxy einzurichten, hinter dem sich unser identidock-Server verstecken kann. Erstellen Sie einen neuen Ordner *identiproxy* und erzeugen Sie darin folgendes Dockerfile:

```
FROM nginx:1.7

COPY default.conf /etc/nginx/conf.d/default.conf
```

Erstellen Sie zudem eine Datei *default.conf* mit folgendem Inhalt:

```
server {
    listen       80;
    server_name  45.55.251.164; ❶

    location / {

      proxy_pass http://identidock:9090; ❷
      proxy_next_upstream error timeout invalid_header http_500
```

2. Bei manchen Providern, unter anderem AWS, müssen Sie zuerst den Port 5000 in der Firewall öffnen.

```
                          http_502 http_503 http_504;
        proxy_redirect off;
        proxy_buffering off;
        proxy_set_header Host             45.55.251.164; ❶
        proxy_set_header X-Real-IP        $remote_addr;
        proxy_set_header X-Forwarded-For $proxy_add_x_forwarded_for;
    }
}
```

❶ Ersetzen Sie dies durch die IP-Adresse Ihres Docker Host oder durch einen Domainnamen, der darauf zeigt.

❷ Leitet den gesamten Verkehr an den identidock-Container weiter. Wir werden Links nutzen, um dies zum Laufen zu bringen.

Läuft bei Ihnen immer noch Machine und zeigt es auf den Cloud-Server, können wir jetzt unser Image auf dem Remote-Server bauen:

```
$ docker build --no-cache -t identiproxy:0.1 .
Sending build context to Docker daemon 3.072 kB
Sending build context to Docker daemon
Step 0 : FROM nginx:1.7
 ---> 637d3b2f5fb5
Step 1 : COPY default.conf /etc/nginx/conf.d/default.conf
 ---> 2e82d9a1f506
Removing intermediate container 5383f47e3d1e
Successfully built 2e82d9a1f506
```

Man vergisst leicht, dass wir mit einer Remote Docker Engine reden, aber das Image existiert jetzt auf dem Remote-Server, nicht auf Ihrer lokalen Entwicklungsmaschine.

Jetzt können wir zum Ordner *identidock* zurückwechseln und eine neue Konfigurationsdatei für Compose erstellen, um es auszuprobieren. Erzeugen Sie eine *prod.yml* mit folgendem Inhalt:

```
proxy:
  image: identiproxy:0.1 ❶
  links:
    - identidock
  ports:
    - "80:80"
identidock:
  image: amouat/identidock:1.0
  links:
    - dnmonster
    - redis
  environment:
    ENV: PROD ❷
dnmonster:
  image: amouat/dnmonster:1.0 ❶
redis:
  image: redis:3 ❶
```

❶ Beachten Sie, dass ich für alle Images Tags genutzt habe. Im Produktiveinsatz sollten Sie mit den Versionen der von Ihnen eingesetzten Container vorsichtig sein. Inbesondere `latest` ist hier kritisch, weil es schwierig bis unmöglich werden kann, herauszufinden, welche Version der Anwendung im Container läuft.

❷ Wir stellen nicht mehr die Ports des identidock-Containers bereit (nur der Proxy-Container muss das tun), und wir haben die Umgebungsvariable so angepasst, dass die Produktivversion des Webservers gestartet wird.

extends in Compose einsetzen

Für umfangreichere YAML-Dateien können Sie das Schlüsselwort `extends` nutzen, um Konfigurationsdateien gemeinsam in verschiedenen Umgebungen zu verwenden. So könnten wir zum Beispiel eine Datei *common.yml* mit folgendem Inhalt definieren:

```
identidock:
  image: amouat/identidock:1.0
  environment:
    ENV: DEV
dnmonster:
  image: amouat/dnmonster:1.0
redis:
  image: redis:3
```

Dann können wir unsere *prod.yml* wie folgt umschreiben:

```
proxy:
  image: identiproxy:0.1
  links:
    - identidock
  ports:
    - "80:80"
identidock:
  extends:
    file: common.yml
    service: identidock
  environment:
    ENV: PROD
dnmonster:
  extends:
    file: common.yml
    service: dnmonster
redis:
  extends:
    file: common.yml
    service: redis
```

Mit dem Schlüsselwort `extends` wird die passende Konfiguration aus der gemeinsamen Datei geholt. Einstellungen in der *prod.yml* überschreiben Einstellungen aus *common.yml*. Werte in `links` und `volumes-from` werden *nicht* übernommen, um unerwartete Probleme zu vermeiden. Daher führt der Einsatz von `extends` in unserem Fall dazu, dass *prod.yml* sogar umfangreicher wird. Es kann aber auch hier sinnvoll sein, um automatisch Änderungen an der Basisdatei zu übernehmen. Der Hauptgrund, warum ich `extends` in diesem Buch vermieden habe, ist, dass ich die Beispiele für sich einsetzbar halten wollte.

Stoppen Sie die alte Version und starten Sie die neue:

```
$ docker-compose stop
Stopping identidock_identidock_1... done
Stopping identidock_redis_1... done
Stopping identidock_dnmonster_1... done
Starting identidock_dnmonster_1...
Starting identidock_redis_1...
Recreating identidock_identidock_1...
Creating identidock_proxy_1...
```

Jetzt wollen wir das Ganze testen; man sollte die Antwort nun nicht mehr von Port 9090, sondern vom Standardport 80 erhalten:

```
$ curl $(docker-machine ip identihost-do)
<html><head><title>Hello...
```

Ausgezeichnet! Nun sitzt unser Container hinter einem Proxy, wodurch sich Load Balancing über eine Gruppe von identidock-Instanzen ermöglichen lässt. Auch das Verschieben von identidock auf einen anderen Server, ohne die IP-Adresse ungültig werden zu lassen, geht jetzt (solange der Proxy auf dem alten Host bleibt und mit dem neuen Wert aktualisiert wird). Zudem wurde die Sicherheit erhöht, weil der Anwendungscontainer nur über den Proxy angesprochen werden kann und seine Ports nicht mehr im ganzen großen Internet anbietet.

Es geht aber noch ein bisschen besser. Es ist nämlich sehr ärgerlich, dass die IP des Host und der Containername fest im Proxy-Image kodiert sind – wollen wir einen anderen Namen als »identidock« nutzen oder identiproxy für einen anderen Service einsetzen, müssen wir ein neues Image bauen oder die Konfiguration durch ein Volume überschreiben. Wir wollen diese Parameter also als Umgebungsvariablen setzen. Allerdings können wir die in nginx nicht direkt nutzen, aber es ist möglich, ein Skript zu schreiben, das die Konfiguration zur Laufzeit generiert, und dann nginx startet. Wir müssen wieder in unseren Ordner *identiproxy* wechseln und die Datei *default.conf* anpassen, so dass wir Platzhalter statt der fest kodierten Variablen nutzen:

```
server {
    listen       80;
    server_name {{NGINX_HOST}};

    location / {

      proxy_pass {{NGINX_PROXY}};
      proxy_next_upstream error timeout invalid_header http_500
                          http_502 http_503 http_504;
      proxy_redirect off;
      proxy_buffering off;
      proxy_set_header Host            {{NGINX_HOST}};
      proxy_set_header X-Real-IP       $remote_addr;
```

```
        proxy_set_header X-Forwarded-For $proxy_add_x_forwarded_for;
    }
}
```

Erstellen Sie dazu die folgende Datei *entrypoint.sh*, die die Ersetzungen vornimmt:

```
#!/bin/bash
set -e

sed -i \
 "s|{{NGINX_HOST}}|$NGINX_HOST|;s|{{NGINX_PROXY}}|$NGINX_PROXY|" \
 /etc/nginx/conf.d/default.conf ❶
cat /etc/nginx/conf.d/default.conf ❷
exec "$@" ❸
```

❶ Wir nutzen `sed` für unsere Ersetzungen. Das ist ein bisschen gehackt, aber für unsere Zwecke reicht es aus. Beachten Sie, dass wir `|` statt `/` verwendet haben, um nicht mit den Slashes in den URLs durcheinanderzugeraten.

❷ Schreibt das Ergebnis in die Logs, um das Debuggen zu vereinfachen.

❸ Führt das aus, was `CMD` übergeben wurde. Standardmäßig definiert der nginx-Container eine `CMD`-Anweisung, die nginx im Vordergrund startet, aber wir könnten zur Laufzeit auch etwas angeben, mit dem andere Befehle gestartet werden oder sogar eine Shell ausgeführt wird.

Jetzt müssen wir noch unser Dockerfile anpassen, um das neue Skript zu berücksichtigen.

```
FROM nginx:1.7

COPY default.conf /etc/nginx/conf.d/default.conf
COPY entrypoint.sh /entrypoint.sh

ENTRYPOINT ["/entrypoint.sh"]
CMD ["nginx", "-g", "daemon off;"] ❶
```

❶ Dieser Befehl startet unseren Proxy. Er wird als Argument an unser Skript *entrypoint.sh* übergeben, sofern mit `docker run` kein anderer Befehl angegeben wurde.

Machen Sie *entrypoint.sh* ausführbar und bauen Sie das Image neu. Dieses Mal werden wir es einfach »proxy« nennen, da wir die identidock-Details abstrahiert haben:

```
$ chmod +x entrypoint.sh
$ docker build -t proxy:1.0
...
```

Um unser neues Image zu verwenden, wechseln Sie zurück in den Ordner *identidock* und passen die Datei *prod.yml* an:

```
proxy:
  image: proxy:1.0
  links:
    - identidock
  ports:
    - "80:80"
  environment:
    - NGINX_HOST=45.55.251.164 ❶
    - NGINX_PROXY=http://identidock:9090
identidock:
  image: amouat/identidock:1.0
  links:
    - dnmonster
    - redis
  environment:
    ENV: PROD
dnmonster:
  image: amouat/dnmonster:1.0
redis:
  image: redis:3
```

❶ Setzen Sie diese Variable auf die IP-Adresse oder den Namen Ihres Host.

Wenn Sie nun die alte Version stoppen und die App neu starten, wird das neue, generische Image verwendet. Bei unserer einfachen Webanwendung ist das alles, was wir brauchen, aber aufgrund des Einsatzes von Docker-Links sind wir noch auf eine Single-Host-Konfiguration beschränkt – wir können keine Multihost-Architektur wählen (was zur Fehlertoleranz und zum Skalieren notwendig wäre), ohne fortgeschrittenere Netzwerk- und Service-Discovery-Features einzusetzen. Diese werden wir in den Kapiteln 11 und 12 behandeln.

Sind Sie mit der Anwendung fertig, können Sie sie wie folgt stoppen:

```
$ docker-compose -f prod.yml stop
...
$ docker-compose -f prod.yml rm
...
```

Die Variable COMPOSE_FILE setzen

Statt explizit jedes Mal bei Compose `-f prod.yml` mitzugeben, können Sie auch die Umgebungsvariable `COMPOSE_FILE` setzen. Zum Beispiel:

```
$ export COMPOSE_FILE=prod.yml
$ docker compose up -d
...
```

Damit wird statt der Standarddatei *docker-compose.yml* hier *prod.yml* verwendet.

Sind Sie bereit, die Cloud-Ressource herunterzufahren, nutzen Sie diese Befehle:

```
$ docker-machine stop identihost-do
$ docker-machine rm identihost-do
```

Es lohnt sich, über die Weboberfläche des Cloud-Providers sicherzustellen, dass die Ressourcen wirklich freigegeben wurden.

Als Nächstes schauen wir uns ein paar der Alternativen zu Compose an.

Konfigurationsdateien generieren wie ein Profi

Der Einsatz von Templates zum Erstellen von Konfigurationsdateien für Docker-Container ist beim Dockerisieren von Anwendungen weit verbreitet, insbesondere wenn diese Umgebungsvariablen nicht von sich aus unterstützen. Geht man über einfache Beispiele (wie hier) hinaus, werden Sie eher einen ordentlichen Template-Prozessor einsetzen, wie zum Beispiel Jinga2 oder Go, um seltsame Fehler aus Regexp-Gebastel zu vermeiden.

Das Problem taucht so häufig auf, dass Jason Wilder Dockerize *(https://github.com/jwilder/dockerize)* gebaut hat, um diesen Prozess zu automatisieren. Dockerize erzeugt Konfigurationsdateien aus einer Template-Datei und Umgebungsvariablen und ruft dann die eigentliche Anwendung auf. So kann man Start-Skripten für Anwendungen verpacken, die per `CMD`- oder `ENTRYPOINT`-Anweisung aufgerufen werden.

Aber Jason ging mit docker-gen *(https://github.com/jwilder/docker-gen)* noch einen Schritt weiter. Dieses Programm kann Werte aus Container-Metadaten (zum Beispiel IP-Adressen) und Umgebungsvariablen verwenden. Zudem kann es dauerhaft laufen und auf Docker-Events lauschen, wie zum Beispiel das Erstellen neuer Container, um dann die Konfigurationsdateien entsprechend anzupassen. Ein tolles Beispiel dafür ist Jasons nginxproxy-Container, der automatisch Container mit der Umgebungsvariable `VIRTUAL_HOST` zu einer Load-Balance-Gruppe hinzufügt.

9.3 Ausführungsoptionen

Jetzt haben wir ein System, das wir produktiv einsetzen können,[3] aber wie sollen wir das System auf dem Server starten?[4] Bisher haben wir uns Compose und Machine angeschaut, aber da beide Projekte recht neu und in der ständigen Entwicklung sind, ist es sinnvoll, sie im Produktivumfeld mit Bedacht einzusetzen. Beide Projekte werden schnell zuverlässiger und erhalten Features für die Produktion. Um eine Ahnung davon zu bekommen, wohin sie sich entwickeln, können Sie sich die Roadmap-Dokumente in den GitHub-Repositories anschauen, in denen Sie sehen, welche Features noch geplant sind.

3. Na ja, nicht wirklich. Sie müssen sich auf jeden Fall darüber Gedanken machen, wie Sie Ihre Anwendung absichern, bevor Sie alle Welt einladen, mal einen Blick darauf zu werfen. In Kapitel 13 erfahren Sie mehr darüber.
4. Ach ja, Sie sollten sich auch überlegen, wie Sie es mit dem Überwachen und Protokollieren handhaben wollen. Vergessen Sie das nicht. Siehe dazu Kapitel 10.

Wenn Compose keine Option ist, was können Sie dann nehmen? Schauen wir uns ein paar der anderen Möglichkeiten an. Bei den folgenden Codeabschnitten wird angenommen, dass die Images auf Docker Hub zur Verfügung stehen und nicht auf dem Server gebaut sind. Wollen Sie die Skripten so einsetzen, müssen Sie Ihre eigenen Images in eine Registry verschieben oder meine Images vom Docker Hub verwenden (`amouat/identidock:1.0`, `amouat/dnmonster:1.0` und `amouat/proxy:1.0`).

9.3.1 Shell-Skripten

Die einfachste Lösung für das Arbeiten ohne Compose ist, einfach ein kurzes Shell-Skript zu schreiben, das die Docker-Befehle zum Anstarten der Container ausführt. Das funktioniert für viele einfache Anwendungsfälle sehr gut, und wenn Sie noch ein bisschen Monitoring hinzufügen, können Sie sicher sein, dass Sie Bescheid wissen, wenn etwas schiefgeht, von dem Sie erfahren sollten. Aber langfristig ist das nicht erstrebenswert, denn Sie werden vermutlich viel Zeit damit verbringen, ein unordentliches und unstrukturiertes Skript zu warten, welches mit der Zeit wächst, um Features anderer Lösungen nachzubauen.

Wir können dafür sorgen, dass Container, die vorzeitig beendet werden, automatisch wieder neu starten, indem `docker run` mit dem Argument `--restart` aufgerufen wird. Das Argument gibt auch die Neustart-Regeln vor – `no`, `on-failure` oder `always`. Standard ist `no`, womit Container nie automatisch neu gestartet werden. Mit `on-failure` werden nur Container neu gestartet, die mit einem Exitcode ungleich Null enden. Dabei kann man noch die maximale Anzahl an Versuchen definieren (zum Beispiel wird mit `docker run --restart on-failure:5` bis zu fünf Mal versucht, den Container neu zu starten, bevor Docker aufgibt).

Das folgende Skript (namens *deploy.sh*) sorgt dafür, dass unser identidock-Service gestartet wird:

```
#!/bin/bash
set -e

echo "Starte identidock-System"

docker run -d --restart=always --name redis redis:3
docker run -d --restart=always --name dnmonster \
  amouat/dnmonster:1.0
docker run -d --restart=always \
  --link dnmonster:dnmonster \
  --link redis:redis \
  -e ENV=PROD \
  --name identidock amouat/identidock:1.0
docker run -d --restart=always \ --name proxy \
  --link identidock:identidock \ -p 80:80 \
```

```
    -e NGINX_HOST=45.55.251.164 \
    -e NGINX_PROXY=http://identidock:9090 \
    amouat/proxy:1.0

echo "Gestartet"
```

Wir haben wirklich nur unsere Datei *docker-compose.yml* in die entsprechenden Shell-Befehle umgewandelt. Aber anders als bei Compose gibt es hier keine Logik, die aufräumt, wenn etwas fehlschlägt, oder die prüft, ob Container schon laufen.

Beim Digital Ocean kann ich nun die folgenden ssh- und scp-Befehle nutzen, um identidock mit dem Shell-Skript zu starten:

```
$ docker-machine scp deploy.sh identihost-do:~/deploy.sh
deploy.sh                                   100%  575  0.6KB/s  00:00
$ docker-machine ssh identihost-do
...
$ chmod +x deploy.sh
$ ./deploy.sh
Starte identidock-System
3b390441b16eaece94df7e0e07d1edcb4c11ce7232108849d691d153330c6dfb
57459e4c0c2a75d2fbcef978aca9344d445693d2ad6d9efe70fe87bf5721a8f4
5da04a34302b400ec08e9a1d59c3baeec14e3e65473533c165203c189ad58364
d1839d8de1952fca5c41e0825ebb27384f35114574c20dd57f8ce718ed67e3f5 Gestartet
```

Wir hätten diese Befehle auch direkt in der Shell laufen lassen können. Der Hauptgrund für den Einsatz des Skripts liegt in der Dokumentation und Portierbarkeit – will ich identidock auf einem neuen Host starten, habe ich die Anweisungen für das Ausführen einer identischen Version der Anwendung schnell zur Hand.

Müssen wir Images aktualisieren oder Änderungen vornehmen, können wir uns entweder mit Machine von unserem lokalen Client mit dem Remote-Docker-Server verbinden oder direkt am Remote-Server anmelden und den Client dort verwenden. Um ein Zero-Downtime-Update eines Containers durchzuführen, brauchen Sie einen Load Balancer oder Reverse Proxy vor dem Container, damit Sie dann so etwas wie die folgenden Schritte ausführen können:

1. Einen neuen Container mit dem aktualisierten Image starten (am besten vermeiden Sie es, das aktuell genutzte Image direkt zu ersetzen).
2. Den Load Balancer auf das neue Image zeigen lassen – für einen Teil der Last oder den gesamten Traffic.
3. Testen, ob der neue Container funktioniert.
4. Den alten Container abschalten.

Werfen Sie auch nochmals einen Blick auf Abschnitt 8.6.1, in dem verschiedene Techniken für das Bereitstellen von Updates ohne Unterbrechen des Service vorgestellt werden.

Defekte Links beim Neustart

Ältere Versionen von Docker hatten Probleme mit Links, die nicht mehr funktionierten, wenn Container neu gestartet wurden. Haben Sie ähnliche Probleme, achten Sie darauf, dass Sie eine aktuelle Version von Docker verwenden. Für die Erstellung des Originalmanuskripts dieses Buches nutzte ich Docker 1.8, bei dem es keine Probleme gibt – Änderungen an der IP-Adresse eines Containers werden automatisch an verlinkte Container weitergegeben. Beachten Sie auch, dass nur */etc/hosts* aktualisiert wird, während Umgebungsvariablen bei Änderungen an verknüpften Containern *nicht* angepasst werden.

Im restlichen Abschnitt schauen wir uns an, wie Sie das Starten und Bereitstellen von Containern mithilfe bestehender Technologie umsetzen können, mit der Sie vielleicht schon vertraut sind. In Kapitel 12 behandeln wir noch ein paar der neueren Docker-spezifischen Tools, die dieses Thema auch angehen.

9.3.2 Einen Process Manager einsetzen (oder systemd, sie alle zu knechten)

Statt sich auf ein Shell-Skript und die Restart-Funktionalität von Docker zu verlassen, können Sie einen Process Manager oder ein Init-System wie systemd oder upstart verwenden, um Ihre Container zu starten. Das kann besonders dann sinnvoll sein, wenn Sie Host-Services haben, die nicht in einem Container laufen, aber von einem oder mehreren Containern abhängig sind. Wollen Sie so vorgehen, müssen Sie aber ein paar Punkte bedenken:

- Sie müssen sicherstellen, dass Sie nicht die automatische Restart-Funktionalität von Docker einsetzen. `--restart=always` dürfenf Sie in `docker run` also nicht nutzen.
- Normalerweise wird Ihr Process Manager den Docker-Client-Prozess überwachen, nicht die Prozesse innerhalb des Containers. Das funktioniert meistens, aber wenn die Netzwerkverbindung abbricht oder etwas anderes fehlschlägt, wird der Docker Client beendet, der Container aber weiter laufen, was zu Problemen führen kann. Stattdessen wäre es viel besser, wenn der Process Manager den Hauptprozess innerhalb des Containers überwachen würde. Diese Situation kann sich in Zukunft noch ändern, aber bis dahin schauen Sie sich mal das Projekt systemd-docker an *(https://github.com/ibuildthecloud/systemd-docker)*, das diese Hürde umgeht, indem es sich der cgroup des Containers annimmt. (Mehr Informationen zu diesem Problem finden Sie auf GitHub unter *https://github.com/docker/docker/issues/6791*.)

Um Ihnen ein Beispiel für das Verwalten von Containern mit systemd zu geben, zeigen die folgenden Servicedateien, wie wir unseren identidock-Service auf einem systemd-Host starten. Ich habe hier CentOS 7 genutzt, andere auf systemd basierende Distributionen sollten aber sehr ähnlich zu nutzen sein. Ich habe kein Beispiel für upstart, da sich alle wichtigen Distributionen hin zu systemd zu bewegen scheinen. Alle diese Dateien sollten unter */etc/systemd/system/* abgelegt werden.

Beginnen wir mit der Servicedatei *identidock.redis.service* für den Redis-Container, der von keinem anderen Container abhängt:

```
[Unit]
Description=Redis-Container für Identidock
After=docker.service
Requires=docker.service ❶

[Service]
TimeoutStartSec=0 ❷
Restart=always
ExecStartPre=-/usr/bin/docker stop redis ❸
ExecStartPre=-/usr/bin/docker rm redis
ExecStartPre=/usr/bin/docker pull redis ❹
ExecStart=/usr/bin/docker run --rm --name redis redis

[Install]
WantedBy=multi-user.target
```

❶ Wir müssen sicherstellen, dass Docker läuft, bevor wir den Container starten.

❷ Da die Docker-Befehle einige Zeit brauchen können, bis sie ausgeführt sind, ist es am einfachsten, den Timeout auszuschalten.

❸ Bevor wir den Container starten, entfernen wir erst einen eventuell vorhandenen alten Container mit dem gleichen Namen, womit auch beim Neustart der Redis-Cache plattgemacht wird. Bei identidock ist das allerdings kein Problem. Durch das - am Anfang des Befehls wird systemd mitgeteilt, nicht abzubrechen, wenn der Befehl einen Nonzero-Rückgabecode liefert.

❹ Mit einem Pull ist sichergestellt, dass wir die neueste Version nutzen.

Der identidock-Service *identidock.identidock.service* ist ähnlich, er benötigt aber andere Services:

```
[Unit]
Description=identidock-Container für Identidock
After=docker.service
Requires=docker.service
After=identidock.redis.service ❶
Requires=identidock.redis.service
After=identidock.dnmonster.service
Requires=identidock.dnmonster.service

[Service]
TimeoutStartSec=0
```

```
Restart=always
ExecStartPre=-/usr/bin/docker stop identidock
ExecStartPre=-/usr/bin/docker rm identidock
ExecStartPre=/usr/bin/docker pull amouat/identidock
ExecStart=/usr/bin/docker run --name identidock \
  --link dnmonster:dnmonster \
  --link redis:redis \
  -e ENV=PROD \
  amouat/identidock

[Install]
WantedBy=multi-user.target
```

❶ Neben Docker müssen wir noch angeben, dass wir von den anderen in identidock genutzten Containern abhängig sind – Redis und dnmonster. Es sind sowohl `After` als auch `Requires` notwendig, um Race Conditions zu vermeiden.

Der Proxy-Service (namens *identidock.proxy.service*) sieht so aus:

```
[Unit]
Description=Proxy-Container für Identidock
After=docker.service
Requires=docker.service
Requires=identidock.identidock.service

[Service]
TimeoutStartSec=0
Restart=always
ExecStartPre=-/usr/bin/docker stop proxy
ExecStartPre=-/usr/bin/docker rm proxy
ExecStartPre=/usr/bin/docker pull amouat/proxy
ExecStart=/usr/bin/docker run --name proxy \
  --link identidock:identidock \
  -p 80:80 \
  -e NGINX_HOST=0.0.0.0 \
  -e NGINX_PROXY=http://identidock:9090 \
  amouat/proxy

[Install]
WantedBy=multi-user.target
```

Und schließlich der dnmonster-Service (mit der Datei *identidock.dnmonster.service*):

```
[Unit]
Description=dnmonster-Container für Identidock
After=docker.service
Requires=docker.service

[Service]
TimeoutStartSec=0
```

```
Restart=always
ExecStartPre=-/usr/bin/docker stop dnmonster
ExecStartPre=-/usr/bin/docker rm dnmonster
ExecStartPre=/usr/bin/docker pull amouat/dnmonster
ExecStart=/usr/bin/docker run --name dnmonster amouat/dnmonster

[Install]
WantedBy=multi-user.target
```

Wir können identidock jetzt mit `systemctl start identidock.*` starten. Der Hauptunterschied zwischen diesem System und der Restart-Funktionalität von Docker liegt darin, dass beim Neustart eines gestoppten Containers in systemd eine ganze Kette von Neustarts ausgelöst werden kann – wird der Redis-Container gestoppt, werden sowohl identidock als auch der Proxy-Container neu gestartet. Das ist für Docker nicht der Fall, da es weiß, wie es die Links aktualisieren kann, ohne den Container vollständig neu starten zu müssen.

Trotz der erwähnten Probleme sei darauf hingewiesen, dass sowohl CoreOS als auch Giant Swarm PaaS ihre Container mit systemd steuern. Aktuell kann man sagen, dass es ungelöste Spannungen zwischen Docker und systemd gibt, die beide für den Lebenszyklus von auf dem Host laufenden Services zuständig sein wollen.

9.3.3 Ein Tool zum Configuration Management einsetzen

Wenn in Ihrem Unternehmen mehr als nur eine Handvoll Hosts im Einsatz sind, stehen die Chancen nicht schlecht, dass Sie schon ein Tool zum Configuration Management (CM) verwenden (und wenn nicht, sollten Sie das besser tun). Alle Projekte müssen sich Gedanken darüber machen, wie sie sicherstellen wollen, dass das Betriebssystem auf dem Docker Host aktuell bleibt, insbesondere in Bezug auf Sicherheitspatches. Aber Sie wollen auch dafür sorgen, dass die eingesetzten Docker-Images nicht veraltet sind und Sie nicht mehrere Versionen Ihrer Software gemischt einsetzen. CM-Lösungen wie Puppet, Chef, Ansible und Salt sind dafür gedacht, Ihnen bei diesen Dingen zu helfen.

Es gibt (vor allem) zwei Varianten, CM-Tools für Container einzusetzen:

1. Wir behandeln unsere Container als CMs und nutzen CM-Software, um die Software in ihnen zu verwalten und zu aktualisieren.
2. Wir können die CM-Software verwenden, um den Docker Host zu verwalten und sicherzustellen, dass die Container die richtige Version der Images laufen lassen, während wir die Container selbst aber als Black Boxes betrachten, die sich ersetzen, aber nicht verändern lassen.

Der erste Ansatz ist machbar, passt aber nicht zu Docker. Sie arbeiten damit gegen die Dockerfiles und die Philosophie »Kleiner Container mit einem Prozess« an, auf die Docker aufbaut. Im restlichen Abschnitt werden wir uns auf die zweite Variante beschränken, die viel mehr der Docker-Philosophie und dem Microservices-Ansatz entspricht.

Bei diesem Vorgehen entsprechen die Container selbst den *Golden Images* in VM-Sprech – sie sollten nicht verändert werden, während sie laufen. Müssen Sie sie aktualisieren, ersetzen Sie den gesamten Container durch einen, der auf einem neuen Image basiert, statt etwas Laufendes im Container auszutauschen. Das hat den großen Vorteil, dass Sie alleine durch einen Blick auf das Image-Tag genau wissen, was in Ihrem Container läuft (sofern Sie ein sinnvolles Tagging-System nutzen und keine Tags wiederverwenden).

Schauen wir uns ein Beispiel dafür an.

Ansible

Wir werden für dieses Beispiel Ansible einsetzen, da es beliebt ist, die ersten Schritte einfach sind und es sich um ein Open-Source-Projekt handelt. Damit will ich nicht sagen, dass es besser oder schlechter als andere Tools ist!

Anders als viele andere Configuration-Management-Lösungen erfordert Ansible keine Installation von Agenten auf den Hosts. Stattdessen baut es auf SSH-Verbindungen zum Konfigurieren der Hosts auf.

Ansible besitzt ein Docker-Modul, mit dem Container gebaut und orchestriert werden können. Es ist möglich, Ansible innerhalb von Dockerfiles zum Installieren und Konfigurieren der Software einzusetzen, aber hier wollen wir mit Ansible nur eine VM mit unserem identidock-Image einrichten. Da wir nur auf einem einzelnen Host laufen, nutzen wir Ansible bei weitem nicht aus, aber es zeigt, wie gut Ansible und Docker zusammen genutzt werden können.

Statt den Ansible-Client zu installieren, können wir einfach ein Ansible-Client-Image vom Hub verwenden. Es gibt kein offizielles Image, aber `gemerik/ansible` reicht zum Testen aus.[5]

Beginnen Sie damit, eine *hosts*-Datei zu erstellen, die eine Liste aller Server enthält, welche Ansible verwalten soll. Nehmen Sie die IP-Adresse Ihres Remote-Host oder Ihrer VM mit auf.

```
$ cat hosts
[identidock]
46.101.162.242
```

Nun müssen wir das »Playbook« zum Installieren von identidock erstellen. Legen Sie eine Datei namens *identidock.yml* mit folgendem Inhalt an, wobei Sie die Namen der Images durch Ihre eigenen ersetzen:

5. Ein weiteres gutes Ansible-Image finden Sie unter *https://hub.docker.com/r/ansible/ansible* von Micheal DeHaan.

```
---
- hosts: identidock
  sudo: yes
  tasks:
  - name: easy_install
    apt: pkg=python-setuptools
  - name: pip
    easy_install: name=pip
  - name: docker-py
    pip: name=docker-py
  - name: redis container
    docker:
      name: redis
      image: redis:3
      pull: always
      state: reloaded
      restart_policy: always
  - name: dnmonster container
    docker:
      name: dnmonster
      image: amouat/dnmonster:1.0
      pull: always
      state: reloaded
      restart_policy: always
  - name: identidock container
    docker:
      name: identidock
      image: amouat/identidock:1.0
      pull: always
      state: reloaded
      links:
        - "dnmonster:dnmonster"
        - "redis:redis"
      env:
        ENV: PROD
      restart_policy: always
  - name: proxy container
    docker:
      name: proxy
      image: amouat/proxy:1.0
      pull: always
      state: reloaded
      links:
        - "identidock:identidock"
      ports:
        - "80:80"
      env:
        NGINX_HOST: www.identidock.com
        NGINX_PROXY: http://identidock:9090
      restart_policy: always
```

Ein Großteil der Konfiguration ähnelt stark der von Docker Compose, aber es gibt trotzdem ein paar erwähnenswerte Aspekte:

- Wir müssen docker-py auf dem Host installieren, um das Docker-Modul von Ansible einsetzen zu können. Dafür sind wiederum ein paar Python-Abhängigkeiten notwendig.
- Die Variable pull legt fest, wann Docker-Images auf Updates geprüft werden. Setzt man sie auf always, sucht Ansible bei jeder Ausführung des Tasks nach einer neueren Version.
- Mit der Variablen state wird bestimmt, in welchem Status sich der Container befinden sollte. Mit reloaded wird der Container immer dann neu gestartet, wenn eine Veränderung an der Konfiguration vorgenommen wurde.

Es gibt noch viel mehr Konfigurationsoptionen, aber mit dieser Datei werden wir etwas erhalten, was den anderen in diesem Kapitel beschriebenen Setups ähnelt.

Jetzt müssen wir das Playbook nur noch ausführen:

```
$ docker run -it \
    -v ${HOME}/.ssh:/root/.ssh:ro \ ❶
    -v $(pwd)/identidock.yml:/ansible/identidock.yml \
    -v $(pwd)/hosts:/etc/ansible/hosts \
    --rm=true generik/ansible ansible-playbook identidock.yml

PLAY [identidock] ***********************************************

GATHERING FACTS *************************************************
The authenticity of host '46.101.41.99 (46.101.41.99)' can't be established.
ECDSA key fingerprint is SHA256:ROLfM7Kf30gRmQmgxINko7SonsGAC0VJb27LTotGEds.
Are you sure you want to continue connecting (yes/no)? yes
Enter passphrase for key '/root/.ssh/id_rsa':
ok: [46.101.41.99]

TASK: [easy_install] ********************************************
changed: [46.101.41.99]

TASK: [pip] *****************************************************
changed: [46.101.41.99]

TASK: [docker-py] ***********************************************
changed: [46.101.41.99]

TASK: [redis container] *****************************************
changed: [46.101.41.99]

TASK: [dnmonster container] *************************************
changed: [46.101.41.99]

TASK: [identidock container] ************************************
changed: [46.101.41.99]
```

```
TASK: [proxy container] *****************************************
changed: [46.101.41.99]

PLAY RECAP *******************************************************
46.101.41.99        : ok=8    changed=7    unreachable=0    failed=0
$ curl 46.101.41.99
<html><head><title>Hello...
```

❶ Dieser Befehl ist notwendig, um das SSH-Schlüsselpaar einzubinden, mit dem der Remote-Server angesprochen wird.

Das wird eine Weile dauern, und Ansible wird die Images herunterladen müssen. Aber wenn es fertig ist, sollte unsere identidock-Anwendung laufen.

Wir haben hier nur die einfachsten Features von Ansible eingesetzt. Es gibt noch viel mehr, was Sie tun können, insbesondere beim Definieren von Prozessen zum Ausliefern von Container-Updates oder beim Zerstören von Abhängigkeiten und mit möglichst geringer Downtime.

9.4 Host-Konfiguration

Bisher wurde in diesem Kapitel davon ausgegangen, dass Container auf dem Standard-Docker-Droplet (der Name für VMs bei Digital Ocean) laufen, das von Digital Ocean bereitgestellt wird (und das aktuell Ubuntu 15.10 nutzt). Aber es gibt viele andere Wahlmöglichkeiten für das Host-Betriebssystem und die Infrastruktur mit unterschiedlichen Vor- und Nachteilen. Insbesondere wenn Sie für eine On-Premise-Ressource verantwortlich sind, sollten Sie Ihre Wahl weise treffen.

Es ist zwar möglich, Bare-Metal-Rechner für den Einsatz von Docker Hosts zu nutzen (sowohl On-Premise als auch in der Cloud), aber aktuell ist es am praktischsten, VMs einzusetzen. Die meisten Firmen werden schon irgendeine Form von VM-Service nutzen, auf den Sie zurückgreifen können, um Hosts für Ihre Container bereitzustellen, die dann die Benutzer ausreichend voneinander isolieren und die notwendige Sicherheit bereitstellen.

9.4.1 Ein Betriebssystem wählen

Beim Betriebssystem stehen einige Möglichkeiten zur Wahl, die jeweils Vor- und Nachteile besitzen. Wollen Sie eine kleine bis mittlere Anwendung laufen lassen, werden Sie es vermutlich am einfachsten finden, bei dem zu bleiben, was Sie kennen – verwenden Sie Ubuntu oder Fedora und Sie oder Ihre Organisation sind vertraut mit diesem Betriebssystem, dann bleiben Sie dabei (aber achten Sie auf die Storage-Treiber, auf die wir gleich zu sprechen kommen). Wollen Sie andererseits eine sehr große Anwendung oder ein Cluster betreiben (hunderte oder tausende Container, die auf viele Hosts verteilt sind), werden Sie sich spezialisiertere

Lösungen anschauen wollen, wie zum Beispiel CoreOS, Project Atomic oder RancherOS, aber auch die Orchestrierungstools, die wir in Kapitel 12 besprechen.

Nutzen Sie einen Cloud-Host, wird dieser vermutlich ein fertiges Docker-Image anbieten, das für die Infrastruktur schon getestet wurde.

9.4.2 Einen Storage-Treiber wählen

Es gibt zurzeit eine Reihe von Storage-Treibern, die von Docker unterstützt werden, und es werden noch mehr. Die Wahl eines passenden Treibers ist entscheidend für die Zuverlässigkeit und Effizienz in der Produktivumgebung. Es hängt von Ihrem Anwendungsfall und der Operations-Erfahrung ab, welcher die beste Wahl ist. Zu den aktuellen Möglichkeiten gehören:

AUFS
: Der erste Storage-Treiber für Docker. Momentan dürfte dies der am besten getestete und am häufigsten eingesetzte Treiber sein. Zusammen mit Overlay hat es den großen Vorteil, Speicherseiten gemeinsam von mehreren Containern nutzen zu können – laden zwei Container Bibliotheken oder Daten aus der gleichen zugrunde liegenden Schicht, kann das Betriebssystem die gleiche Speicherseite für beide Container einsetzen. Das Hauptproblem bei AUFS ist, dass er sich nicht im Standard-Kernel befindet, obwohl er einige Zeit von Debian und Ubuntu eingesetzt wurde. Zudem arbeitet AUFS auf Dateiebene – nehmen Sie eine kleine Änderung an einer großen Datei vor, wird die gesamte Datei in die Read/Write-Schicht des Containers kopiert. BTRFS und Device Mapper arbeiten dagegen auf Blockebene und gehen daher bei großen Dateien sparsamer mit dem Platz um. Nutzen Sie aktuell einen Ubuntu- oder Debian-Host, werden Sie sehr wahrscheinlich den AUFS-Treiber verwenden.

Overlay
: Sehr ähnlich zu AUFS, wurde mit Version 3.18 in den Linux-Kernel übernommen. Overlay wird sehr wahrscheinlich bald der wichtigste Storage-Treiber sein und ein klein wenig mehr Geschwindigkeit haben als AUFS. Aktuell sind die größten Nachteile die Notwendigkeit, einen aktuellen Kernel zu verwenden (durch den die meisten Distributionen gepatcht werden müssen) und die geringere Testhäufigkeit im Vergleich zu AUFS und einigen anderen Optionen.

BTRFS
: Ein Copy-on-Write-Dateisystem,[6] das sich darauf konzentriert, Fehlertoleranz und sehr große Datei- und Volumegrößen zu unterstützen. Da BTRFS

6. Fragen Sie mich nicht, wie man BTRFS ausspricht – manche Leute sagen »ButterFS«, andere »BetterFS«. Ich sage: »FSCK«.

eine Reihe von Fallstricken und Hürden aufzubieten hat (insbesondere bei Chunks), wird es nur für Unternehmen empfohlen, die Erfahrung damit haben oder ein bestimmtes Feature von BTRFS benötigen, das andere Treiber nicht bieten können. Es mag aufgrund der Unterstützung auf Blockebene eine gute Wahl sein, wenn Ihre Container lesend und schreibend auf sehr große Dateien zugreifen.

ZFS

Dieses sehr beliebte Dateisystem war ursprünglich von Sun Microsystems entwickelt worden. Es ähnelt in vielen Dingen BTRFS, hat aber wohl eine bessere Performance und höhere Zuverlässigkeit. Es ist nicht leicht, ZFS auf Linux einzusetzen, da es aufgrund von Lizenzproblemen nicht in den Kernel eingebunden werden kann. Aus diesem Grund wird es sehr wahrscheinlich nur von Unternehmen genutzt, die schon umfangreiche Erfahrung mit ZFS besitzen.

Device Mapper

Der Standard auf Red-Hat-Systemen. Device Mapper ist ein Kernel-Treiber, der als Grundlage für viele andere Technologien dient – unter anderem RAID, Geräteverschlüsselung und Snapshots. Docker nutzt das Thin Provisioning Target[7] von Device Mapper (manchmal als thinp bezeichnet), für Copy-on-Write auf Block- statt Dateiebene. Der »Thin Pool« wird von einer Sparse-Datei mit einer Standardgröße von 100 GB angefordert. Container erhalten ein Dateisystem zugewiesen, das durch den Pool abgedeckt wird und dessen Größe beim Erstellen standardmäßig 100 GB hat (seit Docker 1.8). Da die Dateien sparse sind, wird viel weniger echter Plattenplatz verbraucht, aber ein Container wird nicht über 100 GB hinaus wachsen können, ohne die Standardwerte anzupassen. Device Mapper ist einer der komplexesten Storage-Treiber für Docker und eine stete Quell von Problemen und Supportanfragen. Wenn möglich, sollten Sie eine Alternative wählen. Aber wenn Sie Device Mapper verwenden, sollten Sie wissen, dass es eine Reihe von Optionen gibt, mit denen die Performance verbessert werden kann (insbesondere ist es eine gute Idee, Storage vom Standard-»Loopback«-Device auf eine echte Platte zu verschieben).

VFS

Das Virtual File System – der Standard unter Linux. CoW ist nicht implementiert, und beim Starten eines Containers muss eine vollständige Kopie des Image erstellt werden. Damit wird das Starten von Containern deutlich ver-

7. Beim Thin Provisioning werden nicht alle Ressourcen, die ein Client anfordert, sofort allokiert, sondern nur nach Bedarf. Das Gegenteil dazu ist das Thick Provisioning, bei dem angeforderte Ressourcen sofort für den Client reserviert sind, auch wenn er nur einen Bruchteil davon tatsächlich nutzt.

langsamt und der erforderliche Plattenplatz massiv erhöht. Zu den Vorteilen gehört, dass dieser Treiber einfach ist und keine besonderen Kernel-Features benötigt. VFS kann eine vernünftige Wahl sein, wenn Sie Probleme mit anderen Treibern haben und Sie der Performance-Verlust nicht stört (zum Beispiel weil Sie nur wenige, langlaufende Container einsetzen).

Sofern Sie nicht einen besonderen Grund haben, eine Alternative zu wählen, schlage ich vor, entweder AUFS oder Overlay einzusetzen, auch wenn Sie dafür Kernel-Updates einspielen müssen.

Den Storage-Treiber wechseln

Das Wechseln des Storage-Treibers ist ziemlich einfach, sofern Sie die erforderlichen Abhängigkeiten installiert haben. Starten Sie einfach den Docker Daemon neu und übergeben Sie dabei einen passenden Wert für `--storage-driver` (als Kurzform `-s`). So geben Sie zum Beispiel `docker daemon -s overlay` an, um den Daemon mit dem Overlay-Storage-Treiber zu starten, wenn dies von Ihrem Kernel unterstützt wird. Es sei auch auf das Argument `--graph` oder `-g` hingewiesen, das den Root der Docker-Runtime setzt – Sie müssen diese eventuell auf eine Partition mit dem passenden Dateisystem umziehen (zum Beispiel `docker daemon -s btrfs -g /mnt/btrfs_partition` für den BTRFS-Treiber).

Um die Änderung dauerhaft zu machen, müssen Sie das Startup-Skript oder die Konfigurationsdatei für den Docker-Service anpassen. Unter Ubuntu 14.04 bedeutet dies, die Variable `DOCKER_OPTS` in der Datei */etc/default/docker* zu bearbeiten.

Images zwischen Storage-Treibern verschieben

Wechseln Sie den Storage-Treiber, verlieren Sie den Zugriff auf all Ihre alten Container und Images. Ein Wechsel zurück zum alten Treiber gewährt Ihnen aber wieder Zugriff. Um ein Image zu einem neuen Storage-Treiber zu wechseln, sichern Sie es einfach in einer TAR-Datei und laden Sie es dann wieder im neuen Dateisystem. Zum Beispiel:

```
$ docker save -o /tmp/debian.tar debian:wheezy
$ sudo stop docker
$ docker daemon -s vfs
...
```

In einem neuen Terminal:

```
$ docker images
REPOSITORY  TAG     IMAGE ID      CREATED     VIRTUAL SIZE
$ docker load -i /tmp/debian.tar
$ docker images
REPOSITORY  TAG     IMAGE ID      CREATED     VIRTUAL SIZE
Debian      wheezy  b3d362b23ec1  2 days ago  84.96 MB
```

9.5 Spezialisierte Hosting-Möglichkeiten

Es gibt schon ein paar spezialisierte Container-Hosting-Möglichkeiten, bei denen Sie die Hosts nicht direkt verwalten müssen.

9.5.1 Triton

Triton von Joyent *(https://www.joyent.com)* ist die vielleicht interessanteste Option, da hier intern keine VMs genutzt werden. Damit hat Triton gegenüber VM-basierten Lösungen einen Performance-Vorsprung, und es erlaubt das Provisioning auf Per-Container-Basis.

Triton nutzt nicht die Docker Engine, sondern seine eigene, die auf dem SmartOS-Hypervisor läuft (der seine Wurzeln in Solaris hat) und Linux Virtualization einsetzt. Durch das Implementieren der Docker Remote API ist Triton vollständig kompatibel mit dem normalen Docker Client, der auch die Standardschnittstelle darstellt. Images aus dem Docker Hub funktionieren ganz normal.

Triton ist Open Source und steht als gehostete Version zur Verfügung, die in der Joyent-Cloud läuft. Es gibt aber auch eine On-Premise-Version. Wir können identidock mit der öffentlichen Joyent Public Cloud sehr schnell zum Laufen bringen. Nach dem Einrichten eines Triton-Accounts und dem Verweisen des Docker Client auf Triton versuchen Sie einmal den Aufruf von `docker info`:

```
$ docker info
Containers: 0
Images: 0
Storage Driver: sdc
 SDCAccount: amouat
Execution Driver: sdc-0.3.0
Logging Driver: json-file
Kernel Version: 3.12.0-1-amd64
Operating System: SmartDataCenter
CPUs: 0
Total Memory: 0 B
Name: us-east-1
ID: 92b0cf3a-82c8-4bf2-8b74-836d1dd61003
Username: amouat
Registry: https://index.docker.io/v1/
```

Achten Sie auf die Werte für das Betriebssystem und den Execution Driver, die zeigen, dass wir nicht auf einer normalen Docker Engine laufen. Wir können Compose und die folgende Datei *triton.yml* verwenden, um identidock zu starten, da Triton den größten Teil der Docker Engine API unterstützt:

```
proxy:
  image: amouat/proxy:1.0
  links:
    - identidock
```

```
    ports:
      - "80:80"
    environment:
      - NGINX_HOST=www.identidock.com
      - NGINX_PROXY=http://identidock:9090
    mem_limit: "128M"
  identidock:
    image: amouat/identidock:1.0
    links:
      - dnmonster
      - redis
    environment:
      ENV: PROD
    mem_limit: "128M"
  dnmonster:
    image: amouat/dnmonster:1.0
    mem_limit: "128M"
  redis:
    image: redis
    mem_limit: "128M"
```

Der Inhalt ähnelt stark der weiter oben gezeigten *prod.yml*, nur dass es zusätzliche Angaben für den Speicher gibt, die Triton mitteilen, wie groß die zu startenden Container sein sollen. Wir nutzen hier auch öffentliche Images, statt unsere eigenen zu bauen (Triton unterstützt zurzeit kein `docker build`).

Starten Sie die Anwendung:

```
$ docker-compose -f triton.yml up -d
...
Creating triton_proxy_1...
$ docker inspect -f {{.NetworkSettings.IPAddress}} triton_proxy_1
165.225.128.41
$ curl 165.225.128.41
<html><head><title>Hello...
```

Triton nutzt automatisch eine öffentlich erreichbare IP, wenn es einen freigegebenen Port sieht.

Nach dem Ausführen von Containern auf Triton achten Sie darauf, sie auch wieder zu stoppen und zu entfernen, da Triton auch Geld für gestoppte, aber nicht entfernte Container haben möchte.

Es ist zwar toll, die Docker-eigenen Tools für die Interaktion mit Triton nutzen zu können, aber es gibt auch ein paar Hindernisse. So werden nicht alle API-Aufrufe unterstützt, und der Umgang von Compose mit Volumes hakelt hier, aber das sollte mit der Zeit gelöst werden.

Bis die großen Cloud-Provider davon überzeugt sind, dass die Isolationsgarantien des Linux-Kernel stark genug sind, um Container ohne Sicherheitsbedenken laufen lassen zu können, ist Triton eine der attraktivsten Lösungen für das Ausführen containerisierter Systeme.

9.5.2 Google Container Engine

Die Google Container Engine (GKE, *https://cloud.google.com/container-engine*) verfolgt einen dazu eher entgegengesetzten Ansatz und baut auf dem Kubernetes Orchestrierungssystem auf.

Kubernetes ist ein von Google entworfenes Open-Source-Projekt, das einige der Erfahrungen aufgegriffen hat, die beim internen Einsatz von Containern mit dem Borg Cluster Manager gemacht wurden.[8]

Das Bereitstellen einer Anwendung per GKE erfordert ein grundlegendes Verständnis von Kubernetes und das Erstellen einiger Konfigurationsdateien, um das wir uns in Abschnitt 12.1.3 kümmern werden.

Für den zusätzlichen Aufwand beim Konfigurieren Ihrer Anwendung erhalten Sie aber auch Vorteile, wie zum Beispiel eine automatische Replikation und Load Balancing. Das mag nur sinnvoll klingen für umfangreiche Services mit hoher Last und vielen verteilten Elementen, aber es ist auch schon wichtig für einen Service, der garantierte Uptimes bereitstellen muss.

Ich empfehle Kubernetes sehr – und speziell GKE –, um Containersysteme bereitzustellen, aber beachten Sie, dass Sie damit an das Kubernetes-Modell gebunden sind und es schwieriger ist, Ihr System zu einem anderen Provider zu kopieren.

9.5.3 Amazon EC2 Container Service

Die EC2 Container Services von Amazon (ECS, *https://aws.amazon.com/ecs*) helfen Ihnen dabei, Container auf der EC2-Infrastruktur von Amazon laufen zu lassen. ECS bietet eine Weboberfläche und eine API, um Container auf dem zugrunde liegenden EC2-Cluster zu starten und zu verwalten.

ECS startet auf jedem Knoten des Cluster einen Container Agent, der mit dem ECS-Service kommuniziert und für das Starten, Stoppen und Überwachen der Container verantwortlich ist.

Es ist recht einfach, identidock auf dem ECS zum Laufen zu bringen, allerdings müssen Sie sich dazu mit der typischen AWS-Oberfläche mit dutzenden Konfigurationsmöglichkeiten herumschlagen. Sind Sie bei ECS registriert und haben ein Cluster erstellt, müssen Sie eine »Task Definition« für identidock hochladen. Der folgende JSON-Code kann dabei als Definition genutzt werden:

```
{
  "family": "identidock",
  "containerDefinitions": [
    {
```

8. Siehe dazu den Artikel »Large-scale cluster management at Google with Borg« unter *https://research.google.com/pubs/pub43438.html*, in dem sehr interessant beschrieben wird, wie man ein Cluster verwaltet, auf dem hunderttausende Jobs laufen.

```
    "name": "proxy",
    "image": "amouat/proxy:1.0",
    "cpu": 100,
    "memory": 100,
    "environment": [
      {
        "name": "NGINX_HOST",
        "value": "www.identidock.com"
      },
      {
        "name": "NGINX_PROXY",
        "value": "http://identidock:9090"
      }
    ],
    "portMappings": [
      {
        "hostPort": 80,
        "containerPort": 80,
        "protocol": "tcp"
      }
    ],
    "links": [
      "identidock"
    ],
    "essential": true
  },
  {
    "name": "identidock",
    "image": "amouat/identidock:1.0",
    "cpu": 100,
    "memory": 100,
    "environment": [
      {
        "name": "ENV",
        "value": "PROD"
      }
    ],
    "links": [
      "dnmonster",
      "redis"
    ],
    "essential": true
  },
  {
    "name": "dnmonster",
    "image": "amouat/dnmonster:1.0",
    "cpu": 100,
    "memory": 100,
    "essential": true
  },
  {
```

```
            "name": "redis",
            "image": "redis:3",
            "cpu": 100,
            "memory": 100,
            "essential": false
        }
    ]
}
```

Jeder Container muss einen Speicherumfang (in Megabyte) und eine Menge an CPU-Einheiten festlegen. Der Schlüssel `essential` definiert, ob der Task gestoppt werden soll (oder nicht), wenn der Container fehlschlägt. In unseren Fall kann der Redis-Container als nicht essenziell angesehen werden, da die Anwendung auch ohne ihn funktioniert. Die anderen Felder sollten selbsterklärend sein.

Wurde der Task erfolgreich erstellt, muss er auf dem Cluster gestartet werden. Identidock sollte als *Service* starten und nicht als einmaliger Task. Durch das Laufen als Service wird ECS die Container überwachen, um sicherzustellen, dass sie laufen. Zudem gibt es so die Möglichkeit, sich mit dem Elastic Load Balancer von Amazon zu verbinden, um die Last zwischen den Instanzen zu verteilen. Beim Erstellen des Service fragt ECS nach einem Namen und der Anzahl an Task-Instanzen, die sicher laufen sollen. Nach dem Erstellen des Service und dem Starten des Tasks sollten Sie identidock über die IP-Adresse der EC2-Instanz ansprechen können. Diese Adresse finden Sie auf der Detail-Seite der Instanz bei den erweiterten Informationen für den Proxy-Container.

Das Stoppen des Service und der zugehörigen Ressourcen muss in mehreren Schritten geschehen. Zuerst muss der Service aktualisiert und die Anzahl der Tasks auf 0 gesetzt werden, um zu verhindern, dass ECS versucht, die heruntergefahrenen Tasks wieder zu starten. Nun kann der Service gelöscht werden. Bevor auch das Cluster gelöscht werden kann, müssen Sie noch die Containerinstanzen deregistrieren. Achten Sie darauf, auch alle zugehörigen Ressourcen zu stoppen, die Sie eventuell mit gestartet haben, wie zum Beispiel Elastic Load Balancer oder EBS Storage.

Hinter den Kulissen des ECS passiert viel Technikarbeit. Man kann sehr leicht mit wenigen Klicks hunderte oder tausende Container starten und damit ausreichend Kapazität für große Lasten schaffen. Das Scheduling von Containern auf Hosts ist sehr umfassend konfigurierbar, so dass man das Ganze auf seine eigenen Bedürfnisse (wie zum Beispiel maximale Effizienz oder maximale Zuverlässigkeit) hin optimieren kann. Es lässt sich auch der Standard-ECS-Scheduler durch einen eigenen oder den einer Fremdfirma wie Marathon ersetzen (siehe Abschnitt 12.1.4).

ECS arbeitet auch gut mit bestehenden Amazon-Features wie dem Elastic Load Balancer zum Verteilen der Last über mehrere Instanzen und dem Elastic Block Store für persistenten Storage zusammen.

9.5.4 Giant Swarm

Giant Swarm *(https://giantswarm.io)* bewirbt sich selbst als »eigensinnige Lösung für Microservices-Architekturen«, was bedeutet, dass es sich bei ihnen um eine schnelle und einfache Möglichkeit handelt, ein Docker-basiertes System mit einem speziellen Konfigurationsformat aufzusetzen. Giant Swarm bietet eine gehostete Version auf einem Shared Cluster, aber auch eine dedizierte Lösung (bei der Giant Swarm die Rechner für Sie aufsetzt und anpasst) sowie eine On-Premises-Variante an. Aktuell befindet sich das Shared-Angebot als dedizierte Lösung im produktiven Einsatz.

Die Besonderheit von Giant Swarm ist, dass sie so gut wie keine VMs einsetzen. Benutzer mit höheren Sicherheitsanforderungen besitzen eigene Hosts, aber auf dem Shared Cluster laufen Container unterschiedlicher Benutzer auf dem gleichen Rechner.

Schauen wir mal, wie wir identidock auf dem Shared Cluster von Giant Swarm laufen lassen können. Angenommen, Sie haben Zugriff auf Giant Swarm und haben die Swarm-CLI installiert,[9] erstellen Sie nun zuerst die folgende Konfigurationsdatei und speichern Sie sie als *swarm.json*:

```
{
  "name": "identidock_svc",
  "components": {
    "proxy": {
      "image": "amouat/proxy:1.0",
      "ports": [80],
      "env": {
        "NGINX_HOST": "$domain",
        "NGINX_PROXY": "http://identidock:9090"
      },
      "links": [ {
          "component": "identidock",
          "target_port": 9090
      }],
      "domains": { "80": "$domain" }
    },
    "identidock": {
      "image": "amouat/identidock:1.0",
      "ports": [9090],
      "links": [
        {
          "component": "dnmonster",
          "target_port": 8080
        },
        {
          "component": "redis",
```

9. Diese steht in keinem Zusammenhang zur Clustering-Lösung von Docker, die ebenfalls Swarm heißt.

```
          "target_port": 6379
        }
      ]
    },
    "redis": {
      "image": "redis:3",
      "ports": [6379]
    },
    "dnmonster": {
      "image": "amouat/dnmonster:1.0",
      "ports": [8080]
    }
  }
}
```

Nun wollen wir identidock zum Leben erwecken:

```
$ swarm up --var=domain=identidock-$(swarm user).gigantic.io
Starting service identidock_svc...
Service identidock_svc is up.
You can see all components using this command:

    swarm status identidock_svc

$ swarm status identidock_svc
Service identidock_svc is up

component  image                 instanceid created             status
dnmonster  amouat/dnmonster:1.0  m6eyoilfie 2015-09-04 09:50:40 up
identidock amouat/identidock:1.0 r22ut7h0vx 2015-09-04 09:50:40 up
proxy      amouat/proxy:1.0      6dr38cmrg3 2015-09-04 09:50:40 up
redis      redis:3               jvcf15d6lp 2015-09-04 09:50:40 up
$ curl identidock-amouat.gigantic.io
<html><head><title>Hello...
```

Hier haben wir eines der Features gezeigt, das die Konfigurationsdateien von Giant Swarm von denen von Docker Compose unterscheidet – die Möglichkeit, Template-Variablen einzusetzen. In diesem Fall haben wir an der Befehlszeile den Hostnamen übergeben, und swarm hat `$domain` in *swarm.json* durch diesen Wert ersetzt. Zu weiteren Features gehört das Definieren von *Pods* – Containergruppen, die zusammen gehandhabt werden – und die Möglichkeit, festzulegen, wie viele Instanzen eines Containers laufen sollen.

Neben der Swarm-CLI gibt es auch noch ein Web-UI zum Überwachen der Services und das Betrachten der Logs sowie eine REST-API zum Automatisieren der Interaktion mit Giant Swarm.

9.6 Persistente Daten und Produktivcontainer

Die Sache mit dem Ablegen von Daten hat sich zugegebenermaßen unter Docker nicht viel geändert, zumindest im oberen Bereich der Skala. Lassen Sie Ihre eigenen Datenbanken laufen, haben Sie die Wahl, Docker-Container, VMs oder echte Rechner zu nutzen. Wann immer Sie mit großen Datenmengen arbeiten, wird Ihre VM oder Ihr Container aufgrund der Schwierigkeiten, die Daten zu bewegen, eng mit dem Host verbunden sein. Die Portabilitätsvorteile, die normalerweise mit Containern verbunden sind, helfen hier also nicht, aber Sie können die Container trotzdem einsetzen, um eine konsistente Plattform und Isolierungsmöglichkeiten zu haben. Machen Sie sich Sorgen um die Performance, helfen `--net=host` und `--privileged` dabei, sicherzustellen, dass der Container so effizient wie die Host-VM oder der Rechner selbst ist. Beachten Sie dabei aber auch die Auswirkungen auf die Sicherheit. Nutzen Sie keine eigenen Datenbanken, sondern einen gehosteten Service wie Amazon RDS, läuft eigentlich alles wie zuvor weiter.

Am unteren Ende der Skala, bei der Container Konfigurationsdateien besitzen und es nur um gut handhabbare Datenmengen geht, sind Ihnen vielleicht die Volumes zu begrenzt, weil diese Sie an einen Host-Rechner binden, wodurch das Skalieren und Migrieren von Containern schwieriger wird. Eventuell sollten Sie sich überlegen, solche Daten in einen eigenen Key/Value-Store oder eine Datenbank zu legen, welche(r) dann wiederum in einem Container laufen kann. Ein interessanter anderer Ansatz ist der Einsatz von Flocker *(https://github.com/ClusterHQ/flocker)*, um Ihre Daten-Volumes zu verwalten. Dabei werden z.B. die Features des ZFS-Dateisystems genutzt, um das Migrieren von Daten mit Containern zu unterstützen. Versuchen Sie, einem Microservices-Ansatz zu folgen, werden Sie feststellen, dass vieles einfacher geht, wenn Sie daran arbeiten, Ihre Container so zustandslos wie möglich zu halten.

9.7 Gemeinsame Geheimnisse

Sie werden vermutlich ein paar geheim zu haltende Daten haben, wie zum Beispiel Passwörter und API-Schlüssel, die Sie trotzdem in mehreren Containern gemeinsam nutzen müssen. Hier beschreibe ich die verschiedenen Ansätze zusammen mit ihren Vor- und Nachteilen.[10]

9.7.1 Geheimnisse im Image ablegen

Machen Sie das nie. Es ist eine ganz schlechte Idee.™

Es mag die einfachste Lösung sein, aber es bedeutet, dass das Geheimnis jedem offensteht, der Zugriff auf das Image hat. Es kann nicht gelöscht werden,

10. Wenn Sie Software zum Konfigurationsmanagement, wie zum Beispiel Ansible, nutzen, um Ihre Container bereitzustellen, dann mag es dort schon eine fertige Lösung für dieses Problem geben.

weil es immer noch in vorigen Schichten vorhanden ist. Selbst wenn Sie eine private Registry einsetzen oder ganz auf eine Registry verzichten, wäre es für jemanden viel zu einfach, das Image unabsichtlich zu veröffentlichen, und es gibt keinen Grund, dass jeder, der auf das Image zugreifen kann, das Geheimnis kennt. Zudem bindet es Ihr Image an eine bestimmte Deployment-Variante.

Sie *könnten* Geheimnisse in Images verschlüsselt ablegen, aber dann brauchen Sie immer noch eine Möglichkeit, den Schlüssel zu übergeben, und zudem bieten Sie so Angreifern unnötigerweise etwas, mit dem sie arbeiten können.

Vergessen Sie also die Idee einfach. Ich habe sie nur mit aufgenommen, um auf diesen Abschnitt verweisen zu können, wenn es jemand tut und es furchtbar in die Hose geht.

9.7.2 Geheimnisse in Umgebungsvariablen übergeben

Der Einsatz von Umgebungsvariablen für die Übergabe von Geheimnissen ist eine sehr geradlinige Lösung, die auf jeden Fall besser ist, als die Geheimnisse in das Image einzubauen. Die Umsetzung ist einfach: Übergeben Sie die Geheimnisse als Argumente an `docker run`. Zum Beispiel:

```
$ docker run -d -e API_TOKEN=my_secret_token myimage
```

Variablen können auch per Datei übergeben werden, wodurch sie nicht in der Shell-Historie oder bei der Ausgabe von `ps` auftauchen:

```
$ cat pass.txt
API_TOKEN=my_secret_token
$ docker run -d --env-file ./pass.txt myimage
```

Viele Anwendungen und Konfigurationsdateien unterstützen den Einsatz von Umgebungsvariablen direkt. Beim Rest müssen Sie eventuell mit einem Skript arbeiten, wie wir das in Abschnitt 9.2 getan haben.

Diese Methode wird von der beliebten und respektierten Methodik »The Twelve-Factor App« *(http://12factor.net)* für den Bau von Software-as-a-Service-Anwendungen empfohlen.[11] Ich empfehle zwar sehr, dieses Dokument zu lesen und den Großteil der Ratschläge umzusetzen, aber das Ablegen von Geheimnissen in Umgebungsvariablen hat auch deutliche Nachteile, unter anderem:

- Umgebungsvariablen sind für alle Kind-Prozesse, `docker inspect` und verlinkte Container sichtbar. Keiner davon hat einen guten Grund, diese Geheimnisse sehen zu müssen.[12]

11. Es sei darauf hingewiesen, dass die Twelve-Factor-Methodik älter als die Docker-Container ist. Daher müssen manche Ratschläge angepasst werden.
12. Das ist einer der Gründe, warum man in der Version 1.10 von Docker das Link-Konzept verändert hat und nun eben nicht mehr die ENV-Variable in die gelinkten Container spiegelt.

- Die Umgebung wird häufig aus Protokollierungs- oder Debugging-Gründen gesichert. Das Risiko ist groß, dass die Variablen in Debug-Logs oder Issue-Trackern einzusehen sind.
- Sie können nicht gelöscht werden. Idealerweise würden wir das Geheimnis nach seinem Einsatz überschreiben oder auslöschen, aber bei Docker-Containern geht das nicht.

Aus diesen Gründen würde ich raten, auch keine Umgebungsvariablen für Geheimnisse zu verwenden.

9.7.3 Geheimnisse in Volumes übergeben

Eine etwas bessere – wenn auch bei weitem nicht perfekte – Lösung ist der Einsatz von Volumes, um Geheimnisse zu übergeben. Zum Beispiel:

```
$ docker run -d -v $(pwd):/secret-file:/secret-file:ro myimage
```

Sofern Sie nicht ganze Konfigurationsdateien mit dem Geheimnis einbinden, werden Sie ein Skript brauchen, um die so übergebenen Geheimnisse zu verarbeiten. Wenn Sie sich wirklich gewitzt fühlen, können Sie auch eine temporäre Datei mit dem Geheimnis erstellen und diese nach dem Einlesen löschen (achten Sie aber darauf, nicht das Original zu löschen!).

Für Konfigurationsdateien, die Umgebungsvariablen einsetzen, können Sie auch ein Skript erstellen, das die Variablen setzt und das noch vor der eigentlichen Anwendung gestartet wird. Zum Beispiel:

```
$ cat /secret/env.sh
export DB_PASSWORD=s3cr3t
$ source /secret/env.sh >> run_my_app.sh
```

Das hat den wichtigen Vorteil, dass die Variablen für `docker inspect` oder verlinkte Container nicht sichtbar sind.

Der große Nachteil bei diesem Vorgehen ist, dass Sie Ihre Geheimnisse in Dateien aufbewahren müssen, welche leider zu schnell in das Versionskontrollsystem eingecheckt sind. Zudem kann die Lösung aufwendiger sein, weil im Allgemeinen Skripte notwendig sind.

9.7.4 Einen Key/Value-Store einsetzen

Die wohl beste Lösung ist der Einsatz eines Key/Value-Store, um Geheimnisse zu sichern und sie zur Laufzeit im Container auslesen zu können. Damit haben Sie Steuerungsmechanismen, die bei den vorigen Lösungen nicht zur Verfügung stehen – allerdings ist das Einrichten aufwendiger, und Sie müssen dem Key/Value-Store vertrauen.

Zu den Lösungen für diese Variante gehören:

KeyWhiz (https://square.github.io/keywhiz)
Speichern Geheimnisse verschlüsselt im Speicher und bietet den Zugriff über eine REST-API und eine Befehlszeilenschnittstelle (CLI, Command Line Interface) an. Wird von Square entwickelt und eingesetzt (ein Zahlungsdienstleister).

Vault (https://www.hashicorp.com/blog/vault.html)
Kann Geheimnisse verschlüsselt auf einer Reihe von Backends sichern – einschließlich Dateien und Consul. Besitzt ebenfalls eine CLI und eine API. Vault bietet einige Features, die es in KeyWhiz nicht gibt, ist aber auch noch nicht so ausgereift. Wird von Hashicorp entwickelt, die auch hinter dem Service-Discovery-Tool Consul und dem Infrastruktur-Konfigurationstool Terraform stecken.

Crypt (https://xordataexchange.github.io/crypt)
Speichern Werte verschlüsselt in etcd oder in Key/Value-Stores von Consul. Der größte Vorteil bei diesem Ansatz ist, dass Sie damit Steuerungsmöglichkeiten für Ihre Geheimnisse besitzen, die vorher nicht möglich waren. Geheimnisse können leicht geändert oder gelöscht werden, es lassen sich »Leases« anwenden, so dass die Geheimnisse nach einer selbst gewählten Zeit verfallen, und es lässt sich bei einem Sicherheitsalarm der Zugriff auf die Geheimnisse sperren.

Aber es gibt immer noch ein Problem: Wie authentifiziert sich der Container selbst beim Store? Normalerweise werden Sie dem Container dann trotzdem einen privaten Schlüssel per Volume oder als Token in einer Umgebungsvariable mitgeben müssen. Die aufgezählten Nachteile zum Einsatz einer Umgebungsvariable lassen sich vermeiden, indem Sie ein *einmalig nutzbares Token* verwenden, das direkt nach der Verwendung wieder zurückgezogen wird. Eine andere Lösung (die sich gerade in der Entwicklung befindet) ist der Einsatz eines Volume-Plugins für den Store, das Geheimnisse aus dem Store als Datei im Container mountet. Auf GitHub finden sich hier unter *https://github.com/calavera/docker-volume-keywhiz* weitere Informationen für die Zusammenarbeit mit dem KeyWhiz-Store.

Solche Lösungen sind die Zukunft. Die Steuerungsmöglichkeiten, die sie für kritische Daten bieten, sind alle Probleme bei der Implementierung wert – und diese sollten sich mit reifer werdenden Tools auch verringern. Vielleicht warten Sie also ein wenig und schauen, wie sich dieser Bereich entwickelt, bevor Sie eine Entscheidung treffen. Bis dahin nutzen Sie Volumes, um Ihre Geheimnisse bereitzustellen – aber achten Sie sehr genau darauf, sie nicht in die Versionsverwaltung einzuchecken.

9.8 Vernetzen

Die Vernetzung wird ausführlich in Kapitel 11 besprochen. Es sei aber darauf hingewiesen, dass Sie beim Einsatz des normalen Docker Networking in der Produktivumgebung viel Performance verschenken – denn wenn Sie die Docker Bridge einrichten und veth[13] verwenden, geschieht ein Großteil des Networking im Userspace, was deutlich langsamer ist, als wenn es durch Routing-Hardware oder den Kernel vorgenommen wird.

9.9 Produktiv-Registry

Bei identidock haben wir einfach den Docker Hub genutzt, um unsere Images zu holen. Die meisten Produktiv-Setups werden eine Registry (oder mehrere) enthalten, um schnell auf die Images zugreifen zu können und nicht bei kritischer Infrastruktur von dritter Seite abhängig zu sein (manche Unternehmen sind auch nicht begeistert davon, ihren Code auf fremden Servern abzulegen – egal, ob es sich um eine private Registry handelt oder nicht). Details zum Einrichten einer Registry finden Sie in Abschnitt 7.4.1.

Es ist wichtig, die Images in der Registry aktuell und korrekt zu halten – Sie wollen nicht, dass Hosts veraltete und potenziell angreifbare Images herunterladen. Aus diesem Grund ist es sinnvoll, regelmäßig Audits für die Registry durchzuführen (siehe Abschnitt 13.10). Denken Sie aber auch daran, dass jeder Docker Host seinen eigenen Cache mit Images besitzt, der ebenfalls geprüft werden muss.[14]

An Mirroring und ähnlichen Anwendungsfällen für das Skalieren von Topologien sowie High Availability wird aktuell im Docker Distribution Project *(https://github.com/docker/distribution)* gearbeitet.

9.10 Continuous Deployment/Delivery

Continuous Delivery ist die Erweiterung der Continuous Integration auf die Produktion. Entwickler sollten Änderungen in der Entwicklungsumgebung vornehmen können, sie testen lassen und dann zum Deployen bereitstellen können – und das alles mit einem Knopfdruck. Continuous Deployment geht noch einen Schritt weiter und schiebt Änderungen, die erfolgreich getestet wurden, automatisch in die Produktivumgebung.

---

13. Virtual Ethernet – veth – ist ein virtuelles Netzwerkgerät mit seiner eigenen MAC-Adresse, das für den Einsatz in VMs entwickelt wurde.
14. Prüfen Sie Ihre Images auf Sicherheitsmängel in der Registry mit dem Werkzeug Clair *https://github.com/coreos/clair.*

Wir haben in Kapitel 8 gesehen, wie wir mithilfe von Jenkins ein Continuous-Integration-System aufsetzen können. Dieses lässt sich um ein Continuous Deployment erweitern, indem wir Images in die Produktiv-Registry weiterschieben und laufende Container auf das neue Image migrieren. Zum Migrieren von Images ohne Downtime müssen zuerst neue Container hochgefahren und der Verkehr muss auf diese umgelenkt werden, bevor die alten gestoppt werden. Es gibt eine Reihe von Möglichkeiten, dies sicher zu erreichen, wie zum Beispiel Blue/Green Deployments und Ramped Deployment (siehe Abschnitt 8.6.1). Diese Techniken werden häufig durch eigene Tools umgesetzt, es gibt aber auch Frameworks wie Kubernetes, die fertige Lösungen anbieten. Zudem gehe ich davon aus, dass es in Zukunft spezialisierte Tools geben wird.

9.11 Zusammenfassung

Dieses Kapitel war ganz schön umfangreich, und wir haben viele verschiedene Aspekte kennengelernt, die wir beim Bereitstellen von Containern im Produktivumfeld berücksichtigen müssen – auch wenn es sich um etwas so Einfaches wie identidock handelt.

Obwohl die Welt der Container noch ziemlich jung ist, gibt es schon eine Reihe von produktiv nutzbaren Möglichkeiten, Container zu hosten. Es hängt von der Größe und Komplexität Ihres Systems ab, aber auch vom zu investierenden Aufwand und Geld für Bereitstellen und Wartung, welche Lösung die beste ist. Kleine Deployments lassen sich durch das Ausführen einer Docker Engine in einer VM in der Cloud umsetzen – nur führt das bei größeren Systemen zu einem hohen Aufwand. Vermeiden können Sie das durch Systeme wie Kubernetes und Mesos, die wir in Kapitel 12 besprechen, oder durch den Einsatz eines spezialisierten Hosting-Service wie Giant Swarm, Triton oder ECS.

In diesem Kapitel haben wir uns einige der Themen angeschaut, die einem im Produktivumfeld über den Weg laufen – von vorgeblich einfachen Aufgaben, wie dem Starten von Containern, bis hin zu kniffligen Herausforderungen, wie dem Übergeben von Geheimnissen, den Umgang mit Daten-Volumes und dem Continuous Deployment. Einige dieser Themen müssen in einem containerisierten System anders angegangen werden, insbesondere, wenn sich dieses aus dynamischen Microservices zusammensetzt. Dabei entstehen neue Muster und Best Practices, die zu neuen Tools und Frameworks führen. Container können schon zuverlässig produktiv eingesetzt werden, aber die Zukunft sieht trotzdem noch strahlender aus.

10 Protokollieren und Überwachen

Ein effektives Überwachen und Protokollieren laufender Container ist ausgesprochen wichtig, wenn Sie ein nichttriviales System am Laufen halten und Probleme effektiv debuggen wollen. Bei einer Microservices-Architektur werden Protokollieren und Überwachen aufgrund der größeren Zahl von Rechnern sogar noch wichtiger. Angesichts der kurzlebigen Natur von Containern kann es sein, dass ein gegebener Container zum Zeitpunkt des Debuggens gar nicht mehr existiert, was zentrale Logs unabdingbar macht.

In den letzten Wochen und Monaten ist die Zahl der Lösungen für diese beiden Bereiche förmlich explodiert. Bestehende Anbieter begannen damit, spezialisierte Lösungen und Integrationsmöglichkeiten für Container anzubieten. In diesem Kapitel wollen wir einen Überblick über die diversen Optionen und Techniken geben, wobei wir unseren Schwerpunkt auf kostenlose und Open-Source-Lösungen legen. Wir werden sehen, wie wir die identidock-Anwendung um eine Logging- und Monitoring-Lösung erweitern, die für größere Anwendungen leicht skalierbar ist.

Der Code für dieses Kapitel steht auf GitHub unter *https://github.com/using-docker/logging* zur Verfügung. Wie in Kapitel 9 nutzen die Beispiele Images vom Hub, aber Sie können den identidock-Container natürlich wieder gerne durch Ihren eigenen ersetzen.

Den Code für den Anfang des Kapitels können Sie mit seinem Tag v0 auschecken:

```
$ git clone -b v0 \
  https://github.com/using-docker/logging/
...
```

Höhere Tags stehen für den sich weiterentwickelnden Code in diesem Kapitel.

Alternativ können Sie auch den Code für ein beliebiges Tag von der Releases-Seite des GitHub-Projekts unter *https://github.com/using-docker/logging/releases* herunterladen.

10.1 Protokollieren

Wir beginnen damit, uns anzuschauen, wie das Standard-Logging in Docker funktioniert. Dann werden wir identidock um eine vollständige Protokollierungslösung ergänzen, bevor wir uns ein paar Alternativen vornehmen und eventuelle Probleme im Produktivumfeld ansprechen.

10.1.1 Standard-Logging von Docker

Am einfachsten beginnen wir damit, zu beschreiben, was Docker ohne besondere Anpassungen kann. Wenn Sie keine besonderen Argumente angeben und keine Logging-Software installiert haben, protokolliert Docker alles, was an `STDOUT` oder `STDERR` geschickt wird. Die Logs können dann über den Befehl `docker logs` abgerufen werden. Zum Beispiel:

```
$ docker run --name logtest debian sh -c \
    'echo "stdout"; echo "stderr" >>2'
stderr
stdout
$ docker logs logtest
stderr
stdout
```

Wir können auch den Zeitstempel über das Argument -t dazu erhalten:

```
$ docker logs -t logtest
2015-04-27T10:30:54.002057314Z stderr
2015-04-27T10:30:54.005335068Z stdout
```

Und wir können die Logs von einem laufenden Container streamen, indem wir `-f` einsetzen:

```
$ docker run -d --name streamtest debian \
        sh -c 'while true; do echo "tick"; sleep 1; done;'
13aa6ee6406a998350781f994b23ce69ed6c38daa69c2c83263c863337a38ef9
$ docker logs -f streamtest
tick
tick
tick
tick
tick
tick
...
```

Das lässt sich auch über die Docker Remote API umsetzen,[1] womit Sie die Möglichkeit haben, Logs per Programm abzurufen und zu verarbeiten. Nutzen Sie Docker Machine, sollten Sie so etwas machen können:

1. Siehe dazu die offizielle Dokumentation unter *http://bit.ly/1QMFApf*, um mehr Informationen zur Remote API und ihrem Einsatz zu erhalten.

```
$ curl -i --cacert ~/.docker/machine/certs/ca.pem \
        --cert ~/.docker/machine/certs/ca.pem \
        --key ~/.docker/machine/certs/key.pem \
        "https://$(docker-machine ip default):2376/containers/\
        $(docker ps -lq)/logs?stderr=1&stdout=1"
tick
tick
tick
...
```

Verwenden Sie Mac OS, beachten Sie, dass curl ein wenig anders funktioniert und dass Sie ein einzelnes Zertifikat erstellen müssen, in dem sowohl *ca.pem* als auch *key.pem* enthalten sind. Mehr Details dazu finden Sie im Open Solitude Blog *(http://opensolitude.com/2015/07/12/curl-docker-remote-api-os-x.html)*.

Das Standard-Logging besitzt ein paar Nachteile. Es kann nur mit `STDOUT` und `STDERR` umgehen, was ein Problem sein kann, wenn Ihre Anwendung nur in Dateien loggt. Zudem gibt es keine Log Rotation – versuchen Sie, eine Anwendung wie `yes` einzusetzen (die nur wiederholt »yes« nach `STDOUT` schreibt), um einen Container am Laufen zu halten, wird dieser schnell allen freien Platz auf Ihrer Festplatte verbrauchen.[2] Zum Beispiel:

```
$ docker run -d debian yes
ba054389b7266da0aa4e42300d46e9ce529e05fc4146fea2dff92cf6027ed0c7
```

Es gibt eine Reihe weiterer Logging-Methoden, die Sie über das Argument `--log-driver` von `docker run` auswählen können. Der Standard-Logger kann geändert werden, indem man beim Starten des Docker Daemon das Argument `--log-driver` nutzt. Die möglichen Werte sind:[3]

`json-file`
: das Standard-Logging, das wir uns gerade angeschaut haben

`syslog`
: der syslog-Treiber, den wir uns gleich vornehmen

`journald`
: der Treiber für das systemd-Journal

`gelf`
: der Treiber für das Graylog Extended Log Format (GELF)

`fluentd`
: leitet Log-Meldungen an fluentd weiter *(http://www.fluentd.org)*

`none`
: schaltet das Protokollieren ab

2. Ja, ich war dumm genug, das auf die harte Tour zu lernen.
3. In der Version 1.12 sind noch awslogs, splunk, etwlogs, gcplog hinzugekommen. *https://docs.docker.com/engine/admin/logging/overview*

Das Abschalten des Logging kann in Situationen wie dem yes-Beispiel sinnvoll sein.

10.1.2 Logs zusammenfassen

Egal, welchen Log-Treiber Sie verwenden – er ist nur ein Teil der Lösung, insbesondere in Multihost-Systemen. Was wir eigentlich wollen, ist, alle Logs an einem Ort zusammenzufassen – möglichst über mehrere Hosts hinweg –, so dass wir Analyse- und Monitoring-Tools darauf laufen lassen können.

Es gibt dabei zwei mögliche Vorgehensweisen:

1. Lassen Sie einen zweiten Prozess in all Ihren Containern laufen, der als Agent dient und Logs an den Aggregationsservice weiterleitet.
2. Sammeln Sie alle Logs auf dem Host oder in einem eigenen Container und leiten Sie sie von dort an den Aggregationsservice weiter.

Die erste Technik funktioniert und wird auch manchmal eingesetzt, bläst die Images aber auf und erhöht unnötigerweise die Anzahl der laufenden Prozesse. Daher werden wir uns nur die zweite Technik anschauen.

Es gibt verschiedene Wege, vom Host aus auf die Container-Logs zuzugreifen:

1. Wir können die Docker API nutzen, um per Programm auf die Logs zuzugreifen. Das hat den Vorteil, dass es offiziell unterstützt wird, allerdings entsteht durch den Einsatz der HTTP-Verbindung ein Overhead. Im nächsten Abschnitt werden wir beim Einsatz von Logspout ein Beispiel dafür sehen.
2. Nutzen Sie den syslog-Treiber, können Sie die syslog-Funktionalität verwenden, um die Logs automatisch weiterzuleiten (siehe »Logs mit rsyslog weiterleiten« auf Seite 197).
3. Wir können direkt auf die Log-Dateien im Docker-Verzeichnis zugreifen. Das ist in Abschnitt 10.1.5 beschrieben.

Besteht die von Ihnen genutzte Anwendung darauf, in eine Datei zu loggen, statt `STDOUT` oder `STDERR` zu verwenden, schauen Sie sich den Hinweis »Umgang mit Anwendungen, die in eine Datei protokollieren« auf Seite 191 an.

10.1.3 Mit ELK loggen

Um unsere identidock-Anwendung mit einer Protokollierungsmöglichkeit zu versehen, werden wir den »ELK-Stack« verwenden – eine Kurzform für Elasticsearch, Logstash und Kibana:

Elasticsearch (https://github.com/elastic/elasticsearch)
Eine Text-Suchmaschine mit Near-Realtime-Suche. Sie ist so entworfen, dass

sie leicht über Knoten hinweg skaliert werden kann, um große Datenmengen handhaben zu können, und lässt sich perfekt für das Durchsuchen von Log-Datenmassen nutzen.

Logstash (https://github.com/elastic/logstash)
: Ein Tool zum Einlesen von Log-Rohdaten. Diese werden geparst und gefiltert, bevor sie an einen anderen Service weitergereicht werden, wie zum Beispiel einen Index oder Store (in unserem Fall ist dies Elasticsearch). Logstash unterstützt sehr viele Eingabe- und Ausgabeformate, und es gibt fertige Parser für eine Reihe von Anwendungs-Logs.

Kibana (https://github.com/elastic/kibana)
: Eine JavaScript-basierte grafische Oberfläche für Elasticsearch. Sie kann genutzt werden, um Abfragen auszuführen und die Ergebnisse in diversen Charts darzustellen. Man kann Dashboards einrichten, die einem einen schnellen Überblick über den Systemstatus verschaffen.

Wir werden diesen Stack basierend auf der *prod.yml* aus dem letzten Kapitel lokal laufen lassen.[4] Bei einem idealen Setup würden wir die ELK-Container auf einen eigenen Host verschieben, um die verschiedenen Aufgaben deutlich zu trennen. In Kapitel 11 werden wir uns anschauen, wie sich das erreichen lässt, aber aus Gründen der Einfachheit werden wir in diesem Kapitel alles auf einem Host halten.

Als Erstes müssen wir uns überlegen, wie wir unsere Docker-Logs an Logstash schicken. Dazu werden wir Logspout nutzen *(https://github.com/gliderlabs/logspout)*, ein Docker-spezifisches Tool, welches die Docker API nutzt, um Logs aus laufenden Containern an einen gegebenen Endpunkt zu streamen (so etwas wie ein rsyslog für Docker). Da wir Logstash als Endpunkt nutzen wollen, werden wir auch den Logspout-Logstash-Adapter installieren *(https://github.com/looplab/logspout-logstash)*, der die Docker-Logs so umformatiert, dass sie leicht von Logstash gelesen werden können. Logspout ist so klein und effizient wie möglich entworfen, so dass es auf jedem Docker-Host laufen kann und dabei nur wenige Ressourcen beansprucht. Dazu ist Logspout in Go geschrieben und baut auf dem außerordentlich minimalen Alpine-Linux-Image auf. Da der Standardcontainer für Logspout den Logstash-Adapter nicht enthält, werden wir einen nutzen, den ich dafür vorbereitet habe.

Das gesamte Setup, auf das wir hinarbeiten, sieht aus wie in Abbildung 10–1, wobei die Container-Logs links durch Logspout eingesammelt und von Logstash geparst und gefiltert werden, bevor wir sie in Elasticsearch speichern. Schließlich nutzen wir Kibana, um die Daten im Elasticsearch-Container zu visualisieren und zu untersuchen.

---

4. Wollen Sie den Stack in der Cloud einsetzen, machen Sie das gerne, aber Sie werden feststellen, dass Sie Ihren Server so anpassen müssen, dass dort alle Services laufen.

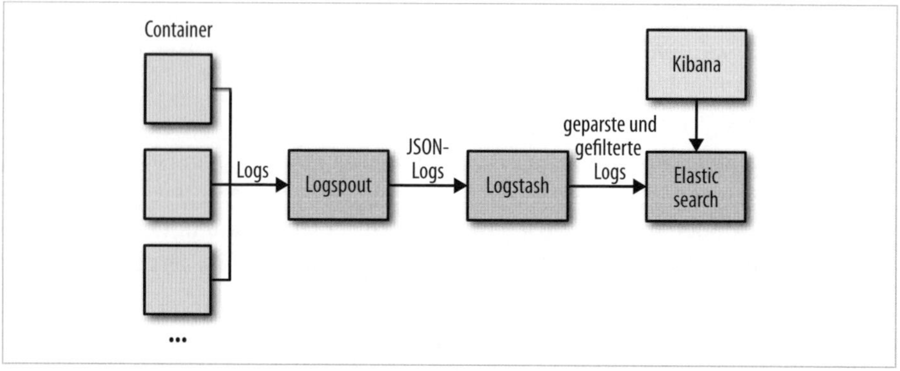

Abb. 10–1 *Loggen von Containern mit Logspout und ELK*

Beginnen wir damit, eine neue Datei *prod-with-logging.yml* mit folgendem Inhalt zu erstellen:

```
proxy:
  image: amouat/proxy:1.0
  links:
    - identidock
  ports:
    - "80:80"
  environment:
    - NGINX_HOST=45.55.251.164 ❶
    - NGINX_PROXY=http://identidock:9090
identidock:
  image: amouat/identidock:1.0 ❷
  links:
    - dnmonster
    - redis
  environment:
    ENV: PROD
dnmonster:
  image: amouat/dnmonster
redis:
  image: redis

logspout:
  image: amouat/logspout-logstash
  volumes:
    - /var/run/docker.sock:/tmp/docker.sock ❸
  ports:
    - "8000:80" ❹
```

❶ Ersetzen Sie die IP-Adresse durch die Ihres Host.

❷ Ich habe mein identidock-Image vom Hub genutzt, Sie können es natürlich gerne durch Ihre eigene Version ersetzen.

❸ Mountet den Docker Socket, so dass sich Logspout mit der Docker API verbinden kann.

❹ Stellt die HTTP-Schnittstelle von Logspout bereit, um Logs anzeigen zu können. In einem Produktivsystem sollten Sie das auf keinen Fall machen.

Starten Sie die Anwendung jetzt neu, sollten Sie sich mit der HTTP-Streaming-Schnittstelle von Logspout verbinden können:

```
$ docker-compose -f prod-with-logging.yml up -d
...
$ curl localhost:8000/logs
```

Öffnen Sie identidock in einem Browser, sollten Sie im Terminal sehen, wie Log-Einträge erzeugt werden:

```
logging_proxy_1|192.168.99.1 - - [24/Sep/2015:11:36:53 +0000] "...
logging_identidock_1|[pid: 6|app: 0|req: 1/1] 172.17.0.14 () {4...
logging_identidock_1|Cache miss
     logging_proxy_1|192.168.99.1 - - [24/Sep/2015:11:36:53 +00...
logging_identidock_1|[pid: 6|app: 0|req: 2/2] 172.17.0.14 () {4...
logging_identidock_1|[pid: 6|app: 0|req: 3/3] 172.17.0.14 () {4...
```

Super, das scheint zu funktionieren, und diese Schnittstelle mag für Sie in Zukunft von Nutzen sein. Als Nächstes müssen wir die Ausgabe an ein sinnvolles Ziel schicken – in diesem Fall einen Logstash-Container. Beachten Sie, dass Sie in Multihost-Systemen einen Logspout-Container pro Host laufen lassen müssen, der dann an eine zentrale Logstash-Instanz weiterleitet. Richten wir Logstash ein, indem wir unsere Compose-Datei anpassen:

```
...
logspout:
  image: amouat/logspout-logstash
  volumes:
    - /var/run/docker.sock:/tmp/docker.sock
  ports:
    - "8000:80"
  links:
    - logstash ❶
  command: logstash://logstash:5000 ❷
logstash:
  image: logstash
  volumes:
    - ./logstash.conf:/etc/logstash.conf ❸
  environment:
    LOGSPOUT: ignore ❹
  command: -f /etc/logstash.conf
```

❶ Fügt einen Link zum Logstash-Container hinzu.

❷ Nutzt das Präfix »logstash«, so dass Logspout weiß, dass es das Modul `Logstash` zur Ausgabe einzusetzen hat.

❸ Bindet die Konfigurationsdatei für Logstash ein.

❹ Logspout sammelt keine Logs von Containern, in denen die Umgebungsvariable `LOGSPOUT` gesetzt ist. Wir wollen keine Logs vom Logstash-Container einlesen, da wir damit eine Endlosschleife riskieren würden, wenn ein falsch formatierter Log-Eintrag zu einem Fehler in Logstash führt, der protokolliert und wieder an Logstash geschickt wird, was wieder zu einem neuen Fehler führt, der protokolliert und verschickt wird ...

Die Konfigurationsdatei sollte mit folgendem Inhalt als *logstash.conf* abgespeichert werden:

```
input {
  tcp {
    port => 5000
    codec => json ❶
  }
  udp {
    port => 5000
    codec => json ❶
  }
}

output {
  stdout { codec => rubydebug } ❷
}
```

❶ Um mit der Ausgabe von Logspout arbeiten zu können, benötigen wir den `json`-Codec.

❷ Zu Testzwecken werden wir die Logs nach `STDOUT` schreiben.

Jetzt wollen wir alles starten und sehen, was passiert:

```
$ docker-compose -f prod-with-logging.yml up -d
...
$ curl -s localhost > /dev/null
$ docker-compose -f prod-with-logging.yml logs logstash
...
logstash_1 | {
logstash_1 |          "message" => "2015/09/24 12:50:25 logsta...
logstash_1 |      "docker.name" => "/logging_logspout_1",
logstash_1 |        "docker.id" => "d8f69d05123c43c9da74709515...
logstash_1 |     "docker.image" => "amouat/logspout-logstash",
logstash_1 |  "docker.hostname" => "d8f69d05123c",
logstash_1 |         "@version" => "1",
logstash_1 |       "@timestamp" => "2015-09-24T12:50:25.708Z",
logstash_1 |             "host" => "172.17.0.11"
logstash_1 | }
...
```

Sie sollten ein paar Einträge im Ruby-Format sehen, wie die in diesem Beispielcode. Beachten Sie, dass zur Ausgabe auch Felder wie der Name des Containers und seine ID gehören, die durch Logspout hinzugefügt wurden. Logstash hat sich die JSON-Ausgabe genommen, sie verarbeitet und im Ruby-Debug-Format wieder ausgegeben. Wir können damit aber noch viel mehr machen – die Logs lassen sich nach Bedarf filtern und anpassen. Vielleicht wollen Sie zum Beispiel persönliche Daten entfernen, bevor Sie alles zur Weiterverarbeitung oder Ablage an einen anderen Service reichen. In unserem Fall wäre es nett, die nginx-Log-Texte aufzuhübschen, die beim Starten entstehen. Das erreichen wir durch das Hinzufügen eines `filter`-Abschnitts in der Konfigurationsdatei:

```
input {
  tcp {
    port => 5000
    codec => json
  }
  udp {
    port => 5000
    codec => json
  }
}

filter {
  if [docker.image] =~ /^amouat\/proxy.*/ {
    mutate { replace => { type => "nginx" } }
    grok {
      match => { "message" => "%{COMBINEDAPACHELOG}" }
    }
  }
}

output {
  stdout { codec => rubydebug }
}
```

Dieser Filter prüft, ob der Log-Text von einem Image namens `amouat/proxy` kommt. Wenn das der Fall ist, wird der Text mit dem bestehenden Logstash-Filter `COMBINDEDAPACHELOG` geparst, der zu ein paar zusätzlichen Feldern für die Ausgabe führt. Fügen Sie den so erstellten Filter hinzu und starten Sie die Anwendung neu, sollten Sie Log-Einträge wie den folgenden erhalten:

```
logstash_1 | {
logstash_1 |            "message" => "87.246.78.46 - - [24/Sep/2...
logstash_1 |        "docker.name" => "/logging_proxy_1",
logstash_1 |          "docker.id" => "5bffa4f4a9106e7381b2267356...
logstash_1 |       "docker.image" => "amouat/proxy:1.0",
logstash_1 |    "docker.hostname" => "5bffa4f4a910",
```

```
logstash_1 |          "@version" => "1",
logstash_1 |        "@timestamp" => "2015-09-24T13:02:59.751Z",
logstash_1 |              "host" => "172.17.0.23",
logstash_1 |              "type" => "nginx",
logstash_1 |          "clientip" => "87.246.78.46",
logstash_1 |             "ident" => "-",
logstash_1 |              "auth" => "-",
logstash_1 |         "timestamp" => "24/Sep/2015:13:02:59 +0000",
logstash_1 |              "verb" => "GET",
logstash_1 |           "request" => "/",
logstash_1 |       "httpversion" => "1.1",
logstash_1 |          "response" => "200",
logstash_1 |             "bytes" => "266",
logstash_1 |          "referrer" => "\"-\"",
logstash_1 |             "agent" => "\"curl/7.37.1\""
logstash_1 | }
```

Beachten Sie, dass der Filter eine ganze Menge zusätzlicher Informationen erzeugt hat, wie zum Beispiel den Response-Code, den Request-Typ und die URL. Mit der gleichen Technik können Sie Filter für all Ihre verschiedenen Images erstellen.

Der nächste Schritt ist, den Logstash-Container mit einem Elasticsearch-Container zu verbinden. Dabei werden wir auch gleich den Kibana-Container hinzufügen, da wir damit eine schöne Oberfläche für Elasticsearch erhalten.

Passen Sie die Compose-Datei so an, dass sie folgende Zeilen enthält:

```
...
logspout:
  image: amouat/logspout-logstash
  volumes:
    - /var/run/docker.sock:/tmp/docker.sock
  ports:
    - "8000:80"
  links:
    - logstash
  command: logstash://logstash:5000

logstash:
  image: logstash:1.5
  volumes:
    - ./logstash.conf:/etc/logstash.conf
  environment:
    LOGSPOUT: ignore
  links:
    - elasticsearch ❶
  command: -f /etc/logstash.conf

elasticsearch: ❷
  image: elasticsearch:1.7
```

```
    environment:
      LOGSPOUT: ignore

  kibana: ❸
    image: kibana:4
    environment:
      LOGSPOUT: ignore
      ELASTICSEARCH_URL: http://elasticsearch:9200
    links:
      - elasticsearch
    ports:
      - "5601:5601"
```

❶ Fügt einen Link zum Elasticsearch-Container hinzu.

❷ Erstellt aus dem offiziellen Image einen Elasticsearch-Container.

❸ Erstellt einen Container für Kibana 4. Beachten Sie, dass wir einen Link auf den Elasticsearch-Container eingetragen und Port 5601 für die Oberfläche freigegeben haben.

Wir müssen auch den Output-Abschnitt der Datei *logstash.conf* so anpassen, dass er auf unseren Elasticsearch-Container verweist:

```
...
output {
  elasticsearch { host => "elasticsearch" } ❶
  stdout { codec => rubydebug } ❷
}
```

❶ Gibt Daten auf dem Remote-Host namens »elasticsearch« in einem Format aus, das von Elasticsearch verstanden wird.

❷ Wenn Sie möchten, können Sie diese Zeile entfernen – sie ist nur zum Debuggen nötig und sorgt aktuell dafür, dass die Logs doppelt erscheinen.

Starten wir die Anwendung neu und schauen sie uns an:

```
$ docker-compose -f prod-with-logging.yml up -d
Recreating logging_dnmonster_1...
Recreating logging_redis_1...
Recreating logging_elasticsearch_1...
Recreating logging_kibana_1...
Recreating logging_identidock_1...
Recreating logging_proxy_1...
Recreating logging_logstash_1...
Recreating logging_logspout_1...
```

Öffnen Sie nun *localhost* in Ihrem Browser und spielen Sie eine Weile mit der identidock-Anwendung herum, so dass unser Logging-Stack etwas zum Analysieren hat. Wenn Sie so weit sind, öffnen Sie *localhost:5601* im Browser und starten die Kibana-Anwendung. Sie sollten etwas wie in Abbildung 10–2 sehen.

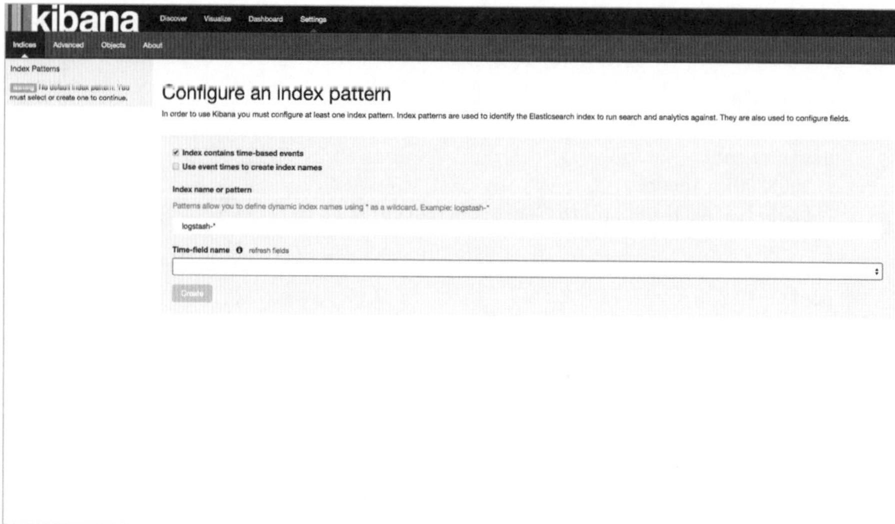

Abb. 10–2 *Konfigurationsseite von Kibana*

Geben Sie als Time-field name den Wert `@timestamp` ein und klicken Sie auf »Create«. Sie sollten dann auf einer Seite mit allen Feldern landen, die Elasticsearch gefunden hat – einschließlich denen von nginx und Docker.

Klicken Sie nun auf »Discover«, werden Sie auf eine Seite mit einem Histogramm geleitet, das oberhalb einer Liste der aktuellsten Einträge die Log-Größen anzeigt (siehe Abbildung 10–3).

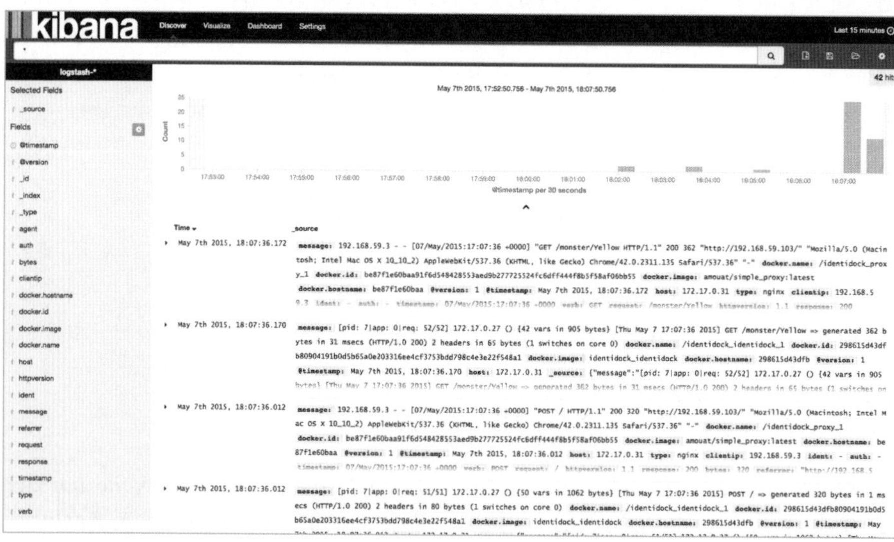

Abb. 10–3 *Discover-Seite von Kibana*

Sie können die Zeitperiode durch das Anklicken des Uhrsymbols oben rechts einfach anpassen. Logs lassen sich filtern, indem man nach der Anwesenheit von Begriffen in bestimmten Feldern sucht. Versuchen Sie zum Beispiel, im Feld »message« nach »Cache miss« zu suchen, um ein Histogramm der Cache-Fehlschläge über die Zeit zu erhalten. Über den Tab »Visualize« lassen sich aufwendigere Diagramme und Visualisierungen erstellen, unter anderem Linien- und Tortendiagramme, aber auch Datentabellen und Kundenmetriken.

Kibana 3 vs. Kibana 4

Nutzen Sie eine Version von Kibana, die älter als 4.0 ist, müssen Sie sicherstellen, dass Ihr *Browser* auf den *Elasticsearch*-Container zugreifen kann, indem Sie einen Port auf den Host weiterleiten. Das liegt daran, dass Kibana eine JavaScript-basierte Anwendung ist, die im Client läuft. Ab Version 4 werden Verbindungen durch Kibana als Proxy weitergeleitet, wodurch diese Anforderung wegfällt.

Dieses Kapitel soll keine umfassende Einführung in die fortgeschrittene Log-Analyse sein, daher werden wir Kibana nicht weiter unter die Lupe nehmen. Es soll nur gezeigt werden, dass Kibana und ähnliche Lösungen mächtige und sehr visuelle Möglichkeiten bieten, Ihre Anwendung und Ihre Daten unter die Lupe zu nehmen.

Umgang mit Anwendungen, die in eine Datei protokollieren

Haben Sie eine Anwendung, die in eine Datei protokolliert, statt `STDOUT`/`STDERR` zu verwenden, stehen Ihnen immer noch eine Reihe von Möglichkeiten offen. Nutzen Sie schon die Docker API für das Loggen (zum Beispiel mit dem Logspout-Container), ist es am einfachsten, einen Prozess laufen zu lassen (normalerweise `tail -F`), der die Datei einfach nach `STDOUT` ausgibt. Eine elegante Variante davon, die auch eher der Philosophie eines Prozesses pro Container folgt, ist der Einsatz eines zweiten Containers, der die Log-Dateien mit `--volumes-from` mountet.

Haben wir zum Beispiel einen Container namens »tolog«, der ein Volume unter */var/log* deklariert, können wir wie folgt vorgehen:

```
$ docker run -d --name tolog-logger \
             -volumes-from tolog \
             Debian tail -F
/dev/log/*
```

Wollen Sie diesem Ansatz nicht folgen, können Sie auch die Logs auf ein gegebenes Verzeichnis auf dem Host mounten und dort ein Tool wie fluentd *(http://www.fluentd.org/)* zum Einsammeln der Logs laufen lassen.

Log-Storage und Rotation

Egal welchen Log-Treiber und welche Analyselösung Sie auswählen – Sie müssen immer entscheiden, wie Sie Ihre Logs wie lange speichern wollen. Haben Sie sich darüber noch keine Gedanken gemacht, werden Sie sehr wahrscheinlich Container haben, die langsam, aber sicher Ihren Festplattenplatz auffressen, bis der Host abstürzt.

Das Linux-Tool logrotate kann genutzt werden, um auf das Wachstum von Log-Dateien Einfluss zu nehmen. Meist werden mehrere Generationen von Log-Dateien verwendet, wobei die Dateien regelmäßig eine Generation weiterwandern. So gibt es zum Beispiel neben dem aktuellen Log Eltern-, Großeltern- und Urgroßeltern-Logs. Die Groß- und Urgroßeltern werden komprimiert, um Speicherplatz zu sparen. Jeden Tag wird das aktuelle Log zum Eltern-Log, das alte Eltern-Log wird komprimiert und zum Großeltern-Log, das Großeltern-Log wird Urgroßeltern-Log und das alte Urgroßeltern-Log wird gelöscht.

Sie können die folgende Konfiguration für logrotate nutzen, um dies zu ermöglichen. Speichern Sie sie als neue Datei unter */etc/logrotate.d/* (zum Beispiel */etc/logrotate.d/docker*) oder fügen Sie diese Zeilen zu */etc/logrotate.conf* hinzu:

```
/var/lib/docker/containers/*/*.log {
  daily ❶
  rotate 3 ❷
  compress ❸
  delaycompress ❸
  missingok ❹
  copytruncate ❺
}
```

❶ Rotiert die Logs jeden Tag.

❷ Hält drei Generationen von Log-Dateien vor.

❸ Nutzt Komprimierung, aber erst in der nächsten Generation.

❹ Sorgt dafür, dass logrotate keinen Fehler wirft, wenn Dateien fehlen.

❺ Statt die aktuelle Log-Datei zu verschieben, wird sie kopiert und dann die Größe auf 0 gesetzt. Damit wird sichergestellt, dass Docker nicht ins Schleudern gerät, wenn die Datei verschwindet. Es gibt dann allerdings die Möglichkeit des Datenverlustes, wenn die Anwendung zwischen Kopieren und Rücksetzen der Datei Informationen ins Log schreibt.

Standardmäßig wird logrotate als cron-Job einmal am Tag ausgeführt. Wollen Sie Ihre Logs häufiger aufräumen, müssen Sie das ändern.

Für eine dauerhaftere und robustere Log-Speicherung leiten Sie Ihre Logs an eine robuste Datenbank wie PostgreSQL weiter. Sie können diese problemlos als zweite Ausgabe von Logstash oder einem ähnlichen Tool einrichten. Verlassen Sie sich für das Speichern von Logs nicht komplett auf Indexierungslösungen wie Elasticsearch, da diese nicht die gleichen Fehlertoleranzgarantien besitzen wie ausgewachsene Datenbanken wie PostgreSQL. Denken Sie daran, dass Sie Logstash-Filter nutzen können, um Daten zuvor auszufiltern – zum Beispiel personenbezogene Daten.

10.1.4 Docker-Logging mit syslog

Wenn Ihr Docker Host syslog-Unterstützung bietet, können Sie den syslog-Treiber einsetzen, der die Container-Logs auf dem Host an syslog schickt. Das lässt sich vielleicht am besten durch ein Beispiel erläutern:

```
$ ID=$(docker run -d --log-driver=syslog debian \
      sh -c 'i=0; while true; do i=$((i+1)); \
      echo "docker $i"; sleep 1; done;')
$ docker logs $ID
"logs" command is supported only for "json-file" logging driver (got: syslog) ❶
$ tail /var/log/syslog ❷
Sep 24 10:17:45 reginald docker/181b6d654000[3594]: docker 48
Sep 24 10:17:46 reginald docker/181b6d654000[3594]: docker 49
Sep 24 10:17:47 reginald docker/181b6d654000[3594]: docker 50
Sep 24 10:17:48 reginald docker/181b6d654000[3594]: docker 51
Sep 24 10:17:49 reginald docker/181b6d654000[3594]: docker 52
Sep 24 10:17:50 reginald docker/181b6d654000[3594]: docker 53
Sep 24 10:17:51 reginald docker/181b6d654000[3594]: docker 54
Sep 24 10:17:52 reginald docker/181b6d654000[3594]: docker 55
Sep 24 10:17:53 reginald docker/181b6d654000[3594]: docker 56
Sep 24 10:17:54 reginald docker/181b6d654000[3594]: docker 57
```

❶ Zum Zeitpunkt der Veröffentlichung des Originals funktionierte `docker logs` nur mit dem Standard-Logging. Heute gibt es eine Vielzahl von Log-Providern.

❷ Auf meinem Ubuntu-Host werden Docker-Logs an */var/log/syslog* geschickt. Das kann auf anderen Distributionen anders sein.

Die syslog-Log-Datei mit den Containernachrichten enthält vermutlich auch Nachrichten von diversen anderen Diensten und anderen Containern. Da die Log-Nachrichten die Container-ID enthalten (in Kurzform), können wir ganz einfach das grep-Tool nutzen, um Nachrichten zu finden, die zu einem bestimmten Container gehören:

```
$ grep ${ID:0:12} /var/log/syslog
Sep 24 10:16:58 reginald docker/181b6d654000[3594]: docker 1
Sep 24 10:16:59 reginald docker/181b6d654000[3594]: docker 2
Sep 24 10:17:00 reginald docker/181b6d654000[3594]: docker 3
Sep 24 10:17:01 reginald docker/181b6d654000[3594]: docker 4
Sep 24 10:17:02 reginald docker/181b6d654000[3594]: docker 5
Sep 24 10:17:03 reginald docker/181b6d654000[3594]: docker 6
Sep 24 10:17:04 reginald docker/181b6d654000[3594]: docker 7
...
```

❶ Die Logs nutzen die Kurz-ID, wir müssen die vollständige ID daher auf 12 Zeichen reduzieren.

Die Docker Events API

Neben den Container-Logs und den Docker-Daemon-Logs gibt es weitere Daten, die Sie vielleicht überwachen und auf die Sie reagieren wollen – Docker-Events. Events werden für die meisten Status während der Lebensdauer eines Docker-Containers protokolliert. Dazu gehören `create`, `destroy`, `die`, `export`, `kill`, `pause`, `attach`, `restart`, `start`, `stop` und `unpause`. Die meisten davon sollten selbsterklärend sein, achten Sie nur darauf, dass `die` auftritt, wenn ein Container beendet wird, während `destroy` beim Löschen geworfen wird (zum Beispiel durch `docker rm`). In Abbildung 10–4 ist die Lebensdauer als Diagramm dargestellt.

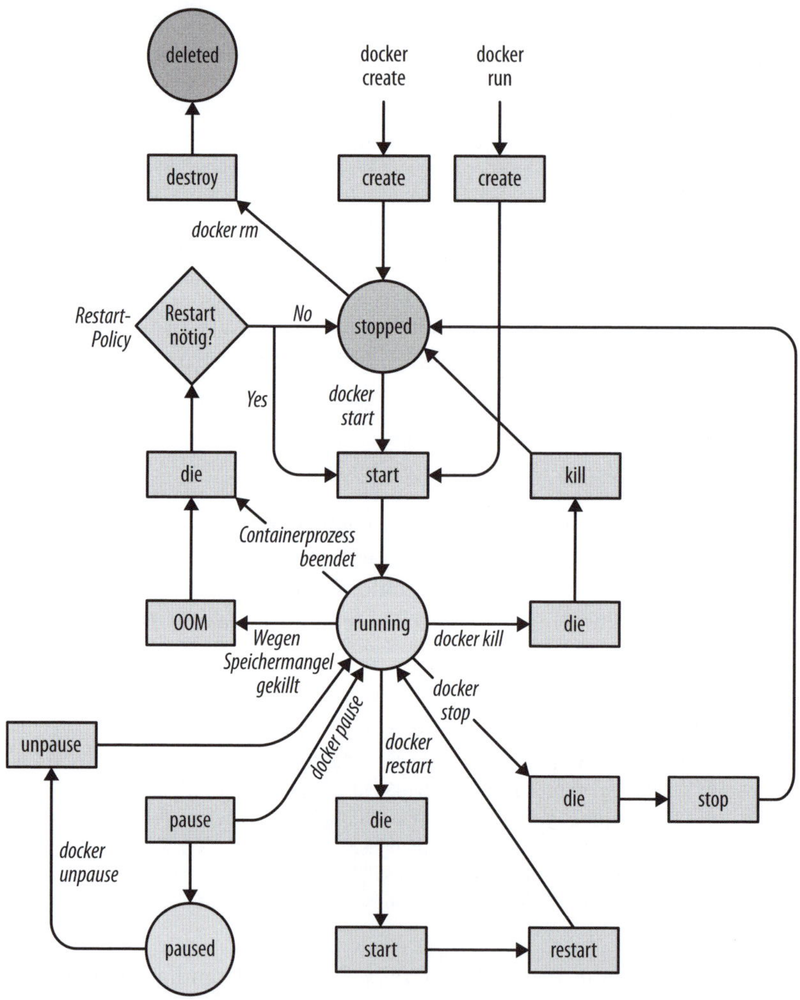

Abb. 10–4 *Die Lebensdauer eines Docker-Containers (übernommen aus offiziellen Docker-Dokumenten [http://bit.ly/1QMFApf], ursprünglich von Mat Good, Glider Labs, veröffentlicht unter der CC-BY-SA 4.0-Lizenz [http://bit.ly/cc-by-sa-4])*

Die Events `untag` und `delete` werden für Images geloggt. `untag` tritt auf, wenn ein Tag entfernt wird – was bei einem erfolgreichen Aufruf von `docker rmi` geschieht. Das `delete`-Event wird geworfen, wenn das zugrunde liegende Image gelöscht wird (was nicht immer bei `docker rmi` geschieht, weil es mehrere Tags für ein Image geben kann). Zeitstempel werden im RFC 3339-Format angezeigt *(https://www.ietf.org/rfc/rfc3339.txt)*.

Wir können Events mithilfe des Befehls `docker events` auslesen:

```
$ docker events
2015-09-24T15:23:28.0000000+01:00 44fe57b...: (from debian) create
2015-09-24T15:23:28.0000000+01:00 44fe57b...: (from debian) attach
2015-09-24T15:23:28.0000000+01:00 44fe57b...: (from debian) start
2015-09-24T15:23:28.0000000+01:00 44fe57b...: (from debian) die
```

Da `docker events` einen Stream zurückliefert, müssen Sie Docker-Befehle in einem anderen Terminal ausführen, damit Sie hier etwas sehen. `docker events` können auch Argumente zum Filtern der Ergebnisse und zum Einschränken des Zeitraums mitgegeben werden. Events lassen sich nach Containern, Images und Events filtern. Zeitstempel im Argument müssen nach RFC 3339 formatiert sein (zum Beispiel »2006-01-02T15:04:05.000000000Z07:00«) oder als Sekunden seit Unix-Beginn angegeben werden (zum Beispiel »1378216169«).

Die Docker Events API kann sehr nützlich sein, wenn Sie automatisch auf Container-Events reagieren wollen. So nutzt zum Beispiel das Logspout-Tool die API, um benachrichtigt zu werden, wenn Container starten, damit dann mit dem Streamen der Logs von dort begonnen werden kann. Der nginx-proxy von Jason Wilder, über den wir im Kasten »Konfigurationsdateien generieren wie ein Profi« auf Seite 151 gesprochen haben, nutzt die Events API, um Container automatisch beim Load Balancing zu berücksichtigen, wenn sie zum Leben erwachen. Zudem können Sie die Daten auch einfach protokollieren, um eine Analyse über die Lebensdauer Ihrer Container durchzuführen.

Das Ganze lässt sich noch etwas verbessern, indem wir syslog so einrichten, dass unsere Docker-Logs in einer eigenen Log-Datei landen. Docker protokolliert an den »Daemon« in syslog-Sprache, daher können Sie syslog sehr einfach so einrichten, dass Messages für *alle* Daemons in einer bestimmten Datei landen. Das Filtern auf die reinen Docker-Nachrichten ist ein bisschen schwieriger.[5] Nutzen Sie rsyslog in Version 7 oder neuer (und die Chancen stehen gut dafür), können Sie folgende Regel einsetzen:

```
:syslogtag,statswith,"docker/" /var/log/containers.log
```

So werden alle Docker-Container-Meldungen in */var/log/containers.log* abgelegt. Sichern Sie diese Regel in einer Konfigurationsdatei für rsyslog. Unter Ubuntu (wohl auch auf anderen Distributionen) können Sie eine neue Datei */etc/rsys-*

5. Es sollte nicht, aber es scheint, dass Teile von syslog immer noch nicht von den 80ern losgekommen sind ...

log.d/30-docker.conf erstellen und die Regel dort eintragen. Starten Sie dann syslog neu und die Logs sollten in unserer neuen Datei erscheinen:

```
$ sudo service rsyslog restart
rsyslog stop/waiting
rsyslog start/running, process 15863
$ docker run -d --log-driver=syslog debian \
  sh -c 'i=0; while true; do i=$((i+1)); echo \
  "docker $i"; sleep 1; done;'
$ cat /var/log/containers.log
Sep 24 10:30:46 reginald docker/1a1a57b885f3[3594]: docker 1
Sep 24 10:30:47 reginald docker/1a1a57b885f3[3594]: docker 2
Sep 24 10:30:48 reginald docker/1a1a57b885f3[3594]: docker 3
Sep 24 10:30:49 reginald docker/1a1a57b885f3[3594]: docker 4
Sep 24 10:30:50 reginald docker/1a1a57b885f3[3594]: docker 5
Sep 24 10:30:51 reginald docker/1a1a57b885f3[3594]: docker 6
Sep 24 10:30:52 reginald docker/1a1a57b885f3[3594]: docker 7
```

So wird auch noch in andere Dateien protokolliert (zum Beispiel nach */var/log/syslog*). Um das zu stoppen, fügen Sie direkt nach unserer Regel eine Zeile mit `&stop` ein, zum Beispiel:

```
:syslogtag,startswith,"docker/" /var/log/containers.log
&stop
```

Syslog und Docker Machine-VMs

Aktuell läuft syslog nicht standardmäßig in den boot2docker-VMs, die durch Machine bereitgestellt werden. Sie können es zu Testzwecken starten, indem Sie sich an der VM anmelden und syslogd starten. Zum Beispiel:

```
$ docker-machine ssh default
...
docker@default:~$ syslogd
```

Sie können dies dauerhaft machen, indem Sie syslogd aus der Datei */var/lib/boot2docker/bootsync.sh* in der boot2docker-VM aufrufen, denn diese wird von der VM vor dem Starten von Docker ausgeführt. Zum Beispiel:

```
$ docker-machine ssh default
...
docker@default:~$ cat /var/lib/boot2docker/bootsync.sh
#!/bin/sh
Syslogd
```

Beachten Sie, dass die boot2docker-VM die Standard-syslog-Implementierung von busybox nutzt, die nicht ganz so flexibel wie rsyslogd ist.

Sie können syslog als Standard-Logging-Option für Docker-Container setzen, indem Sie beim Initialisieren des Daemon `--log-driver=syslog` angeben (im Allgemeinen über das Bearbeiten der Konfigurationsdatei für den Docker Service – zum Beispiel durch Hinzufügen zu den DOCKER_OPTS in der Datei */etc/default/docker* unter Ubuntu).

Logs mit rsyslog weiterleiten

Wir können rsyslog auch anweisen, unsere Logs auf einen anderen Server weiterzuleiten, statt sie lokal abzulegen. Das lässt sich einsetzen, um Logs einem zentralen Service wie Logstash bereitzustellen, oder um sie an einen anderen syslog-Server zu übergeben, ohne den zusätzlichen Overhead durch etwas wie Logspout zu haben.

Um Logspout in unserem identidock-Beispiel durch rsyslog zu ersetzen, müssen wir die Logstash-Konfiguration so anpassen, dass das syslog-Format als Eingangsformat genutzt wird, ein Port auf dem Host an Logstash weitergeleitet wird, mit dem rsyslog kommuniziert, und rsyslog angewiesen wird, Logs über das Netzwerk zu verschicken, statt sie in eine Datei zu schreiben.

Passen wir also Logstash an. Ändern Sie dazu die Konfigurationsdatei:

```
input {
  syslog {
    type => syslog
    port => 5544
  }
}

filter {
  if [type] == "syslog" {
    syslog_pri { }
    date {
      match => [ "syslog_timestamp", "MMM d HH:mm:ss", "MMM dd HH:mm:ss" ]
    }
  }
}

output {
  elasticsearch { host => "elasticsearch" }
  stdout { codec => rubydebug }
}
```

Jetzt konfigurieren wir noch rsyslog. Die Konfiguration entspricht fast vollständig der von zuvor, nur dass nicht mehr die Datei */var/log/containers.log* angegeben, sondern die Syntax `@@localhost:5544` genutzt wird. Zum Beispiel:

```
:syslogtag,startswith,"docker/" @@localhost:5544
&stop
```

Damit wird rsyslog angewiesen, die Logs per TCP an Port 5544 des Localhost zu übertragen. Um stattdessen UDP zu nutzen, verwenden Sie nur ein einzelnes `@`.[6]

Der letzte Konfigurationsteil betrifft das Umschreiben unserer Compose-Datei. Zuvor ist es am besten, alle laufenden identidock-Instanzen zu stoppen:

```
$ docker-compose -f prod-with-logging.yml stop
...
```

Jetzt können wir Logspout ohne Bedenken aus der Compose-Datei entfernen und einen Port auf dem Host veröffentlichen, über den rsyslog mit Logstash kommunizieren kann:

```
...
logstash:
  image: logstash:1.5
  volumes:
    - ./logstash.conf:/etc/logstash.conf
  environment:
    LOGSPOUT: ignore
  links:
    - elasticsearch
    - "127.0.0.1:5544:5544"  ❶
  command: -f /etc/logstash.conf

elasticsearch:
  image: elasticsearch:1.7
  environment:
    LOGSPOUT: ignore

kibana:
  image: kibana:4.1
  environment:
    LOGSPOUT: ignore
    ELASTICSEARCH_URL: http://elasticsearch:9200
  links:
    - elasticsearch
  ports:
    - "5601:5601"
```

❶ Veröffentlicht den Port 5544. Wir binden nur an die Schnittstelle `127.0.0.1`, so dass sich der Host mit dem Port verbinden kann, andere Maschinen im Netzwerk aber nicht.

Starten Sie nun rsyslog und identidock neu. Wir sehen jetzt, wie unsere Logs per rsyslog an Logstash geschickt werden, statt dass die langsamere Logspout-Methode genutzt wird. Es bleibt immer noch etwas zu tun – das Konfigurieren von Filtern, um all die Informationen, die wir in Logspout hatten, auch nach Logstash zu bekommen –, aber der Einsatz von rsyslog für das Weiterleiten von Logs ist eine sehr effiziente und robuste Lösung.

6. Ganz offensichtlich, oder?

> **Garantiertes Loggen**
>
> Wenn Sie Ihre Logging-Infrastruktur entwerfen, werden Sie – ob es Ihnen bewusst ist oder nicht – zwischen vollständiger Genauigkeit und Zuverlässigkeit einerseits und Effizienz andererseits abwägen. Brauchen Sie Ihre Logs nur zu Debugging- und Monitoring-Zwecken, können Sie schlicht die Lösung einsetzen, die Sie am einfachsten finden. Wenn es aber bestimmte Log-Nachrichten gibt, die zu einer sofortigen Warnmeldung führen müssen, oder wenn Ihre Logs überprüfbar vollständig sein müssen, um bestimmte Richtlinien zu erfüllen, ist es wichtig, dass Sie sich die Eigenschaften und Garantien der verschiedenen Verknüpfungen in Ihrer Logging-Infrastruktur anschauen.
>
> Ein paar Dinge, die Sie sich überlegen sollten:
>
> - Welches Transportprotokoll wird genutzt, um Ihre Logs zu übermitteln? UDP ist schneller, garantiert aber nur eine geringere Zuverlässigkeit als TCP (wobei auch TCP nicht komplett zuverlässig ist).
> - Was passiert, wenn es einen Netzwerkausfall gibt? Denken Sie daran, dass viele Tools, einschließlich rsyslog, so konfiguriert werden können, dass sie Nachrichten zwischenspeichern, bis der Remote-Server wieder erreicht werden kann.
> - Wie werden Ihre Nachrichten gespeichert und gesichert? Datenbanken sind zuverlässiger und fehlertoleranter als Dateisysteme.
>
> In diese Überlegungen fällt auch die Sicherheit der Logs – diese enthalten sehr wahrscheinlich Informationen, auf die nicht jeder Zugriff haben soll. Sie werden sicherstellen wollen, dass alle Logs, die über das öffentliche Internet übermittelt werden, verschlüsselt sind und dass nur die richtigen Leute Zugang zu den gespeicherten Logs haben.

10.1.5 Logs aus Dateien auslesen

Ein weiterer effizienter Weg, Logs weiterzuleiten, ist der Zugriff auf die »rohen« Logdaten auf dem Dateisystem.

Wenn Sie das Standard-Logging nutzen, verwahrt Docker die Container-Log-Dateien aktuell unter */var/lib/docker/container/<container_id>/<container_id>-json.log*.

Es ist zwar sehr effizient, die Logs direkt aus den Dateien zu lesen, aber Sie nutzen dabei interne Implementierungsdetails von Docker, statt eine öffentliche API einzusetzen. Daher ist es möglich, dass Logging-Lösungen, die auf dieser Methode basieren, durch Updates der Docker Engine nicht mehr funktionieren.

10.2 Überwachen und Benachrichtigen

In einem Microservices-System werden Sie vermutlich dutzende, wenn nicht gar hunderte oder tausende laufende Container nutzen. Beim Überwachen des Status der Container und des Systems im Allgemeinen wollen Sie dabei so viel Hilfe wie möglich haben. Eine gute Monitoring-Lösung sollte auf einen Blick den Zustand des Systems zeigen und rechtzeitig warnen, wenn Ressourcen knapp werden (zum Beispiel Plattenplatz, CPU, Speicher). Außerdem wollen wir informiert werden, wenn etwas anfängt, schiefzulaufen (wenn zum Beispiel Requests mehrere Sekunden brauchen, bis sie verarbeitet sind).

10.2.1 Mit den Docker-Tools überwachen

Docker bringt ein CLI-Tool `docker stats` mit grundlegender Funktionalität mit. Es liefert einen Live-Stream zum Ressourceneinsatz. Der Befehl erwartet den oder die Namen eines oder mehrerer Container und gibt dafür eine Reihe von statistischen Informationen aus – so ähnlich wie die Unix-Anwendung `top`. Zum Beispiel:

```
$ docker stats logging_logspout_1
CONTAINER          CPU %  MEM USAGE/LIMIT     MEM %  NET I/O
logging_logs...  0.13%  1.696 MB/2.099 GB  0.08%  4.06 kB/9.479 kB
```

Es werden Daten für CPU- und Speicherauslastung geliefert, aber auch welche zur Netzwerklast. Beachten Sie: Sofern Sie keine Speicherbegrenzung für den Container definiert haben, entspricht die angezeigte Speichergrenze dem Gesamtspeicher des Host, nicht dem Speicher, der für den Container zur Verfügung steht.

Statistiken zu allen laufenden Containern erhalten

Sie werden meistens Statistiken zu allen auf dem Host laufenden Containern haben wollen (meiner Meinung nach sollte das das Standardverhalten sein). Das erreichen Sie mit ein bisschen Shell-Skript-Magie:

```
$ docker stats \
   $(docker inspect -f {{.Name}} $(docker ps -q))
CONTAINER                    CPU %  MEM USAGE/LIMIT    ...
/logging_dnmonster_1         0.00%  57.51 MB/2.099 GB
/logging_elasticsearch_1  0.60%  337.8 MB/2.099 GB
/logging_identidock_1       0.01%  29.03 MB/2.099 GB
/logging_kibana_1             0.00%  61.61 MB/2.099 GB
/logging_logspout_1         0.14%  1.7 MB/2.099 GB
/logging_logstash_1         0.57%  263.8 MB/2.099 GB
/logging_proxy_1              0.00%  1.438 MB/2.099 GB
/logging_redis_1              0.14%  7.283 MB/2.099 GB
```

Mit `docker ps -q` erhalten Sie die IDs aller laufenden Container. Diese Liste wird an `docker inspect -f {{.Name}}` übergeben, was die IDs in Namen umwandelt. Jene wiederum werden dann an `docker stats` übergeben.

Das ist so weit recht nützlich und deutet auch auf die Existenz einer Docker API hin, die genutzt werden kann, um solche Daten per Programm erhalten zu können. Und diese API existiert tatsächlich – Sie können Sie am Endpunkt */containers/<id>/stats* aufrufen, um einen Stream mit diversen Daten zu den Containern zu erhalten. Dort finden sich auch mehr Details als an der CLI. Diese API ist allerdings recht unflexibel, Sie können für alle Werte per Stream pro Sekunde einmal neue Werte erhalten oder alle Daten zusammen einmal abrufen, aber es gibt keine Möglichkeit, die Häufigkeit zu steuern oder anzugeben, an welchen Daten man Interesse hat. Daher kann es gut sein, dass die Stats-API zu viel Overhead mitbringt, um damit ein kontinuierliches Monitoring umzusetzen, aber für Ad-hoc-Abfragen und Untersuchungen ist sie trotzdem nützlich.

Die meisten Metriken, die von Docker bereitgestellt werden, stehen auch direkt im Linux-Kernel über die CGroups und Namensräume zur Verfügung. Darauf zugreifen können Sie über verschiedene Bibliotheken und Tools, unter anderem auch Dockers runc-Bibliothek *(https://github.com/opencontainers/runc)*. Haben Sie ganz bestimmte Werte, die Sie überwachen wollen, können Sie sich eine effiziente Lösung schreiben, die runc einsetzt, oder Sie führen die Kernel-Aufrufe direkt durch. Dabei müssen Sie eine Programmiersprache nutzen, die solche Low-Level-Aufrufe unterstützt, wie zum Beispiel Go oder C. Es gibt ein paar Fallstricke, derer Sie sich bewusst sein müssen – zum Beispiel sollten Sie keine neuen Prozesse forken, um Metriken zu aktualisieren. Der Docker-Artikel »Runtime Metrics« unter *https://docs.docker.com/v1.8/articles/runmetrics* beschreibt detailliert, wie Sie richtig vorgehen, und erklärt die verschiedenen Metriken, die der Kernel anbietet. Haben Sie die gewünschten Werte gefunden, können Sie sich auch Tools anschauen, zum Beispiel statsd *(https://github.com/etsy/statsd)* zum Aggregieren und Rechnen mit den Werten, InfluxDB *(https://influxdata.com)* und OpenTSDB *(http://opentsdb.net)* zum Speichern sowie Graphite *(http://graphite.readthedocs.org/en/latest)* und Grafana *(https://github.com/grafana/grafana)* zum Anzeigen der Ergebnisse.

Überwachen und Benachrichtigen mit Logstash

Logstash ist zwar vor allem ein Logging-Tool, aber es lohnt sich, darauf hinzuweisen, dass Sie mit ihm auch einige Monitoring-Aufgaben umsetzen können und dass die Logs selbst eine wichtige Metrik sind, die zu überwachen ist.

So können Sie zum Beispiel Statuscodes von nginx prüfen und automatisch eine E-Mail oder Nachricht verschicken, wenn viele 500er auftreten. Logstash besitzt zudem Output-Module für viele verbreitete Monitoring-Lösungen wie Nagios, Ganglia und Graphite.

In einem Großteil der Fälle werden Sie ein bestehendes Tool nutzen wollen, um die Metriken zusammenzustellen und grafisch aufzubereiten. Es gibt viele kommerzielle Lösungen, aber wir werden uns hier die führenden Open-Source- und containerspezifischen Tools anschauen.

10.2.2 cAdvisor

cAdvisor (eine Abkürzung von Container Advisor) von Google ist das am häufigsten eingesetzte Monitoring-Tool für Docker. Es bietet einen grafischen Überblick über den Ressourceneinsatz und Performance-Metriken von Containern, die auf dem Host laufen.

Da cAdvisor selbst als Container zur Verfügung steht, können wir das Tool in kürzester Zeit zum Laufen bringen. Starten Sie den cAdvisor-Container einfach mit folgenden Argumenten:

```
$ docker run -d \
  --name cadvisor \
  -v /:/rootfs:ro \
  -v /var/run:/var/run:rw \
  -v /sys:/sys:ro \
  -v /var/lib/docker/:/var/lib/docker:ro \
  -p 8080:8080 \
  google/cadvisor:latest
```

Läuft auf Ihrem Host Red Hat (oder CentOS), müssen Sie zudem noch den cgroups-Ordner mit `--volume=/cgroup:/cgroup` mounten.

Ist der Container hochgefahren, rufen Sie ihn mit Ihrem Browser *http://localhost:8080* auf. Sie sollten eine Seite mit einer Reihe von Diagrammen sehen (wie in Abbildung 10–5 abgebildet). Durch einen Klick auf den Link »Docker Containers« und dann auf einen gewünschten Container können Sie sich die Daten dazu anschauen.

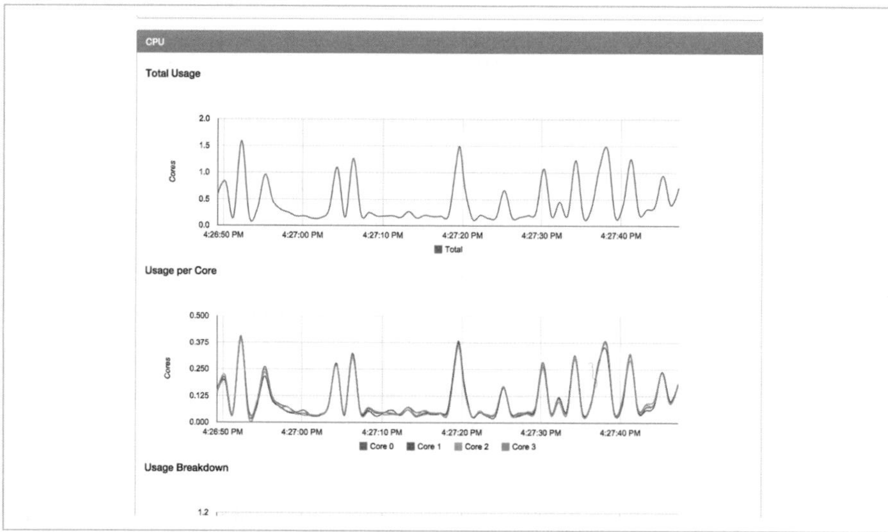

Abb. 10–5 *Diagramm in cAdvisor zur CPU-Last*

cAdvisor fasst verschiedene statistische Daten zusammen, verarbeitet sie und stellt sie zudem über eine REST-API für eine weitere Bearbeitung und Speicherung bereit. Die Daten können auch nach InfluxDB exportiert werden – eine Datenbank, die für das Speichern und Abfragen von Zeitseriendaten entworfen ist, zum Beispiel für Metriken und Analysedaten. Die Roadmap von cAdvisor enthält Features wie Verbesserungsanregungen für die Performance von Containern sowie die Usage-Prediction-Informationen für die Cluster-Orchestrierung und für Scheduling-Tools.

10.2.3 Cluster-Lösungen

cAdvisor ist toll, aber eine Lösung für nur einen Host. Läuft bei Ihnen ein großes System, werden Sie Statistiken für Container auf vielen Hosts und zu den Hosts selbst abrufen wollen. Sie wollen Daten über Containergruppen erhalten, die diese Subsysteme beschreiben, aber auch zeigen, wie die Funktionalität über die Instanzen hinweg verteilt ist. So möchten Sie vielleicht den Speicherbedarf all Ihrer nginx-Container sehen oder die CPU-Last einer Gruppe von Containern, in denen eine Datenanalyse läuft. Da die gewünschten Metriken dazu tendieren, je nach Anwendung und Problem unterschiedlich zu sein, wird Ihnen eine gute Lösung eine Abfragesprache bieten, mit der Sie neue Metriken und Visualisierungen erstellen können.

Google hat eine Cluster-Monitoring-Lösung entwickelt, die auf cAdvisor aufbaut und Heapster heißt. Beides lässt sich sehr gut auf beliebigen Docker Hosts anwenden, auch wenn die Unterstützung für Kubernetes besonders gelungen ist.

Prometheus – eine Open-Source-Lösung zum Cluster-Monitoring von SoundCloud, die Eingangsdaten von verschiedensten Quellen annehmen kann, unter anderem auch von cAdvisor – ist für die Überwachung von Docker Cluster und Apps zu empfehlen. Sie ist dazu gedacht, große Microservices-Architekturen zu unterstützen und wird sowohl von SoundCloud als auch von Docker Inc. eingesetzt. Prometheus ist als Monitoring Lösung der Cloud Native Foundation ausgewählt worden.

Prometheus

Prometheus *(https://prometheus.io)* ist insofern ungewöhnlich, als es mit einem *Pull*-basierten Modell arbeitet. Anwendungen bieten ihre Metriken selbst an, die dann vom Prometheus-Server abgerufen werden, statt dass man die Metriken direkt an Prometheus schickt. Die Prometheus-Oberfläche kann genutzt werden, um Daten interaktiv abzufragen und grafisch darzustellen, und das separate *PromDash* lässt sich einsetzen, um Diagramme, Charts und Messwerte an ein Dashboard zu schicken.[7] Prometheus besitzt zudem eine *Alertmanager*-Komponente, die Meldungen zusammenfassen und auch verzögern kann, um sie dann an Benachrichtigungsdienste wie E-Mails oder spezialisierte Dienste wie PagerDuty *(https://www.pagerduty.com)* und Pushover *(https://pushover.net)* weiterzuleiten.

Schauen wir uns an, wie wir Prometheus für identidock einsetzen können. Wir werden keine speziellen Metriken hinzufügen, aber das ließe sich leicht mit der Python-Client-Bibliothek erreichen, um Aufrufe in unserem Python-Code zu dekorieren.

7. Mittlerweile wird die Einbindung von Grafana empfohlen, da die Entwicklungen am Werkzeug PromDash eingestellt wurden.

Stattdessen werden wir Prometheus mit unserem cAdvisor-Container verbinden. Wir könnten auch das Projekt container-exporter einsetzen *(https://github.com/docker-infra/container_exporter)*, das ebenfalls die libcontainer-Bibliothek von Docker nutzt. Läuft der cAdvisor-Container schon bei Ihnen, können Sie die für Prometheus bereitgestellten Metriken am Endpunkt `/metrics` einsehen:

```
$ curl localhost:8080/metrics
# HELP container_cpu_system_seconds_total Cumulative system cpu...
# TYPE container_cpu_system_seconds_total counter
container_cpu_system_seconds_total{id="/",name="/"} 97.89
container_cpu_system_seconds_total{id="/docker",name="/docker"} 40.66
container_cpu_system_seconds_total{id="/docker/071c24557187c14f...
container_cpu_system_seconds_total{id="/docker/1a1a57b885f33d2e...
...
```

Der Prometheus-Container lässt sich problemlos starten, aber wir müssen eine Konfigurationsdatei dafür erstellen. Sichern Sie den folgenden Text als *prometheus.conf*:

```
global:
  scrape_interval: 1m  ❶
  scrape_timeout: 10s
  evaluation_interval: 1m

scrape_configs:

- job_name: prometheus
  scheme: http  ❷
  target_groups:
  - targets:
    - 'cadvisor:8080'
    - 'localhost:9090'  ❸
```

❶ Weist Prometheus an, alle fünf Sekunden Daten abzurufen, was unbestreitbar ein recht hoher Wert ist. In einer Produktivumgebung werden Sie ein Intervall wählen müssen, das die Kosten für den Abruf gegen die Kosten für veraltete Metriken abwägt.

❷ Teilt Prometheus die URL mit, unter der cAdvisor abgerufen werden soll (wir werden einen Link nutzen, um den Hostnamen zu setzen).

❸ Auch den eigenen Endpunkt von Prometheus unter Port 9090 abrufen.

Starten Sie den Prometheus-Container:

```
$ docker run -d --name prometheus -p 9090:9090 \
             -v $(pwd)/prometheus.conf:/prometheus.conf \
             --link cadvisor:cadvisor \
             prom/prometheus -config.file=/prometheus.conf
```

Sie sollten jetzt die Prometheus-Anwendung unter *http://localhost:9090* aufrufen können. Die Homepage enthält ein paar Informationen über die Konfiguration von Prometheus und den Status der abgefragten Endpunkte. Wechseln Sie zum »Graph«-Tab, können Sie sich die Daten in Prometheus genauer anschauen. Die Anwendung besitzt ihre eigene Abfragesprache mit Filtern, regulären Ausdrücken und diversen Operatoren. Versuchen Sie einmal für ein einfaches Beispiel, diesen Ausdruck einzugeben:

```
sum(container_cpu_usage_seconds_total {name=~"logging*"}) by (name)
```

Damit sollte die CPU-Nutzung für jeden unserer identidock-Container über die Zeit angezeigt werden. Der Ausdruck `{name=~"logging*"}` filtert Container heraus, die nicht zu unserer Compose-Anwendung gehören (zum Beispiel cAdvisor und Prometheus selbst). Sie werden »logging« durch den Namen Ihres Compose-Projekts oder -Ordners ersetzen müssen. Die Funktion `sum` wird benötigt, weil die CPU-Nutzung pro CPU berichtet wird. Sie sollten ein ähnliches Ergebnis wie in Abbildung 10–6 erhalten.

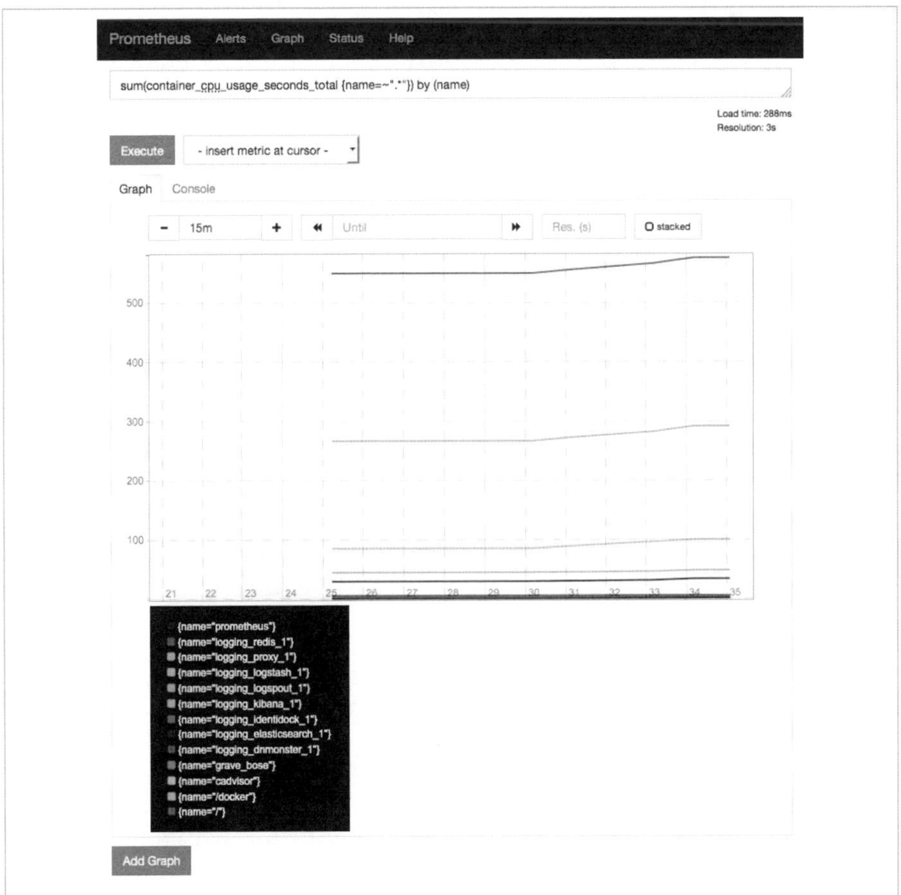

Abb. 10–6 *Prometheus-Diagramm mit der CPU-Nutzung der Container*

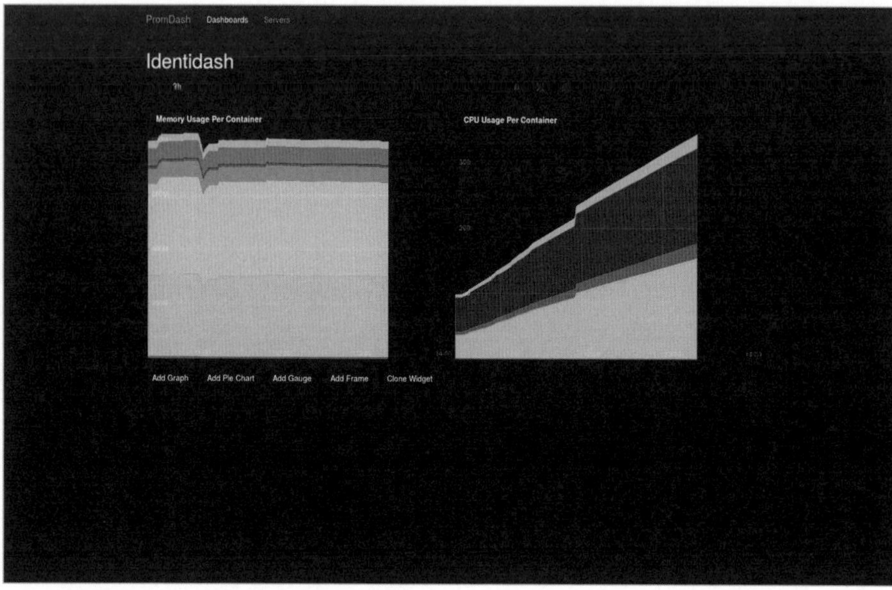

Abb. 10–7 *PromDash-Dashboard für identidock*

Das ist natürlich nur ein sehr einfacher Einsatz von Prometheus. Bei einer echten Installation würden viel mehr Endpunkte auf unterschiedlichen Hosts abgefragt und Dashboards und detaillierte Visualisierungen mit PromDash erstellt werden. Zudem würde man mit dem Alertmanager Benachrichtigungen verschicken.

10.3 Kommerzielle Monitoring- und Logging-Lösungen

Ich habe in diesem Kapitel bewusst nur Open-Source- und On-Premise-Lösungen etwas ausführlicher vorgestellt, aber es gibt eine Reihe kommerzieller Produkte, die ausgereift sind und einen guten Support bieten. In diesem Bereich ist die Konkurrenz sehr groß, und es gibt immer noch viele Veränderungen. Statt bestimmte Lösungen zu erwähnen, sage ich nur, dass es sich auf jeden Fall lohnt, sich umzuschauen, wenn Sie eine ausgereifte oder gehostete Lösung suchen.

10.4 Zusammenfassung

Ein effektives Logging und Monitoring ist entscheidend, wenn man eine auf Microservices basierende Anwendung laufen lässt. Dieses Kapitel hat gezeigt, wie wir identidock effektiv um Protokollierung und Überwachung erweitert haben. Dazu setzten wir den ELK-Stack zusammen mit cAdvisor und Prometheus ein. Diese Lösung ist zwar viel umfangreicher als unsere Anwendung selbst (bis zu der Situation, dass Logging und Monitoring die Metriken selbst dominieren), aber wir haben gesehen, wie schnell und einfach eine solche Lösung aufgesetzt war.

In Zukunft werden wir noch mehr Logging-Unterstützung und -Möglichkeiten von Docker selbst sehen. Kommerzielle Angebote sind sehr verbreitet, daher werden vermutlich alle Hersteller auch spezielle Docker- und Microservices-Angebote auflegen.

Teil III

Tools und Techniken

In Teil III werden wir uns detailliert mit den Tools und Techniken befassen, die notwendig sind, um Cluster aus Docker-Containern sicher und zuverlässig laufen lassen zu können.

Wir beginnen mit Vernetzung und Service Discovery – eine Aufgabe, die schnell sehr wichtig wird, wenn wir mit Containern arbeiten, die sich auf mehr als einem Host befinden. Oder anders gesagt: Wie finden sich Ihre Container untereinander und wie verbinden Sie sie?

Dann schauen wir uns Softwarelösungen an, die dazu gedacht sind, beim Orchestrieren und Clustern von Containern zu helfen. Mit diesen Tools können Entwickler Probleme wie Load Balancing, Skalieren und Failover angehen, und Operations kann Container schedulen und die Ressourcen so gut wie möglich ausnutzen. Jede länger laufende Anwendung wird sich früher oder später diesen Problemen gegenübersehen – wenn Sie schon vorher wissen, was passieren kann und was für Möglichkeiten es gibt, ist das von entscheidendem Vorteil.

Das letzte Kapitel kümmert sich darum, wie die Sicherheit von Containern und Microservices-Deployments gewährleistet werden kann. Container bringen neue Sicherheitsanforderungen mit sich, bieten aber auch neue Tools und Techniken. Dieser Teil schließt das Buch zwar ab, aber nichtsdestotrotz handelt es sich um ein wichtiges Thema, das sich jeder, der mit Containern zu tun hat, genauer anschauen sollte.

11 Vernetzung und Service Discovery

In einem Containerumfeld kann die Grenze zwischen Service Discovery und Vernetzung erstaunlich unscharf sein. Service Discovery ist der Prozess, Clients[1] eines Service mit Verbindungsinformationen (normalerweise IP-Adresse und Port) einer passenden[2] Instanz davon zu versorgen. In einem statischen System auf einem Host ist das Problem einfach zu lösen, denn es gibt nur eine Instanz von allem. In einem verteilten System mit mehreren Instanzen von Services, die kommen und gehen, ist das aber viel komplizierter. Eine Möglichkeit ist, dass der Client einfach den Service über den Namen anfordert (zum Beispiel `db` oder `api`) und im Backend dann ein bisschen Magie geschieht, die dazu die passenden Daten liefert. Diese »Magie« kann in Form einfacher Ambassador-Container stattfinden, es kann sich um eine Service-Discovery-Lösung wie Consul handeln, eine Networking-Lösung wie Weave (die auch Service-Discovery-Features enthält) oder eine Kombination daraus.

Für unsere Zwecke kann Vernetzung als der Prozess des Verknüpfens von Containern betrachtet werden. Es geht nicht darum, reale Ethernet-Kabel einzustecken, auch wenn häufig ein Softwareäquivalent wie veth im Spiel ist. Containervernetzung beginnt mit der Annahme, dass es eine Route zwischen Hosts gibt – egal, ob diese Route über das öffentliche Internet läuft oder nur über einen schnellen lokalen Switch.

Mit dem Service Discovery können Clients also Instanzen finden, und die Vernetzung kümmert sich darum, die Verbindungen herzustellen. Vernetzungs- und Service-Discovery-Lösungen haben häufig gemeinsame Funktionalität, da Service-Discovery-Lösungen auf Ziele im Netz verweisen und Vernetzungslösungen häufig auch Service-Discovery-Features enthalten (wie zum Beispiel Weave). Eine reine Service-Discovery-Lösung wie Consul wird sehr wahrscheinlich mehr Funktionalität in den Bereichen Health Checking, Failover und Load Balancing

1. »Client« im weitesten Sinne – vor allem meine ich Anwendungen und andere Services, die im Backend laufen, aber auch Peers (bei einem Cluster aus kooperierenden Instanzen) und Endanwender-Clients wie zum Beispiel Browser.
2. »Passend« ist sehr kontextabhängig – das kann zum Beispiel »jeder«, »der schnellste«, »derjenige, der meinen Daten am nächsten ist« oder Ähnliches bedeuten.

bieten. Vernetzungslösungen bieten andere Möglichkeiten zum Verbinden und Routen von Containern,[3] aber auch Features wie die Verschlüsselung der übertragenen Daten und das Isolieren von Containergruppen.

Sehr häufig werden Sie sowohl eine Service-Discovery- als auch eine Vernetzungslösung einsetzen müssen (und Sie brauchen immer irgendeine Form von Vernetzung). Es hängt von Ihrer Situation ab, was genau benötigt wird, und die Best Practices sind immer noch in der Entwicklung. Die Vernetzung wird sehr wahrscheinlich zwischen Entwicklungs-, Test- und Produktivumgebung verschieden sein, aber beim Service Discovery werden die Entscheidungen meist auf Anwendungsebene getroffen und daher in allen Umgebungen gleich sein.

Dieses Kapitel versucht, die Vernetzungs- und Service-Discovery-Landschaft in allen Komplexitätsstufen vorzustellen, daher beginnen wir mit der einfachsten Cross-Host-Lösung – Ambassador-Containern –, bevor wir uns Lösungen zum Service Discovery anschauen (einschließlich etcd und Consul) und uns dann die Vernetzungsdetails bei Docker und Lösungen wie Weave, Flannel und Project Calico vornehmen.

11.1 Ambassadors

Eine Möglichkeit, Container über Hosts hinweg zu verbinden, ist der Einsatz von *Ambassadors*.[4] Dabei handelt es sich um Proxy-Container, die für den echten Container (oder Service) zur Verfügung stehen und den Verkehr dorthin weiterleiten. Ambassadors bieten die Möglichkeit der Separation of Concerns, was sie in vielen Situationen nützlich macht, nicht nur beim Verbinden von Services zwischen Hosts.

Der größte Vorteil von Ambassador-Containern ist, dass sie es erlauben, die Netzwerkarchitektur im Produktivsystem von der im Entwicklungssystem zu unterscheiden, ohne dass der Code angepasst werden muss. Entwickler können lokale Versionen von Datenbanken und anderen Ressourcen einsetzen und wissen dabei, dass Ops die Anwendung so umkonfigurieren kann, dass ihre eigenen geclusterten Services oder Remote-Ressourcen genutzt werden, ohne etwas am Code ändern zu müssen. Ambassadors können auch während des Einsatzes umkonfiguriert werden, um einen anderen Service einzusetzen, während beim

3. Ein reines Service Discovery ohne andere Features erfordert trotzdem Vernetzung – sei es das Standard-Docker-»Bridge«-Netzwerk mit Ports, die auf dem Host freigegeben werden, oder »Host«-Vernetzung. Aber bei beiden müssen die Ports verwaltet werden.

4. Diese Form der Vernetzung ist seit der Version 1.10 von Docker eigentlich nicht mehr notwendig. Mithilfe eines Overlay Netzwerks und dem nun vorhandenen DNS-Server lässt sich ein Container auf einem anderen Host leicht finden. Mit der Version 1.12 gibt es nun auch noch echte Services, die eine eigenständige IP besitzen und damit die Austauschbarkeit von Containern für verschiedenen Umgebungen, Versionen etc. ermöglichen. Die Komplexität des Ambassador-Containers ist also überwunden und durch leistungsfähigere Bestandteile in der Docker Engine ersetzt worden.

Einsatz von Links für die direkte Verbindung zum Service ein Neustart des Client-Containers notwendig wäre.

Der Nachteil von Ambassador-Containern ist, dass sie ebenfalls konfiguriert werden müssen, für zusätzlichen Overhead sorgen und eine weitere mögliche Fehlerquelle bedeuten. Sie können schnell sehr komplex werden und die Verwaltung erschweren, wenn mehrere Verbindungen erforderlich sind.

In Abbildung 11–1 sehen wir eine typische Entwicklungsumgebung, bei der der Entwickler den Anwendungscontainer mithilfe von Docker-Links direkt mit einem Datenbank-Container verbindet. Beides läuft lokal auf seinem Laptop. Das ist für schnelle Änderungen super, und man kann beim Entwickeln auch Teile wegwerfen und neu anfangen.

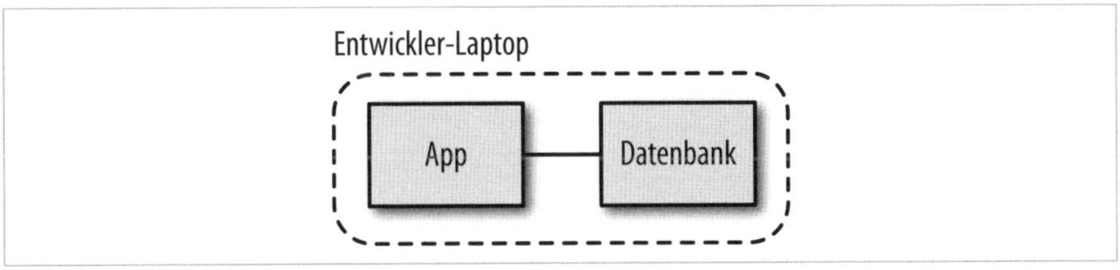

Abb. 11–1 *Entwicklungsumgebung ohne Ambassadors*

In Abbildung 11–2 ist ein übliches Produktiv-Setup zu sehen, bei dem Ops einen Ambassador einsetzt, um die Anwendung mit ihrem Produktivservice zu verbinden, der auf einem getrennten Server läuft. Dazu musste nur der Ambassador so konfiguriert werden, dass er den Verkehr an den Service durchreicht, und über Links wurde die Anwendung mit dem Ambassador verbunden. Der Code nutzt weiterhin die gleichen Hostnamen und Ports wie zuvor, die Änderungen werden innerhalb des Ambassadors abgehandelt.

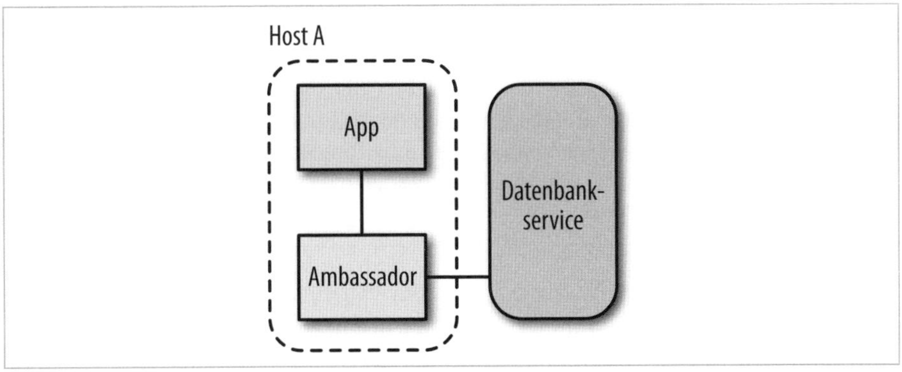

Abb. 11–2 *Eine Verbindung zu einem Produktivservice über einen Ambassador herstellen*

In Abbildung 11–3 sehen wir nun ein Setup, bei dem die Anwendung über einen Container mit einem Remote-Host kommuniziert, der sich selbst hinter einem

Ambassador versteckt. So kann der Remote-Host den Verkehr auf einen neuen Container an einer neuen Adresse umleiten, indem er nur den Ambassador-Container anpasst. Erneut sind keine Änderungen am Code notwendig, um dieses neue Setup nutzen zu können.

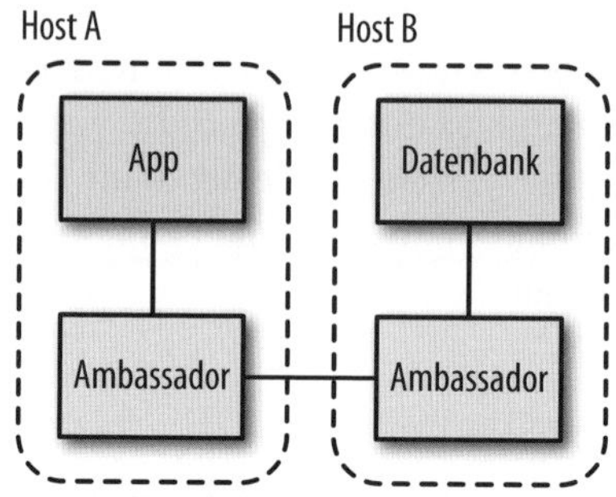

Abb. 11-3 *Mithilfe von Ambassadors mit einem Remote-Container verbinden*

Der Ambassador selbst kann ein sehr einfacher Container sein – er muss nur eine Verbindung zwischen den Anwendungen und dem Service herstellen. Es gibt kein offizielles Image für das Erstellen eines Ambassadors, daher werden Sie entweder ein eigenes erzeugen oder ein Benutzerimage vom Hub nutzen müssen.

Das Image amouat/ambassador

Dieses Kapitel nutzt ein Image namens `amouat/ambassador`. Dieses Image ist ein einfacher Port von Sven Dowideits ambassador *(https://hub.docker.com/r/svendowideit/ambassador)*, wobei es als Basisimage `alpine` nutzt und als automatischer Build auf dem Docker Hub läuft.

Das Image nutzt das Tool socat *(http://www.dest-unreach.org/socat)*, um ein Relay zwischen dem Ambassador und dem Ziel aufzubauen. Umgebungsvariablen in der gleichen Form wie die durch die Docker-Links erzeugten (zum Beispiel `REDIS_PORT_6379_TCP=tcp://172.17.0.1:6379`) definieren, mit was das Relay verbunden werden soll. So kann ein Relay zu einem lokal verlinkten Container (wie Host B in Abbildung 11–3) mit sehr wenig Konfigurationsaufwand erstellt werden.

Da das Image auf der minimalen Alpine-Linux-Distribution aufbaut, bringt es nur etwas über 7 MB mit, so dass es schnell heruntergeladen werden kann und nur wenig Overhead im System erzeugt.

Schauen wir uns an, wie wir unsere identidock-Anwendung mithilfe von Ambassadors mit einem Redis-Container verlinken können, der auf einem getrennten Host läuft – so wie in Abbildung 11–3. Wir werden zwei VirtualBox-VMs mit Docker Machine aufsetzen (siehe Abschnitt 9.1), aber Sie können dieses Beispiel auch leicht mit Docker Hosts umsetzen, die in der Cloud laufen. Richten wir also die Hosts ein:

```
$ docker-machine create -d virtualbox redis-host
...
$ docker-machine create -d virtualbox identidock-host
...
```

Jetzt setzen wir einen Redis-Container (namens `real-redis`) und einen Ambassador (namens `real-redis-ambassador`) auf `redis-host` auf:

```
$ eval $(docker-machine env redis-host)
$ docker run -d --name real-redis redis:3
Unable to find image 'redis:3' locally
3: Pulling from redis
... 60bb8d255b950b1b34443c04b6a9e5feec5047709e4e44e58a43285123e5c26b
$ docker run -d --name real-redis-ambassador \
             -p 6379:6379 \ ❶
             --link real-redis:real-redis \ ❷
             amouat/ambassador
   be613f5d1b49173b6b78b889290fd1d39dbb0fda4fbd74ee0ed26ab95ed7832c
```

❶ Wir müssen den Port 6379 auf dem Host veröffentlichen, um Remote-Verbindungen zu erlauben.

❷ Der Ambassador nutzt die Umgebungsvariablen aus dem verlinkten Container `real-redis`, um ein Relay einzurichten, das Requests an Port 6379 an den Container `real-redis` weiterleitet.

Nun erstellen wir einen Ambassador auf `identidock-host`:

```
$ eval $(docker-machine env identidock-host)
$ docker run -d --name redis_ambassador --expose 6379 \
             -e REDIS_PORT_6379_TCP=\
             tcp://$(docker-machine ip redis-host):6379 \ ❶
             amouat/ambassador
Unable to find image 'amouat/ambassador:latest' locally
latest: Pulling from amouat/ambassador
31f630c65071: Pull complete
cb9fe39636e8: Pull complete
3931d220729b: Pull complete
154bc6b29ef7: Already exists
Digest: sha256:647c29203b9c9aba8e304fabfd194429a4138cfd3d306d2b...
Status: Downloaded newer image for amouat/ambassador:latest
26d74433d44f5b63c173ea7d1cfebd6428b7227272bd52252f2820cdd513f164
```

❶ Wir müssen manuell eine Umgebungsvariable einrichten, um dem Ambassador mitzuteilen, wie er sich mit dem Remote-Host verbindet. Die IP-Adresse des Host wird durch den Befehl `docker-machine ip` ermittelt.

Schließlich starten wir identidock und dnmonster und verlinken identidock mit unserem Ambassador:

```
$ docker run -d --name dnmonster amouat/dnmonster:1.0
Unable to find image 'amouat/dnmonster:1.0' locally
1.0: Pulling from amouat/dnmonster
```

```
... c7619143087f6d80b103a0b26e4034bc173c64b5fd0448ab704206b4ccd63fa
$ docker run -d --link dnmonster:dnmonster \
             --link redis_ambassador:redis \
             -p 80:9090 \
             amouat/identidock:1.0
Unable to find image 'amouat/identidock:1.0' locally
1.0: Pulling from amouat/identidock
...
5e53476ee3c0c982754f9e2c42c82681aa567cdfb0b55b48ebc7eea2d586eeac
```

Schauen wir, ob alles läuft:

```
$ curl $(docker-machine ip identidock-host)
<html><head>...
```

Fein. Wir betreiben jetzt identidock über mehrere Hosts verteilt, ohne irgendwelchen Code anpassen zu müssen – nur durch den Einsatz von zwei kleinen Ambassador-Containern. Dieser Ansatz mag ein wenig frickelig sein, und er erfordert die Verwendung von zusätzlichen Containern, aber er ist auch sehr einfach und flexibel. Man kann sich leicht Szenarien mit ausgefeilteren Ambassadors vorstellen, wie zum Beispiel:

- Verschlüsseln der Daten über einen nicht vertrauenswürdigen Link
- automatisches Verbinden von Containern bei ihrem Start durch Überwachen des Docker-Event-Streams
- Read-Requests per Proxy an einen Read-Only-Server weiterleiten, während Write-Requests an einen anderen Server geschickt werden

In allen Fällen muss der Client nichts über die zusätzliche Intelligenz in den Ambassadors wissen.

Ambassador-Container können sehr nützlich sein, aber in den meisten Fällen ist es einfacher und skalierbarer, Vernetzungs- und/oder Service-Discovery-Lösungen einzusetzen, um Remote-Services und -Container zu finden und miteinander zu verbinden.

11.2 Service Discovery

Am Anfang dieses Kapitels haben wir Service Discovery definiert als *den Prozess, Clients eines Service automatisiert Verbindungsinformationen für eine passende Instanz des Service zu liefern.*

Für die Client-Anwendung bedeutet dies, dass sie die Adresse des Service auf irgendeine Art und Weise anfragen oder geliefert bekommen müssen. Wir werden Lösungen sehen, für die Clients explizit einen API für die Serviceadresse aufrufen müssen, aber auch DNS-basierte Lösungen, die sich leicht mit bestehenden Anwendungen zusammen nutzen lassen.

Dieser Abschnitt wird die wichtigsten Service-Discovery-Lösungen vorstellen, die aktuell mit Docker genutzt werden. Wir werden uns etcd, Consul und

SkyDNS genauer anschauen, bevor wir kurz auf andere erwähnenswerte Produkte eingehen. Keines dieser wurde speziell für Container geschrieben, aber alle sind dazu gedacht, in großen, verteilten Systemen genutzt zu werden.

11.2.1 etcd

etcd ist ein verteilter Key/Value-Store. Es handelt sich bei ihm um eine Implementierung des Raft-Consensus-Algorithmus *(https://raft.github.io)* in Go, der auf Effizienz und Fehlertoleranz hin entworfen ist. *Consensus* bedeutet, dass sich mehrere Mitglieder auf Werte einigen – ein Prozess, der bei Konflikten und Fehlern schnell kompliziert werden kann. Der Raft-Algorithmus stellt sicher, dass Werte konsistent sind und neue Werte immer dann hinzugefügt werden können, wenn eine Mehrheit der Mitglieder verfügbar ist.

Jedes Mitglied in einem etcd-Cluster lässt eine Instanz des etcd-Binary laufen, welche mit den anderen Mitgliedern kommuniziert. Clients sprechen etcd über eine REST-Schnittstelle an, die auf allen Mitgliedern läuft.

Die empfohlene Minimalgröße eines etcd-Clusters ist drei, um in Problemfällen, z.B. dem Ausfall eines Cluster-Kontens, Fehlertoleranz bieten zu können. Im folgenden Beispiel werden wir aber nur zwei Mitglieder einsetzen, um zu zeigen, wie etcd arbeitet.

Optimale Clustergröße

Sowohl für etcd als auch für Consul wird eine Clustergröße von drei, fünf oder sieben empfohlen, um eine bessere Balance zwischen Fehlertoleranz und Performance zu erreichen.

Gibt es nur ein Mitglied, sind Daten im Fehlerfall verloren. Gibt es zwei Mitglieder und eines fällt aus, kann das verbleibende Mitglied kein Quorum[5] erreichen, und folgende Schreibversuche werden fehlschlagen, bis das zweite Mitglied wieder verfügbar ist.

Server	Anzahl für Mehrheit	Fehlertoleranz
1	1	0
2	2	0
3	2	1
4	3	1
5	3	2
6	4	2
7	4	3

Tab. 11–1 *Auswirkungen der Clustergröße*

5. Eine »Mehrheit«

> Wie Sie in Tabelle 11–1 sehen können, sorgen zusätzliche Mitglieder für eine bessere Fehlertoleranz. Mehr Mitglieder bedeutet aber auch beim Schreiben mehr Abstimmung und Kommunikation zwischen den Knoten, wodurch das System langsamer wird. Wächst das Cluster über sieben Knoten hinaus, ist die Wahrscheinlichkeit für einen Gesamtausfall des Systems durch den Ausfall vieler Knoten so gering, dass es sich aufgrund des Performance-Verlusts nicht lohnt, noch mehr Knoten hinzuzufügen. Beachten Sie auch, dass Sie am besten eine gerade Anzahl von Knoten vermeiden, da sie die Clustergröße erhöhen (und damit die Performance verringern), aber die Fehlertoleranz nicht verbessern.
>
> Natürlich laufen viele verteilte Systeme mit weit mehr als sieben Hosts. In diesem Fall werden fünf oder sieben Hosts genutzt, um ein Cluster zu bilden, und auf den verbleibenden Knoten laufen Clients, die das System abfragen können, aber nicht an der Consensus-Replikation teilnehmen. Das geschieht über *Proxys* in etcd und über den *Client Mode* in Consul.

Beginnen wir damit, die neuen Hosts mit Docker Machine anzulegen:

```
$ docker-machine create -d virtualbox etcd-1
...
$ docker-machine create -d virtualbox etcd-2
...
```

Jetzt können wir die etcd-Container starten. Da wir die Mitglieder des etcd-Clusters schon im Voraus kennen, werden wir sie beim Starten der Container explizit angeben. Es ist auch möglich, einen URL- oder DNS-basierten Discovery-Mechanismus für Cluster einzusetzen, wenn die Adressen nicht im Voraus bekannt sind. Es müssen beim Start von etcd eine Menge Flags gesetzt werden, daher habe ich Umgebungsvariablen eingesetzt, um die IP-Adressen der VMs zu speichern und es mir damit ein wenig leichter zu machen:

```
$ HOSTA=$(docker-machine ip etcd-1)
$ HOSTB=$(docker-machine ip etcd-2)
$ eval $(docker-machine env etcd-1)
$ docker run -d -p 2379:2379 -p 2380:2380 -p 4001:4001 \
  --name etcd quay.io/coreos/etcd \ ❶
  -name etcd-1 -initial-advertise-peer-urls http://${HOSTA}:2380 \ ❷
  -listen-peer-urls http://0.0.0.0:2380 \
  -listen-client-urls http://0.0.0.0:2379,http://0.0.0.0:4001 \
  -advertise-client-urls http://${HOSTA}:2379 \
  -initial-cluster-token etcd-cluster-1 \
  -initial-cluster \
    etcd-1=http://${HOSTA}:2380,etcd-2=http://${HOSTB}:2380 \ ❸
  -initial-cluster-state new
...
d4c12bbb16042b11252c5512ab595403fefcb2f46abb6441b0981103eb596eed
```

❶ Holt das offizielle etcd-Image von der Registry quay.io.

❷ Richtet eine Reihe von URLs für den Zugriff auf etcd ein. Wir müssen sicherstellen, dass etcd über die IP `0.0.0.0` auf lokale und Remote-Verbindungen lauscht, anderen Clients und Peers aber mitteilt, sich über die IP-Adresse des Host zu verbinden. In einem echten Setup sollten die etcd-Knoten über ein internes Netzwerk kommunizieren, das nicht von außen zugänglich ist (also nicht über `docker-machine ip` ermittelt werden kann). und verschlüsselt ist

❸ Wir lauschen explizit auf alle Knoten im Cluster, auch auf den, der gestartet wurde. Das lässt sich durch andere Discovery-Methoden ersetzen.

Das Setup auf der zweiten VM ist nahezu identisch, nur dass wir die IP von `etcd-2` an externe Clients vorschlagen müssen:

```
$ eval $(docker-machine env etcd-2)
$ docker run -d -p 2379:2379 -p 2380:2380 -p 4001:4001 \
  --name etcd quay.io/coreos/etcd \
  -name etcd-2 -initial-advertise-peer-urls http://${HOSTB}:2380 \
  -listen-peer-urls http://0.0.0.0:2380 \
  -listen-client-urls http://0.0.0.0:2379,http://0.0.0.0:4001 \
  -advertise-client-urls http://${HOSTB}:2379 \
  -initial-cluster-token etcd-cluster-1 \
  -initial-cluster \
    etcd-1=http://${HOSTA}:2380,etcd-2=http://${HOSTB}:2380 \
  -initial-cluster-state new
...
2aa2d8fee10aec4284b9b85a579d96ae92ba0f1e210fb36da2249f31e556a65e
```

Unser etcd-Cluster läuft jetzt. Wir können etcd über eine einfache curl-Abfrage der HTTP-API um eine Liste der Mitglieder bitten:

```
$ curl -s http://$HOSTA:2379/v2/members | jq '.'
{
  "members": [
    {
      "clientURLs": [
        "http://192.168.99.100:2379"
      ],
      "peerURLs": [
        "http://192.168.99.100:2380"
      ],
      "name": "etcd-1",
      "id": "30650851266557bc"
    },
    {
      "clientURLs": [
        "http://192.168.99.101:2379"
      ],
      "peerURLs": [
        "http://192.168.99.101:2380"
      ],
      "name": "etcd-2",
```

```
        "id": "9636be876f777946"
      }
    ]
  }
```

Ich habe hier das jq-Tool genutzt, um die Ausgabe lesbarer zu machen. Mitglieder können dem Cluster dynamisch hinzugefügt und daraus entfernt werden, indem POST- oder DELETE-HTTP-Requests an den gleichen Endpunkt geschickt werden.

Der nächste Schritt ist, ein paar Daten hinzuzufügen und sicherzustellen, dass sie von beiden Hosts gelesen werden können. Die Daten werden in Verzeichnissen in etcd gespeichert und als JSON zurückgegeben. Das folgende Beispiel speichert den Wert `service_address` im Verzeichnis *service_name*, indem ein HTTP-PUT-Request geschickt wird:

```
$ curl -s http://$HOSTA:2379/v2/keys/service_name \
         -XPUT -d value="service_address" | jq '.'
{
  "node": {
    "createdIndex": 17,
    "modifiedIndex": 17,
    "value": "service_address",
    "key": "/service_name"
  },
  "action": "set"
}
```

Um das wieder auszulesen, müssen wir nur einen GET-Request schicken:

```
$ curl -s http://$HOSTB:2379/v2/keys/service_name | jq '.'
{
  "node": {
    "createdIndex": 17,
    "modifiedIndex": 17,
    "value": "service_address",
    "key": "/service_name"
  },
  "action": "get"
}
```

Standardmäßig gibt etcd neben dem Wert eines Schlüssels auch ein paar Metadaten zurück. Beachten Sie, dass wir die Daten auf `etcd-1` setzen, sie aber von `etcd-2` lesen. Da beide Teil des gleichen Clusters sind, ist es egal, welchen Host Sie wofür nutzen – beide werden die gleiche Antwort geben.

Es gibt auch einen Befehlszeilen-Client namens `etcdctl`, der für die Kommunikation mit dem etcd-Cluster genutzt werden kann. Statt ihn zu installieren, können wir einfach einen Container einsetzen:

```
$ docker run binocarlos/etcdctl -C ${HOSTB}:2379 get service_name
service_address
```

Sie erhalten für die Funktionsweise von etcd ein besseres Gefühl, wenn Sie sich die Logs der etcd-Container anschauen, denn dort sehen Sie, wie die Mitglieder miteinander kooperieren, um unter anderem Leader zu wählen. Eine vollständige Beschreibung und Spezifikation des zugrunde liegenden Raft-Algorithmus finden Sie unter *https://raftconsensus.github.io*.

Wir sehen jetzt, wie wir eine Anwendung schreiben könnten, die etcd direkt für das Service Discovery einsetzt. Bei identidock würden wir einen einfachen HTTP-Request im Python-Code anstoßen, um die Adresse der Redis- und dnmonster-Services zu erfahren. Die dnmonster- und Redis-Container könnten auch so angepasst werden, dass sie ihre Adressen bei etcd registrieren, wenn sie gestartet werden, wodurch das System vollständig automatisiert wäre.

Statt aber nun den identidock-Code anzupassen, werden wir im folgenden Abschnitt zu SkyDNS sehen, wie wir eine Discovery-Lösung auf der Basis von etcd aufbauen können, die keine Codeänderungen erfordert.

11.2.2 SkyDNS

Das SkyDNS-Tool *(https://github.com/skynetservices/skydns)* bietet aufbauend auf etcd ein DNS-basiertes Service Discovery. Es wird auch von der Google Container Engine genutzt, um diesen Service in seinen Kubernetes-Angeboten bereitzustellen (siehe Abschnitt 12.1.3).

Wir können die etcd-Lösung mit SkyDNS vervollständigen und identidock auf zwei Hosts laufen lassen, ohne etwas am Code verändern zu müssen. Haben Sie das letzte Beispiel nachgebaut, wird nun auf zwei Servern ein etcd-Cluster laufen – `etcd-1` mit der IP-Adresse `$HOSTA` und `etcd-2` mit der IP-Adresse `$HOSTB`. Wenn wir die Lösung fertiggestellt haben, wird das System wie in Abbildung 11–4 aussehen, wobei der identidock-Container SkyDNS nutzt, um die dnmonster- und Redis-Container zu finden.

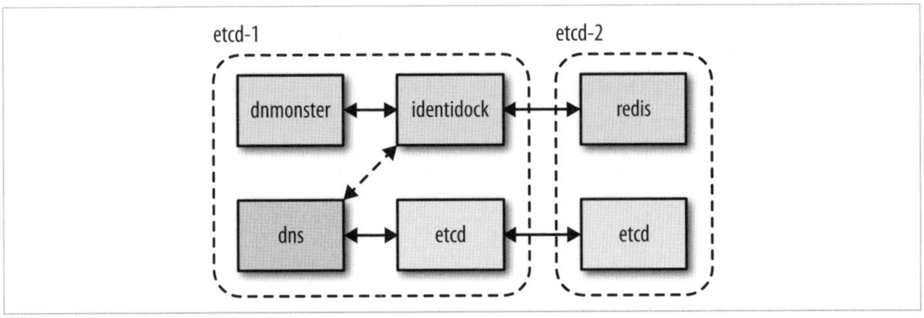

Abb. 11–4 *Identidock auf mehreren Hosts mit SkyDNS und etcd*

Als Erstes ergänzen wir jetzt etcd um ein paar Konfigurationseinstellungen für SkyDNS, so dass es weiß, was es zu tun hat:

```
$ curl -XPUT http://${HOSTA}:2379/v2/keys/skydns/config \
  -d value=\
  '{"dns_addr":"0.0.0.0:53", "domain":"identidock.local."}' | jq .
{
  "action": "set",
  "node": {
    "key": "/skydns/config",
    "value": "{\"dns_addr\":\"0.0.0.0:53\",
             \"domain\":\"identidock.local.\"}",
    "modifiedIndex": 6,
    "createdIndex": 6
  }
}
```

Damit wird SkyDNS angewiesen, auf allen Schnittstellen an Port 53 zu lauschen und eine Authority für die Domain *identidock.local* zu sein.

Es ist für uns sinnvoll, einen Container für SkyDNS zu verwenden, das Tool lässt sich aber auch als Host-Prozess laufen. Wir werden das Image `skynetservices/skydns` nutzen,[6] das von den SkyDNS-Entwicklern erstellt wurde. Starten wir es auf `etcd-1`:

```
$ eval $(docker-machine env etcd-1)
$ docker run -d -e ETCD_MACHINES=\
    "http://${HOSTA}:2379,http://${HOSTB}:2379" \
    --name dns skynetservices/skydns:2.5.2a
...
f95a871247163dfa69cf0a974be6703fe1dbf6d07daad3d2fa49e6678fa17bd9
```

Wir mussten noch weitere Konfigurationsinformationen mitliefern, damit das etcd-Backend gefunden wird, aber jetzt haben wir einen funktionierenden DNS-Server. Allerdings haben wir ihm noch gar nichts von irgendwelchen Services erzählt. Beginnen wir damit, unseren Redis-Server auf `etcd-2` zu starten und ihn SkyDNS bekannt zu machen:

```
$ eval $(docker-machine env etcd-2)
$ docker run -d -p 6379:6379 --name redis redis:3
...
d9c72d30c6cbf1e48d3a69bc6b0464d16232e45f32ec00dcebf5a7c6969b6aad
$ curl -XPUT \
      http://${HOSTA}:2379/v2/keys/skydns/local/identidock/redis \
      -d value='{"host":"'$HOSTB'","port":6379}' | jq .
{
  "action": "set",
  "node": {
    "key": "/skydns/local/identidock/redis",
```

6. Aktuell ist das SkyDNS-Image kein automatisch gebautes Image, so dass es sich mehr oder weniger um eine Black Box handelt. Eventuell möchten Sie lieber Ihren eigenen SkyDNS-Container bauen, so dass Sie genau wissen, was sich darin befindet. Es gibt dafür auf der GitHub-Projektseite von SkyDNS *(https://github.com/skynetservices/skydns)* ein Dockerfile.

```
    "value": "{\"host\":\"192.168.99.101\",\"port\":6379}",
    "modifiedIndex": 7,
    "createdIndex": 7
  }
}
```

Wir haben für den curl-Request einen Pfad genutzt, der auf */local/identidock/redis* endet, was auf die Domain *redis.identidock.local* abgebildet wird. Die JSON-Daten geben die IP-Adresse und den Port an, auf die der Name aufgelöst werden soll. Wir haben die IP-Adresse des Host und nicht die des Redis-Containers genutzt, da die Container-IP lokal zu `etcd-2` ist.

Jetzt können wir probieren, ob alles funktioniert. Wir starten einen neuen Container und nutzen das Flag `--dns`, um unseren DNS-Container für die Lookups zu verwenden:

```
$ eval $(docker-machine env etcd-1)
$ docker run --dns $(docker inspect -f \
    {{.NetworkSettings.IPAddress}} dns) -it redis:3 bash
...
root@3baff51314d6:/data# ping redis.identidock.local
PING redis.identidock.local (192.168.99.101): 48 data bytes
56 bytes from 192.168.99.101: icmp_seq=0 ttl=64 time=0.102 ms
56 bytes from 192.168.99.101: icmp_seq=1 ttl=64 time=0.090 ms
56 bytes from 192.168.99.101: icmp_seq=2 ttl=64 time=0.096 ms
^C--- redis.identidock.local ping statistics ---
3 packets transmitted, 3 packets received, 0% packet loss
round-trip min/avg/max/stddev = 0.090/0.096/0.102/0.000 ms
root@3baff51314d6:/data# redis-cli -h redis.identidock.local ping
PONG
```

Ziemlich cool! Nun stört nur noch, dass *redis.identidock.local* ein bisschen lang ist. Es wäre viel besser, wenn wir einfach *redis* sagen könnten, aber das geht leider nicht:

```
root@3baff51314d6:/data# ping redis
ping: unknown host
```

Starten wir einen neuen Container und fügen *identidock.local* als Such-Domain hinzu, wird das Betriebssystem automatisch versuchen, *redis.identidock.local* aufzulösen, wenn *redis* nicht gefunden wird:

```
root@3baff51314d6:/data# exit
$ docker run --dns $(docker inspect -f \
    {{.NetworkSettings.IPAddress}} dns) \
    --dns-search identidock.local \
    -it redis:3 redis-cli -h redis ping
PONG
```

Ausgezeichnet, das ist schon ziemlich genau das, was wir brauchen. Allerdings wollen wir nicht immer die Flags `--dns` und `--dns-search` angeben müssen, wenn wir einen Container starten. Stattdessen könnten wir sie als Optionen an den

Docker Daemon übergeben, was aber ein bisschen dem Henne/Ei-Problem ähnelt, wenn es sich beim DNS-Server selbst um einen Container handelt.[7] Daher werden wir eine andere Option wählen und die relevanten Werte in die Datei */etc/resolv.conf* des Host eintragen,[8] welche steuert, wo das Betriebssystem nach Domainnamen sucht. Diese Datei wird automatisch an die Container weitergegeben:

```
$ docker-machine ssh etcd-1
...
docker@etcd-1:~$ echo -e "domain identidock.local \nnameserver " \
  $(docker inspect -f {{.NetworkSettings.IPAddress}} dns) > \
  /etc/resolv.conf
docker@etcd-1:~$ cat /etc/resolv.conf
domain identidock.local
nameserver 172.17.0.3
docker@etcd-1:~$ exit
```

Lassen wir es laufen:

```
$ docker run redis:3 redis-cli -h redis ping
PONG
```

Jetzt starten wir dnmonster und fügen es zum DNS hinzu:

```
$ docker run -d --name dnmonster amouat/dnmonster:1.0
$ DNM_IP=$(docker inspect -f {{.NetworkSettings.IPAddress}} \
    dnmonster)
$ curl -XPUT \
    http://$HOSTA:2379/v2/keys/skydns/local/identidock/dnmonster \
    -d value='{"host": "'$DNM_IP'","port":8080}'
...
```

Wir haben hier die interne Container-IP für dnmonster genutzt, daher wird der Container nur von etcd-1 aus erreichbar sein. Hätten wir mehrere SkyDNS-Server, verteilt auf mehrere Hosts, würden wir diesen Eintrag als *Host Local* kennzeichnen, so dass er die anderen Server nicht verwirrt. Das erreichen Sie durch die Definition einer Host Local Domain beim Starten von SkyDNS.

Schließlich starten Sie identidock und prüfen, ob es funktioniert – ganz ohne Definition eines Links:

```
$ docker run -d -p 80:9090 amouat/identidock:1.0
$ curl $HOSTA
<html><head><title>...
```

7. Wenn Sie das tun wollen, können Sie Port 53 des DNS-Containers für den Host freigeben und die Adresse der Docker Bridge für den DNS-Server verwenden.
8. Die VirtualBox-VM erzeugt diese Datei beim Neustart neu und setzt damit all unsere Änderungen zurück. Daher dienen die Anweisungen hier nur als Beispiel. Produktiv-Hosts haben eventuell auch andere Methoden, die Datei *resolv.conf* zu ändern, wie zum Beispiel mit dem Tool resolvconf.

Wir haben jetzt eine Service-Discovery-Schnittstelle, für die keine Änderungen an unserer Implementierung notwendig sind und die auf dem verteilten und fehlertoleranten etcd-Store läuft.

Eintauchen in SkyDNS

Wollen Sie sehen, wie SkyDNS arbeitet, können Sie das dig-Tool nutzen, das im SkyDNS-Image enthalten ist. Zum Beispiel:

```
$ docker exec -it dns sh
/ # dig @localhost SRV redis.identidock.local
dig @localhost SRV redis.identidock.local

; <<>> DiG 9.10.1-P2 <<>> @localhost SRV redis.identidock.local
; (2 servers found)
;; global options: +cmd
;; Got answer:
;; ->>HEADER<<- opcode: QUERY, status: NOERROR, id: 51805
;; flags: qr aa rd ra; QUERY: 1, ANSWER: 1, AUTHORITY: 0,
;; ADDITIONAL: 1

;; QUESTION SECTION:
;redis.identidock.local.      IN  SRV

;; ANSWER SECTION:
redis.identidock.local. 3600  IN  SRV  10 100 6379
redis.identidock.local.

;; ADDITIONAL SECTION:
redis.identidock.local. 3600  IN  A    192.168.99.101

;; Query time: 4 msec
;; SERVER: ::1#53(::1)
;; WHEN: Sat Jul 25 17:18:39 UTC 2015
;; MSG SIZE  rcvd: 98
```

Hier hat der DNS-Server den SRV-Eintrag für *redis.identidock.local* zurückgegeben. Die Information enthält die IP-Adresse und die Portnummer, aber auch Priorität, Wichtung und TTL.

SkyDNS nutzt SRV- oder Service-Records, aber auch die klassischen A-Records (für eine IPv4-Auflösung). Neben anderen Feldern enthalten SRV-Records den Port für den Service, seine Time-to-Live (TTL), die Priorität und die Gewichtung. Durch das Setzen einerTTL können Records automatisch verfallen, wenn ein Client oder Agent den Wert nicht regelmäßig aktualisiert. Das lässt sich nutzen, um ein Failover und ein saubereres Fehlerhandling zu implementieren, als nur in einem Timeout zu laufen.

Weitere Features sind das Gruppieren mehrere Hosts in Adress-Pools, was als eine Form von Load Balancing dienen kann, und die Unterstützung für das Veröffentlichen von Statistiken für Services wie Prometheus und Graphite.[9]

11.2.3 Consul

Consul *(https://www.consul.io)* ist die Antwort von Hashicorp auf das Service-Discovery-Problem. Neben seiner Eigenschaft als verteilter, hochverfügbarer Key/Value-Store wirbt es mit fortgeschrittenen Health-Checking-Features und einem DNS-Server.

CAP-Theorem

Wenn Sie sich mit Key/Value-Stores und Service Discovery befassen, werden Sie schnell über das CAP-Theorem *(https://de.wikipedia.org/wiki/CAP-Theorem)* stolpern, das mehr oder weniger besagt, ein verteiltes System könne nicht gleichzeitig *konsistent*, *verfügbar* und *partitionstolerant* sein (Consistent, Available, Partition tolerant).[10]

Ein AP-System wird die Verfügbarkeit der Konsistenz vorziehen, so dass Lese- und Schreiboperationen nahezu immer möglich (und schnell) sein sollten, aber nicht immer aktuell sind (in manchen Fällen können alte Daten zurückgegeben werden). Ein CP-System zieht die Konsistenz vor, so dass Schreiboperationen in manchen Fällen fehlschlagen können, aber zurückgegebene Daten immer korrekt und aktuell sind.

In der Praxis ist das alles nicht so sauber getrennt, insbesondere in Bezug auf Consul. Sowohl etcd als auch Consul basieren auf dem Raft-Algorithmus, der eine CP-Lösung bietet. Aber Consul besitzt drei verschiedene Modi (»Default«, »Consistent« und »Stale«), die unterschiedliche Konsistenzstufen bieten – mit Auswirkungen auf die Verfügbarkeit.

Auf jedem Host läuft eine Instanz des Consul-Agenten – entweder im Server- oder im Client-Modus. Der Agent kann den Status verschiedener Services prüfen, aber auch allgemeine Daten wie den Speicherverbrauch messen und damit die Komplexität aus der Client-Anwendung heraushalten. Eine Untermenge von Hosts (normalerweise drei, fünf oder sieben; siehe »Optimale Clustergröße«) führt den Agenten im Server-Modus aus, so dass er für das Schreiben und Speichern von Daten und die Zusammenarbeit mit anderen Server-Agenten verantwortlich ist. Agenten im Client-Modus leiten Requests an Server-Agenten weiter.

---

9. Mit dem Release 1.10 ist in Docker selbst ein DNS Server vorhanden, der den Einsatz von etcd und skydns in den meisten Fällen unnötig macht. Mit der Bereitstellung von Services im Release 1.12 ist die Bereitstellung Host-übergreifender Services mit stabiler VIP oder Round Robin DNS möglich.
10. Eine präzise Definition dieser Begriffe finden Sie in »Brewer's Conjecture and the Feasibility of Consistent, Available, Partition-Tolerant Web Services« *(https://www.comp.nus.edu.sg/~gilbert/pubs/BrewersConjecture-SigAct.pdf)*.

Es ist leicht, Consul zum Laufen zu bringen, insbesondere wenn wir Docker-Container einsetzen. In diesem Fall werden wir einen Container von den Glider-Labs nutzen *(http://gliderlabs.com/)*. Erneut legen wir dazu zwei neue VMs an:

```
$ docker-machine create -d virtualbox consul-1
...
$ docker-machine create -d virtualbox consul-2
...
```

Als Nächstes starten wir die Consul-Container. Wir werden auch wieder die IPs der VMs in Variablen ablegen, um uns etwas Arbeit zu ersparen:[11]

```
$ HOSTA=$(docker-machine ip consul-1)
$ HOSTB=$(docker-machine ip consul-2)
$ eval $(docker-machine env consul-1)
$ docker run -d --name consul -h consul-1 \
        -p 8300:8300 -p 8301:8301 -p 8301:8301/udp \
        -p 8302:8302/udp -p 8400:8400 -p 8500:8500 \
        -p 172.17.42.1:53:8600/udp \
        gliderlabs/consul agent -data-dir /data -server \ ❶
                -client 0.0.0.0 \ ❷
                -advertise $HOSTA -bootstrap-expect 2 ❸
```

❶ Startet den Consul-Agenten im Server-Modus und sichert Daten im Verzeichnis */data*.

❷ Gibt die Adresse an, auf der auf Client-API-Anfragen gelauscht werden soll. Standard ist 127.0.0.1, was nur innerhalb des Containers erreichbar ist.

❸ Das Flag `-advertise` gibt die Adresse an, über die andere Hosts den Server ansprechen sollten – in diesem Fall die IP-Adresse des Host. Wir setzen auch das Flag `-bootstrap-expect`, um Consul mitzuteilen, dass es auf einen zweiten Server warten soll, der dem Cluster beitritt.

Hier nutzen wir die öffentlichen IPs, die von Docker Machine zurückgegeben wurden, um die Hosts zu verbinden. Im Produktivbetrieb werden Sie eine private Adresse verwenden wollen, die nicht aus dem ganzen Internet erreicht werden kann.

Starten Sie den zweiten Container – dieses Mal mit dem Befehl `-join`, um ihn mit dem ersten Server zu verbinden:

```
$ eval $(docker-machine env consul-2)
$ docker run -d --name consul -h consul-2 \
        -p 8300:8300 -p 8301:8301 -p 8301:8301/udp \
        -p 8302:8302/udp -p 8400:8400 -p 8500:8500 \
        -p 172.17.42.1:53:8600/udp \
        gliderlabs/consul agent -data-dir /data -server \
```

11. Hashicorp unterstützt mittlerweile auch ein offizielles Image: *https://hub.docker.com/_/consul*

```
                        -client 0.0.0.0 \
                        -advertise $HOSTB -join $HOSTA
...
```

Wir können mit dem Consul-CLI kontrollieren, dass beide dem Cluster hinzugefügt wurden:

```
$ docker exec consul consul members
Node      Address             Status  Type    Build  Protocol DC
consul-1  192.168.99.100:8301 alive   server  0.5.2  2        dc1
consul-2  192.168.99.101:8301 alive   server  0.5.2  2        dc1
```

Auch können wir prüfen, ob der Key/Value-Store läuft, indem wir ein paar Daten schreiben und auslesen:

```
$ curl -XPUT http://$HOSTA:8500/v1/kv/foo -d bar
true
$ curl http://$HOSTA:8500/v1/kv/foo | jq .
[
  {
    "Value": "YmFy",
    "Flags": 0,
    "Key": "foo",
    "LockIndex": 0,
    "ModifyIndex": 39,
    "CreateIndex": 16
  }
]
```

Hmm, wir erhalten etwas zurück, aber was soll dieses `"Value":"YmFy"`? Es stellt sich heraus, dass Consul die Daten auf dem Weg mit Base64 kodiert. Wir können den Originalwert erhalten, indem wir die Tools jq und base64 einsetzen:[12]

```
$ curl -s http://$HOSTA:8500/v1/kv/foo | jq -r '.[].Value' \
    | base64 -d
bar
```

Ein bisschen mehr Arbeit, aber wir haben es geschafft.

Es gibt eine eigene API, um Services in Consul hinzuzufügen, die mit dem Service Discovery und der Health-Checking-Funktionalität zusammenarbeitet. Im Allgemeinen wird der Key/Value-Store nur für das Speichern von Konfigurationsdetails und für kleine Mengen an Metadaten genutzt.

Schauen wir, wie wir Consul-Services einsetzen können, um identidock über Hosts hinweg zu verwenden. Wir werden die gleiche Struktur wie zuvor ansteuern – Redis läuft auf `consul-2`, identidock und dnmonster auf `consul-1`. Beginnen wir, indem wir Redis hochfahren:

12. Wir haben hier die GNU-Linux-Version von base64 verwendet. Nutzen Sie die MacOS-Version, müssen Sie das Argument `-D` statt `-d` einsetzen.

```
$ eval $(docker-machine env consul-2)
$ docker run -d -p 6379:6379 --name redis redis:3
...
2f79ea13628c446003ebe2ec4f20c550574c626b752b6ffa3b70770ad3e1ee6c
```

Nun erzählen wir Consul über den Endpunkt */service/register* von unserem Redis-Server:

```
$ curl -XPUT http://$HOSTA:8500/v1/agent/service/register \
      -d '{"name": "redis", "address":"'$HOSTB'","port": 6379}'
$ docker run amouat/network-utils dig @172.17.42.1 +short \
        redis.service.consul
...
192.168.99.101
```

Als Nächstes müssen wir `consul-1` so konfigurieren, dass er Consul für die DNS-Auflösung nutzt. Wir werden hier anders vorgehen als beim etcd-Beispiel und statt der Host-Datei */etc/resolv.conf* den Docker Daemon konfigurieren. Dazu müssen wir die Datei */var/lib/boot2docker/profile* so anpassen, dass sie die Flags `--dns` und `--dns-search` enthält:[13]

```
$ docker-machine ssh consul-1
...
docker@consul-1:~$ sudo vi /var/lib/boot2docker/profile
...
docker@consul-1:~$ cat /var/lib/boot2docker/profile

EXTRA_ARGS='
--label provider=virtualbox
--dns 172.17.42.1
--dns-search service.consul ❶
'
CACERT=/var/lib/boot2docker/ca.pem
DOCKER_HOST='-H tcp://0.0.0.0:2376'
DOCKER_STORAGE=aufs
DOCKER_TLS=auto
SERVERKEY=/var/lib/boot2docker/server-key.pem
SERVERCERT=/var/lib/boot2docker/server.pem
```

❶ Dieses Argument ermöglicht es uns, kurze Namen wie »redis« zu verwenden, statt immer den vollständigen Namen »redis.service.consul« einsetzen zu müssen.

Sie müssen den Daemon neu starten und Consul wieder hochfahren. Ich fand es am einfachsten, die VM neu zu starten:

13. In den aktuellen Docker-Releases ist die IP-Adresse der lokalen Bridge für den Parameter dns meist eine andere, z.B 172.17.0.1. Auf dem Port 53 läuft der lokale DNS-Service der Docker Engine.

```
docker@consul-1:~$ exit
$ eval $(docker-machine env consul-1)
$ docker start consul
Consul
```

Ein kurzer Test:

```
$ docker run redis:3 redis-cli -h redis ping
PONG
```

Starten Sie dnmonster auf `consul-1` und fügen Sie den Service hinzu:

```
$ docker run -d --name dnmonster amouat/dnmonster:1.0
...
41c8a78989803737f65460d75f8bed1a3683ee5a25c958382a1ca87f27034338
$ DNM_IP=$(docker inspect -f {{.NetworkSettings.IPAddress}} \
           dnmonster)
$ curl -XPUT http://$HOSTA:8500/v1/agent/service/register \
    -d '{"name": "dnmonster", "address":"'$DNM_IP'","port": 8080}'
```

Und schließlich starten wir noch identidock selbst:

```
$ docker run -d -p 80:9090 amouat/identidock:1.0
...
22cfd97bfba83dc31732886a4f0aec51e637b8c7834c9763e943e80225f990ec
$ curl $HOSTA
<html><head><title>...
```

Wieder läuft identidock ohne Links.

Eines der interessantesten Features von Consul ist die Unterstützung für *Health Checks*, um sicherzustellen, dass die verschiedenen Teile des Systems leben und auch funktionieren. Wir können Tests für den Host-Knoten selbst schreiben (zum Beispiel zum Prüfen von Festplattenplatz und Speicherverbrauch), aber auch für bestimmte Services. Der folgende Code definiert einen einfachen HTTP-Test für den dnmonster-Service:

```
$ curl -XPUT http://$HOSTA:8500/v1/agent/service/register \
    -d '{"name": "dnmonster", "address":"'$DNM_IP'","port": 8080,
         "check": {"http": "http://'$DNM_IP':8080/monster/foo",
                   "interval": "10s"}
       }'
```

Diese Kontrolle stellt sicher, dass der Container auf einen HTTP-Request für die angegebene URL mit einem 2xx-Code reagiert. Beachten Sie, dass diese Prüfung auf `consul-1` laufen muss, damit der Test erfolgreich bestanden wird. Wir können den Status des Tests über den Endpunkt */health/checks/dnmonster/* abrufen:

```
$ curl -s $HOSTA:8500/v1/health/checks/dnmonster | jq '.[].Status'
"passing"
```

Tests können auch mit Skripten geschrieben werden. Sie sind dann erfolgreich, wenn das Skript 0 zurückgibt, so dass beliebig komplexe Prüfungen möglich sind. Durch die Kombination von Health Checks mit Consuls Unterstützung von

Watches (die zum Überwachen von Daten für Updates genutzt werden) ist es recht einfach, Failover-Lösungen zu implementieren und/oder Administratoren bei Problemen zu benachrichtigen.

Zu weiteren erwähnenswerten Features gehören die Unterstützung mehrerer Data Center und das Verschlüsseln des Netzwerkverkehrs.

11.2.4 Registrieren

In den vorigen Beispielen haben wir den letzten Schritt beim Service Discovery per Hand durchgeführt – das *Registrieren.* Wir mussten einen curl-Request schreiben, um die Redis- und dnmonster-Services sowohl bei SkyDNS als auch bei Consul zu registrieren. Wir könnten stattdessen die Redis- und dnmonster-Container auch mit zusätzlicher Logik versehen, damit dies automatisch beim Start durchgeführt wird,[14] aber es ist auch möglich, einen Service zu schreiben, der automatisch Container registriert, wenn sie gestartet werden, indem er die Docker Events überwacht.

Das ist der Zweck von Registrator von den GliderLabs *(https://github.com/gliderlabs/registrator)*. Registrator arbeitet mit Consul, etcd oder SkyDNS zusammen, um eine automatische Registrierung von Containern umzusetzen. Dazu überwacht er den Docker Event Stream auf entsprechende Events und fügt dem zugrunde liegenden Framework basierend auf den Container-Metadaten die passenden Einträge hinzu.

Vor- und Nachteile des DNS-basierten Service Discovery

Viele der hier vorgestellten Lösungen nutzen eine DNS-Schnittstelle für das Service Discovery. Manchmal handelt es sich dabei um die primäre oder sogar einzige Schnittstelle, in anderen Fällen ist es einfach ein nettes Addon zu anderen APIs.

Es gibt gute Gründe, DNS für das Service Discovery einzusetzen:

- DNS unterstützt auch alte Anwendungen ohne Modifikationen. Das lässt sich auch mit anderen Service-Discovery-Mechanismen umgehen, indem man Ambassador-Container einsetzt, aber so hat man sowohl in der Entwicklung als auch für Operations mehr Aufwand.
- Entwickler müssen nichts Besonderes tun oder eine neue API kennenlernen. Anwendungen, die DNS nutzen, funktionieren ohne Änderungen auf vielen verschiedenen Plattformen.
- DNS ist ein wohlbekanntes und vertrautes Protokoll mit vielen Implementierungen und umfassender Unterstützung.

14. Wenn wir den Service im Container nicht verändern wollen oder können, lässt sich das über ein Wrapper-Skript oder einen »Sidekick«-Prozess erreichen.

Es gibt auch eine Reihe von Nachteilen der DNS-basierten Service Discovery, weshalb Sie in bestimmten Szenarien auch andere Mechanismen in Betracht ziehen sollten. Die Kritik, dass DNS langsam ist, wollen wir hier gar nicht berücksichtigen – in einem Service-Discovery-Szenario reden wir über schnelle, lokale Lookups und nicht über langsame Remote-Zugriffe. Aber es bleiben noch andere Nachteile:

- Normale DNS-Lookups liefern keine Portinformationen zurück, daher müssen diese entweder im Vorhinein angenommen oder über einen anderen Kanal (DNS-SRV-Records liefern Portinformationen zurück, aber Anwendungen und Frameworks nutzen so gut wie immer nur den Hostnamen) abgerufen werden.
- Anwendungen (und Betriebssysteme) können auch DNS-Responses cachen, was zu Verzögerungen beim Aktualisieren der Clients führt, wenn ein Service verschoben wird.
- Die meisten DNS-Services bieten nur eine begrenzte Unterstützung für Health Checking und Load Balancing. Das Load Balancing ist meist auf Round-Robin oder Zufallsauswahl beschränkt, was nur einen Teil der Benutzer zufriedenstellt. Health Checking kann auf TTL aufbauen, aber ausgefeiltere und umfangreichere Tests erfordern meist zusätzliche Services.
- Clients können eine Logik implementieren, die den Service anhand von Attributen auswählt, wie zum Beispiel die verfügbaren API-Versionen oder die Kapazität.

11.2.5 Andere Lösungen

Es gibt noch eine ganze Reihe weiterer Produkte für das Service Discovery, die Sie sich eventuell mal anschauen sollten:

ZooKeeper (https://zookeeper.apache.org)

Ein zentraler, zuverlässiger und direkt verfügbarer Store, der für das Koordinieren von Services in Mesos und Hadoop genutzt wird. ZooKeeper ist in Java geschrieben und wird über eine Java-API angesprochen, es gibt aber auch Bindings für weitere Sprachen. Man braucht Clients, um aktive Verbindungen auf ZooKeeper-Servern zu warten und Keepalives durchzuführen, wodurch einiges an Programmieraufwand fällig ist (es gibt aber Bibliotheken wie Curator *[https://curator.apache.org]*, die dabei helfen).

Der größte Vorteil von ZooKeeper ist, dass es ausgereift, stabil und im Einsatz gestählt ist. Haben Sie schon eine Infrastruktur, die ZooKeeper nutzt, kann es eine gute Wahl sein. Wenn nicht, wird dies aufgrund des Zusatzaufwands durch Integration und Coding eher nicht der Fall sein, insbesondere, wenn Sie sonst kein Java einsetzen.

SmartStack (http://nerds.airbnb.com/smartstack-service-discovery-cloud)

SmartStack ist die Service-Discovery-Lösung für Airbnb. Sie besteht aus zwei Komponenten: Nerve *(https://github.com/airbnb/nerve)* dient dem Health Checking, Synapse *(https://github.com/airbnb/synapse)* dem Discovery.

Synapse läuft auf jedem Host, der Services nutzt, und weist jedem Service einen Port zu, der an den eigentlichen Service weitergeleitet wird. Das Tool verwendet HAProxy *(http://www.haproxy.org)* für das Routing und wird HAProxy automatisch aktualisieren und neu starten, wenn es Änderungen gibt. Synapse lässt sich so konfigurieren, dass es die Liste mit den weiterzuleitenden Diensten von einem Store (wie ZooKeeper oder etcd) oder durch Überwachen des Docker Event Streams auf Container-Creation-Events (wie Registrator) erhält.

Jeder Service besitzt einen zugehörigen Nerve-Prozess oder -Container, der den Status des Service prüft und ihn automatisch im von Synapse genutzten Store (wie ZooKeeper oder etcd) registriert.

Eureka (https://github.com/Netflix/eureka/wiki)
: Die Netflix-Lösung für Load Balancing und Failover in AWS. Entworfen als »Middletier«-Lösung, um mit der Kurzlebigkeit von AWS-Knoten umgehen zu können. Wollen Sie einen größeren Service auf AWS-Infrastruktur laufen lassen, lohnt dieses Tool definitiv einen Blick.

WeaveDNS (http://docs.weave.works/weave/latest_release/weavedns.html)
: WeaveDNS ist die Service-Discovery-Komponente der Weave-Vernetzungslösung. Container registrieren ihren Host- oder Containernamen bei WeaveDNS, wenn sie gestartet werden, was zu einer vollständig automatisierten Lösung führt. WeaveDNS läuft als Teil des Weave-Routers auf jedem Host und kommuniziert mit anderen Weave-Routern im Netzwerk, so dass alle Containernamen aufgelöst werden können. Das Tool bietet auch eine einfache Form des Load Balancing. Unter Abschnitt 11.5.2 finden Sie mehr Informationen.

docker-discover (http://jasonwilder.com/blog/2014/07/15/docker-service-discovery)
: Bei diesem Tool handelt es sich um eine Docker-native Implementierung von SmartStack, bei der etcd als Backend dient. Wie SmartStack besteht es aus zwei Komponenten: docker-register *(https://github.com/jwilder/docker-register)* ist das Nerve-Äquivalent für Health Checking und Registrierung, während docker-discover *(https://github.com/jwilder/docker-discover)* der Synapse-Ersatz für Service Discovery ist. Und wie SmartStack nutzt docker-discover HAProxy für das Routing. Ein sehr interessantes Projekt, aber das Fehlen von Updates und einer unterstützenden Firma bedeutet, dass Entwicklung und Wartung vermutlich recht anstrengend sein können.

Schließlich sei noch darauf hingewiesen, dass die neuen Networking-Features von Docker (Abschnitt 11.4) über das Serviceobjekt eine eingeschränkte Form von Service Discovery bieten. Dieses arbeitet entweder mit dem Docker-Overlay-Netzwerktreiber oder einem anderen kompatiblen Plugin wie Calico zusammen.

11.3 Networking-Optionen

Wie wir gesehen haben, können sowohl Lösungen mit Ambassador-Containern als auch Service-Discovery-Tools genutzt werden, um Services über Host-Grenzen hinweg zu verbinden, wenn das zugrunde liegende Netzwerk das erlaubt. Aber dafür müssen Ports über Hosts hinweg freigegeben werden, was eine manuelle Verwaltung erfordert und sich nicht gut skalieren lässt. Eine bessere Lösung ist, IP-Connectivity zwischen Containern herzustellen, was der Schwerpunkt der in diesem Kapitel beschriebenen Lösungen ist.

Bevor wir aber damit beginnen, uns richtige, große Cross-Host-Networking-Lösungen anzuauen, lohnt es sich zu verstehen, wie das Standard-Docker-Networking funktioniert und welche Optionen zur Verfügung stehen. Es gibt dabei vier Modi: *Bridge*, *Host*, *Container* und *None*.

11.3.1 Bridge

Das Standard-Bridge-Netzwerk ist für die Entwicklung wunderbar, da es problemlos ermöglicht, Container miteinander reden zu lassen. In der Produktion ist es nicht mehr so wunderbar, denn das Herstellen aller Verbindungen hinter den Kulissen sorgt für deutlichen Overhead.

In Abbildung 11–5 sehen Sie, wie ein Docker-Bridge-Netzwerk aussieht. Es gibt eine Docker Bridge, normalerweise mit dem Namen `docker0`, die auf 172.17.42.1 läuft und genutzt wird,[15] um Container miteinander zu verbinden. Wird ein Container gestartet, instanziiert Docker ein veth-Paar – das Softwareäquivalent eines Ethernet-Kabels –, um `eth0` im Container mit der Bridge zu verbinden. Externe Verbindungen werden durch IP-Forwarding und iptables-Regeln hergestellt, die IP-Masquerading einrichten – eine Form von Network Address Translation (NAT).

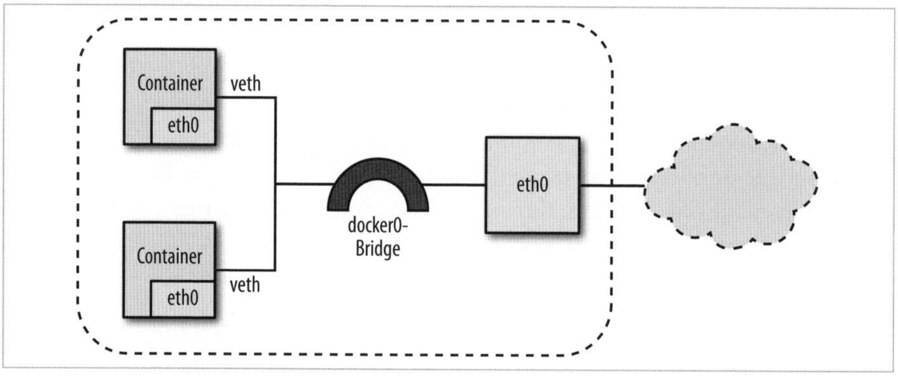

Abb. 11–5 *Standard-Bridge-Netzwerk von Docker*

15. In den aktuellen Docker-Versionen ist die IP der Bridge meist172.17.0.1.

Standardmäßig können alle Container miteinander reden – egal, ob sie miteinander verknüpft sind oder Ports exportieren oder veröffentlichen (ein Beispiel dazu finden Sie in Abschnitt 13.7.2). Das können Sie verhindern, indem Sie beim Starten des Docker Daemon mit dem Flag `--icc=false` die Intercontainer-Kommunikation abschalten (wodurch eine iptables-Regel gesetzt wird). Durch `-icc=false` und `--iptables=true` können Sie es nur verknüpften Containern erlauben, miteinander zu kommunizieren, was ebenfalls durch iptables-Regeln erreicht wird.

All das funktioniert und ist in der Entwicklung sehr hilfreich, aber Effizienzüberlegungen führen meist dazu, es nicht im Produktivumfeld zu verwenden.

11.3.2 Host

Ein Container, der mit `--net=host` läuft, nutzt den Netzwerk-Namensraum des Host und gibt ihn damit vollständig der Öffentlichkeit preis. Der Container muss also die IP-Adresse des Host verwenden, dafür kann man sich die ganzen Verknüpfungen des Bridge-Netzwerks sparen, was die Performance so schnell wie das normale Host-Networking macht.

Da die IP-Adresse geteilt wird, müssen sich Container, die miteinander reden wollen, über Ports auf dem Host koordinieren. Das erfordert ein paar Gedanken im Voraus und vermutlich auch Änderungen an den Anwendungen.

Es gibt zudem Sicherheitsbedenken, da Sie zum Beispiel unabsichtlich Ports an die Außenwelt freigeben können, was durch eine Firewall-Schicht abgefangen werden kann.

Die deutlich höhere Effizienz bedeutet, dass Sie sich ein hybrides Vernetzungsmodell überlegen können, bei dem nach außen verfügbare und unter hoher Netzwerklast stehende Container wie Proxys und Caches Host-Networking einsetzen, während der Rest Ihrer Container mit dem internen Bridge-Netzwerk arbeitet. Beachten Sie, dass Sie keine Links einsetzen können, um Container im Bridge-Netzwerk mit Containern im Host-Netzwerk zu verbinden, aber diese Verbindung lässt sich über den Einsatz der IP-Adresse der `docker0`-Bridge herstellen.

11.3.3 Container

Verwendet den Netzwerk-Namensraum eines anderen Containers. Das kann in bestimmten Situationen sehr nützlich sein (zum Beispiel, wenn Sie einen Container mit vorkonfiguriertem Netzwerk-Stack bereitstellen und alle anderen Container diesen Stack verwenden sollen). So lassen sich effizient Netzwerk-Stacks für ein bestimmtes Szenario oder eine Data-Center-Architektur erstellen und leicht wiederverwenden. Nachteil daran ist, dass alle Container einen Netzwerk-Stack gemeinsam nutzen und daher die gleiche IP-Adresse und das Drumherum einsetzen müssen.

Das kann in bestimmten Situationen sehr gut funktionieren und wird insbesondere von Kubernetes eingesetzt (Abschnitt 12.1.3).

11.3.4 None

Genau so, wie es sich anhört: Für einen Container wird Networking komplett deaktiviert. Das kann für Container nützlich sein, die keinerlei Netzwerkverbindungen benötigen, wie zum Beispiel Compiler-Container, die ihre Ergebnisse auf ein Volume schreiben.

Der Netzwerkmodus None kann auch sinnvoll sein, wenn Sie Ihr eigenes Netzwerk von Grund auf einrichten müssen. Wenn das der Fall ist, finden Sie Tools wie pipework *(https://github.com/jpetazzo/pipework)* eventuell sehr hilfreich für die Arbeit mit Netzwerken innerhalb von cgroups und Namensräumen.

11.4 Neues Docker-Networking

Seit dem Erscheinen der englischen Originalfassung dieses Buches wurden der Docker-Netzwerk-Stack und die Netzwerkschnittstelle einer größeren Bearbeitung unterzogen. Die Art und Weise, wie Docker-Netzwerke erstellt und eingesetzt werden, haben sich dadurch deutlich geändert. Der Code in diesem Abschnitt funktioniert jedoch weiterhin. Dieser Abschnitt schaut sich die Änderungen auf Basis des experimentellen Docker-Channels an. Da sie aber nicht abgeschlossen sind, wird es vermutlich noch kleinere Unterschiede zwischen dem hier vorgestellten und dem stabilen Docker-Release geben.

Eine direkte Änderung ist, dass Docker zwei neue Top-Level-»Objekte« erhält: *network* und *service*. So können »Netzwerke«[16] getrennt von Containern erstellt und verwaltet werden. Wenn man Container startet, lassen sie sich einem bestehenden Netzwerk zuweisen, so dass sie sich direkt mit anderen Containern im gleichen Netzwerk austauschen können. Container können *Services* veröffentlichen, über deren Namen man sie ansprechen kann, so dass keine Links mehr notwendig sind (die immer noch einsetzbar, aber nicht mehr so nützlich sind).

Das lässt sich am besten über ein paar Beispiele erläutern.

Der Unterbefehl `network ls` führt die aktuellen Netzwerke und deren IDs auf:

```
$ docker network ls
NETWORK ID      NAME      TYPE
d57af6043446    none      null
8fcc0afef384    host      host
30fa18d442b5    bridge    bridge
```

16. Der Begriff »Netzwerk« ist hier durchaus nicht ganz passend. Ein Docker-Netzwerk ist in vielerlei Hinsicht ein Namensraum für Container, durch den diese gruppiert und getrennt werden können, plus entsprechenden Kommunikationskanälen.

Mit dem Flag `--publish-service` können wir beim Starten eines Containers einen Service anlegen.[17] In diesem Beispiel erstellen wir den Service `db` auf dem Bridge-Netzwerk:

```
$ docker run -d --name redis1 --publish-service db.bridge redis
9567dd9cb4fbd9f588a846819cc1ca9b71dc7b6cbd73ac7e90dc0d75a00b6f65
```

Wir können bestehende Services mit dem Unterbefehl `service ls` auflisten:

```
$ docker service ls
SERVICE ID      NAME   NETWORK    CONTAINER
f87430d2f240    db     bridge     9567dd9eb4fb
```

Jetzt können wir einen neuen Container im gleichen Netzwerk anlegen und diesen durch den Service »db« mit dem Container `redis1` reden lassen, ohne Links erzeugen zu müssen:

```
$ docker run -it redis redis-cli -h db ping
PONG
```

Container, die zu anderen Netzwerken gehören, können standardmäßig nicht kommunizieren.

Verwenden wir Links, sehen wir, dass hinter den Kulissen auch nur Services eingerichtet werden:

```
$ docker run -d --name redis2 redis
7fd526b2c7a6ad8a3faf4be9c1c23375dc5ae4cd17ff863a293c67df816a2b09
$ docker run --link redis2:redis2 redis redis-cli -h redis2 ping
PONG
$ docker service ls
SERVICE ID      NAME      NETWORK    CONTAINER
59b749c7fe0b    redis2    bridge     7fd526b2c7a6
f87430d2f240    db        bridge     9567dd9eb4fb
```

Was noch interessanter ist: Wir können die Container, die einen Service bereitstellen, mit den Unterbefehlen `service attach` und `service detach` neu zuweisen:

```
$ docker run redis redis-cli -h db set foo bar ❶
OK
$ docker run redis redis-cli -h redis2 set foo baz ❷
OK
$ docker run redis redis-cli -h db get foo
bar
$ docker service detach redis1 db
$ docker service attach redis2 db
$ docker run redis redis-cli -h db get foo ❸
baz
```

17. Diese Option existiert nur in der Docker-Version 1.8. Mit dem Release 1.12 gibt es nun richtige Services mit eigener VIP und der Möglichkeit, via Node-Port auf allen Hosts des Clusters die Container eines Services zu publizieren. Der Manager des Cluster kontrolliert, skaliert, verändert und redeployt die Container auf allen Hosts des Clusters.

❶ Trägt Daten in `redis1` ein, das aktuell durch den Service `db` erreichbar ist.

❷ Fügt Daten in `redis2` ein.

❸ Jetzt wird `redis2` durch den `db`-Service erreichbar.

Wir sehen, dass das neue Modell beim Verknüpfen von Containern und beim Warten von Systemen deutlich mehr Flexibilität und Übersichtlichkeit bietet, trotzdem aber noch die alten Netzwerkparadigmen unterstützt.

11.4.1 Netzwerktypen und Plugins

Ihnen ist vermutlich aufgefallen, dass Netzwerke unterschiedliche *Typen* haben.[18] Es gibt für jede der »klassischen« Netzwerkoptionen – Host, None und Bridge, welche wir weiter oben behandelt haben – einen Typ, aber es gibt zudem den *Overlay*-Typ und die Möglichkeit, neue Typen in Form von *Netzwerk-Plugins* hinzuzufügen. Das Standardnetzwerk kann im Docker Daemon gesetzt werden. Wird keines gesetzt, wird Bridge genutzt.

Plugins

Docker-Plugins, einschließlich der Netzwerktreiber,[19] können Docker hinzugefügt werden, indem man sie im Verzeichnis */usr/share/docker/plugins* installiert. Das erreicht man meist durch Ausführen eines Containers, der dieses Verzeichnis mountet.[20]

Plugins können in einer beliebigen Sprache geschrieben sein, solange diese auf Dockers JSON-RPC-API *(http://www.jsonrpc.org)* zugreifen kann.

Wir werden ein Beispiel für den Einsatz des Netzwerk-Plugins Project Calico in Abschnitt 11.5.4 sehen. Ich gehe davon aus, dass es noch viele weitere neue Plugins geben wird, die verschiedene Szenarien mit unterschiedlicher Technologie abdecken (wie zum Beispiel IPVLAN *[https://github.com/torvalds/linux/blob/master/Documentation/networking/ipvlan.txt]* und Open vSwitch *[http://openvswitch.org]*).[21]

11.5 Vernetzungslösungen

Der folgende Abschnitt stellt verschiedene Lösungen vor, die für Cross-Host-Netzwerk-Cluster aus Containern genutzt werden können. Wir werden uns

---

18. Auch als Netzwerk-*Treiber* bezeichnet
19. Neue *Volume*-Treiber können ebenfalls als Plugin geladen werden, wie zum Beispiel flocker *(https://github.com/ClusterHQ/flocker-docker-plugin)*. Mit dem Top-Level-Objekt *Volume* können verschiedene Volume Plugins genutzt werden.
20. Seit der Version 1.12 können die Plugins mit dem Befehl `docker plugin` verwaltet werden.
21. Seit der Version 1.12 wird Macvlan- und Ipvlan-Unterstützung direkt in Docker verfügbar gemacht: *https://github.com/docker/docker/blob/master/experimental/vlan-networks.md.*

Overlay anschauen, die von Docker im neuen Netzwerk-Stack mitgelieferte Lösung, *Weave*, ein mit vielen Features ausgestattetes Produkt, das für einen einfachen Einsatz gedacht ist, *Flannel*, die CoreOS-Lösung, und *Project Calico*, die Layer-3-basierte Lösung von Metaswitch.

> Das Docker-Networking ist im Moment sehr im Fluss. Dazu ist es ein sehr umfangreiches Gebiet mit dem Potenzial, viele verschiedene Lösungen zu unterstützen, die für verschiedene Szenarien entworfen sind. Die hier vorgestellten Tools sind aktuell, aber es ändert sich immer noch viel. Die Unterstützung von MacVlan und IPVlan sind für die Version 1.13 geplant. Sie sollten eigene Nachforschungen betreiben, bevor Sie sich auf eine der hier beschriebenen Lösungen festlegen.

11.5.1 Overlay

Overlay ist die von Docker mitgelieferte Implementierung für Cross-Host-Networking. Es nutzt VXLAN-Tunnel, um Hosts mit ihrem eigenen IP-Raum zu verbinden, und NAT für die externen Verbindungen. Die serf-Bibliothek *(https://www.serfdom.io)* wird für die Kommunikation zwischen Peers verwendet.

Das Verlinken von Containern im Netzwerk geschieht mehr oder weniger wie beim Standard-Bridge-Netzwerk – eine Linux-Bridge wird für das Overlay-Netzwerk aufgesetzt und ein veth-Paar dient zum Verbinden der Container.

> **Experimental-Warnung!**
>
> Die in diesem Beispiel genutzten VMs nutzen den experimentellen Build von Docker, was heißt, dass es *Unterschiede zu Ihrer Version geben wird*. Wenn Sie dieses Buch lesen, wird das stabile Release Netzwerk-Plugins unterstützen, welche Sie stattdessen einsetzen sollten.
>
> Dieses Beispiel nutzt die folgenden Versionen von Docker und Consul:
>
> ```
> docker@overlay-1:~$ docker --version
> Docker version 1.8.0-dev, build 5fdc102, experimental
> docker@overlay-1:~$ docker run gliderlabs/consul version
> Consul v0.5.2
> Consul Protocol: 2 (Understands back to: 1)
> ```

Als Beispiel habe ich zwei Hosts `overlay-1` und `overlay-2` mit dem experimentellen Zweig von Docker und Consul als Key/Value-Store aufgesetzt. Wir werden identidock genauso wie zuvor einrichten, wobei Redis auf `overlay-2` läuft und die dnmonster- sowie identidock-Container auf `overlay-1` arbeiten.

Wenn dieses Buch veröffentlicht ist, sollten Sie etwas Ähnliches auch mit dem stabilen Zweig erreichen. Ich habe mich hier direkt per ssh mit den VMs verbunden, um sicherzustellen, dass die gleichen Versionen des Docker Client und des Daemon eingesetzt werden.

Beginnen wir damit, uns an `overlay-2` per ssh anzumelden:

```
$ docker-machine ssh overlay-2
...
```

Als Erstes werden wir ein neues Netzwerk namens »ovn« mit dem `overlay`-Treiber erstellen:

```
docker@overlay-2:~$ docker network create -d overlay ovn
5d2709e8fd689cb4dee6acf7a1346fb563924909b4568831892dcc67e9359de6
docker@overlay-2:~$ docker network ls
NETWORK ID      NAME      TYPE
f7ae80f9aa44    none      none
1d4c071e42b1    host      host
27c18499f9e5    bridge    bridge
5d2709e8fd68    ovn       overlay
```

Mehr Details zum Netzwerk erhalten wir über den Unterbefehl `network info`:

```
docker@overlay-2:~$ docker network info ovn
Network Id: 5d2709e8fd689cb4dee6acf7a1346fb563924909b4568831892...
Name: ovn
Type: overlay
```

Jetzt können wir Redis starten. Dabei nutzen wir das Argument `--publish-service redis.ovn`, um den Container als Service im »ovn«-Netzwerk mit dem Namen »redis« bereitzustellen:

```
docker@overlay-2:~$ docker run -d --name redis-ov2 \
                               --publish-service redis.ovn redis:3
...
29a02f672a359c5a9174713418df50c72e348b2814e88d537bd2ab877150a4a5
```

Verlassen wir nun `overlay-2` und verbinden uns per ssh mit `overlay-1`, sehen wir, dass wir dort Zugriff auf das gleiche Netzwerk haben:

```
docker@overlay-2:~$ exit
$ docker-machine ssh overlay-1
docker@overlay-1:~$ docker network ls
NETWORK ID      NAME      TYPE
f7ae80f9aa44    none      none
1d4c071e42b1    host      host
27c18499f9e5    bridge    bridge
5d2709e8fd68    ovn       overlay
```

Starten Sie auf die gleiche Art und Weise die dnmonster- und identidock-Container und nutzen Sie dabei `--publish-service`, um sich mit dem »ovn«-Netzwerk zu verbinden:

```
docker@overlay-1:~$ docker run -d --name dnmonster-ov1 \
            --publish-service dnmonster.ovn amouat/dnmonster:1.0
```

```
... 37e7406613f3cbef0ca83320cf3d99aa4078a9b24b092f1270352ff0e1bf8f92
docker@overlay-1:~$ docker run -d --name identidock-ov1 \
            --publish-service identidock.ovn amouat/identidock:1.0
...
41f328a59ff3644718b8ce4f171b3a246c188cf80a6d0aa96b397500be33da5e
```

Schließlich können wir testen, ob alles funktioniert:

```
docker@overlay-1:~$ docker exec identidock-ov1 \
                                  curl -s localhost:9090
<html><head><title>Hello...
```

Sehr einfach und sehr schnell haben wir identidock auf zwei Hosts aufgesetzt. Da sich die Einzelheiten der Implementierung und die Verwendung noch sehr wahrscheinlich ändern werden, werden wir hier nicht sehr ins Detail gehen.

11.5.2 Weave

Weave *(http://weave.works)* ist eine entwicklerfreundliche Netzwerklösung, die dazu gedacht ist, mit minimalem Aufwand in vielen verschiedenen Umgebungen zu arbeiten. Bei Weave handelt es sich um die vielleicht vollständigste Lösung, die aktuell verfügbar ist, da sie WeaveDNS für das Service Discovery und Load Balancing enthält, ein eingebautes *IP Address Management* (IPAM) besitzt und verschlüsselte Kommunikation unterstützt.

Schauen wir mal, wie leicht es ist, identidock mit Weave mit zwei Hosts laufen zu lassen. Wir werden bei der Architektur bleiben, die wir in den Ambassador- und Service-Discovery-Beispielen genutzt haben: Redis läuft auf einem Host (in diesem Fall `weave-redis`), die Container für identidock und dnmonster auf dem anderen (`weave-identidock`). Auch hier werden wir wieder Docker Machine nutzen, um VMs aufzusetzen. Ich habe Weave in der Version 1.1.0 genutzt, bei neueren Versionen mag es kleine Unterschiede geben.

Wir beginnen damit, `weave-redis` zu bauen:

```
$ docker-machine create -d virtualbox wevae-redis
...
```

Jetzt melden wir uns dort per ssh an und installieren Weave:

```
$ docker-machine ssh weave-redis
...
docker@weave-redis:~$ sudo curl -sL git.io/weave \
                                  -o /usr/local/bin/weave
docker@weave-redis:~$ sudo chmod a+x /usr/local/bin/weave
docker@weave-redis:~$ weave launch
Setting docker0 MAC (mitigate https://github.com/docker/docker/issues/14908)
Unable to find image 'weaveworks/weaveexec:v1.1.0' locally
v1.1.0: Pulling from weaveworks/weaveexec
...
```

```
Digest: sha256:8b5e1b692b7c2cb9bff6f9ce87360eee88540fe32d0154b2...
Status: Downloaded newer image for weaveworks/weaveexec:v1.1.0
Unable to find image 'weaveworks/weave:v1.1.0' locally
v1.1.0: Pulling from weaveworks/weave
Digest: sha256:c34b8ee7b72631e4b7ddca3e1157b67dd866cae40418c279...
Status: Downloaded newer image for weaveworks/weave:v1.1.0
```

Mit diesen Befehlen wurde Weave heruntergeladen, danach wurden die Container geladen und hochgefahren, die die Weave-Infrastruktur bereitstellen. Wir kommen noch darauf zu sprechen, was diese Container jeweils für Aufgaben haben.

Im nächsten Schritt lassen wir unseren Docker Client auf den Weave-Proxy statt auf den Docker Daemon zeigen. So kann Weave eine Reihe von Networking-Hooks einrichten, wenn ein Container gestartet wird:

```
docker@weave-redis:~$ eval $(weave env)
```

Jetzt können wir unseren Redis-Container starten, der automatisch mit dem Weave-Netzwerk verbunden wird:

```
docker@weave-redis:~$ docker run --name redis -d redis:3
Unable to find image 'redis:3' locally
3: Pulling from redis
...
3c97d635be5107f5a79cafe3cfaf1960fa3d14eec3ed5fa80e2045249601583f
docker@weave-redis:~$ exit
```

Nun zum Host für identidock und dnmonster. Dieses Mal werden wir nur ssh-Befehle über Docker Machine ausführen, statt uns anzumelden, da die Konfiguration dadurch ein wenig einfacher wird. Beginnen wir damit, die VM `weave-identidock` zu erstellen und Weave zu installieren:

```
$ docker-machine create -d virtualbox weave-identidock
...
$ docker-machine ssh weave-identidock \
  "sudo curl -sL https://git.io/weave -o /usr/local/bin/weave && \
   sudo chmod a+x /usr/local/bin/weave"
```

Starten wir hier `weave launch`, müssen wir die IP des Host `weave-redis` übergeben:

```
$ docker-machine ssh weave-identidock \
      "weave launch $(docker-machine ip weave-redis)"
Unable to find image 'weaveworks/weaveexec:v1.1.0' locally
v1.1.0: Pulling from weaveworks/weaveexec
...
Digest: sha256:8b5e1b692b7c2cb9bff6f9ce87360eee88540fe32d0154b2...
Status: Downloaded newer image for weaveworks/weaveexec:v1.1.0
Unable to find image 'weaveworks/weave:v1.1.0' locally
v1.1.0: Pulling from weaveworks/weave
Digest: sha256:c34b8ee7b72631e4b7ddca3e1157b67dd866cae40418c279...
Status: Downloaded newer image for weaveworks/weave:v1.1.0
```

Jetzt können wir die Vernetzung testen. Wir melden uns per ssh bei weave-identidock an und versuchen, auf den Redis-Container auf weave-redis zuzugreifen. Beachten Sie wieder, dass wir den Weave-Proxy einrichten müssen:

```
$ docker-machine ssh weave-identidock
...
docker@weave-identidock:~$ eval $(weave env)
docker@weave-identidock:~$ docker run redis:3 redis-cli -h \
                                 redis ping
...
PONG
```

Erfolg! Um das Beispiel abzuschließen, wollen wir die dnmonster- und identidock-Container starten und sicherstellen, dass die Anwendung läuft:

```
docker@weave-identidock:~$ docker run --name dnmonster -d \
                                     amouat/dnmonster:1.0
...
1bc9cdd5c3dd532d4f6a56529be8e2a068a9402c1e07df69ec33971f5c4b89b9
docker@weave-identidock:~$ docker run --name identidock -d \
                                     -p 80:9090 \
                                     amouat/identidock:1.0
...
9b5e9c89a7807bcad2cff49dc0692d0e8d064494288df5405a6573d886c0208d
docker@weave-identidock:~$ exit
$ curl $(docker-machine ip weave-identidock)
<html><head>...
$ curl -s $(docker-machine ip weave-identidock)/monster/gordon \
      | head -c 4
�PNG
```

Großartig! Wir haben die Cross-Host-Vernetzung mit DNS-Auflösung und Containernamen eingerichtet, ohne einen einzigen Link anlegen zu müssen.

Um zu verstehen, wie das funktioniert, lohnt es sich, die Container unter die Lupe zu nehmen, die Weave zum Verwalten seiner Infrastruktur gestartet hat:

```
$ docker ps
CONTAINER ID ... PORTS                                 NAMES
0b7693194bb9                                           weaveproxy
b6e515f4d02b     172.17.42.1:53->53/udp, 0.0.0.0:67... weave
```

Diese Container und die identidock-Container sehen Sie in Abbildung 11–6.

Auf beiden Hosts laufen die gleichen Weave-Images, die durch den Befehl weave launch gestartet wurden. Diese Container kümmern sich um die diversen Elemente der Weave-Infrastruktur:

weave
Dieser Container enthält den Weave-Router, der für die Verwaltung der Netzwerkrouten und die Kommunikation mit den anderen Hosts im Weave-Netz-

werk zuständig ist. Weave-Router unterhalten sich per TCP, um die Kommunikationskanäle einzurichten und Informationen zur Netzwerktopologie auszutauschen. Der Netzwerkverkehr läuft über UDP-Verbindungen, die getrennt davon eingerichtet werden. Weave-Router lernen die Netzwerktopologie mit der Zeit kennen, so dass sie effizient routen und mit einem sich ändernden Netzwerk klarkommen, ohne voll verbunden sein zu müssen. Der Router kümmert sich zudem um DNS, so dass Entwickler Container über Hosts hinweg mit Namen ansprechen können.

weaveproxy

Dieser Container ist für all die Magie zuständig, die es uns erlaubt, normale `docker run`-Befehle auszuführen, die mit dem Weave-Netzwerk verbunden sind. Der Container greift in solche Anfragen an den Docker Daemon ein, um Weave die Möglichkeit zu geben, die Vernetzung einzurichten und den run-Befehl so anzupassen, dass der Container den Weave-Netzwerk-Stack einsetzt. Ist das erledigt, wird der angepasste Request an den Docker Daemon weitergeleitet. Diese Technik wird durch die Zeile `eval $(weave proxy-env)` ermöglicht, welche die Umgebungsvariable `DOCKER_HOST` auf den Weave-Proxy statt auf den eigentlichen Docker Daemon verweisen lässt.

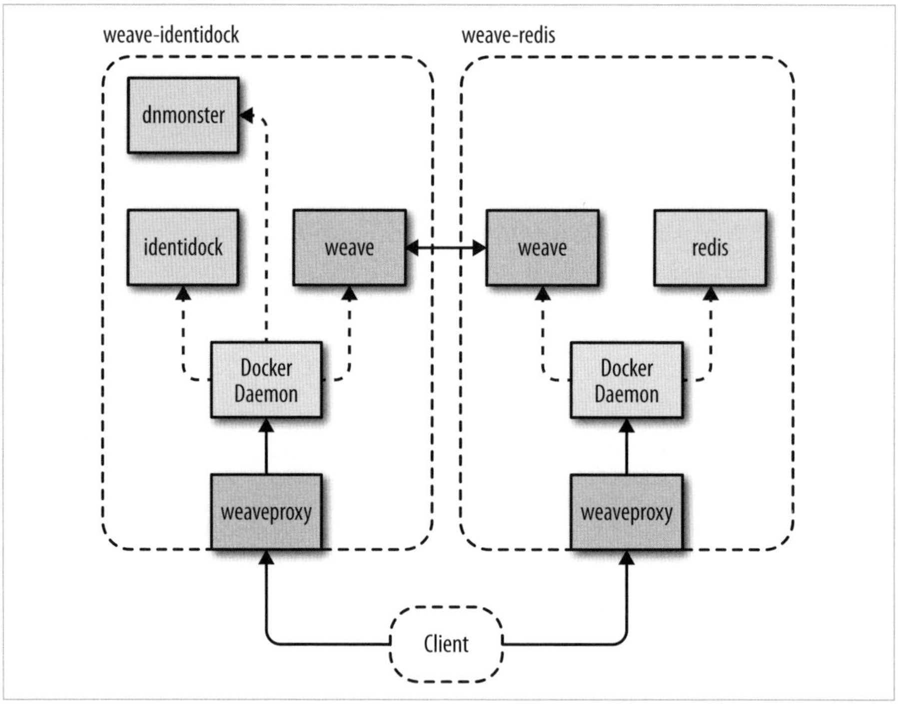

Abb. 11–6 *identidock läuft mit Weave.*

Weave erstellt eine Weave-Bridge, die Sie durch Ausführen von `ifconfig` sehen können. Jeder Container mit einem Weave-Router wird über ein veth-Paar mit der Bridge verbunden.

Weave besitzt die Möglichkeit, Container in eigene Subnetze zu stecken, so dass Anwendungen voneinander getrennt werden können. Zudem wird Verschlüsselung unterstützt, so dass Weave-Netzwerke auch über nicht vertrauenswürdige Verbindungen laufen können.

Weitere Informationen zur Architektur und den Features von Weave finden Sie in der offiziellen Dokumentation *(http://docs.weave.works/weave/latest_release/index.html)*.

Der Fokus von Weave liegt darauf, es Entwicklern leicht zu machen, indem Container über Hosts hinweg mit wenig Aufwand gefunden und verbunden werden können.

Weave als Plugin laufen lassen

Weave kann auch mithilfe des Docker Plugin Framework laufen, wodurch die Proxy-Container ersetzt werden.

Aktuell gibt es bei diesem Vorgehen noch eine Reihe von Einschränkungen, daher sind die bisher beschriebenen Schritte vorzuziehen. Vor allem liegt das daran, dass Weave und anderen Vernetzungs-Plugins noch mehr Informationen und Hooks benötigen, deren Bereitstellung sich noch in der Entwicklung befindet. So verliert Weave aktuell zum Beispiel Konfigurationsinformationen, wenn das Cluster neu gestartet wird.

Wenn Sie diese Zeilen lesen, kann es gut sein, dass all diese Probleme schon behoben sind.

11.5.3 Flannel

Flannel *(https://github.com/coreos/flannel)* ist die Cross-Host-Vernetzungslösung von CoreOS. Es wird vor allem in CoreOS-basierten Clustern eingesetzt, aber es gibt keinen Grund, es nicht auch in anderen Stacks zu nutzen.

Flannel weist jedem Host ein Subnetz zu, das dann dazu dient, Container mit IPs auszustatten. Flannel arbeitet gut mit Kubernetes zusammen (siehe Abschnitt 12.1.3), wo es zum Zuweisen einer eindeutigen und routbaren IP-Adresse für jeden Pod genutzt werden kann. Es wird auf jedem Host ein Daemon ausgeführt, der seine Konfiguration aus etcd erhält (siehe Abschnitt 11.2.1) – aus diesem Grund muss das Cluster schon für den Einsatz von etcd konfiguriert sein. Es stehen eine Reihe von Backends zur Verfügung, unter anderem:

udp
: Das Standard-Backend, welches ein Overlay-Netzwerk aufbaut, in dem Layer-2-Netzwerkinformationen in UDP-Paketen verpackt sind, die über das bestehende Netzwerk verschickt werden.

vxlan
: Nutzt VXLAN zum Verpacken der Netzwerkpakete. Da dies innerhalb des Kernel geschieht, ist es potenziell viel schneller als UDP, das im Userspace arbeiten muss.

aws-vpc
: Zum Einrichten von Netzwerken auf Amazon EC2.

host-gw
: Richtet IP-Routen zu Subnetzen mithilfe von Remote-IP-Adressen ein. Dafür ist es erforderlich, dass die Hosts eine direkte Layer-2-Verbindung untereinander haben.

gce
: Zum Einrichten von Netzwerken auf der Google Compute Engine.

Wir werden wieder Docker Machine verwenden, um Flannel auszuprobieren, aber dieses Mal ist das Ganze ein bisschen komplizierter – der Flannel Daemon muss die Netzwerk-Bridge `flannel0` konfigurieren, bevor die Docker Engine startet, wodurch es knifflig ist, Flannel als Container laufen zu lassen. Wir könnten das Bootstrapping pimpen und Flannel mit einem zweiten Docker Daemon laufen lassen, aber es ist einfacher, Flannel als Prozess auf dem Host laufen zu lassen. Zudem besitzt Flannel eine Abhängigkeit von etcd, welches wir auch als nativen Prozess ausführen.

Aufgrund der zusätzlich notwendigen Konfiguration sind von Docker Machine eingerichtete VMs zugegebenermaßen nicht die beste Wahl, denn dort muss einiges an Konfiguration wieder zurückgenommen werden. Aber das Ganze ist eine Übung, die Ihnen dabei helfen soll, Flannel auf Ihrer eigenen Netzwerkinfrastruktur einzurichten.

Versionen von Flannel und etcd

Diese Beispiele nutzen die Version 2.0.13 von etcd und 0.5.1 von Flannel. Da Flannel noch sehr aktiv entwickelt wird, werden Sie vermutlich Unterschiede feststellen, wenn Sie eine neuere Version verwenden.

In diesem Beispiel werden wir zwei Hosts `flannel-1` und `flannel-2` einrichten und prüfen, ob sich die Container auf den Hosts miteinander unterhalten können. Wir beginnen damit, zwei VirtualBox-VMs als Hosts aufzusetzen:

```
$ docker-machine create -d virtualbox flannel-1
...
$ docker-machine create -d virtualbox flannel-2
...
$ docker-machine ip flannel-1 flannel-2
192.168.99.102
192.168.99.103
```

Merken Sie sich die IP-Adressen der beiden Maschinen. Sie brauchen sie, um etcd einzurichten, welches wir nun auf `flannel-1` installieren. Zuvor müssen wir aber den Docker Daemon stoppen und die Bridge `docker0` löschen:

```
$ docker-machine ssh flannel-1
...
docker@flannel-1:~$ sudo /usr/local/etc/init.d/docker stop
docker@flannel-1:~$ sudo ip link delete docker0
```

Jetzt laden Sie etcd herunter und packen es aus:

```
docker@flannel-1:~$ curl -sL \
            https://github.com/coreos/etcd/releases/download/\
            v2.0.13/etcd-v2.0.13-linux-amd64.tar.gz -o etcd.tar.gz
docker@flannel-1:~$ tar xzvf etcd.tar.gz
```

etcd kann nun gestartet werden. Durch den Einsatz einer Reihe von Umgebungsvariablen werden die Befehle deutlich lesbarer:

```
docker@flannel-1:~$ HOSTA=192.168.99.102
docker@flannel-1:~$ HOSTB=192.168.99.103
docker@flannel-1:~$ nohup etcd-v2.0.13-linux-amd64/etcd \
    -name etcd-1 -initial-advertise-peer-urls http://$HOSTA:2380 \
    -listen-peer-urls http://$HOSTA:2380 \
    -listen-client-urls http://$HOSTA:2379,http://127.0.0.1:2379 \
    -advertise-client-urls http://$HOSTA:2379 \
    -initial-cluster-token etcd-cluster-1 \
    -initial-cluster \
     etcd-1=http://$HOSTA:2380,etcd-2=http://$HOSTB:2380 \
    -initial-cluster-state new &
```

Das nohup-Tool wird genutzt, damit etcd auch weiterläuft, wenn wir uns vom Host abmelden. Die Ausgabe landet in der Datei *nohup.out*.

Jetzt haben wir etcd auf `flannel-1` eingerichtet. Wir werden hierher zurückkehren und Flannel zu Ende installieren, wenn wir auf `flannel-2` weitergekommen sind:

```
docker@flannel-1:~$ exit
$ docker-machine ssh flannel-2
docker@flannel-2:~$ sudo /usr/local/etc/init.d/docker stop
docker@flannel-2:~$ sudo ip link delete docker0
docker@flannel-2:~$ curl -sL \
   https://github.com/coreos/etcd/releases/\
   download/v2.0.13/etcd-v2.0.13-linux-amd64.tar.gz -o etcd.tar.gz
docker@flannel-2:~$ tar xzvf etcd.tar.gz
```

Der Start von etcd läuft genauso ab wie zuvor, nur dass die IP-Adressen vertauscht werden:

```
docker@flannel-2:~$ HOSTA=192.168.99.102
docker@flannel-2:~$ HOSTB=192.168.99.103
docker@flannel-2:~$ nohup etcd-v2.0.13-linux-amd64/etcd \
```

```
-name etcd-2 -initial-advertise-peer-urls http://$HOSTB:2380 \
-listen-peer-urls http://$HOSTB:2380 \
-listen-client-urls http://$HOSTB:2379,http://127.0.0.1:2379 \
-advertise-client-urls http://$HOSTB:2379 \
-initial-cluster-token etcd-cluster-1 \
-initial-cluster \
 etcd-1=http://$HOSTA:2380,etcd-2=http://$HOSTB:2380 \
-initial-cluster-state new &
```

Jetzt können wir Flannel herunterladen:

```
docker@flannel-2:~$ curl -sL \
            https://github.com/coreos/flannel/releases/\
            download/v0.5.1/flannel-0.5.1-linux-amd64.tar.gz -o \
            flannel.tar.gz
docker@flannel-2:~$ tar xzvf flannel.tar.gz
```

Als Nächstes müssen wir in etcd ein paar Konfigurationsdaten eintragen, damit Flannel weiß, welchen IP-Bereich es nutzen kann:

```
docker@flannel-2:~$ ./etcd-v2.0.13-linux-amd64/etcdctl
    set /coreos.com/network/config '{ "Network": "10.1.0.0/16" }'
```

Nun können wir den Flannel Daemon starten. Beachten Sie, dass wir Flannel anweisen müssen, die Schnittstelle `eth1` zu verwenden, welche die Kommunikation mit der anderen VM erlaubt:

```
docker@flannel-2:~$ nohup sudo ./flannel-0.5.1/flanneld \
                                -iface=eth1 &
```

Flannel läuft nun, und wenn Sie `ifconfig` ausführen, sollten Sie die Flannel-Bridge sehen:

```
docker@flannel-2:~$ ifconfig flannel0
flannel0 Link encap:UNSPEC HWaddr 00-00-00-00-00-00-00-00-00...
        inet addr:10.1.37.0  P-t-P:10.1.37.0  Mask:255.255.0.0
        UP POINTOPOINT RUNNING NOARP MULTICAST  MTU:1472  Metric:1
        RX packets:4 errors:0 dropped:0 overruns:0 frame:0
        TX packets:4 errors:0 dropped:0 overruns:0 carrier:0
        collisions:0 txqueuelen:500
        RX bytes:216 (216.0 B)  TX bytes:221 (221.0 B)
```

Beachten Sie, dass eine Adresse aus dem Bereich vergeben wurde, für den Flannel konfiguriert wurde.

Als Nächstes konfigurieren wir Docker so, dass es Flannel nutzt. Verwenden wir ein anderes VM-Image oder Bare Metal, können wir das Skript `mk-docker-opts.sh` einsetzen, das Flannel mitbringt, um die Docker Engine automatisch zu konfigurieren. Allerdings enthalten unsere VirtualBox-Images keine bash, daher werden wir das manuell durchführen. Als Erstes schauen Sie sich die Datei */run/flannel/subnet.env* an, die Flannel für uns erstellt hat:

```
docker@flannel-2:~$ cat /run/flannel/subnet.env
```

```
FLANNEL_SUBNET=10.1.79.1/24
FLANNEL_MTU=1472
FLANNEL_IPMASQ=false
```

Wir müssen beim Docker Daemon das Flag `--bip` auf den Wert von `FLANNEL_SUBNET` und `--mtu` auf den Wert von `FLANNEL_MTU` setzen, damit Docker eine IT und MTU[22] nutzt, die kompatibel zu Flannel ist. Flags für den Docker Daemon werden in der Datei */var/lib/boot2docker/profile* konfiguriert. Nach dem Anpassen der Datei (was Sie in der VM mit `sudo vi` machen können) sollte sie in etwa so aussehen:

```
docker@flannel-2:~$ cat /var/lib/boot2docker/profile

EXTRA_ARGS='
--label provider=virtualbox
--bip 10.1.79.1/24
--mtu 1472
'
CACERT=/var/lib/boot2docker/ca.pem
DOCKER_HOST='-H tcp://0.0.0.0:2376'
DOCKER_STORAGE=aufs
DOCKER_TLS=auto
SERVERKEY=/var/lib/boot2docker/server-key.pem
SERVERCERT=/var/lib/boot2docker/server.pem
```

Jetzt können wir die Docker Engine neu starten:

```
docker@flannel-2:~$ sudo /etc/init.d/docker start
hostname: flannel-2: Unknown host
Need TLS certs for flannel-2,,10.0.2.15,192.168.99.103
docker@flannel-2:~$ exit
```

Schließlich müssen wir diese Schritte noch auf `flannel-1` wiederholen:

```
$ docker-machine ssh flannel-1
...
docker@flannel-1:~$ curl -sL \
    https://github.com/coreos/flannel/releases/\
    download/v0.5.1/flannel-0.5.1-linux-amd64.tar.gz -o \
    flannel.tar.gz
docker@flannel-1:~$ tar xzvf flannel.tar.gz
...
docker@flannel-1:~$ nohup sudo ./flannel-0.5.1/flanneld \
    -iface=eth1 &
docker@flannel-1:~$ cat /run/flannel/subnet.env
FLANNEL_SUBNET=10.1.83.1/24  ❶
FLANNEL_MTU=1472
FLANNEL_IPMASQ=false
docker@flannel-1:~$ sudo vi /var/lib/boot2docker/profile
...
```

22. MTU ist die Maximum Transmission Unit, die steuert, wie groß Datenpakete im Netzwerk werden können.

```
docker@flannel-1:~$ sudo /etc/init.d/docker start
hostname: flannel-1: Unknown host
Need TLS certs for flannel-1,,10.0.2.15,192.168.99.102
docker@flannel-1:~$ exit
```

❶ Beachten Sie, dass dieser Wert anders als bei `flannel-2` ist, damit beide Hosts Container-IPs aus unterschiedlichen Bereichen vergeben können.

Jetzt sollte alles funktionieren, also testen wir, ob unsere Container kommunizieren können. Wir werden auf `flannel-1` das Netcat-Tool starten, um auf Verbindungen über einen bestimmten Port zu lauschen:

```
$ eval $(docker-machine env flannel-1)
$ docker run --name nc-test -d amouat/network-utils nc -l 5001
...
```

Container mit Netzwerktools

Um verschiedene Netzwerkdinge zu testen, wenn es irgendwo klemmt, ist es praktisch, ein Image mit einer Reihe von Netzwerktools zur Verfügung zu haben. Ich habe solch ein Image namens `amouat/network-utils` erstellt, das dafür genutzt werden kann. Darin finden Sie Tools wie curl, Netcat, traceroute und dnsutils, aber auch jq für ein Pretty Printing von JSON-Ausgaben von REST-APIs.

Beispielanwendung:

```
$ docker run -it amouat/network-utils
root@7e80c9731ea0:/# curl -s https://api.github.com\
/repos/amouat/network-utils-container\
      | jq '. .description'
"Docker container with some network utilities"
```

Nun ermitteln wir die IP-Adresse, die Flannel dem Container zugewiesen hat:

```
$ IP=$(docker inspect -f {{.NetworkSettings.IPAddress}} nc-test)
$ echo $IP
10.1.83.2
```

Diese Adresse befindet sich innerhalb des zuvor angeforderten Bereichs. Wir starten jetzt Netcat auf `flannel-2` und versuchen, uns mit dem `nc-test`-Container zu verbinden:

```
$ eval $(docker-machine env flannel-2)
$ docker run -e IP=$IP \
    amouat/network-utils sh -c 'echo -n "Hallo" | nc -v $IP 5001'
Unable to find image 'amouat/network-utils:latest' locally
...
Status: Downloaded newer image for amouat/network-utils:latest
Connection to 10.1.83.2 5001 port [tcp/*] succeeded!
```

Schauen wir uns jetzt die Logs für den `nc-test`-Container an, sehen wir die abgeschickte Nachricht:

```
$ eval $(docker-machine env flannel-1)
$ docker logs nc-test
Hallo
```

Na bitte: Zwei Container reden auf verschiedenen Hosts miteinander und haben ihre eigenen IPs. Das scheint ein Haufen Arbeit gewesen zu sein, aber denken Sie daran, dass so etwas hoffentlich automatisiert abläuft, wenn neue Hosts dem Cluster beitreten, und Benutzer von CoreOS-Stacks können davon ausgehen, dass das ohne große Installationsorgien funktioniert.

Aber wir können identidock noch nicht zum Laufen bringen. Es gibt jetzt zwar schon Cross-Host Networking, aber wir haben kein Service Discovery, wofür wir eine der weiter oben vorgestellten Lösungen wie SkyDNS brauchen oder identidock so umschreiben, dass es etcd nutzt.

11.5.4 Project Calico

Project Calico (oder einfach nur Calico) verfolgt einen etwas anderen Ansatz. Der lässt sich am einfachsten in den Begriffen des OSI-Modells beschreiben *(https://de.wikipedia.org/wiki/OSI-Modell)*, welches die Netzwerkverbindungen in sieben konzeptionelle Schichten unterteilt. Die meisten Vernetzungslösungen wie Weave und Flannel (beim Einsatz des UDP-Backends) bauen ein Overlay-Netzwerk auf, indem sie den Verkehr von Schicht 2[23] in einer höheren Schicht kapseln. Calico nutzt stattdessen Standard-IP-Routing und -Netzwerktools, um eine Lösung über Schicht 3[24] anzubieten.

Der größte Vorteil einer reinen Schicht-3-Lösung liegt in der Einfachheit und Effizienz. Calicos primärer Betriebsmodus erfordert keine Kapselung, und er ist für Data Center entworfen, bei denen das Unternehmen die Kontrolle über die physikalischen Verbindungen besitzt. Das Routing in einem Calico-Netzwerk geschieht durch das Border Gateway Protocol (BGP) – ein altehrwürdiges Protokoll, welches für das große Internet ein wichtiger Teil seines Fundaments ist – um Router im Data-Center-Netzwerk und an seinen Grenzen zu verbinden. Dieser Ansatz erlaubt es Calico, auf vielen Schicht-2- und Schicht-3-Topologien aufzusetzen. Es ist kein NAT für die externen Verbindungen in Calico notwendig – Container können direkt mit öffentlichen IP-Adressen verbunden werden, wenn Sicherheitsrichtlinien und IP-Verfügbarkeit das erlauben.

Der Nachteil von Calico ist, dass sein primärer Arbeitsmodus nicht in öffentlichen Clouds funktioniert, wo die Benutzer keine Kontrolle über die Netzwerk-

23. Die »Sicherungsschicht« (Data Link Layer) im OSI-Modell, bei dem die MAC-Adressen ins Spiel kommen
24. Die »Vermittlungsschicht« (Network Layer) im OSI-Modell, bei dem IPv4 und IPv6 beteiligt sind

kabel haben. Calico kann auch dort eingesetzt werden, aber dann ist normalerweise IP-in-IP-Tunneling nötig, um Verbindungen herstellen zu können.

Erwähnenswert ist auch Calicos Sicherheitsmodell, welches eine feingranulare Kontrolle darüber ermöglicht, welche Container miteinander reden dürfen.

Experimental-Warnung!

Die VMs, die ich in diesem Beispiel einsetze, nutzen den experimentellen Build von Docker – *es wird also Unterschiede in Ihrer Version geben*. Wenn Sie dieses Buch lesen, wird das stabile Release von Docker Networking-Plugins unterstützen – nutzen Sie diese.

Aus Gründen der Vollständigkeit habe ich das folgende Beispiel mit VMs von Digital Ocean laufen lassen, die mit folgenden Befehlen aufgesetzt wurden:

```
$ docker-machine create -d digitalocean \
        --digitalocean-access-token=<token> \
        --digitalocean-private-networking \
        --engine-install-url \
          "https://experimental.docker.com" calico-1
...
$ docker-machine create -d digitalocean \
        --digitalocean-access-token=<token> \
        --digitalocean-private-networking \
        --engine-install-url \
          "https://experimental.docker.com" calico-2
...
$ docker-machine ssh calico-1
root@calico-1:~# docker -v
Docker version 1.8.0-dev, build 3ee15ac, experimental
```

Ich habe auch auf einer der Boxen manuell Consul installiert, damit die Docker Daemons ihre Netzwerkkonfigurationen gemeinsam nutzen können.

Es werden sich mit Sicherheit einige Dinge geändert haben, wenn Sie diese Zeilen lesen, und Sie werden kleinere Änderungen am Beispiel vornehmen müssen. Versuchen Sie nicht, die gleichen Versionen von Calico und Docker einzusetzen, die ich genommen habe – installieren Sie stattdessen die neuesten unterstützten und stabilen Versionen.

Im Folgenden wird davon ausgegangen, dass wir zwei durch Docker Machine aufgesetzte VMs mit den Namen `calico-1` und `calico-2` haben, die miteinander über die Adressen `<calico-1 ipv4>` und `<calico-2 ipv4>` kommunizieren (diese Adressen können intern sein und müssen nicht vom Internet aus erreichbar sein). In diesem Fall nutze ich die Cloud von Digital Ocean, aber mit anderen Clouds sollte es ähnlich funktionieren.

Als Erstes müssen wir auf jedem Host etcd einrichten, da dies von Calico zum Verteilen von Informationen über das Netzwerk genutzt wird:

```
$ HOSTA=<calico-1 ipv4>
$ HOSTB=<calico-2 ipv4>
$ eval $(docker-machine env calico-1)
$ docker run -d -p 2379:2379 -p 2380:2380 -p 4001:4001 \
  --name etcd quay.io/coreos/etcd \
  -name etcd-1 -initial-advertise-peer-urls http://${HOSTA}:2380 \
  -listen-peer-urls http://0.0.0.0:2380 \
  -listen-client-urls http://0.0.0.0:2379,http://0.0.0.0:4001 \
  -advertise-client-urls http://${HOSTA}:2379 \
  -initial-cluster-token etcd-cluster-1 \
  -initial-cluster \
     etcd-1=http://${HOSTA}:2380,etcd-2=http://${HOSTB}:2380 \
  -initial-cluster-state new
...
b9a6b79e42a1d24837090de4805bea86571b75a9375b3cf2100115e49845e6f3
$ eval $(docker-machine env calico-2)
$ docker run -d -p 2379:2379 -p 2380:2380 -p 4001:4001 \
  --name etcd quay.io/coreos/etcd \
  -name etcd-2 -initial-advertise-peer-urls http://${HOSTB}:2380 \
  -listen-peer-urls http://0.0.0.0:2380 \
  -listen-client-urls http://0.0.0.0:2379,http://0.0.0.0:4001 \
  -advertise-client-urls http://${HOSTB}:2379 \
  -initial-cluster-token etcd-cluster-1 \
  -initial-cluster \
     etcd-1=http://${HOSTA}:2380,etcd-2=http://${HOSTB}:2380 \
  -initial-cluster-state new
...
2aa2d8fee10aec4284b9b85a579d96ae92ba0f1e210fb36da2249f31e556a65e
```

Nachdem etcd nun läuft, installieren wir Calico. Wenn Sie diese Zeilen lesen, werden die Schritte etwas veraltet sein, aber es wird immer noch ähnlich ablaufen. Beginnen wir damit, Calico herunterzuladen:

```
$ docker-machine ssh calico-1
...
root@calico-1:~# curl -sSL -o calicoctl \
  https://github.com/Metaswitch/calico-docker/releases/download/\
  v0.5.2/calicoctl
root@calico-1:~# chmod +x calicoctl
```

Nun laden wir das Kernel-Modul `xt_set`, das für einige der IP-Tables-Features notwendig ist, die von Calico genutzt werden:

```
root@calico-1:~# modprobe xt_set
```

Wir müssen Calico mitteilen, aus welchem Bereich IP-Adressen zugeteilt werden können. Das geschieht über den Unterbefehl `pool add`:

```
root@calico-1:~# sudo ./calicoctl pool add 192.168.0.0/16 --ipip \
                                           --nat-outgoing
```

Das Flag `--ipip` weist Calico an, einen IP-in-IP-Tunnel zwischen Hosts einzurichten, was nur notwendig ist, wenn die Hosts keine direkte Schicht-2-Verbindung besitzen. Dieser Befehl muss nur auf einem Host ausgeführt werden.

Als Nächstes starten wir die Calico-Services, einschließlich des Docker Network Plugins, das als Container läuft:

```
root@calico-1:~# f
WARNING: ipv6 forwarding is not enabled.
Pulling Docker image calico/node:v0.5.1
Calico node is running with id: d72f2eb6f10ea24a76d606e3ee75bf...
```

Jetzt setzen wir den anderen Host genauso auf:

```
$ docker-machine ssh calico-2
...
root@calico-2:~# curl -sSL -o calicoctl \
https://github.com/Metaswitch/calico-docker\
/releases/download/v0.5.2/calicoctl
root@calico-2:~# chmod +x calicoctl
root@calico-2:~# modprobe xt_set
root@calico-2:~# sudo ./calicoctl node --ip=<calico-2 ipv4>
WARNING: ipv6 forwarding is not enabled.
Pulling Docker image calico/node:v0.5.1
Calico node is running with id: b880fac45feb7ebf3393ad4ce63011a2...
root@calico-2:~#
```

Und wieder können wir versuchen, identidock laufen zu lassen. Zuerst starten wir Redis auf `calico-2` mit dem Argument `--publish-service redis.anet.calico`, womit ein neues Calico-Netzwerk namens »anet« und der Service »redis« erzeugt wird:

```
root@calico-2:~# docker run --name redis -d \
                 --publish-service redis.anet.calico redis:3
....
6f0db3fe01508c0d2fc85365db8d3dcdf93edcdaae1bcb146d34ab1a3f87b22f
```

Melden wir uns jetzt an `calico-1` an, können wir uns mit dem gleichen Netzwerk verbinden und den Redis-Container ansprechen:

```
root@calico-2:~# exit
$ docker-machine ssh calico-1
root@calico-1:~# docker run --name redis-client \
                 --publish-service redis-client.anet.calico \
                 redis:3 redis-cli -h redis ping
...
PONG
```

Starten wir nun die Container dnmonster und identidock im gleichen Netzwerk:

```
root@calico-1:~# docker run --name dnmonster \
                 --publish-service dnmonster.anet.calico \
                 -d amouat/dnmonster:1.0
```

```
...
fba8f7885a2e1700bc0e263cc10b7d812e926ca7447e98d9477a08b253cafe0
root@calico-1:~# docker run --name identidock \
                 --publish-service identidock.anet.calico \
                 -d amouat/identidock:1.0
...
589f6b6b17266e59876dfc34e15850b29f555250a05909a95ed5ea73c4ee7115
```

Probieren wir aus, ob alles funktioniert:

```
root@calico-1:~# docker exec identidock curl -s localhost:9090
<html><head><title>Hello...
```

Wunderbar, jetzt läuft identidock mit Calico. Wir haben identidock aus dem Container heraus angesprochen, weil sich der Client im Calico-Netzwerk befinden muss. Natürlich ist es möglich, die Anwendung für andere Netzwerke erreichbar zu machen, wie zum Beispiel das öffentliche Internet, aber dazu ist ein wenig mehr Arbeit nötig, und die Schritte dazu werden sich sehr wahrscheinlich ändern, daher gehen wir hier nicht weiter darauf ein.

Hinter den Kulissen sind mehrere Elemente dafür verantwortlich, dass das alles so funktioniert:

etcd
: Speichert und verteilt Informationen zu Hosts und Containern.

BIRD
: Der BIRD Internet Routing Daemon (oder einfach BIRD)[25] nutzt BGP, um IP-Verkehr zwischen Hosts und Containern zu routen.

Felix
: Der Calico-Agent, der auf jedem Host läuft, um die lokale Netzwerk-Policy zu konfigurieren. Dazu nutzt er Daten aus etcd.

Das Calico-Plugin
: Verantwortlich für das Einrichten von Netzwerkverbindungen, wenn ein Docker-Container erstellt wird, und für das Ablegen dieser Informationen in etcd.

Der aktuelle Fokus von Calico liegt im Bereitstellen effizienter und vergleichsweise einfacher Vernetzungsmöglichkeiten für VMs und Container in Situationen, in denen das Unternehmen Kontrolle über die Netzwerkkabel besitzt – wie zum Beispiel bei privaten Clouds, die von großen Firmen eingesetzt werden. Gleichzeitig verspricht das Calico-Plugin eine vergleichbar effiziente und einfache Lösung für das Vernetzen von Containern, die in einer öffentlichen Cloud laufen.

25. Soweit ich das herausbekommen konnte, steht das *B* einfach nur für BIRD selbst – eine rekursive (und nervige) Definition.

11.6 Zusammenfassung

Service Discovery ist häufig ein essenzielles Feature bei modernen verteilten und dynamischen Systemen. Container und Services sind stetig im Fluss, sie werden als Reaktion auf Fehler oder geänderte Anforderungen gestoppt, gestartet und verschoben. Unter solchen Umständen können Lösungen, die einen manuellen Eingriff zum Umleiten von Verbindungen erfordern, einfach nicht funktionieren.

Die meisten der Lösungen zum Service Discovery unterstützen DNS-basierte Lookups, so dass Clients die Services einfach über den Namen ansprechen können und das System kümmert sich dann um das Routing zur passenden Instanz. Das ist hinsichtlich der Einfachheit auf Client-Seite wunderbar, und so lassen sich auch bestehende Anwendungen und Tools unterstützen, aber in hochdynamischen Systemen kann DNS ein Hindernis werden. Die DNS-Antworten werden häufig gecacht, was zu Verzögerungen und Fehlern führt, wenn ein Service auf einen anderen Host umzieht. Load Balancing geschieht oft nur per Round-Robin, was nur selten ideal ist. Zudem wollen Clients eventuell ihre eigene Logik bei der Auswahl potenzieller Services nutzen, was mit umfangreicheren APIs viel einfacher wird.

Es hängt von Ihrem Anwendungsfall ab, welches Service-Discovery-Tool Sie benötigen. Die meisten Projekte nutzen bereits aufgrund der Softwareanforderungen oder bestehender Plattformtools eine der bekannten Lösungen (zum Beispiel setzt Mesos ZooKeeper ein, GKE greift auf etcd zurück). In solchen Fällen ist es sinnvoll, Bestehendes zu nutzen, statt ein weiteres Tool in den Programmzoo einzubringen. Die Entscheidung zwischen etcd (oder etcd plus SkyDNS) und Consul ist viel schwieriger. Bei beiden handelt es sich um recht neue Projekte (etcd ist etwas älter), aber sie basieren auf soliden Algorithmen. Consul bringt standardmäßig DNS-Unterstützung und ein paar fortgeschrittenere Features mit, was den Ausschlag geben kann. etcd ist unbestreitbar weniger »eigensinnig« als Consul und besitzt einen ausgefeilteren Key/Value-Store, was es zu einer besseren Wahl in Szenarien macht, bei denen viel zu konfigurieren ist. Die DNS-Unterstützung von Consul und SkyDNS ist für Sie eventuell nicht relevant, wenn Sie APIs zum Service Discovery einsetzen oder schon eine Vernetzungslösung verwenden, die eine Namensauflösung mitbringt.

Die Wahl einer Vernetzungslösung ist noch schwieriger, vor allem, weil das Thema noch recht jung ist. In den kommenden Monaten werden wir weitere Lösungen sehen (insbesondere in Form von Network Plugins) und besser zwischen ihnen unterscheiden können. Bisher habe ich die Lösungen noch keinen Performance- oder Skalierbarkeitstests unterzogen, da sich solche Werte in Zukunft noch massiv ändern werden, wenn die Hersteller an Optimierungen arbeiten und ihre Lösungen auf bestimmte Anwendungsfälle zurechtschneiden. Mit diesen warnenden Worten vorweg möchte ich angesichts der aktuellen Lösungen zu einigen trotzdem etwas sagen:

- Das Overlay-Netzwerk von Docker wird wahrscheinlich die am häufigsten in der Entwicklung eingesetzte Lösung werden, weil es schon mitgeliefert wird. Abhängig von seiner Stabilität und Effizienz kann es auch für kleinere Deployments genutzt werden, die in der Cloud laufen.
- Weave konzentriert sich stark auf die gute Benutzbarkeit und den Einsatz in der Entwicklung, wodurch es dort eine weitere gute Wahl ist. Es besitzt zudem Features wie Verschlüsselung und Firewall Traversal, die es zum Beispiel bei Cross-Cloud Deployments interessant machen.
- Flannel wird in CoreOS-Stacks eingesetzt, es bietet spezielle Backends für unterschiedlichste Szenarien. Aktuell kann es für einen Einsatz in der Entwicklung zu aufwendig sein (das sollte sich ändern, wenn Plugins entwickelt werden), aber es bietet eine effiziente und einfache Lösung in einer Reihe von Produktivszenarien.
- Das primäre Ziel von Project Calico sind große Unternehmen oder Data Center, die Kontrolle über ihre Netzwerkhardware haben. In solchen Situationen kann der Ansatz von Project Calico über die Schicht 3 eine sehr einfache und effiziente Lösung bieten. Ihr Netzwerk-Plugin scheint ebenfalls einfach einzusetzen und vergleichbar schnell zu sein, wodurch es in der Entwicklung und in Single-Cloud Deployments interessant ist.
- Bauen Sie sich selbst etwas. In manchen Situationen weiß Ops genau, wie alles miteinander zu verbinden ist, um es besonders effizient zu halten. In solchen Fällen können Sie eigene Netzwerk-Plugins bauen oder Tools wie pipework einsetzen, um spezielle Verbindungen zu ermöglichen. Sie werden vielleicht auch die Vernetzungsmodi container oder host einsetzen, wodurch der Overhead durch die Docker Bridge und NAT-Regeln wegfällt. Allerdings müssen die Container sich dann IP-Adressen teilen.

Die richtige Lösung hängt hier sehr stark von Ihren speziellen Anforderungen und der eingesetzten Plattform ab. Bestimmte Lösungen werden bei Ihnen deutlich schneller oder langsamer als andere laufen oder Anwendungsfälle ermöglichen, die anders nicht umzusetzen sind. Die beste Vorgehensweise ist hier, die verschiedenen Lösungen unter Bedingungen zu testen, die dem Einsatzszenario Ihrer Anwendung möglichst nahe kommen.

12 Orchestrieren, Clustering und Verwaltung

Die meisten Softwaresysteme verändern sich mit der Zeit. Neue Features werden hinzugefügt, alte weggeschnitten. Unterschiedliche Benutzeranforderungen sorgen dafür, dass ein effizientes System seine Ressourcen schnell nach oben und nach unten skalieren können muss. Anforderungen nach nahezu Zero Downtime erfordern ein automatisches Failover auf vorbereitete Backup-Systeme, die sich normalerweise in einem getrennten Data Center oder in einer anderen Region befinden.

Dazu müssen Unternehmen häufig viele solcher Systeme laufen lassen oder ab und zu Aufgaben wie ein Data Mining abarbeiten, die vom Hauptsystem getrennt behandelt werden, aber deutliche Ressourcen einfordern oder mit dem bestehenden System kommunizieren müssen.

Beim Einsatz vieler Ressourcen ist es wichtig, sicherzustellen, dass sie effizient genutzt werden – also immer beschäftigt sind –, aber trotzdem mit Lastspitzen zurechtkommen. Es ist keine leichte Aufgabe, einen Mittelweg zwischen Kosteneffizienz und schneller Skalierbarkeit zu finden, und dieser kann je nach Situation sehr unterschiedlich aussehen.

All das bedeutet: Ein nichttriviales System laufen zu lassen, führt zu vielen administrativen Aufgaben und Herausforderungen, deren Komplexität nicht unterschätzt werden sollte. Es wird schnell unmöglich, Maschinen einzeln zu versorgen – statt sie eine nach der anderen zu patchen und zu aktualisieren, müssen sie identisch behandelt werden. Hat eine Maschine ein Problem, sollte sie entsorgt und ersetzt werden, statt sie wieder gesund zu pflegen.[1]

Es gibt eine Reihe von Software-Tools und Lösungen, die Ihnen dabei helfen und die folgenden Bereiche mehr oder weniger gut abdecken:

Clustering
: »Hosts« – VMs oder richtige Hardware – zu Gruppen zusammenfassen und sie miteinander vernetzen. Ein Cluster sollte sich wie eine einzelne Ressource und nicht wie eine Gruppe getrennter Maschinen anfühlen.

1. Der Unterschied zwischen diesen beiden Ansätzen wird häufig als »Pets versus Cattle« bezeichnet.

Orchestrieren
: Dafür sorgen, dass alle Teile eines Systems zusammenarbeiten. Container auf den richtigen Hosts starten und sie verbinden. Ein Orchestrierungssystem kann Unterstützung bieten für Skalieren, automatisches Failover und Node Rebalancing.

Verwalten
: Einen Überblick über das System liefern und verschiedenste administrative Aufgaben unterstützen.

Wir werden uns zunächst die wichtigsten Orchestrierungs- und Clustering-Tools im Docker-Ökosystem anschauen: Swarm, fleet, Kubernetes und Mesos. Swarm ist die Docker-eigene Clustering-Lösung, die auch große Teile des Orchestrierungsbereichs abdeckt – insbesondere zusammen mit Docker Compose. Fleet ist ein Low-Level-System zum Clustern und Scheduling, das bei CoreOS zum Einsatz kommt. Bei Kubernetes handelt es sich um eine ausgefeiltere und manchmal eigenwillige Orchestrierungslösung auf höherem Niveau, die auch Failover- und Skalierungsfeatures mitbringt und auch auf anderen Clustering-Lösungen aufsetzen kann. Mesos ist eine Low-Level-Clustering-Lösung, die mit High-Level-»Frameworks« zusammenarbeitet, um eine robuste und vollständige Lösung für Clustering und Orchestrieren zu bieten.

Danach werden wir uns ein paar der »Container-Management-Plattformen« anschauen – Rancher, Clocker und Tutum –, die (per GUI und CLI) das Verwalten von Containersystemen über Host-Grenzen hinweg ermöglichen. Diese Plattformen nutzen meist Bausteine, die wir schon kennengelernt haben – zum Beispiel Overlay-Netzwerklösungen –, verpacken diese aber zu einem integrierten Angebot.

Den Code für dieses Kapitel finden Sie im GitHub-Projekt zu diesem Buch unter *https://github.com/using-docker/orchestration*.

Sie können ihn wie folgt auschecken:

```
$ git clone -b \
  https://github.com/using-docker/orchestration/
...
```

Alternativ können Sie den Code auch direkt aus dem Projekt herunterladen.

12.1 Clustering- und Orchestrierungstools

Dieser Abschnitt stellt die wichtigsten Clustering- und Orchestrierungstools für Docker vor – Swarm, fleet, Kubernetes und Mesos. Bei jedem Tool werden wir uns seine besonderen Features anschauen und es für unser identidock-Beispiel zum Einsatz bringen.

12.1.1 Swarm

Swarm *(https://docs.docker.com/swarm)* ist das native Clustering-Tool von Docker.[2] Es nutzt die Standard-API, was heißt, dass Container über normale `docker run`-Befehle gestartet werden können und sich Swarm dann darum kümmert, einen passenden Host zu finden, auf dem der Container läuft. Es bedeutet auch, dass andere Tools, die die Docker API verwenden – wie zum Beispiel Compose und selbst geschriebene Skripten –, Swarm ohne Anpassung nutzen können und trotzdem die Vorteile haben, die die Ausführung in einem Cluster statt auf einem einzelnen Host mit sich bringt.

Die grundlegende Architektur von Swarm ist recht klar: Auf jedem Host läuft ein Swarm-*Agent* und auf einem ein Swarm-*Manager* (in kleinen Test-Clustern kann auf diesem Host auch ein Agent laufen). Der Manager ist für das Orchestrieren und Schedulen von Containern auf dem Host zuständig. Swarm kann in einem Hochverfügbarkeitsmodus laufen, in dem etcd, Consul oder ZooKeeper für das Failover an einen Backup-Manager genutzt werden. Es gibt verschiedene Methoden, wie Hosts gefunden und dem Cluster hinzugefügt werden, was man in Swarm als *Discovery* bezeichnet. Standardmäßig wird das *Token*-basierte Discovery eingesetzt, bei dem die Adressen der Hosts in einer Liste verwaltet werden, die sich auf dem Docker Hub befindet.

Um schnell mit Swarm zu starten, wollen wir ein kleines Cluster aus VMs aufsetzen. Mit Docker Machine werden wir die VMs erstellen und mit Tokens die Standard-Discovery-Methode von Swarm nutzen, um sie miteinander zu verbinden. Beginnen wir damit, das Token für unser Cluster mit `swarm create` zu erzeugen:

```
$ SWARM_TOKEN=$(docker run swarm create)
$ echo $SWARM_TOKEN
26a4af8d51e1cf2ea64dd625ba51a4ff
```

Jetzt können wir den Manager- (oder Master-)Host anlegen:

```
$ docker-machine create -d virtualbox \
        --engine-label dc=a \
        --swarm --swarm-master \
        --swarm-discovery token://$SWARM_TOKEN \
        swarm-master
Creating VirtualBox VM...
Creating SSH key...
Starting VirtualBox VM...
Starting VM...
To see how to connect Docker to this machine, run: docker-machi...
```

2. Mit der Version 1.12 ist eine Cluster-Orchestrierung direkt in der Docker Engine vorhanden.

Machine hat eine neue VirtualBox-VM mit dem Namen `swarm-master` erzeugt und sie mit dem zuvor erzeugten Token in das Swarm-Cluster integriert. Zudem haben wir das Label `dc=a` zur Docker Engine auf dem Host hinzugefügt, was später noch verständlich werden wird. Als Nächstes erstellen wir zwei weitere VMs `swarm-1` und `swarm-2`, um unser Cluster mit Leben zu füllen:

```
$ docker-machine create -d virtualbox \
        --engine-label dc=a \
        --swarm \
        --swarm-discovery token://$SWARM_TOKEN \
        swarm-1
...
$ docker-machine create -d virtualbox \
        --engine-label dc=b \
        --swarm \
        --swarm-discovery token://$SWARM_TOKEN \
        swarm-2
...
```

Beachten Sie, dass wir `swarm-1` das Label `dc=a` und `swarm-2` das Label `dc=b` verpasst haben.

Wir können manuell prüfen, ob diese Knoten dem Cluster hinzugefügt wurden, indem wir auf die Hub-API zugreifen:

```
$ curl https://discovery-stage.hub.docker.com/\
v1/clusters/$SWARM_TOKEN
["192.168.99.103:2376","192.168.99.102:2376",
"192.168.99.101:2376","192.168.99.100:2376"]
```

Die ausgegebenen IP-Adressen sind die der von uns erzeugten VMs. Sie müssen nur vom Swarm-Manager aus erreichbar sein. Wir können die gleichen Informationen (unabhängig von der Discovery-Methode) durch den Aufruf von `swarm list` erhalten. Dazu können Sie das Swarm-Binary herunterladen, aber am einfachsten nehmen Sie das Swarm-Image, wie wir das beim Erstellen des Token getan haben:

```
$ docker run swarm list token://$SWARM_TOKEN
192.168.99.108:2376
192.168.99.109:2376
192.168.99.107:2376
```

Ein Diagramm dieses einfachen Clusters sehen Sie in Abbildung 12–1. Die Label `dc=a` und `dc=b` sollen für die Data Center A und B stehen. Zwei VMs, die auf einem Laptop laufen, haben mit einem Data Center zwar ungefähr so viel gemeinsam wie eine Mücke mit einem Jumbo-Jet, aber für unser Beispiel reicht es aus, und Sie können mit sehr ähnlichen Befehlen problemlos wirklich leistungsfähige Ressourcen aus der Cloud hinzufügen.

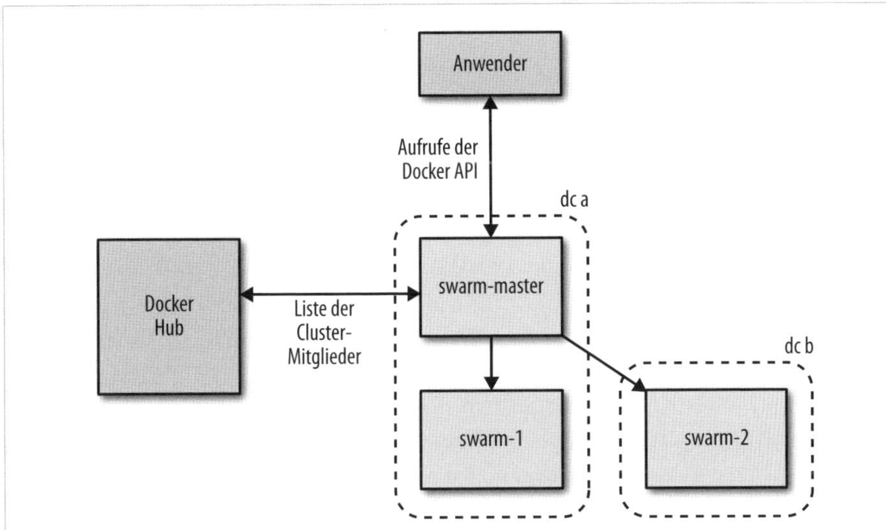

Abb. 12–1 *Beispiel für ein Swarm-Cluster*

Swarm Discovery

Das Token-basierte Standard-Discovery ist sehr hilfreich, um schnell loslegen zu können, aber es besitzt einen deutlichen Nachteil – alle Hosts müssen auf den Hub zugreifen können, der damit zu einem Single Point of Failure wird.

Es gibt eine Reihe weiterer Discovery-Mechanismen, unter anderem das Versorgen des Docker-Managers mit einer Liste von IP-Adressen und der Einsatz eines verteilten Stores wie etcd, Consul oder ZooKeeper.

Mehr Informationen zu den verfügbaren Discovery-Methoden finden Sie in der Dokumentation unter *https://docs.docker.com/swarm/discovery*.

Verbinden wir unseren Docker Client mit dem Swarm Master und schauen, was `docker info` uns dann sagen kann:

```
$ eval $(docker-machine env --swarm swarm-master)
$ docker info
Containers: 4
Images: 3
Role: primary
Strategy: spread
Filters: affinity, health, constraint, port, dependency
Nodes: 3
 swarm-1: 192.168.99.102:2376
  └ Containers: 1
  └ Reserved CPUs: 0 / 1
  └ Reserved Memory: 0 B / 1.022 GiB
  └ Labels: dc=a, executiondriver=native-0.2, ...
```

```
  swarm-2: 192.168.99.103:2376
   └ Containers: 1
   └ Reserved CPUs: 0 / 1
   └ Reserved Memory: 0 B / 1.022 GiB
   └ Labels: dc=b, executiondriver=native-0.2, ...
  swarm-master: 192.168.99.101:2376
   └ Containers: 2
   └ Reserved CPUs: 0 / 1
   └ Reserved Memory: 0 B / 1.022 GiB
   └ Labels: dc=a, executiondriver=native-0.2, ...
CPUs: 3
Total Memory: 3.065 GiB
```

So erhalten wir eine Reihe von Informationen über das Cluster, und wir sehen die drei Hosts (»Nodes/Knoten« als Swarm-Begrifflichkeiten), die wir erzeugt haben. Auf jedem Knoten läuft ein Swarm-Agent-Container, der ihn mit dem Cluster verbindet, während auf dem Knoten `swarm-master` auch noch ein Swarm-Master-Container für die Cluster-Verwaltung ausgeführt wird. Das Ausführen eines Agenten auf dem gleichen Knoten wie der Master wäre für eine Produktivumgebung (aufgrund von Failover-Problemen) nicht ratsam, aber für unsere kleine Vorführung ist das in Ordnung.

Jetzt wollen wir unser Cluster testen!

```
$ docker run -d debian sleep 10 ❶
ebce5d18121002f35b2666da4dd2dce189ece9573c8ebeba531d85f51fbad8e8
$ docker ps
CONTAINER ID  IMAGE   COMMAND     ... NAMES
ebce5d181210  debian  "sleep 10"  ... swarm-1/furious_bell
```

❶ Dieser Befehl braucht ein paar Momente, bis er abgeschlossen ist, da das `debian`-Image heruntergeladen werden muss. Wenn Sie mit einem Swarm-Cluster kommunizieren, können Sie den Fortschritt beim Download-Prozess nicht verfolgen.

Wir können sehen, dass unser Container auf dem Host `swarm-1` erstellt und automatisch geschedult wurde. Das mag jetzt etwas enttäuschend erscheinen, ist aber in Wirklichkeit ziemlich cool – hinter den Kulissen hat Swarm in unseren Befehl eingegriffen, unser Cluster analysiert und die Anforderung an den passendsten Host weitergeleitet.

Filter

Filter steuern, welche Knoten zur Verfügung stehen, um Container darauf laufen zu lassen. Es gibt viele verschiedene Arten von Filtern, die automatisch angewendet werden. Ein Beispiel eines Standardfilters sehen wir beim Starten von ein paar nginx-Containern:

```
$ docker run -d -p 80:80 nginx
6d571c0acaa926cea7194255617dcd384375c105b0285ef657c911fb59c729ce
$ docker run -d -p 80:80 nginx
7b1cd5dade7de5bed418d360c03be72d615222b95e5f486d70ce42af5f9e825c
$ docker run -d -p 80:80 nginx
ab542c443c05c40a39450111ece852e9f6422ff4ff31864f84f2e0d0e6697605
$ docker ps
CONTAINER ID IMAGE PORTS NAMES
ab542c443c05 nginx 192.168.99.102:80->..., 443/tcp swarm-1/mad_...
7b1cd5dade7d nginx 192.168.99.101:80->..., 443/tcp swarm-master...
6d571c0acaa9 nginx 192.168.99.103:80->..., 443/tcp swarm-2/elat...
```

Beachten Sie, dass Swarm jeden nginx-Container in einem anderen Host untergebracht hat. Was passiert, wenn wir versuchen, einen vierten Container zu starten?

```
$ docker run -d -p 80:80 nginx
Error response from daemon: unable to find a node with port 80 available
```

Der *port*-Filter wird automatisch ausgeführt und sorgt dafür, dass Container mit den Anforderungen für einen bestimmten Port auf Hosts laufen, auf denen dieser Port frei ist. Als wir den vierten Container starten wollten, gab es keine freien Hosts mehr, auf denen Port 80 verfügbar war, daher hat Swarm diese Anforderung abgelehnt.

Der *constraint*-Filter kann genutzt werden, um Untermengen mit Knoten auszuwählen, die dem angegebenen Schlüssel/Wert-Paar entsprechen. Um zu sehen, wie das funktioniert, können wir die Labels einsetzen, die wir den Hosts weiter oben verpasst haben:

```
$ docker run -d -e constraint:dc==b postgres
e4d1b2991158cff1442a869e087236807649fe9f907d7f93fe4ad7dedc66c460
$ docker run -d -e constraint:dc==b postgres
704261c8f3f138cd590103613db6549da75e443d31b7d8e1c645ae58c9ca6784
docker ps
CONTAINER ID   IMAGE      ...  NAMES
704261c8f3f1   postgres        swarm-2/berserk_yalow
e4d1b2991158   postgres        swarm-2/nostalgic_ptolemy
...
```

Beide Container wurden auf `swarm-2` ausgeführt, da dieser der einzige Host mit dem Label `dc=b` ist. Wir können auch andere Vorgaben machen, zum Beispiel `constraint:dc==a` oder `constraint:dc!=b`:

```
$ docker run -d -e constraint:dc==a postgres
62efba99ef9e9f62999bbae8424bd27da3d57735335ebf553daec533256b01ef
$ docker ps
CONTAINER ID   IMAGE      ...  NAMES
62efba99ef9e   postgres        swarm-master/dreamy_noyce
704261c8f3f1   postgres        swarm-2/berserk_yalow
e4d1b2991158   postgres        swarm-2/nostalgic_ptolemy
...
```

Wir sehen, dass dieser Container auf `swarm-master` gestartet wurde, da dieser das Label `dc=a` trägt.

Der Constraint-Filter kann auch genutzt werden, um nach diversen Metadaten des Host zu filtern, wie zum Beispiel dem Namen, dem Storage-Treiber oder dem Betriebssystem.

So lassen sich Container auf Hosts in bestimmten Regionen starten (zum Beispiel `constraint:region!=europe`) oder mit vorgegebener Hardware (zum Beispiel `constraint:disk==ssd` oder `constraint:gpu==true`).

Diese weiteren Filter stehen ebenfalls zur Verfügung:

health
: Startet Container nur auf »gesunden« Hosts.

dependency
: Führt abhängige Container (zum Beispiel solche, die ein gemeinsames Volume nutzen oder miteinander verlinkt sind) auf einem Host aus.

affinity
: Ermöglicht es dem Anwender, »Affinitäten« zwischen Containern und anderen Containern oder Hosts zu definieren. So können Sie zum Beispiel vorgeben, dass ein Container »in der Nähe« eines bestehenden Containers ausgeführt wird oder nur auf einem Host läuft, auf dem das angegebene Image schon vorhanden ist.

Syntax für Constraint- und Affinity-Filter

Affinity- und Constraint-Filterausdrücke können die Operatoren `==` (Knoten muss dem Wert entsprechen) und `!=` (Knoten darf den Wert nicht haben) einsetzen.

Sie können auch reguläre Ausdrücke und Globbing-Muster verwenden. Zum Beispiel:

```
$ docker run -d -e constraint:region==europe* postgres ❶
$ docker run -d -e constraint:node==/swarm-[12]/ postgres ❷
```

❶ Wird auf Hosts ausgeführt, deren Label `region` mit `europe` beginnt.

❷ Wird auf Hosts ausgeführt, deren Name `swarm-1` oder `swarm-2` lautet (aber nicht `swarm-master`).

Zudem können »weiche« Constraints oder Affinities mitgegeben werden, indem vor dem Wert ein `~` platziert wird. In solchen Fällen versucht der Scheduler, die Regel zu erfüllen, führt den Container aber auch dann auf einer Ressource aus, die nicht der Regel entspricht, statt die Anforderung abzulehnen. Zum Beispiel:

```
$ docker run -d -e constraint:dc==~a postgres
```

Hiermit wird versucht, den Container auf einem Host mit dem Label `dc=a` auszuführen. Gibt es keinen passenden Host, wird ein anderer genommen.

Strategien

Angenommen, es gibt mehr als einen verfügbaren Host, nachdem die Filter-Constraints angewendet wurden – wie wählt Swarm dann den Host für einen Container? Nun, es hängt von der gewählten *Strategie* ab. Die folgenden Strategien stehen dabei zur Verfügung:

spread
: Bringt den Container auf dem am *wenigsten* belasteten Host unter.

binpack
: Bringt den Container auf dem am *meisten* belasteten Host unter, der noch Kapazität zur Verfügung hat.

random
: Bringt den Container auf einem *zufällig* gewählten Host unter.

Die `spread`-Strategie führt dazu, dass Container gleichmäßig über die Hosts verteilt werden. Der größte Vorteil dieses Vorgehens ist, dass beim Stoppen eines Host nur wenige Container betroffen sind. Die `binpack`-Strategie füllt Hosts so weit wie möglich auf und optimiert damit den Einsatz des Maschinenparks. Die `random`-Strategie dient schließlich vor allem Debugging-Zwecken.

Aktuell scheint es, dass Swarm den größten Nutzen bei kleinen bis mittleren Deployments bringt – mit vielleicht dutzenden oder hunderten Hosts. Wollen Sie Swarm mit größeren Clustern verwenden, sollten Sie sich die Integration von Swarm und Mesos anschauen, die den Einsatz der Swarm-API zum Starten von Containern auf der Mesos-Infrastruktur unterstützt und die schon gezeigt hat, dass sie zuverlässig Zehntausende von Hosts verwalten kann.

Löschen Sie Ihre VMs

In diesem Kapitel erstellen wir einen Haufen VMs mit Docker Machine. Diese verbrauchen ordentlich Ressourcen, daher ist es wichtig, sie zu stoppen und zu entfernen, wenn Sie mit einem Beispiel fertig sind. Das lässt sich leicht mit den Befehlen von Machine erledigen:

```
$ docker-machine stop swarm-master
$ docker-machine rm swarm-master
Successfully removed swarm-master
```

Der größte Vorteil von Swarm ist, dass es nur normale Docker-API-Aufrufe nutzt, womit es möglich ist, selbst große Lasten und Anwendungen in andere Cluster zu verschieben oder sie auf mehreren Clustern laufen zu lassen. Der Einsatz von Mesos oder Kubernetes führt zu einer deutlich schwieriger zu portierenden Architektur.

12.1.2 fleet

fleet *(https://coreos.com/fleet)* ist das Cluster Management Tool von CoreOS. Es wirbt von sich als »Low-Level Cluster Engine«, geht also davon aus, eine »Grundlagenschicht« für High-Level-Lösungen wie Kubernetes zu bilden.

Der größte Unterschied von fleet zu anderen Tools ist, dass es auf systemd *(https://wiki.freedesktop.org/www/Software/systemd)* aufsetzt. Während systemd für einen einzelnen Rechner ein System bereitstellt und Services initialisiert, erweitert fleet dies auf ein Cluster aus Maschinen. fleet liest systemd-Unit-Dateien, die dann auf einer oder mehreren Maschinen im Cluster geschedult werden.

Die technische Architektur von fleet sehen Sie in Abbildung 12–2. Jede Maschine läuft entweder als *Engine* oder als *Agent*. In einem Cluster ist immer nur eine Engine gleichzeitig aktiv, aber alle Agenten laufen durch (im Diagramm ist die aktive Engine getrennt von den Maschinen, aber sie läuft auf einer von ihnen). systemd-Unit-Dateien (im Folgenden als *Units* bezeichnet) werden bei der Engine eingereicht, welche dann den Job der am wenigsten belasteten Maschine überträgt. Die Unit-Datei führt normalerweise dazu, dass einfach ein Container gestartet wird. Der Agent kümmert sich um das Starten der Unit und das Berichten des Status. etcd dient dazu, die Kommunikation zwischen den Maschinen zu ermöglichen und den Status des Clusters und der Units zu speichern.

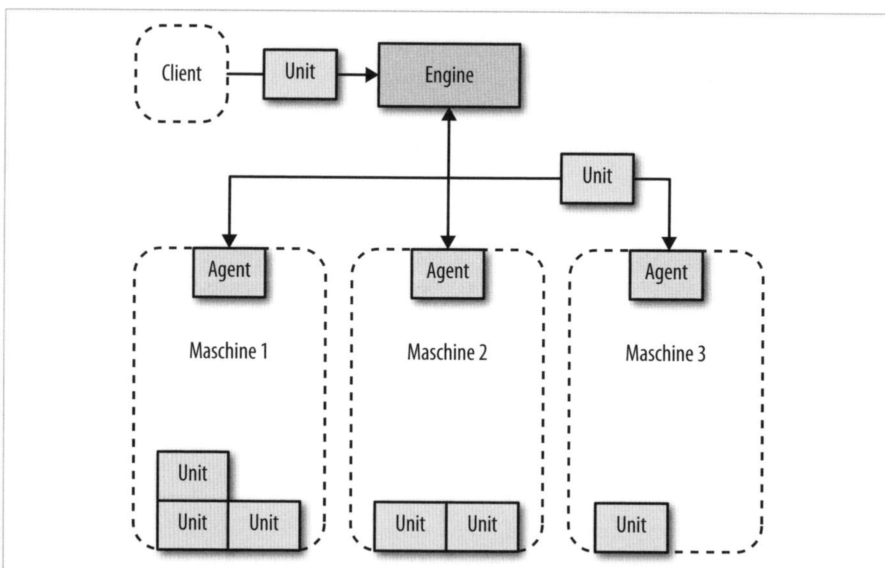

Abb. 12–2 *Die Architektur von fleet*

Die Architektur ist auf Fehlertoleranz ausgelegt – stirbt eine Maschine, werden alle Units, die darauf laufen, auf neuen Hosts wieder gestartet.

fleet unterstützt verschiedene Scheduling Hints und Constraints. Im einfachsten Fall können Units als *global* geschedult werden. Damit wird festgelegt, dass eine Instanz entweder auf allen Maschinen oder nur auf einer einzelnen Einheit läuft. Global Scheduling ist sehr nützlich für Tool-Container, die das Protokollieren und Überwachen ermöglichen. Es wird eine Reihe von *Affinity*-Constraints unterstützt. So kann zum Beispiel ein Container, der einen Health Check laufen lässt, immer in der Nähe des Anwendungsservers laufen. Hosts lassen sich auch Metadaten zuweisen, die dann für das Scheduling genutzt werden, so dass Sie zum Beispiel dafür sorgen können, Container auf den Maschinen einer bestimmten Region oder mit bestimmter Hardware laufen zu lassen.

Da fleet auf systemd basiert, unterstützt es auch das Konzept der *Socket Activation* (ein Container kann also als Reaktion auf eine Verbindung über einen bestimmten Port angestartet werden). Der größte Vorteil ist, dass Prozesse dann erzeugt werden können, wenn man sie braucht. Sie müssen nicht gelangweilt herumsitzen und darauf warten, dass etwas passiert. Es gibt auch noch andere potenzielle Vorteile rund um das Verwalten der Sockets, wie zum Beispiel, dass keine Nachrichten beim Neustart von Containern verloren gehen.

Schauen wir, wie wir identidock auf einem fleet-Cluster zum Laufen bekommen. Für dieses Beispiel habe ich ein GitHub-Projekt erzeugt, das ein Vagrant-Template enthält, mit dem drei VMs gestartet werden:

```
$ git clone https://github.com/amouat/fleet-vagrant
...
$ cd fleet-vagrant
$ vagrant up
...
$ vagrant ssh core-01 -- -A
CoreOS alpha (758.1.0)
```

Wir haben jetzt ein Cluster mit drei VMs erzeugt, auf denen CoreOS läuft. Flannel (siehe Abschnitt 11.5.3) und fleet sind schon installiert. Wir können das Befehlszeilentool `fleetctl` nutzen, um eine Liste aller Maschinen im Cluster zu erhalten:

```
core@core-01 ~ $ fleetctl list-machines
MACHINE       IP            METADATA
16aacf8b...   172.17.8.103  -
39b02496...   172.17.8.102  -
eb570763...   172.17.8.101  -
```

Als Erstes wollen wir SkyDNS installieren (siehe Abschnitt 11.2.2), um ein DNS-basiertes Service Discovery zu erhalten. Es ist sinnvoll, solche Services auf allen Knoten im Cluster zu installieren, daher werden wir diese als eine *globale* Unit definieren. Die Servicedatei hat den Namen *skydns.service* und sie besitzt folgenden Inhalt (schon in Ihrer VM verfügbar):

```
[Unit]
Description=SkyDNS

[Service]
TimeoutStartSec=0
ExecStartPre=-/usr/bin/docker kill dns
ExecStartPre=-/usr/bin/docker rm dns
ExecStartPre=/usr/bin/docker pull skynetservices/skydns:2.5.2b
ExecStart=/usr/bin/env bash -c "IP=$(/usr/bin/ip -o -4 addr list \
  docker0 | awk '{print $4}' | cut -d/ -f1) \
  && docker run --name dns -e ETCD_MACHINES=http://$IP:2379 \
     skynetservices/skydns:2.5.2b"
ExecStop=/usr/bin/docker stop dns

[X-Fleet]
Global=true
```

Abgesehen vom Abschnitt `[X-Fleet]` handelt es sich beim Rest um eine normale systemd-Unit-Datei. In `ExecStart` nutzen wir zuerst ein bisschen Shell-Magie, um die IP-Adresse der Bridge `docker0` zu erhalten und auf die etcd-Instanz des Host zugreifen zu können. Der Container wird ohne das Argument `-d` gestartet, damit systemd die Anwendung überwachen und sich um das Logging kümmern kann. Der Abschnitt `[X-Fleet]` weist fleet an, dass diese Unit auf allen Maschinen laufen soll und nicht nur (wie es standardmäßig der Fall wäre) auf einer einzelnen Instanz.

Bevor wir unsere DNS-Server starten können, müssen wir etcd noch ein wenig Konfiguration hinzufügen:

```
core@core-01 ~ $ etcdctl set /skydns/config \
  '{"dns_addr":"0.0.0.0:53", "domain":"identidock.local."}'
{"dns_addr":"0.0.0.0:53", "domain":"identidock.local."}
```

So weiß SkyDNS, dass es für die Domain `identidock.local` zuständig ist.

Jetzt können wir den Service starten. Die Units werden durch den Befehl `fleetctl start` hochgefahren:

```
core@core-01 ~ $ fleetftl start skydns.service
Triggered global unit skydns.service start
```

Wir können uns den Status aller Units über den Befehl `list-units` holen. Ist alles gestartet, sollten Sie so etwas wie die folgende Ausgabe erhalten:

```
core@core-01 ~ $ fleetctl list-units
UNIT            MACHINE                    ACTIVE  SUB
skydns.service  16aacf8b.../172.17.8.103  active  running
skydns.service  39b02496.../172.17.8.102  active  running
skydns.service  eb570763.../172.17.8.101  active  running
```

Das zeigt, dass auf jeder der Maschinen in unserem Cluster ein SkyDNS-Container läuft.

Nachdem DNS läuft, starten wir unseren Redis-Container und registrieren ihn dort. Die Konfiguration für die Redis-Unit steht in der Datei *redis.service*, deren Inhalt wie folgt aussieht:

```
[Unit]
Description=Redis
After=docker.service
Requires=docker.service
After=flanneld.service

[Service]
TimeoutStartSec=0
ExecStartPre=-/usr/bin/docker kill redis
ExecStartPre=-/usr/bin/docker rm redis
ExecStartPre=/usr/bin/docker pull redis:3
ExecStart=/usr/bin/docker run --name redis redis:3
ExecStartPost=/usr/bin/env bash -c 'sleep 2 \
 && IP=$(docker inspect -f {{.NetworkSettings.IPAddress}} redis) \
 && etcdctl set /skydns/local/identidock/redis \
    "{\\"host\\":\\"$IP\\",\\"port\\":6379}"'
ExecStop=/usr/bin/docker stop redis
```

Dieses Mal haben wir keinen Abschnitt `[X-Fleet]`, daher wird nur eine Instanz von Redis gestartet. Im Abschnitt `[ExecStartPost]` haben wir Code eingefügt, der Redis nach dem Start des Containers automatisch bei SkyDNS registriert. Das kurze `sleep` ist erforderlich, damit Docker die Netzwerkkonfiguration einrichten kann, bevor wir die IP-Adresse auslesen. Solcher Code gehört am besten in ein zusätzliches Skript, ich habe ihn hier nur aus Gründen der Einfachheit in die eigentliche Unit-Datei aufgenommen.

Starten wir den Redis-Service und den dnmonster-Service (die Unit-Datei für letzteren sieht der von Redis sehr ähnlich):

```
core@core-01 ~ $ fleetctl start redis.service
Unit redis.service launched on 53a8f347.../172.17.8.101
core@core-01 ~ $ fleetctl start dnmonster.service
Unit dnmonster.service launched on ce7127e7.../172.17.8.102
```

Die dnmonster- und Redis-Units sollten auf getrennten Maschinen gestartet worden sein, um die Last besser zu verteilen:

```
core@core-01 ~ $ fleetctl list-units
UNIT               MACHINE                   ACTIVE      SUB
dnmonster.service  39b02496.../172.17.8.102  activating  start-pre
redis.service      16aacf8b.../172.17.8.103  activating  start-pre
skydns.service     16aacf8b.../172.17.8.103  active      running
skydns.service     39b02496.../172.17.8.102  active      running
skydns.service     eb570763.../172.17.8.101  active      running
```

Es dauert ein wenig, bis die Maschinen die entsprechenden Container heruntergeladen und gestartet haben.

Jetzt wollen wir den identidock-Container starten. Die Unit-Datei *identidock.service* sieht so aus:

```
[Unit]
Description=identidock

[Service]
TimeoutStartSec=0
ExecStartPre=-/usr/bin/docker kill identidock
ExecStartPre=-/usr/bin/docker rm identidock
ExecStartPre=/usr/bin/docker pull amouat/identidock:1.0
ExecStart=/usr/bin/env bash -c "docker run --name identidock \
  --link dns \
  --dns $(docker inspect -f {{.NetworkSettings.IPAddress}} dns) \
  --dns-search identidock.local amouat/identidock:1.0"
ExecStop=/usr/bin/docker stop identidock
```

Dieses Mal habe ich die Docker-Flags `--dns` und `--dns-search` genutzt, um dem Container zu erklären, wie er DNS-Anfragen über den SkyDNS-Container auf seiner Maschine auflöst. Damit alles ein bisschen einfacher wird, können wir auch fleet bitten, den Container auf der Maschine zu schedulen, auf der wir gerade angemeldet sind. Dazu ermitteln Sie zuerst die ID des Rechners mithilfe von `fleetgtl list-machines -l`:

```
core@core-01 ~ $ fleetctl list-machines -l
MACHINE                           IP            METADATA
16aacf8ba9524e368b5991a04bf90aef  172.17.8.103  -
39b02496db124c3cb11ba88a13684c16  172.17.8.102  -
eb570763ac8349ec927fac657bffa9ee 172.17.8.101 -
```

Dann ergänzen Sie am Ende der Datei *identidock.service* folgende Zeilen:

```
[X-Fleet]
MachineID=<id>
```

Ersetzen Sie `<id>` durch die ID der Maschine, auf der Sie gerade laufen. In meinem Fall sähe das so aus:

```
[X-Fleet]
MachineID=eb570763ac8349ec927fac657bffa9ee
```

Jetzt können wir die identidock-Unit hochfahren, die auf dem aktuellen Rechner gestartet werden wird:

```
core@core-01 ~ $ fleetctl start identidock.service
Unit identidock.service launched on eb570763.../172.17.8.101
```

Wurde der Service gestartet, können wir sehen, ob alles läuft:

```
core@core-01 ~ $ docker exec -it identidock bash
uwsgi@ae8e3d7c494a:/app$ ping redis
```

```
PING redis.identidock.local (192.168.76.3): 56 data bytes
64 bytes from 192.168.76.3: icmp_seq=0 ttl=60 time=1.641 ms
64 bytes from 192.168.76.3: icmp_seq=1 ttl=60 time=2.133 ms
^C--- redis.identidock.local ping statistics ---
2 packets transmitted, 2 packets received, 0% packet loss
round-trip min/avg/max/stddev = 1.641/1.887/2.133/0.246 ms
uwsgi@ae8e3d7c494a:/app$ curl localhost:9090
<html><head><title>Hello
```

Wir können auch testen, was passiert, wenn sich eine Maschine verabschiedet:

```
core@core-01 ~ $ fleetctl list-units
UNIT                MACHINE                     ACTIVE  SUB
dnmonster.service   39b02496.../172.17.8.102    active  running
identidock.service  eb570763.../172.17.8.101    active  running
redis.service       16aacf8b.../172.17.8.103    active  running
skydns.service      16aacf8b.../172.17.8.103    active  running
skydns.service      39b02496.../172.17.8.102    active  running
skydns.service      eb570763.../172.17.8.101    active  running
```

Redis läuft auf 172.17.8.103 – der Maschine core-03. Mit Vagrant können wir sie anhalten:

```
core@core-01 ~ $ exit
$ vagrant halt core-03
==> core-03: Attempting graceful shutdown of VM...
```

Jetzt melden Sie sich wieder an und prüfen den Status:

```
core@core-01 ~ $ fleetctl list-units
UNIT MACHINE ACTIVE SUB
dnmonster.service   39b0249.../172.17.8.102  active      running
identidock.service  eb57076.../172.17.8.101  active      running
redis.service       39b0249.../172.17.8.102  activating  start-pre
skydns.service      39b0249.../172.17.8.102  active      running
skydns.service      eb57076.../172.17.8.101  active      running
```

Der Redis-Service wurde automatisch auf eine laufende Maschine verschoben. Es dauert ein bisschen, bis der Host den Container heruntergeladen hat, aber wenn es so weit ist, wird er die neue Adresse bei SkyDNS registrieren und identidock kann weitermachen. Diese Pause lässt sich weitgehend vermeiden, wenn man die erforderlichen Images auf jeden Host herunterlädt.

Wie wir sehen, bietet fleet einiges an Funktionalität, es ist aber mehr auf langlebige Services ausgerichtet als auf flüchtige Container für Batch-Aufgaben und Ähnliches. Die Scheduling-Strategien sind ebenfalls sehr rudimentär – »geringste Last« funktioniert in vielen Fällen, aber andere Szenarien brauchen subtilere oder komplexere Strategien. In solchen Fällen wird Kubernetes besser passen, welches auch auf fleet als Fundament laufen kann.

12.1.3 Kubernetes

Kubernetes *(http://kubernetes.io)* ist ein Tool zur Containerorchestrierung von Google, das ausgehend von ihrer jahrelangen Erfahrung mit dem Einsatz von Containern im Produktivumfeld geschrieben wurde. Es geht seine eigenen Wege und erzwingt eine Reihe von Konzepten rund um die Organisation und das Vernetzen von Containern. Zu den wichtigsten Konzepten gehören:

Pods

Pods sind Gruppen aus Containern, die gemeinsam deployt und geschedult werden. Sie sind die kleinste Scheduling-Einheit in Kubernetes – im Gegensatz zu einzelnen Containern in anderen Systemen. Ein Pod besteht im Allgemeinen aus einem bis fünf Containern, die zusammenarbeiten, um einen Service bereitzustellen. Neben diesen Benutzercontainern führt Kubernetes noch weitere Container aus, die Logging und Monitoring ermöglichen. Pods werden in Kubernetes als kurzlebig betrachtet – Sie sollten davon ausgehen, dass sie im Lebenszyklus des Systems immer wieder erzeugt und zerstört werden.

Flaches Netzwerk

In Kubernetes funktioniert das Vernetzen deutlich anders als beim Standard-Bridge-Netzwerk von Docker. In Letzterem befinden sich Container in einem privaten Subnetz, und sie können nicht direkt mit Containern auf anderen Hosts kommunizieren, wenn sie nicht Ports auf dem Host weiterleiten oder Proxys einsetzen. Bei Kubernetes haben die Container innerhalb eines Pods eine gemeinsame IP-Adresse, aber der Adressraum ist über alle Pods hinweg »flach« – sie können also alle miteinander kommunizieren, ohne dass Network Address Translation (NAT) erforderlich ist. Damit lassen sich Multihost-Cluster viel einfacher verwalten, allerdings werden keine Links unterstützt, und ein »Netzwerk« auf einem einzelnen Host (oder genauer gesagt – auf einem einzelnen *Pod*) ist ein bisschen komplizierter umzusetzen. Da Container im gleichen Pod eine gemeinsame IP-Adresse haben, können sie über Ports und die Adresse `localhost` miteinander kommunizieren (was bedeutet, dass Sie den Einsatz der Ports innerhalb eines Pods selbst koordinieren müssen).

Label

Label sind Key/Value-Paare, die mit Objekten in Kubernetes verbunden sind – vor allem Pods –, um identifizierende Charakteristiken des Objekts zu beschreiben (zum Beispiel `version: dev` oder `tier: frontend`). Label sind normalerweise nicht eindeutig, sie sollen Gruppen von Containern kenntlich machen. *Label-Selektoren* können genutzt werden, um Objekte oder Gruppen von Objekten zu identifizieren (zum Beispiel alle Pods im Frontend-Tier in der

Produktivumgebung). Durch den Einsatz von Labeln ist es einfach, Aufgaben für ganze Gruppen umzusetzen, wie zum Beispiel das Zuweisen von Pods an Load-Balancing-Gruppen oder das Verschieben von Pods zwischen Gruppen.

Services

Services sind stabile Endpunkte, die über einen Namen angesprochen werden können. Sie lassen sich durch Label-Selektoren mit Pods verbinden. So könnte zum Beispiel mein »cache«-Service mit einer Reihe von »redis«-Pods durch den Label-Selektor `"type": "redis"` verbunden werden. Der Service verteilt die Requests automatisch per Round-Robin unter den Pods. So können Services genutzt werden, um die Teile eines Systems miteinander zu verbinden. Sie erhalten so eine Abstraktionsschicht, durch die Anwendungen keine internen Details des Service kennen müssen, den sie aufrufen. Anwendungscode, der innerhalb eines Pods läuft, muss so zum Beispiel nur den Namen und Port des aufzurufenden Datenbankservice kennen, aber sich nicht darum kümmern, aus wie vielen Pods die Datenbank besteht oder mit welchem Pod er sich zuletzt unterhalten hat. Kubernetes setzt einen DNS-Server für das Cluster auf, der auf neue Services wartet und es ihnen ermöglicht, im Anwendungscode und in Konfigurationsdateien über einen Namen angesprochen zu werden.

Es ist auch möglich, Services einzurichten, die nicht auf Pods zeigen, sondern auf andere, schon bestehende Services wie zum Beispiel externe APIs oder Datenbanken.

Replication Controller

Replication Controller sind der übliche Weg, Pods in Kubernetes zu instanziieren (im Allgemeinen verwenden Sie hier nicht die Docker-CLI). Sie steuern und überwachen die Anzahl der laufenden Pods (Replicas genannt) für einen Service. So kann zum Beispiel ein Replication Controller dafür verantwortlich sein, fünf Redis-Pods am Laufen zu halten. Sollte einer beendet werden, wird direkt ein neuer gestartet. Wird die Anzahl an Replicas verringert, werden überflüssige Pods gestoppt. Auch wenn durch den Einsatz von Replication-Controllern zum Instanziieren aller Pods eine zusätzliche Konfigurationsschicht hinzukommt, werden dadurch die Fehlertoleranz und Zuverlässigkeit erhöht.

In Abbildung 12–3 sehen Sie einen Teil eines Kubernetes-Clusters mit zwei Pods, die durch einen Replication Controller erstellt wurden und durch einen Service zugänglich sind. Der Service schickt die Requests per Round-Robin an die verschiedenen Pods, die anhand des Werts des Labels `tier` ausgewählt wurden. Container in einem Pod können über Ports und die Adresse `localhost` miteinander kommunizieren. Dem Service wurde eine eigene IP-Adresse zugewiesen, die öffentlich erreichbar ist.

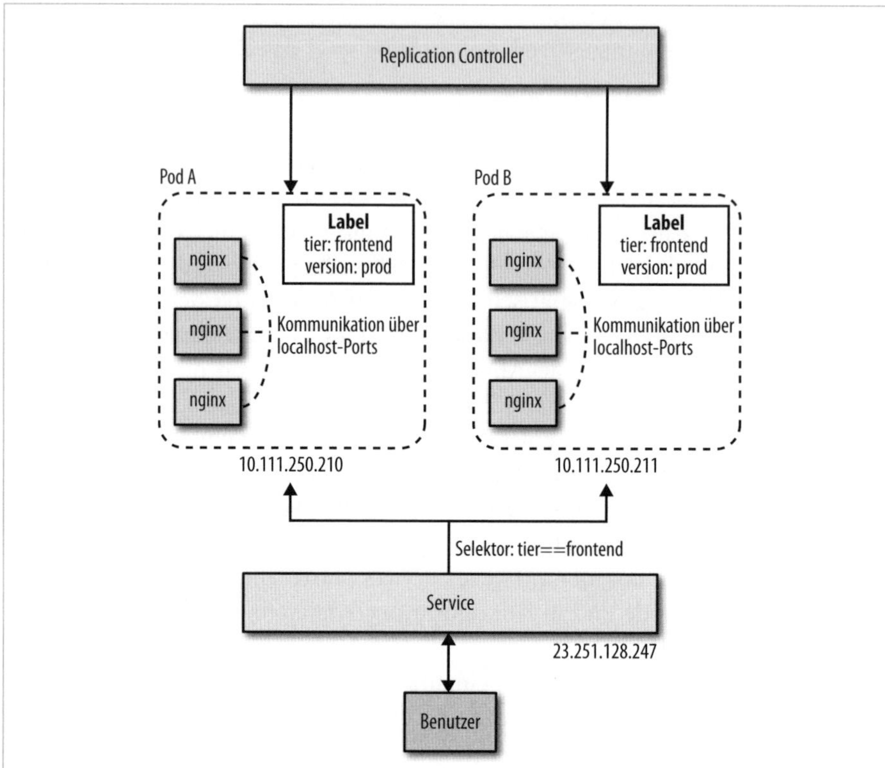

Abb. 12–3 *Beispiel-Cluster mit Kubernetes*

Damit identidock auf Kubernetes läuft, werden wir getrennte Pods für die dnmonster-, identidock- und Redis-Container einsetzen. Das mag nach Overkill klingen, aber diese Services könnten durchaus alle unabhängig voneinander skaliert werden (ein identidock-Service können eine per Load Balancing gesteuerte Gruppe aus zwei dnmonster-Services und drei Redis-Services ansprechen), so dass wir unsere Anwendung nicht anpassen müssen, um Services über `localhost`-Ports anzusprechen. Wir brauchen keine eigenen Logging- oder Monitoring-Container, da Kubernetes das schon für uns übernimmt. Es stellt auch einen Frontend-Proxy mit Load Balancing bereit, so dass wir auch keinen nginx-Proxy-Container benötigen.

Eine einfache Installation Single Node Installation kann mit Kid (*https://github.com/vyshane/kid*) oder minikube (*https://github.com/kubernetes/minikube*) erfolgen. Dieses Beispiel nutzt die Google Container Engine (GKE), um Kubernetes auszuführen, aber auch mit anderen Kubernetes-Installationen sollte die Vorgehensweise sehr ähnlich sein.[3] In »Wie Sie an Kubernetes kommen« ist beschrie-

3. Die Beispiele hier bauen auf der Version v1 der API auf. Neuere Versionen der API werden eventuell eine etwas andere Syntax haben.

ben, wie Sie Kubernetes erhalten und installieren. Für den Rest dieses Abschnitts wird davon ausgegangen, dass Sie `kubectl` erfolgreich ausführen können und Ihre Kubernetes-Installation einen DNS-Server enthält.

Wie Sie an Kubernetes kommen

Die GitHub-Seite von Kubernetes enthält Einstiegsanleitungen für viele verschiedene Plattformen. Wollen Sie mit Kubernetes auf einem lokalen Rechner herumspielen, können Sie es über einen Satz von Docker-Containern *(https://github.com/kubernetes/kubernetes/blob/master/docs/getting-started-guides/docker.md)* oder über eine Vagrant-VM *(https://github.com/kubernetes/kubernetes/blob/master/docs/getting-started-guides/vagrant.md)* ausführen, die beide auf den GitHub-Seiten bereitstehen. Ansonsten ist als gehostete Version von Kubernetes natürlich die Google Container Engine (GKE) die erste Adresse, da es sich dabei um Googles eigenes kommerzielles Angebot handelt: *https://cloud.google.com/container-engine*.

Installieren Sie Kubernetes selbst, müssen Sie das DNS-Addon konfigurieren, damit die Servicenamen aufgelöst werden. Nutzen Sie die GKE, ist dies schon geschehen.

Beginnen wir mit der Definition des Replication Controller, um unsere Redis-Instanz zu starten. Erstellen Sie eine Datei *redis-controller.json* mit folgendem Inhalt:

```
{ "kind":"ReplicationController",
  "apiVersion":"v1",
  "metadata":{ "name":"redis-controller" },
  "spec":{
    "replicas":1,
    "selector":{ "name":"redis-pod" },
    "template":{
      "metadata":{
        "labels":{ "name":"redis-pod" }
      },
      "spec":{
        "containers":[ {
            "name":"redis",
            "image":"redis:3",
            "ports":[ {
                "containerPort":6379,
                "protocol":"TCP"
            } ]
        } ]
      }
    }
  }
}
```

Wir bitten Kubernetes damit, ein per Replication Control gesteuertes Pod mit einem einzelnen Container zu erstellen, der das Image redis:3 ausführt, und Port 6379 freizugeben. Das Pod erhält ein Label mit dem Schlüssel »name« und dem Wert »redis-pod«. Der Replication Controller ist ein eigenes Objekt, und es erhält den Namen »redis-controller«.

Starten wir dieses Pod mit dem Tool kubectl:

```
$ kubectl create -f redis-controller.json
services/redis
```

Führen Sie jetzt kubectl get pods aus, erhalten Sie eine Liste mit allen laufenden und noch ausstehenden Pods mit einer Reihe von Details – unter anderem den Labeln und IP-Adressen, aber auch den darauf laufenden Containern und Images.[4] Dieser Befehl gibt mehr Informationen aus, als wir hier sinnvoll drucken können, aber die Liste der laufenden Images sollte in etwa wie folgt aussehen:

```
gcr.io/google_containers/fluentd-gcp:1.6
gcr.io/google_containers/skydns:2015-03-11-001
gcr.io/google_containers/kube2sky:1.9
gcr.io/google_containers/etcd:2.0.9
redis:3
```

Die Nicht-redis-Container kümmern sich um verschiedene Systemaufgaben: fluentd loggt, skydns, kube2sky und etcd betreuen die DNS-Auflösung von Servicenamen. Beachten Sie, dass sich unser Redis-Pod im Status »Pending« befindet – es dauert einige Zeit, bis Kubernetes das Image heruntergeladen und das Pod gestartet hat.

Um zu sehen, wie das Ganze bei GKE unter der Motorhaube funktioniert, können Sie sich an der VM zu einem Pod mit gcloud compute ssh HOST anmelden, wobei HOST der Wert aus der HOST-Spalte in kubectl get pods ist (nur der Teil vor dem /). Dann können Sie docker ps ausführen und so mit den Containern interagieren, als ob Sie sich in einer normalen VM befänden, in der Docker-Container laufen.

Als nächsten Schritt definieren wir einen *Service*, der es anderen Containern ermöglicht, sich mit unserem Redis-Pod zu verbinden, ohne die IP-Adresse kennen zu müssen. Erstellen Sie eine Datei *redis-service.json* mit diesem Inhalt:

```
{ "kind":"Service",
  "apiVersion":"v1",
  "metadata":{ "name":"redis" },
  "spec":{
    "ports": [ {
        "port":6379,
        "targetPort":6379,
```

4. Mit kubectl get rc können Sie genauso eine Liste der Replication Controller erhalten, mit kubectl get services eine mit den Services.

```
            "protocol":"TCP"
        }],
        "selector":{ "name":"redis-pod" }
    }
}
```

Damit wird ein Service definiert, der Aufrufer mit unserem Redis-Pod verbindet. Der Service erhält den Namen »redis«, welcher vom DNS-Cluster-Addon aufgenommen wird (welches standardmäßig in GKE installiert ist) und der dadurch auflösbar ist. Das bedeutet für unseren identidock-Code, dass er funktioniert, ohne dass die Hostnamen angepasst werden müssen.

Der Redis-Pod wird über den Selektor `"name": "redis-pod"` identifiziert. Hätten wir mehrere Redis-Knoten mit dem Label `"name": "redis-pod"`, würde dieser Selektor alle von ihnen auswählen. Gibt es mehr als ein ausgewähltes Pod, wählt der Service einen zufälligen Pod aus, auf dem der Request abgearbeitet wird (es ist auch möglich, eine *Affinität* beim Auswählen eines Pods anzugeben – so weist zum Beispiel `"ClientIP"` Clients den Pods anhand ihrer IP-Adresse zu). Durch ein Ändern des Labels der Pods können dynamisch Selektor-Gruppen hinzugefügt oder aus ihnen entfernt werden, was sich zum Beispiel dazu nutzen lässt, ein Pod temporär aus dem Produktivbetrieb zu nehmen, um ihn zu debuggen oder zu warten.

Als Nächstes können wir den Controller und Service für dnmonster anlegen, wobei wir wie oben vorgehen. Erstellen Sie eine Datei *dnmonster-controller.json* mit diesem Inhalt:

```
{ "kind": "ReplicationController",
  "apiVersion": "v1",
  "metadata": { "name": "dnmonster-controller" },
  "spec": {
    "replicas": 1,
    "selector": { "name": "dnmonster-pod" },
    "template": {
      "metadata": {
        "labels": { "name": "dnmonster-pod" }
      },
      "spec": {
        "containers": [ {
            "name": "dnmonster",
            "image": "amouat/dnmonster:1.0",
            "ports": [ {
                "containerPort": 8080,
                "protocol": "TCP"
            } ]
        } ]
      }
    }
  }
}
```

Für den dnmonster-Service legen Sie eine Datei *dnmonster-service.json* an:

```
{
  "kind":"Service",
  "apiVersion":"v1",
  "metadata":{ "name":"dnmonster" },
  "spec":{
    "ports": [ {
        "port":8080,
        "targetPort":8080,
        "protocol":"TCP"
    } ],
    "selector":{ "name":"dnmonster-pod" }
  }
}
```

Starten wir beides:

```
$ kubectl create -f dnmonster-controller.json
replicationcontrollers/dnmonster-controller
$ kubectl create -f dnmonster-service.json
services/dnmonster
```

Wir folgen hier genau dem gleichen Muster wie mit dem Redis-Controller und -Service: Wir haben einen dnmonster-Service, der über den Hostnamen `dnmonster` angesprochen werden kann und der an die eine Instanz `dnmonster` weiterleitet, die durch den Replication Controller erstellt wurde.

Jetzt können wir unser identidock-Pod erstellen und damit anfangen, alles miteinander zu verbinden. Legen Sie eine Datei *identidock-controller.json* an und fügen Sie diese Zeilen ein:

```
{ "kind":"ReplicationController",
  "apiVersion":"v1",
  "metadata":{ "name":"identidock-controller" },
  "spec":{
    "replicas":1,
    "selector":{ "name":"identidock-pod" },
    "template":{
      "metadata":{
        "labels":{ "name":"identidock-pod" }
      },
      "spec":{
        "containers":[ {
            "name":"identidock",
            "image":"amouat/identidock:1.0",
            "ports":[ {
                "containerPort":9090,
                "protocol":"TCP"
            } ]
```

```
            } ]
          }
        }
      }
    }
```

Starten Sie den Pod:

```
$ kubectl create -f identidock-controller.json
replicationcontrollers/identidock-controller
```

identidock sollte nun laufen, aber wir müssen immer noch den identidock-Service anlegen, um es auch von außen erreichen zu können. Erstellen Sie daher eine Datei *identidock-service.json* mit folgendem Inhalt:

```
{ "kind":"Service",
  "apiVersion":"v1",
  "metadata":{ "name":"identidock" },
  "spec":{
    "type": "LoadBalancer",
    "ports": [ {
        "port":80,
        "targetPort":9090,
        "protocol":"TCP"
    }],
    "selector":{ "name":"identidock-pod" }
  }
}
```

Dieser Service unterscheidet sich ein wenig von den anderen. Der `"type"` ist hier auf `"LoadBalancer"` gesetzt, wodurch ein extern erreichbarer Load Balancer erstellt wird, der an Port 80 auf Verbindungen lauscht und sie an unseren identidock-Service an Port 9090 weiterleitet.

Arbeiten Sie auf GKE, müssen Sie eventuell auch Port 80 der Firewall öffnen. Das erreichen Sie durch das Anlegen einer Regel mit dem Tool `gcloud`:

```
$ gcloud compute firewall-rules create --allow=tcp:80 \
        identidock-80
```

Wenn jetzt keine Firewall (mehr) im Weg ist, sollten Sie sich über die öffentliche IP-Adresse des identidock-Service mit ihm verbinden können:

```
$ kubectl get services identidock
NAME        LABELS  SELECTOR             IP(S)           PORT(S)
identidock  <none>  name=identidock-pod  10.111.250.210  80/TCP
                                         23.251.128.247

$ curl 23.251.128.247
<html><head><title>Hello...
```

Volumes in Kubernetes

Volumes werden in Kubernetes etwas anders behandelt als gewohnt. Der größte Unterschied liegt darin, dass sie auf Pod-Ebene deklariert werden und nicht für einen Container, und sie lassen sich von den Containern in einem Pod gemeinsam nutzen. Kubernetes bietet viele verschiedene Typen von Volumes für die unterschiedlichsten Anwendungsfälle an, unter anderem:

emptyDir
: Damit wird ein leeres Verzeichnis auf dem Pod initialisiert, in das der Container schreiben kann. Hat das Pod sein Lebensende erreicht, stirbt auch das Verzeichnis mit. Das ist für temporäre Daten sehr nützlich, die nur während der Lebensspanne des Pods benötigt werden, oder für Daten, die regelmäßig auf einen anderen, persistenteren Store gesichert werden.

getPersistentDisk
: Für Benutzer der GKE kann dies genutzt werden, um Daten in der Google Cloud zu speichern. Die Daten werden über die Lebensdauer des Pods hinaus persistiert.

awsElasticBlockStore
: Für Anwender des AWS kann dies genutzt werden, um Daten im Elastic Block Store von Amazon zu sichern. Die Daten werden über die Lebensdauer des Pods hinaus persistiert.

nfs
: Für den Zugriff auf eine Freigabe eines Network File System (NFS). Auch hier bleiben die Daten über das Ende eines Pods hinaus bestehen.

secret
: Zum Speichern kritischer Informationen wie Passwörter und API-Token, die von Pods genutzt werden. Solche Volumes müssen über die Kubernetes-API gefüllt und in tmpfs geschrieben werden, die nur im RAM existieren und nie auf der Festplatte landen.

Der Einsatz von Kubernetes erforderte ein wenig mehr Konfigurationsaufwand, führte aber zu einem System, das Failover und Load Balancing schon gleich mitgebracht hat. Statt Container fest miteinander verdrahtet zu haben, erlaubt uns der Einsatz von Services eine zusätzliche Abstraktionsmöglichkeit, um die zugrunde liegenden Pods und Container leicht skalieren zu können. Der Nachteil ist, dass Kubernetes unsere einfache und leichte identidock-Anwendung deutlich schwerer gemacht hat – die zusätzliche Logging- und Monitoring-Infrastruktur erfordert deutliche Ressourcenanteile und erhöht damit die laufenden Kosten.

Bei manchen Anwendungen sind das Systemdesign und die für Kubernetes zu treffenden Entscheidungen einfach nicht passend. Aber für einen Großteil der Programme, insbesondere Microservices und solche mit einem kleinen oder gut gekapselten Status, erhalten Sie so mit erstaunlich wenig Aufwand einen einfach zu verwendenden, belastbaren und skalierbaren Service.

12.1.4 Mesos und Marathon

Apache Mesos *(https://mesos.apache.org)* ist ein Open Source Cluster Manager. Er ist dazu gedacht, auch bis zu sehr große Clustern mit Hunderten oder Tausenden von Hosts zu skalieren. Mesos unterstützt verschiedenste Workloads von unterschiedlichen Mandanten – der Docker-Container des einen Anwenders läuft eventuell neben dem Hadoop-Task eines anderen.

Apache Mesos begann als Projekt der University of California in Berkeley, bevor es die zugrunde liegende Infrastruktur von Twitter und ein wichtiges Tool in vielen großen Firmen wie eBay und Airbnb wurde. Ein Großteil der Weiterentwicklung geschieht durch Mesosphere, ein Unternehmen, das durch Ben Hindeman mitbegründet wurde, welcher einer der ursprünglichen Entwickler von Mesos ist.

Die Architektur von Mesos dreht sich um Hochverfügbarkeit und Belastbarkeit. Die wichtigsten Komponenten in einem Mesos-Cluster sind:

Mesos Agent Nodes[5]
: Verantwortlich für das eigentliche Ausführen der Aufgaben. Alle Agenten schicken eine Liste ihrer verfügbaren Ressourcen an den Master. Es gibt üblicherweise zehntausende Agent Nodes.

Mesos Master
: Der Master ist dafür zuständig, Aufgaben an die Agenten zu schicken. Er verwaltet eine Liste der verfügbaren Ressourcen, die dann den Frameworks angeboten werden. Der Master entscheidet anhand einer Allokationsstrategie, wie viele Ressourcen angeboten werden. Typischerweise gibt es zwei oder vier Standby-Master, die im Fall eines Ausfalls einspringen können.

ZooKeeper
: Wird zur Auswahl und zum Nachschlagen der Adresse des aktuellen Masters genutzt. Meist laufen drei oder fünf ZooKeeper-Instanzen, um die Verfügbarkeit sicherzustellen und mit Ausfällen klarzukommen.

Frameworks
: Frameworks arbeiten mit dem Master zusammen, um Aufgaben auf Agent Nodes zu schedulen. Sie bestehen aus zwei Teilen: Der *Executor*-Prozess läuft auf den Agenten und kümmert sich darum, die Aufgaben auszuführen, während der *Scheduler* beim Master registriert ist und die zu verwendenden Ressourcen ausgehend von dem auswählt, was der Master ihm anbietet. In einem Mesos-Cluster können mehrere Frameworks laufen, um unterschiedliche Arten von Aufgaben zu erfüllen. Benutzer, die Jobs abgearbeitet haben wollen, interagieren mit den Frameworks und nicht direkt mit Mesos.

---

5. Früher als Slave Nodes bezeichnet

In Abbildung 12–4 sehen wir ein Mesos-Cluster, welches das Marathon-Framework als Scheduler einsetzt. Der Marathon-Scheduler verwendet ZooKeeper, um den aktuellen Mesos-Master zu finden, bei dem er Aufgaben einreichen wird. Sowohl der Marathon-Scheduler als auch der Mesos-Master besitzen Standbys, die einspringen, wenn der aktuelle Master nicht mehr zur Verfügung stehen sollte.

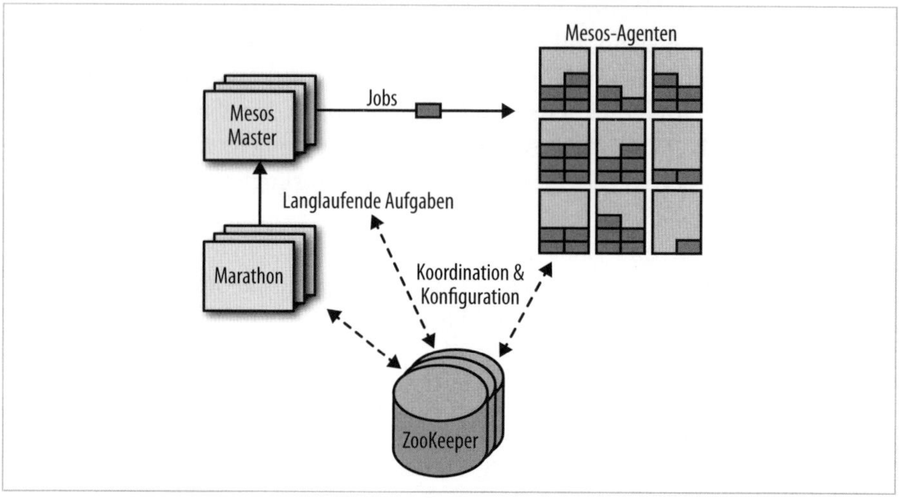

Abb. 12–4 *Mesos-Cluster*

Normalerweise läuft ZooKeeper auf den gleichen Hosts wie der Mesos-Master und seine Standbys. In einem kleinen Cluster können auf diesen Hosts auch Agenten laufen, aber große Cluster sind stärker auf die Kommunikation mit dem Master angewiesen, daher ist das dann nicht mehr so vernünftig. Marathon kann ebenfalls auf dem gleichen Host laufen, oder es wird ein eigener Host dafür eingesetzt, der sich an der Netzwerkgrenze befindet und den Access Point für Clients darstellt, so dass Letztere vom Mesos-Cluster getrennt sind.

Marathon *(https://mesosphere.github.io/marathon)* von Mesosphere ist dazu gedacht, langlaufende[6] Anwendungen zu starten, zu stoppen, zu überwachen und zu skalieren. Es ist so entworfen, dass es bezüglich der zu startenden Anwendungen flexibel ist, und kann sogar dazu dienen, andere ergänzende Frameworks wie Chronos (»cron« für das Data Center) zu starten. Marathon ist eine gute Wahl für das Ausführen von Containern, die in diesem Framework direkt unterstützt werden. Wie die anderen Orchestrierungsframeworks, die wir uns angeschaut haben, unterstützt Marathon verschiedene Affinity- und Constraints-Regeln. Clients interagieren mit Marathon über eine REST-API. Weitere Features sind das

6. Vermutlich haben sie es deshalb Marathon genannt. *Ba-dum-tsss.*

Unterstützen von Health Checks und ein Event-Stream, der zur Integration mit Load-Balancern oder für Analysemetriken genutzt werden kann.

Um eine Idee davon zu erhalten, wie Mesos und Marathon arbeiten, werden wir mithilfe von Docker Machine ein Cluster aus drei Knoten einrichten, das das Setup aus Abbildung 12–4 nachstellt. Aber wir werden nur jeweils eine Instanz von ZooKeeper, dem Marathon-Scheduler und dem Mesos-Master laufen lassen. Auf allen Knoten wird auch ein Mesos-Agent laufen. Eine Produktivarchitektur sieht deutlich anders aus und sollte zur Hochverfügbarkeit auch mehrere Instanzen der zentralen Dienste enthalten.

Beginnen wir damit, die Hosts `mesos-1`, `mesos-2` und `mesos-3` anzulegen:

```
$ docker-machine create -d virtualbox mesos-1
Creating VirtualBox VM...
...
$ docker-machine create -d virtualbox mesos-2
...
$ docker-machine create -d virtualbox mesos-3
...
```

Wir müssen auch ein bisschen an der Konfiguration drehen, damit die Mesos-Hostnamen aufgelöst werden können. Das sollte eigentlich nicht nötig sein, aber ohne die folgenden Zeilen hatte ich Probleme:

```
$ docker-machine ssh mesos-1 \
        'sudo sed -i "\$a127.0.0.1 mesos-1" /etc/hosts'
$ docker-machine ssh mesos-2 \
        'sudo sed -i "\$a127.0.0.1 mesos-2" /etc/hosts'
$ docker-machine ssh mesos-3 \
        'sudo sed -i "\$a127.0.0.1 mesos-3" /etc/hosts'
```

Wir werden mit der Konfiguration von `mesos-1` beginnen, auf der der Mesos-Master, ZooKeeper, das Marathon-Framework und ein Agent laufen werden.

Zunächst wollen wir ZooKeeper zum Laufen bringen, da die anderen Container damit Services registrieren und sie finden werden. Dazu nutzen wir ein Image, das ich erstellt habe, weil es beim Schreiben dieses Buches noch kein offizielles gab. Ich habe für diesen Container `--net=host` genutzt, vor allem aus Effizienzgründen und damit er konsistent zu den Master- und Agent-Containern ist, auf denen Host-Networking notwendig ist, um neue Ports für Services öffnen zu können.

```
$ eval $(docker-machine env mesos-1)
$ docker run --name zook -d --net=host amouat/zookeeper
...
Status: Downloaded newer image for amouat/zookeeper:latest
dfc27992467c9563db05af63ecb6f0ec371c03728f9316d870bd4b991db7b642
```

Merken wir uns die IP-Adressen unserer Knoten in Variablen, damit die folgende Konfiguration ein bisschen einfacher wird:

```
$ MESOS1=$(docker-machine ip mesos-1)
$ MESOS2=$(docker-machine ip mesos-2)
$ MESOS3=$(docker-machine ip mesos-3)
```

Jetzt können wir den Master hochfahren:

```
$ docker run --name master -d --net=host \
             -e MESOS_ZK=zk://$MESOS1:2181/mesos \ ❶
             -e MESOS_IP=$MESOS1 \ ❷
             -e MESOS_HOSTNAME=$MESOS1 \
             -e MESOS_QUORUM=1 \ ❸
             mesosphere/mesos-master:0.23.0-1.0.ubuntu1404 ❹
...
Status: Downloaded newer image for mesosphere/mesos-master:0.23.0-
1.0.ubuntu1404
9de83f40c3e1c5908381563fb28a14c2e23bb6faed569b4d388ddfb46f7d7403
```

❶ Teilt dem Master mit, wo er ZooKeeper findet, um sich selbst zu registrieren.

❷ Setzt die IP-Adresse, die der Master verwenden soll.

❸ Wir haben für dieses Beispiel nur genau einen Master.

❹ Wir verwenden ein Mesos-Image von Mesosphere. Das ist kein automatischer Build, und es ist schwer zu sagen, was sich genau darin befindet, daher empfehle ich, dieses Image nicht produktiv einzusetzen.

Auf dem gleichen Host führen wir auch einen Agenten aus:

```
$ docker run --name agent -d --net=host \
             -e MESOS_MASTER=zk://$MESOS1:2181/mesos \
             -e MESOS_CONTAINERIZERS=docker \ ❶
             -e MESOS_IP=$MESOS1 \
             -e MESOS_HOSTNAME=$MESOS1 \
             -e MESOS_EXECUTOR_REGISTRATION_TIMEOUT=10mins \ ❷
             -e MESOS_RESOURCES="ports(*):[80-32000]" \ ❸
             -e MESOS_HOSTNAME=$MESOS1 \
             -v /var/run/docker.sock:/run/docker.sock \ ❹
             -v /usr/local/bin/docker:/usr/bin/docker \
             -v /sys:/sys:ro \ ❺
             mesosphere/mesos-slave:0.23.0-1.0.ubuntu1404
...
Status: Downloaded newer image for mesosphere/mesos-slave:0.23.0-
1.0.ubuntu1404
38aaec1d08a41e5a6deeb62b7b097254b5aa2b758547e03c37cf2dfc686353bd
```

❶ Mesos verfolgt ein Konzept der *Containerizer*, durch das die Aufgaben, die auf einem Agenten laufen, voneinander isoliert sind. Durch das Argument `docker` können wir Docker-Container als Aufgaben auf dem Agenten ausführen.

❷ Wir müssen den »Registration Timeout« erhöhen, damit der Agent genug Zeit hat, Images herunterzuladen, bevor er abbricht.

❸ Standardmäßig bieten Agenten für Frameworks nur eine Untermenge an Ports mit hohen Nummern an. Da identidock ein paar Ports im unteren Bereich nutzt, müssen wir sie explizit zu den angebotenen Ressourcen hinzufügen. Aus Gründen der Übersichtlichkeit habe ich die Ports, die Mesos selbst nutzt, nicht aus der Liste herausgelassen, was aber zu einem Konflikt führen kann, wenn ein Framework einen schon genutzten Port anfordert.

❹ Damit der Agent neue Container starten kann, mounten wir den Docker Sock und das Binary.

❺ Das Mounten von */sys* ist notwendig, damit der Agent genaue Details über die auf dem Host verfügbaren Ressourcen berichten kann.

```
$ docker run -d --name marathon -p 9000:8080 \ ❶
    mesosphere/marathon:v0.9.1 --master zk://$MESOS1:2181/mesos \
    --zk zk://$MESOS1:2181/marathon \
    --task_launch_timeout 600000 ❷
...
Status: Downloaded newer image for mesosphere/marathon:v0.9.1
697d78749c2cfd6daf6757958f8460963627c422710f366fc86d6fcdce0da311
```

❶ Wir müssen Marathon von seinem Standardport 8080 auf einen anderen verschieben, um potenzielle Konflikte mit dem dnmonster-Container zu vermeiden.

❷ Wir setzen einen Timeout von 600.000 ms, um zum Timeout des Agenten von zehn Minuten zu passen. Diese Einstellung behebt ein aktuelles Problem und wird in zukünftigen Versionen nicht mehr notwendig sein.

Als Nächstes starten wir auf den anderen Hosts einen Agenten:

```
$ eval $(docker-machine env mesos-2)
$ docker run --name agent -d --net=host \
            -e MESOS_MASTER=zk://$MESOS1:2181/mesos \
            -e MESOS_CONTAINERIZERS=docker \
            -e MESOS_IP=$MESOS2 \
            -e MESOS_HOSTNAME=$MESOS2 \
            -e MESOS_EXECUTOR_REGISTRATION_TIMEOUT=10mins \
            -e MESOS_RESOURCES="ports(*):[80-32000]" \
            -v /var/run/docker.sock:/run/docker.sock \
            -v /usr/local/bin/docker:/usr/bin/docker \
            -v /sys:/sys:ro \
            mesosphere/mesos-slave:0.23.0-1.0.ubuntu1404
...
Status: Downloaded newer image for mesosphere/mesos-slave:0.23.0-
1.0.ubuntu1404
ac1216e7eedbb39475404f45a5655c7dc166d118db99072ed3d460322ad1a1c2
$ eval $(docker-machine env mesos-3)
$ docker run --name agent -d --net=host \
            -e MESOS_MASTER=zk://$MESOS1:2181/mesos \
            -e MESOS_CONTAINERIZERS=docker \
            -e MESOS_IP=$MESOS3 \
```

```
            -e MESOS_HOSTNAME=$MESOS3 \
            -e MESOS_EXECUTOR_REGISTRATION_TIMEOUT=10mins \
            -e MESOS_RESOURCES="ports(*):[80-32000]" \
            -v /var/run/docker.sock:/run/docker.sock \
            -v /usr/local/bin/docker:/usr/bin/docker \
            -v /sys:/sys:ro \
            mesosphere/mesos-slave:0.23.0-1.0.ubuntu1404
...
Status: Downloaded newer image for mesosphere/mesos-slave:0.23.0-
1.0.ubuntu1404
b5eecb7f56903969d1b7947144617050f193f20bb2a59f2b8e4ec30ef4ec3059
```

Öffnen Sie jetzt *http://$MESOS1:5050* in einem Browser (wobei Sie *$MESOS1* durch die IP-Adresse von `mesos-1` ersetzen), sollten Sie die Weboberfläche von Mesos sehen. Die Oberfläche von Marathon erreichen Sie über Port 9000.

Jetzt haben wir die Infrastruktur, um Container auf Mesos-Agenten per Marathon laufen zu lassen. Aber bevor wir identidock starten können, müssen wir einen Mechanismus zum Service Discovery ergänzen. In diesem Fall werden wir mesos-dns *(https://github.com/mesosphere/mesos-dns)* einsetzen und ihn auf `mesos-1` starten.

Marathon-Jobs werden in einer JSON-Datei definiert, die die Details zu der zu startenden Aufgabe und die erforderlichen Ressourcen enthalten.

Wir können die folgende JSON-Datei einsetzen, um `mesos-dns` auf `mesos-1` zu starten:

```
{
  "id": "mesos-dns",
  "container": {
    "docker": {
      "image": "bergerx/mesos-dns", ❶
      "network": "HOST", ❷
      "parameters": [
        {
          "key": "env",
          "value": "MESOS_DNS_ZK=zk://192.168.99.100:2181/mesos" ❸
        },
        {
          "key": "env",
          "value": "MESOS_DNS_MASTERS=192.168.99.100:5050"
        },
        {
          "key": "env",
          "value": "MESOS_DNS_RESOLVERS=8.8.8.8"
        }
      ]
    }
  },
  "cpus": 0.1, ❹
  "mem": 120.0,
```

```
    "instances": 1, ❺
    "constraints": [["hostname", "CLUSTER", "192.168.99.100"]] ❻
}
```

❶ Wir verwenden für mesos-dns einen Build eines Benutzers, da dieser automatisch die Konfiguration aus Umgebungsvariablen übernimmt, was aktuell vom Image `mesosphere/mesos-dns` nicht unterstützt wird.

❷ Auch hier ist es sinnvoll, aus Effizienzgründen ein Host-Netzwerk zu verwenden, auch wenn wir das Bridge-Netzwerk einsetzen und Port 53 veröffentlichen könnten.

❸ Wir müssen Umgebungsvariablen setzen, um mesos-dns zu konfigurieren. Das geschieht durch die Option `parameter`, die `docker run` um Flags ergänzt, wenn das Image gestartet wird. Ersetzen Sie die IP-Adresse `192.168.99.100` durch die IP-Adresse von `mesos-1` in Ihrem Cluster.

❹ Alle Aufgaben müssen definieren, welche Ressourcen sie zum Ausführen benötigen. In diesem Fall fragen wir nach »0,1« CPU-Ressourcen und 120 MB Speicher.

❺ Für diesen Test benötigen wir nur eine einzige Instanz von mesos-dns.

❻ Wir werden für `mesos-dns` den Host `mesos-1` vorgeben, indem wir einen Hostnamen-Constraint mit der IP von `mesos-1` definieren.

Es hängt vom *Isolator* ab, den Mesos verwendet, wie Ressourcen für einen Container reserviert werden, und der ist konfigurierbar. Normalerweise ist der CPU-Wert eine relative Gewichtung – ein Container mit einer Gewichtung von 0,2 erhält doppelt so viel CPU-Power wie einer mit einer Gewichtung von 0,1. Der Agent zieht den CPU-Wert zudem von den Ressourcen ab, die er Mesos anbietet (hat einer »8« CPU-Einheiten und lässt eine Aufgabe mit »1« CPU-Einheit laufen, bietet er »7« CPU-Einheiten für weitere Aufgaben an).

Sichern Sie die Datei als *dns.json* und schicken Sie sie mithilfe der REST-API an Marathon:

```
$ curl -X POST http://$MESOS1:9000/v2/apps -d @dns.json \
      -H "Content-type: application/json" | jq .
{
  "id": "/mesos-dns",
  "cmd": null,
  "args": null,
  "user": null,
...
```

Wir könnten auch das Befehlszeilentool `marathonctl` oder die Weboberfläche verwenden, um Aufgaben einzureichen.

Wenn Sie sich jetzt die Weboberfläche von Marathon anschauen, sollten Sie sehen, dass die `mesos-dns`-Anwendung gerade deployt wird. Läuft der Container, müssen wir jedem unserer Hosts mitteilen, ihn zu verwenden. Die einfachste Lösung ist, *resolv.conf* auf jedem Host anzupassen, was automatisch an alle Container bei ihrem Start weitergegeben wird.

Sie können dazu ein `sed`-Skript auf jedem der Hosts laufen lassen:

```
$ docker-machine ssh mesos-1 \
"sudo sed -i \"1s/^/domain marathon.mesos\nnameserver \
$MESOS1\n/\" /etc/resolv.conf"
$ docker-machine ssh mesos-2 \
"sudo sed -i \"1s/^/domain marathon.mesos\nnameserver \
$MESOS1\n/\" /etc/resolv.conf"
$ docker-machine ssh mesos-3 \
"sudo sed -i \"1s/^/domain marathon.mesos\nnameserver \
$MESOS1\n/\" /etc/resolv.conf"
```

Das sollte auf jedem Host zu einer *resolv.conf* führen, die wie folgt aussieht:

```
domain marathon.mesos
nameserver 192.168.99.100
...
```

Enthält Ihre *resolv.conf* ein `search`-Zeile, müssen Sie diese auch noch erweitern, so dass *marathon.mesos* mit enthalten ist – andernfalls wird die Namensauflösung fehlschlagen.

Erstellen Sie jetzt einen Launcher für jeden unserer Container. Wir werden diese ins Bridge-Netzwerk hängen, aber sie müssen alle einen Port freigeben, damit sie über den Host erreicht werden können.

Wie üblich beginnen wir mit Redis. Sichern Sie die folgenden Zeilen als *redis.json*:

```
{
  "id": "redis",
  "container": {
    "docker": {
      "image": "redis:3",
      "network": "BRIDGE",
      "portMappings": [
        {"containerPort": 6379, "hostPort": 6379}
      ]
    }
  },
  "cpus": 0.3,
  "mem": 300.0,
  "instances": 1
}
```

Und abschicken:

```
$ curl -X POST http://$MESOS1:9000/v2/apps -d @redis.json \
       -H "Content-type: application/json"
...
```

Nun zu dnmonster. Erstellen Sie eine Datei *dnmonster.json*:

```
{
  "id": "dnmonster",
  "container": {
    "docker": {
      "image": "amouat/dnmonster:1.0",
      "network": "BRIDGE",
      "portMappings": [
        {"containerPort": 8080, "hostPort": 8080}
      ]
    }
  },
  "cpus": 0.3,
  "mem": 200.0,
  "instances": 1
}
```

Und ebenfalls abschicken:

```
$ curl -X POST http://$MESOS1:9000/v2/apps -d @dnmonster.json \
       -H "Content-type: application/json"
...
```

Abschließend noch die *identidock.json*:

```
{
  "id": "identidock",
  "container": {
    "docker": {
      "image": "amouat/identidock:1.0",
      "network": "BRIDGE",
      "portMappings": [
        {"containerPort": 9090, "hostPort": 80}
      ]
    }
  },
  "cpus": 0.3,
  "mem": 200.0,
  "instances": 1
}
```

Und abschicken:

```
$ curl -X POST http://$MESOS1:9000/v2/apps -d @identidock.json \
       -H "Content-type: application/json"
...
```

Haben die Agenten die Images heruntergeladen und gestartet, sollten Sie auf identidock über die IP-Adresse des Host zugreifen können, auf dem die Aufgabe gestartet wurde. Diesen finden Sie entweder über die Weboberfläche oder die REST-API heraus. Zum Beispiel:

```
$ curl -s http://$MESOS1:9000/v2/apps/identidock | jq \
    '.app.tasks[0].host'
"192.168.99.101"
$ curl 192.168.99.101
<html><head><title>Hello...
```

Marathon stellt sicher, dass alle Anwendungen, die sterben, auch wieder neu gestartet werden, sofern ausreichend Ressourcen vorhanden sind. Probieren Sie einmal aus, die Maschinen `mesos-2` und `mesos-3` zu stoppen und neu zu starten. Sie sehen dann, wie Aufgaben verschoben und neu gestartet werden, wenn Ressourcen verschwinden und andere verfügbar werden.

Es lassen sich auch komplexere Health Checks für Anwendungen hinzufügen, indem ein HTTP-Endpunkt implementiert wird, den Marathon regelmäßig abfragen kann. So können wir zum Beispiel *identidock.json* wie folgt anpassen:

```
{
  "id": "identidock",
  "container": {
    "docker": {
      "image": "amouat/identidock:1.0",
      "network": "BRIDGE",
      "portMappings": [
        {"containerPort": 9090, "hostPort": 80}
      ]
    }
  },
  "cpus": 0.3,
  "mem": 200.0,
  "instances": 1,
  "healthChecks": [
    {
      "protocol": "HTTP",
      "path": "/",
      "gracePeriodSeconds": 3,
      "intervalSeconds": 10,
      "timeoutSeconds": 10,
      "maxConsecutiveFailures": 3
    }
  ]
}
```

Damit wird alle zehn Sekunden versucht, die Homepage von identidock abzurufen. Schlägt dies fehl (zum Beispiel weil der Return Code nicht zwischen 200 und 399 liegt oder kein Response zurückkommt, bevor der Timeout zuschlägt), überprüft Marathon den Endpunkt noch zwei weitere Male, bevor es die Aufgabe abschießt.

Um den Health Check bereitzustellen, stoppen Sie das alte identidock-Deployment und starten Sie das neue:

```
$ curl -X DELETE http://$MESOS1:9000/v2/apps/identidock
{"version":"2015-09-02T13:53:23.281Z","deploymentId":"1db18cce-...
$ curl -X POST http://$MESOS1:9000/v2/apps -d @identidock.json \
       -H "Content-type: application/json"
...
```

Jetzt sollten Sie auf der Website von Marathon auch »Health Check Results« vorfinden.

Wir haben für Marathon schon Constraints im Einsatz gesehen, als wir den Container mesos-dns auf einem Host mit einer bestimmten IP-Adresse geschedult haben. Wir können auch Constraints angeben, die Hosts anhand ihrer Attribute (oder aufgrund des Fehlens derselben) auswählen, zudem lassen sich Container über verschiedene Hosts verteilen, um die Fehlertoleranz zu erhöhen.

Ein Problem mit dem aktuellen Setup ist, dass die Adresse des identidock-Service von der IP-Adresse des Host abhängt, auf dem er bereitgestellt wurde. Denn es ist natürlich sehr wichtig, eine Möglichkeit zu haben, von einem statischen Endpunkt aus zum identidock-Service routen zu können. Man kann dazu mesos-dns einsetzen, um den aktuellen Endpunkt zu ermitteln, aber Marathon bietet auch ein servicerouter-Tool *(https://github.com/mesosphere/marathon/blob/master/bin/servicerouter.py)*, welches eine Konfiguration für HAProxy *(http://www.haproxy.org)* erzeugt, um Marathon-Apps zu routen. Eine andere Möglichkeit ist, einen eigenen Proxy oder Load Balancing Service aufzusetzen, der auf den Event-Bus von Marathon lauscht und darauf wartet, dass Anwendungen erstellt oder gelöscht werden, um dann die Requests entsprechend weiterzuleiten.

Ein zweites Problem ist der Einsatz fester Ports – wie 6379 für Redis und 8080 für dnmonster. Wir mussten schon die Marathon-Oberfläche auf Port 9000 umbiegen, um einen Konflikt mit dnmonster zu vermeiden. Das ließe sich beheben, indem wir die Anwendung umschreiben und an dynamische Ports anpassen, die von Marathon zugewiesen werden, aber eine bessere Lösung wäre der Einsatz eines SDN. Man findet online Anleitungen, wie Weave zusammen mit Mesos installiert werden kann, und Mesosphere arbeitet an einer nativen Integration von Project Calico (siehe Abschnitt 11.5.4) in Mesos.

Marathon unterstützt auch *Anwendungsgruppen*, mit denen man Anwendungen zusammenfassen kann, um sicherzustellen, dass sie in der richtigen Reihenfolge deployt und damit die Abhängigkeiten sauber erfüllt werden (zum Beispiel sollte eine Datenbank gestartet werden, bevor der Anwendungsserver an der Reihe ist) – sowohl beim Starten als auch beim Skalieren oder dem Durchführen von Rolling Updates.

Ein einmaliges Feature von Mesos – verglichen mit den anderen Orchestrierungslösungen – ist die Unterstützung gemischter Workloads. Es können mehrere Frameworks auf dem gleichen Cluster laufen, so dass zum Beispiel Hadoop- oder Storm-Tasks zum Verarbeiten von Daten neben Docker-Containern laufen, die eine Microservices-Architektur umsetzen. Dies ist eines der

Features, die Mesos gerade für eine hohe Auslastung qualifizieren: Es ist möglich, Aufgaben mit hoher CPU-Belastung, aber wenig Netzwerkverkehr auf dem gleichen Host auszuführen wie solche mit entgegengesetzten Anforderungen, so dass dadurch die Ressourcen möglichst gut ausgelastet sind. Der effiziente Einsatz eines Clusters hängt davon ab, wie exakt Ressourcen angefordert werden, statt einfach zu viel zu fordern, wenn man Aufgaben bei Marathon oder anderen Frameworks einreicht. Im identidock-Beispiel waren die Speicheranforderungen zuerst deutlich höher angesetzt, damit nicht alle Aufgaben mit dem gleichen Agenten umgesetzt werden, während in Wirklichkeit ein einzelner Agent dazu natürlich problemlos in der Lage ist. Um dieses Problem zu beheben, unterstützt Mesos das *Over-Subscripting*, durch das »wiederrufbare« Aufgaben (»revocable tasks«) auf einem Agenten gestartet werden können, der eigentlich nicht genug Ressourcen anbietet, laut Monitoring aber aktuell zur Verfügung hat. Solche wiederrufbaren Aufgaben werden gestoppt, wenn die Ressourcen wirklich gebraucht werden. Daher handelt es sich im Allgemeinen um nicht so wichtige Aufgaben, wie zum Beispiel das Ausführen von Background-Analysen. Mehr Informationen zum Over-Subscripting in Mesos finden Sie auf der Mesos-Site unter *http://mesos.apache.org/documentation/latest/oversubscription* und auf GitHub *(https://github.com/mesosphere/serenity)*.

Swarm oder Kubernetes auf Mesos ausführen

Da es sich bei Mesos um eine Clustering- und Scheduling-Infrastruktur in einer niedrigen Schicht handelt, ist es möglich, höhere Interfaces darauf aufzusetzen, wie zum Beispiel Kubernetes und Swarm. Das mag auf den ersten Blick dumm klingen – denn schließlich gibt es einiges an Funktionalität, die dann doppelt vorhanden wäre. Aber wenn Sie diese Schnittstellen auf Mesos laufen lassen, haben Sie einige Vorteile, die Sie aus den bestehenden Features ziehen können: Fehlertoleranz, Hochverfügbarkeit und Ressourceneinsatz. Auch die leichte Portierbarkeit in ein Data Center oder in die Cloud steht auf der positiven Seite, während sich dort gleichzeitig die Features und die einfache Anwendbarkeit von Kubernetes oder Swarm finden. Operations hat auch deutliche Vorteile – sie können sich darauf konzentrieren, die zugrunde liegende Mesos-Infrastruktur bereitzustellen, und damit verschiedene Workloads sowie eine gute Auslastung der Ressourcen bieten.

Mehr Informationen finden Sie unter *https://github.com/kubernetes/kubernetes/tree/master/contrib/mesos*.

12.2 Container-Management-Plattformen

Es gibt diverse Plattformen, die dazu gedacht sind, das Provisionieren, Orchestrieren und Überwachen von Containern zu automatisieren. Solche Plattformen bieten nicht selbst die Möglichkeit, Container zu hosten, aber sie stellen eine Schnittstelle für öffentliche Clouds und private Infrastruktur bereit. Alle Beispiele, die wir uns hier anschauen werden, besitzen eine Weboberfläche und bieten einen Überblick über das System. Diese Plattformen können eine große Hilfe beim Verwalten von Container-Deployments sein, während sie gleichzeitig eine Abstraktionsschicht über dem Infrastruktur-Provider (oder mehreren Providern) schaffen, durch die es einfacher sein kann, zwischen Cloud-Plattformen zu wechseln oder mehrere Plattformen einzusetzen.

12.2.1 Rancher

Rancher *(http://rancher.com/rancher)* – wohl nach der »Pets versus Cattle«-Analogie benannt – ist die am stärksten auf Docker ausgerichtete Management-Plattform.

Der Einstieg in Rancher ist wirklich einfach: Starten Sie den Rancher-Server-Container auf einem Ihrer Hosts:

```
$ docker run -d --restart=always -p 8080:8080 rancher/server
```

Dann rufen Sie mit einem Browser diesen Host auf Port 8080 auf und sollten die Oberfläche von Rancher erhalten. Von dort aus können Sie Hosts hinzufügen, bei denen es sich um VMs in Ihrer Infrastruktur oder um Cloud-Ressourcen handelt. Nutzen Sie eine öffentliche Cloud wie Digital Ocean oder AWS, provisioniert Rancher automatisch eine VM, wenn Sie ihm Ihre Zugangsschlüssel mitteilen. Installieren Sie Rancher auf einer bestehenden VM, ist das Ausführen des Rancher-Agenten ganz einfach – Sie nutzen die Argumente, die die Rancher-Oberfläche mitteilt, zum Beispiel:

```
$ docker run -d --privileged -v \
    /var/run/docker.sock:/var/run/docker.sock \
    rancher/agent:v0.8.1 http://<host-ip>:8080/v1/scripts/<token>
```

Rancher muss den Docker-Socket mounten, so dass es neue Container auf dem Host starten kann. Läuft der Agent, sollte er auf dem HOSTS-Tab der Weboberfläche erscheinen. Der Infrastrukturbereich enthält eine Liste mit allen laufenden Containern auf den Hosts (abgesehen von den Rancher-Agenten). Zum Testen kann der Rancher-Server auch auf dem gleichen Host wie ein Agent laufen, aber Rancher empfiehlt, in einem Produktivumfeld einen dedizierten Host für den Server zu verwenden.

Es ist ganz einfach, identidock auf Rancher zu starten. Erstellen Sie einen Service für jeden der Container und verlinken Sie den identidock-Service mit den dnmonster- und Redis-Services. Sie sollten auch Port 9000 als Port 80 für den identidock-Service veröffentlichen. Es müssen keine anderen Ports freigegeben werden – Rancher kümmert sich um das Vernetzen über Hosts hinweg und das Schedulen der Container auf den passenden Hosts. In Abbildung 12–5 sehen Sie, wie identidock auf einem durch Rancher verwalteten Cluster mit zwei Hosts läuft.

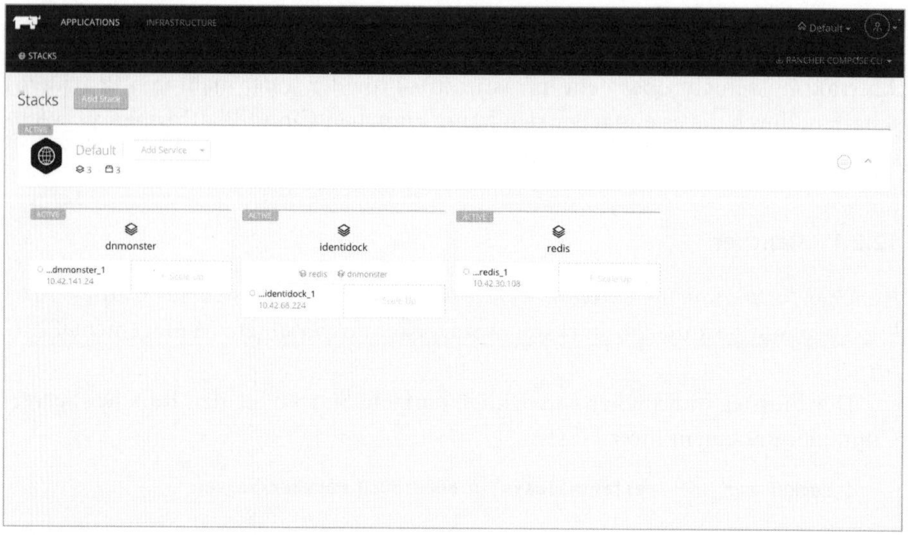

Abb. 12–5 *identidock läuft auf Rancher.*

Alternativ könnten wir auch Rancher Compose nutzen *(https://github.com/rancher/rancher-compose)*, ein CLI-Tool für das Deployen von Docker-Compose-Dateien auf Rancher.

Rancher macht es einem leicht, Details zu laufenden Containern zu erhalten, auf die Logs zuzugreifen und sogar eine Shell laufen zu lassen, um Prozesse zu debuggen.

Es bietet aktuell seine eigenen Lösungen für das Cross-Host Networking (mit IPsec, *https://de.wikipedia.org/wiki/IPsec*), Service Discovery und ein einfaches Orchestrieren, aber das Ziel von Rancher ist, komplett in den Docker-Stack einzuziehen (also Swarm zum Orchestrieren und die neuen Networking-Plugins zu verwenden). Sie arbeiten zudem an der Integration mit Kubernetes und Mesos. Angesichts des wirklich einfachen Einstiegs mit Rancher – sei es mit einem neuen oder bestehenden System – lohnt es sich, das Tool auszuprobieren.

12.2.2 Clocker

Clocker *(https://brooklyncentral.github.io/clocker)* ist eine selbstgehostete Open-Source-Container-Management-Plattform, die auf Apache Brooklyn *(http://brooklyn.apache.org)* aufbaut. Verglichen mit Rancher bietet es eine eher anwendungsorientierte Lösung und unterstützt den kombinierten Einsatz von VMs und Containern innerhalb einer Anwendung. Clocker kann über das Toolkit jclouds *(https://jclouds.apache.org)* mit sehr vielen Cloud-Providern genutzt werden.

Um mit Clocker loslegen zu können, ist ein bisschen Arbeit nötig. Nach dem Herunterladen der Software muss sie mit Cloud Deployment Token und Zugriffsschlüsseln konfiguriert werden. Ist dies erledigt, kann man eine Clocker-Cloud aufsetzen, in der Hosts automatisch provisioniert werden und in der die Vernetzung mit Weave oder Project Calico geschieht.

Ist die Clocker-Cloud in Betrieb, kann eine neue Anwendung gestartet werden, um Docker-Container auszuführen. Der folgende YAML-Code sorgt dafür, dass identidock auf Clocker läuft:

```
id: identidock
name: "Identidock"
location: my-docker-cloud
services:
- type: docker:redis:3
  name: redis
  id: redis
  openPorts:
  - 6379
- type: docker:amouat/dnmonster:1.0
  name: dnmonster
  id: dnmonster
  openPorts:
  - 8080
- type: docker:amouat/identidock:1.0
  name: identidock
  id: identidock
  portBindings:
    80: 9090
  links:
  - $brooklyn:component("redis")
  - $brooklyn:component("dnmonster")
```

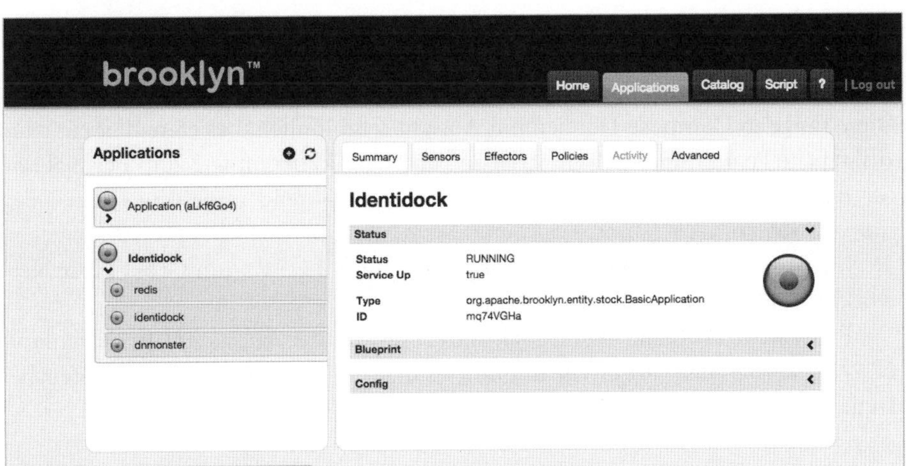

Abb. 12-6 *Clocker führt identidock mithilfe von Weave und AWS aus.*

Der Vorteil von Clocker ist, dass wir recht einfach ein Docker-Deployment mit nicht containerisierten Ressourcen mischen können. So könnten wir zum Beispiel den Redis-Container durch eine VM ersetzen, auf der Redis läuft, indem wir den folgenden YAML-Code für den Redis-Service einsetzen:

```
- type: org.apache.brooklyn.entity.nosql.redis.RedisStore
  name: redis
  location: jclouds:softlayer:lon02
  id: redis
  install.version: 3.0.0
  start.timeout: 10m
```

Damit wird eine VM im Londoner Data Center von Softlayer aufgesetzt und dann Redis darauf installiert und ausgeführt.

Aktuell befindet sich Clocker stark in der Entwicklung. Es hat noch ein paar Ecken und Kanten und ist nicht so rund wie andere Lösungen, aber durch seinen Rückgriff auf Brooklyn und jclouds lässt es sich auf vielen verschiedenen Systemen einsetzen und läuft auch auf einer sehr heterogenen Infrastruktur.

12.2.3 Tutum

Tutum *(https://www.tutum.co)* bietet eine gehostete Plattform für das Deployen und Verwalten von Containern. Es konzentriert sich stark auf Usability und das Bereitstellen einer aufgeräumten Oberfläche.[7]

Sie können in Tutum Knoten hinzufügen, indem Sie die Credentials eines öffentlichen Cloud-Providers angeben oder den Tutum-Agenten auf einer bestehenden Maschine installieren. Der Agent läuft als Daemon und nicht in einem Container, er wird also nicht von allen Betriebssystemen unterstützt (insbesondere die boot2docker-Images, die Docker Machine liefert, können nicht genutzt werden).

Tutum verwendet *Stackfiles*, um Sets mit verlinkten Services zu definieren. Diese sind den Compose-Dateien mit Absicht sehr ähnlich, besitzen aber ein paar zusätzliche Felder für die Orchestrierung und das Skalieren, wie zum Beispiel *target_num_containers* oder *deployment_strategy*, während andere wie *user* oder *cap_add* fehlen.

Intern setzt Tutum Weave ein (siehe Abschnitt 11.5.2), um Cross-Host Networking und Service Discovery zu ermöglichen.

Es ist kein Problem, identidock auf Tutum laufen zu lassen. In Abbildung 12–7 sehen Sie das Tutum Dashboard, in dem identidock auf zwei Knoten bei Digital Ocean läuft.

7. Die Firma Tutum ist mittlerweile von Docker Inc. übernommen worden und das Angebot von Tutum wird als Docker Cloud bereitgestellt (*https://www.docker.com/products/docker-cloud*). Die technische Plattform ist nun auf den Stack von Docker umgestellt. Als On-Premise Lösung bietet Docker Inc das Produkt Docker Data Center an.

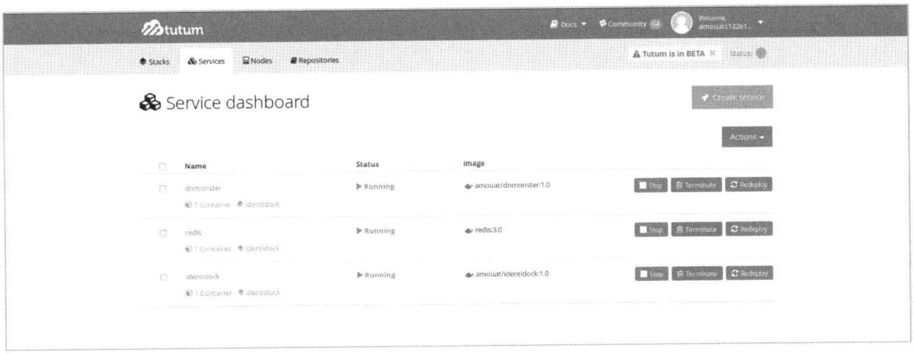

Abb. 12–7 *Tutum führt identidock aus.*

Neben der Weboberfläche kann Tutum auch über eine REST-API und die Tutum-CLI angesprochen werden.

Wenn man nach einem zentralisierten Service sucht, der einem die Operations-Aufgaben rund um das Einrichten und Ausführen von containerisierten Services ein wenig einfacher gestaltet, ist Tutum einen Blick wert. Möchte man die vollständige Kontrolle über seine Services behalten oder traut man einem zentralisierten Service nicht, sollte man sich woanders umschauen.

12.3 Zusammenfassung

Es gibt für das Orchestrieren, Clustern und Verwalten von Containern eine ganze Menge Auswahlmöglichkeiten. Aber jede setzt sich recht klar von den anderen ab. In Bezug auf Orchestrieren können wir Folgendes sagen:

- Swarm setzt die Standardschnittstelle von Docker ein – mit all ihren Vor- und Nachteilen. Es ist zwar sehr einfach, Swarm zu verwenden und in bestehende Arbeitsabläufe zu integrieren, aber es kann dadurch auch schwieriger sein, ein komplexeres Scheduling zu unterstützen, das eventuell mit eigenen Schnittstellen definiert ist.
- fleet ist eine sehr einfache und schlichte Orchestrierungsschicht, die als Basis für das Ausführen komplexerer Orchestrierungstools wie Kubernetes oder eigener Systeme dienen kann.
- Kubernetes ist ein Orchestrierungstool, das eigene Wege geht, dafür aber Services Discovery und Replikation mitbringt. Es kann erforderlich sein, bestehende Anwendungen anpassen zu müssen, aber bei korrektem Einsatz erhalten Sie ein fehlertolerantes und skalierbares System.
- Mesos ist ein im harten Arbeitsalltag gestählter Low-Level-Scheduler, der eine Reihe von Frameworks für die Container-Orchestrierung unterstützt, wie zum Beispiel Marathon, Kubernetes und Swarm.

Aktuell sind Kubernetes und Mesos weiterentwickelter und stabiler als Swarm. Nur Mesos hat schon gezeigt, dass es sehr große Systeme mit hunderten oder tausenden Knoten unterstützt. Aber wenn Sie sich kleinere Cluster mit vielleicht einem dutzend Knoten anschauen, kann Mesos wiederum etwas zu komplex sein.

Bei den Management-Plattformen macht Rancher für reine Docker-Deployments eine sehr gute Figur. Es lässt sich leicht bestehenden Deployments hinzufügen und auch wieder daraus entfernen, daher gehen Sie nur ein geringes Risiko ein, wenn Sie es ausprobieren.

13 Container sichern und beschränken

Um Docker sicher einzusetzen, müssen Ihnen die potenziellen Sicherheitslücken bewusst sein, und Sie sollten die wichtigsten Tools und Techniken kennen, mit denen Sie containerbasierte Systeme absichern können. In diesem Kapitel werden wir uns vor allem mit der Sicherheit beim Ausführen von Docker im Produktivumfeld beschäftigen, die meisten Ratschläge lassen sich aber auch in der Entwicklung anwenden. Denn trotz des Themas ist es wichtig, Entwicklungs- und Produktivumgebung gleich zu halten, um sich nicht wieder die Probleme einzufangen, die beim Transport von Code zwischen den Umgebungen auftreten können und wegen denen man Docker ja gerade einsetzen will.

Wenn Sie sich im Internet Artikel und Posts über Docker durchlesen, könnten Sie den Eindruck gewinnen, dass Docker inhärent unsicher und nicht für den Produktiveinsatz zu gebrauchen ist.[1] Sie müssen sich natürlich der möglichen Probleme bewusst sein, um Container sicher einzusetzen, aber sie können – richtig angewendet – ein sichereres und effizienteres System bilden als nur der Einsatz von VMs oder Bare-Metal alleine.

Dieses Kapitel wird zuerst ein paar der Themen rund um die Sicherheit von containerbasierten Systemen angehen, über die Sie sich Gedanken machen sollten, wenn Sie Container einsetzen.

Die Ratschläge in diesem Kapitel spiegeln meine Meinung wider. Ich bin kein Sicherheitsforscher und auch nicht für irgendein größeres System verantwortlich, das der Öffentlichkeit zugänglich ist. Trotzdem bin ich zuversichtlich, dass ein System, das den Ratschlägen in diesem Kapitel folgt, sicherer sein wird als der Großteil der Systeme da draußen. Sie finden hier im Kapitel keine vollständigen Lösungen – die Ratschläge sollen Ihnen nur dabei helfen, Ihre eigenen Sicherheitsrichtlinien und -prozeduren zu entwickeln.

1. Gute Artikel zur Docker-Sicherheit finden Sie in der Serie von Dan Walsh von Red Hat *(https://opensource.com/business/14/7/docker-security-selinux)* und Jonathan Rudenbergs Artikel über Unsicherheiten von Images *(https://titanous.com/posts/docker-insecurity)*. Beachten Sie allerdings, dass die in Jonathans Artikel angesprochenen Probleme zum größten Teil durch die Entwicklung von Digests und das Notary-Projekt angegangen wurden.

13.1 Worüber Sie sich Gedanken machen sollten

An was für Sicherheitsprobleme sollten Sie also in einer containerbasierten Umgebung denken? Die folgende Liste ist nicht abschließend, wird Ihnen aber schon genug Bereiche aufführen:

Kernel Exploits
: Anders als in einer VM wird der Kernel gemeinsam von allen Containern und dem Host verwendet, wodurch Angriffsstellen im Kernel deutlich mehr Auswirkungen haben. Sollte ein Container eine Kernel Panic verursachen, zieht das den ganzen Host mit herunter. In VMs ist die Situation viel besser – ein Angreifer müsste einen Angriff sowohl durch den VM-Kernel als auch den Hypervisor leiten, bevor er an den Host-Kernel kommt.

Denial-of-Service-(DoS-)Angriffe
: Alle Container teilen sich die Kernel-Ressourcen. Kann ein Container den Zugriff auf bestimmte Ressourcen ganz für sich beanspruchen – auch so etwas wie den Speicher oder esoterischere Ressourcen wie User IDs (UIDs) –, kann er die anderen Container auf dem Host verhungern lassen, was einem Denial-of-Service entspricht, bei dem berechtigte Anwender nicht mehr Teile des Systems oder das System im Ganzen ansprechen können.

Container-Breakouts
: Ein Angreifer, der Zugriff auf einen Container erhält, sollte nicht dazu in der Lage sein, auf andere Container oder den Host zuzugreifen. Da die Benutzer nicht über Namensräume getrennt sind, bekommen alle Prozesse, die aus dem Container ausbrechen, auf dem Host die gleichen Privilegien wie im Container – sind Sie im Container root, werden Sie auch root auf dem Host.[2] Das bedeutet auch, dass Sie sich über mögliche Privilege-Escalation-Angriffe Gedanken machen müssen, bei denen ein Anwender mehr Rechte erhält, als ihm eigentlich zustehen – meist durch einen Fehler im Anwendungscode, der mit zusätzlichen Berechtigungen laufen muss. Da sich die Container-Technologie immer noch in der Anfangsphase befindet, sollten Sie bei Ihren Überlegungen zur Sicherheit davon ausgehen, dass Container-Breakouts unwahrscheinlich, aber möglich sind.

Vergiftete Images
: Woher wissen Sie, dass die von Ihnen eingesetzten Images sicher sind, nicht manipuliert wurden und von dem stammen, der das vorgibt? Kann ein Angreifer Sie dazu bringen, sein Image auszuführen, sind sowohl der Host als auch Ihre Daten gefährdet. Genauso wollen Sie sicher sein, dass von Ihnen

2. Es wird aktuell daran gearbeitet, den root-Benutzer in einem Container automatisch auf einen Nicht-root-Benutzer auf dem Host abzubilden. Das würde die Möglichkeiten eines Angreifers bei einem Breakout massiv einschränken, aber Probleme mit der Eigentümerschaft von Volumes erzeugen.

ausgeführte Images aktuell sind und keine Softwareversionen mit bekannten Sicherheitslücken enthalten.

Verratene Geheimnisse

Greift ein Container auf eine Datenbank oder einen Service zu, muss er sehr wahrscheinlich ein Geheimnis wie einen API-Schlüssel oder Benutzernamen und Passwort kennen. Ein Angreifer, der auf dieses Geheimnis Zugriff hat, kann auch den Service nutzen. Das Problem wird in einer Microservices-Architektur noch akuter, in der Container fortlaufend stoppen und wieder gestartet werden – verglichen mit einer Architektur mit einer kleinen Zahl von langlebigen VMs. Lösungen für den gemeinsamen Einsatz von Geheimnissen wurden in Abschnitt 9.7 vorgestellt.

Container und Namensräume

In dem häufig zitierten Artikel *https://opensource.com/business/14/7/docker-security-selinux* schrieb Dan Walsh von Red Hat: »Containers Do Not Contain«. Damit meint er vor allem, dass nicht alle Ressourcen, auf die ein Container Zugriff hat, per Namensraum abgegrenzt sind. Ressourcen *in* Namensräumen werden auf dem Host auf einen separaten Wert abgebildet (zum Beispiel ist PID 1 in einem Container nicht gleich PID 1 auf dem Host oder in einem anderen Container). Ressourcen ohne Namensraum sind hingegen auf dem Host und im Container gleich.

Zu den Ressourcen ohne Namensraum gehören:

User IDs (UIDs)

Benutzer in einem Container haben im Container und auf dem Host die gleiche UID. Läuft ein Container mit dem root-Benutzer und geschieht ein Container-Breakout, hat der Angreifer damit auch auf dem Host root-Rechte. Aktuell kann man mit der Option »user-remap« die Benutzer in einem Container auf einen Host-Benutzer mit einer hohen ID abbilden.

Der Kernel-Keyring

Nutzt Ihre Anwendung oder eine abhängige Anwendung den Kernel-Keyring für die Arbeit mit kryptografischen Schlüsseln oder etwas Ähnliches, ist es *sehr* wichtig, sich dessen bewusst zu sein. Schlüssel werden durch die UID getrennt – Container mit der gleichen UID im Einsatz haben damit Zugriff auf die gleichen Schlüssel, ebenso wie der entsprechende Benutzer auf dem Host.

Der Kernel selbst und alle Kernel-Module

Lädt ein Container ein Kernel-Modul (was zusätzliche Privilegien erfordert), steht das Modul in allen Containern und auf dem Host zur Verfügung. Dazu gehören auch die Linux Security Modules, die später noch besprochen werden.

Geräte

Einschließlich Festplatten, Soundkarten und Grafikkarten (GPUs).

Die Systemzeit

Ändern Sie die Zeit innerhalb eines Containers, ändert sie sich auch für den Host und alle anderen Container. Das gilt nur für Container mit `SYS_TIME`, was nicht automatisch zugewiesen wird.

Es ist nun einmal so, dass sowohl Docker als auch die zugrunde liegenden Features des Linux-Kernel noch recht jung und weit davon entfernt sind, so alltagsgestählt zu sein wie die entsprechende VM-Technologie. Aktuell bieten Container nicht die gleichen Sicherheitsgarantien wie VMs.[3]

13.2 Verteidigung in der Tiefe

Was können Sie also tun? Gehen Sie davon aus, dass Schwachstellen vorhanden sind, und verteidigen Sie sich in der Tiefe. Stellen Sie sich eine Burg vor, die mehrere Verteidigungslinien besitzt, um unterschiedliche Angriffsarten abwehren zu können. Eine Burg hat normalerweise einen Burggraben oder nutzt die örtliche Geografie aus, um die Zugangswege kontrollieren zu können. Die Mauern sind sehr dick, um Kanonenschüsse abzuwehren. Die Verteidiger können die Zinnen nutzen, und es stehen mehrere Burgfriede zur Verfügung. Sollte ein Angreifer eine Verteidigungslinie überwinden können, wird es weitere geben.

Die Verteidigung für Ihr System sollte auch aus mehreren Ebenen bestehen. Ihre Container werden zum Beispiel sehr wahrscheinlich in VMs laufen – geschieht ein Container-Breakout, kann eine weitere Verteidigungsebene dafür sorgen, dass Angreifer nicht auf den Host oder an Container kommen, die anderen Benutzern gehören. Das System sollte überwacht werden, um Administratoren bei ungewöhnlichem Verhalten alarmieren zu können. Firewalls sollten den Netzwerkzugriff der Container begrenzen und damit die externe Angriffsoberfläche minimieren.

13.2.1 Least Privilege

Ein weiteres wichtiges Prinzip, dem Sie folgen sollten, ist das des *Least Privilege* – der geringsten Rechte. Jeder Prozess und Container sollte nur mit so viel Zugriffsrechten und Ressourcen laufen, wie er gerade braucht, um seine Aufgaben zu erfüllen.[4] Der größte Vorteil davon ist, dass ein Angreifer bei einem kompromit-

---

3. Es gibt eine interessante Diskussion darüber, ob Container jemals so sicher sein werden wie VMs. VM-Befürworter argumentieren damit, dass durch das Fehlen eines Hypervisors und das notwendige gemeinsame Nutzen von Kernel-Ressourcen Container immer weniger sicher sein werden. Container-Befürworter halten dagegen, dass VMs angreifbarer sind, weil sie eine größere Angriffsoberfläche bieten – mit dem umfangreichen und mit privilegierten Rechten ausgestatteten Code von VMs, den sie benötigen, um exotische Hardware zu emulieren (als Beispiel sei die kürzlich gefundene VENOM-Lücke genannt *[http://venom.crowdstrike.com]*, die eine Sicherheitslücke im Code der Diskettenlaufwerk-Emulation nutzte).

4. Das Konzept der geringsten Rechte wurde zuerst von Jerome Saltzer als »Jedes Programm und jeder Benutzer des Systems sollte gerade so viel Privilegien besitzen, dass er seine Aufgabe erfüllen kann« in »Protection and the control of information sharing in multics« (*Communications of the ACM*, Vol. 17) formuliert. Vor kurzem haben Diogo Mónica und Nathan McCauley von Docker die Idee der »Least-Privilege Microservices« basierend auf Saltzers Prinzip vorgestellt.

tierten Container trotzdem nur begrenzte Rechte hat, um auf andere Daten oder Ressourcen zuzugreifen.

Um dieses Ziel zu erreichen, können Sie einige Schritte gehen, um die Möglichkeiten von Containern einzuschränken, zum Beispiel:

- sicherstellen, dass Prozesse in Containern nicht als root laufen, so dass das Ausnutzen von Sicherheitslücken in einem Prozess dem Angreifer keine root-Berechtigungen geben
- Dateisysteme schreibgeschützt einsetzen, so dass Angreifer keine Daten überschreiben oder böswillige Skripten speichern können
- die Kernel-Aufrufe, die ein Container ausführen kann, einschränken, um die Angriffsoberfläche zu verringern
- die Ressourcen begrenzen, die ein Container nutzen kann, um DoS-Angriffe zu verhindern, bei denen ein kompromittierter Container oder eine Anwendung so viele Ressourcen aufbraucht (wie zum Beispiel Speicher oder CPU-Zeit), dass der Host zum Halten kommt

Docker-Berechtigungen == Root-Berechtigungen

Dieses Kapitel konzentriert sich auf die Sicherheit beim Ausführen von Containern, aber ich möchte Sie auch darauf hinweisen, dass Sie darauf achten müssen, wem Sie Zugriff auf den Docker Daemon gewähren. Jeder Benutzer, der Docker-Container starten und ausführen kann, besitzt letztendlich root-Zugriff auf den Host. Denken Sie zum Beispiel daran, dass Sie folgenden Befehl ausführen können:

```
$ docker run -v /:/homeroot -it debian bash
...
```

Jetzt können Sie auf jede Datei und jeden Befehl auf dem Host-Rechner zugreifen.

Lassen Sie für Ihren Docker-Container einen Zugriff über die Remote-API zu, achten Sie darauf, wie Sie diesen absichern und wem Sie den Zugriff erteilen. Beschränken Sie den Zugriff wenn möglich auf das lokale Netzwerk.

13.3 identidock absichern

Um dieses Kapitel etwas lebensnäher zu gestalten, wollen wir uns überlegen, wie wir die identidock-Anwendung für die Produktion absichern können. identidock speichert keine kritischen Informationen, daher ist die größte Sorge, dass ein Angreifer Zugriff auf den Server erhält und ihn als Spam-Schleuder oder etwas Ähnliches missbraucht. Ich gehe davon aus, dass identidock durchaus von Wert ist und eine Anwenderbasis besitzt, die zumindest nicht erfreut wäre, wenn das

Programm nicht mehr funktionieren würde.[5] Zu den wichtigsten Dingen, die ich in Angriff nehmen würde, gehörten:

- Die identidock-Container laufen in einer VM oder auf einem dedizierten Host, um zu vermeiden, dass andere Benutzer oder Services angegriffen werden können (siehe Abschnitt 13.4).
- Der Load Balancer/Reverse Proxy ist der einzige Container, der einen Port nach außen freigibt, wodurch viel Angriffsfläche verschwindet. Monitoring- oder Logging-Services sollten über private Schnittstellen oder VPN nutzbar sein (siehe Abschnitt 13.7.2).
- Alle identidock-Images definieren einen Benutzer und laufen nicht als root (siehe Abschnitt 13.7.1).
- Alle identidock-Images werden über ihren Hash heruntergeladen oder auf anderem Wege sicher erhalten und verifiziert (siehe Abschnitt 13.6).
- Die Anwendung wird überwacht und es wird Alarm ausgelöst, wenn eine ungewöhnliche Netzwerklast oder auffällige Zugriffsmuster erkannt werden (siehe Kapitel 10).
- Alle Container laufen mit aktueller Software und im Produktivmodus – Debug-Informationen sind abgeschaltet (siehe Abschnitt 13.5).
- AppArmor oder SELinux sind auf dem Host aktiviert (siehe Abschnitt 13.9.2 und Abschnitt 13.9.1).
- Redis ist mir irgendeiner Form der Zugriffskontrolle oder einem Passwortschutz ausgestattet.

Mit ausreichend Zeit käme noch Folgendes hinzu:

- Unnötige setuid-Binaries werden aus den identidock-Images entfernt. Damit verringert sich das Risiko, dass Angreifer, die Zugriff auf einen Container erhalten haben, ihre Berechtigungen erweitern können (siehe Abschnitt 13.7.3).
- Dateisysteme werden so weit wie möglich schreibgeschützt eingesetzt. Die dnmonster-, identidock- und Redis-Container können so laufen, das Redis-Volume muss aber beschreibbar sein (siehe Abschnitt 13.7.7).
- Nicht benötigte Kernel-Berechtigungen werden so weit wie möglich entfernt. Sowohl der dnmonster- als auch der identidock-Container laufen ganz ohne entsprechende Rechte (siehe Abschnitt 13.7.8).

Wenn ich ausreichend paranoid wäre oder einen Service anbiete, der sicherheitskritischer ist, würde ich auch dies noch tun:

5. Kommen Sie, machen Sie einfach mit …

- Der Speicher für jeden Container wird durch das Flag `-m` begrenzt. Damit werden ein paar DoS-Angriffe und Speicherlecks eingedämmt. Die Container müssen dabei entweder per Profiler analysiert werden oder man gibt sehr großzügige Speichergrenzen vor.
- SELinux mit speziellen Typen für die Container ausführen. Das kann eine sehr effektive Sicherheitsmaßnahme sein, aber sie erfordert einiges an Arbeit und ist nur möglich, wenn Sie mit dem devicemapper-Storage-Treiber unterwegs sind (siehe Abschnitt 13.9.1).
- Ein `ulimit` auf die Anzahl der Prozesse anwenden. Diese Grenze ist für den Benutzer des Containers gültig, daher kann es schwieriger einzusetzen sein, als man denkt. So vermeidet man die Gefahr von Fork-Bomben, die als DoS-Angriff eingesetzt werden (siehe Abschnitt 13.7.9).
- Interne Kommunikation wird verschlüsselt, so dass es für Angreifer schwieriger wird, die Daten zu beeinflussen.

Zusätzlich sollte es regelmäßige Audits für das System geben, um sicherzustellen, dass alles aktuell ist und sich keine Container Ressourcen unter den Nagel reißen. Selbst in einer Spielanwendung wie identidock gibt es viele Sicherheitsmaßnahmen, die umgesetzt werden sollten, und noch viel mehr, über die es nachzudenken lohnt.

Im Rest dieses Kapitels werden wir detailliert darauf eingehen, wie sich diese Verteidigungsmaßnahmen implementieren lassen. Entscheidend ist: Je mehr Kontrollen Sie durchführen und Grenzen vorgeben, desto größer ist die Chance, dass ein Angriff gestoppt wird, bevor er echten Schaden anrichtet. Falsch eingesetzt verringert Docker die Sicherheit des Systems, indem es einen ganz neuen Angriffsvektor eröffnet. Korrekt genutzt wird die Sicherheit verbessert, indem weitere Isolationsschichten dazukommen und der Handlungsspielraum der Anwendungen eingeschränkt wird.

13.4 Container nach Host trennen

Haben Sie ein Multitenancy-Setup, bei dem Sie Container für mehrere Benutzer laufen lassen (sei es, dass es sich um interne Benutzer in Ihrem Unternehmen oder um externe Kunden handelt), stellen Sie sicher, dass jeder Benutzer auf einem eigenen Docker Host untergebracht ist, so wie in Abbildung 13–1 dargestellt. Das ist weniger effizient, als Hosts mit mehreren Benutzern zu teilen, aber sehr wichtig für die Sicherheit. Der Hauptgrund ist, damit Container-Breakouts zu verhindern, bei denen ein Anwender Zugriff auf die Container oder Daten eines anderen Anwenders erhält. Geschieht solch ein Breakout, befindet sich der Angreifer immer noch auf einer getrennten VM oder einem eigenen Rechner, so dass er nicht problemlos auf Container anderer Benutzer zugreifen kann.

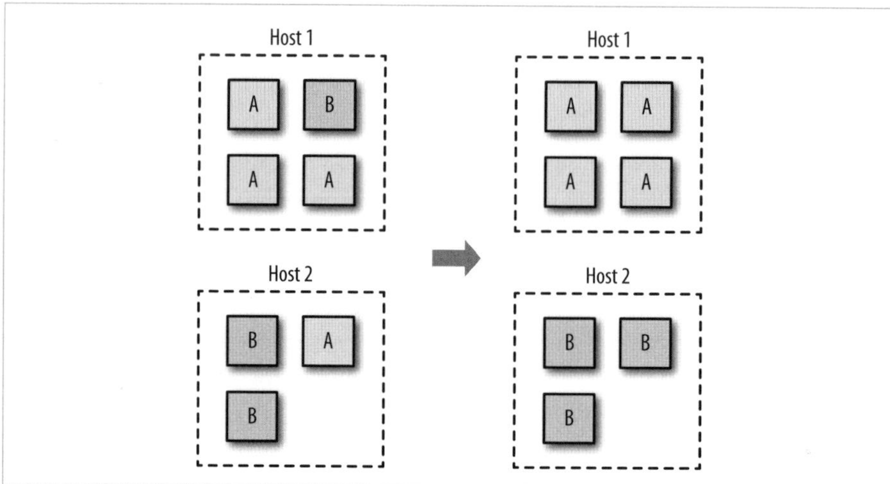

Abb. 13–1 *Container nach Hosts trennen*

Haben Sie Container, in denen kritische Informationen verarbeitet oder gespeichert werden, sollten Sie genauso vorgehen und sie auf einem Host einsetzen, der von den Containern mit weniger relevanten Informationen getrennt ist und auf dem vor allem keine Container mit Anwendungen laufen, die direkt mit Endanwendern kommunizieren. So sollten zum Beispiel Container, die Kreditkartendaten verarbeiten, getrennt von Containern laufen, auf denen das Node.js-Frontend arbeitet.

Solch eine Trennung und der Einsatz von VMs können einen zusätzlichen Schutz gegen DoS-Angriffe bieten – Benutzer werden den Speicher auf dem Host nicht komplett für sich beanspruchen und andere Benutzer aushungern können, wenn sie in ihrer eigenen VM laufen.

Kurz- bis mittelfristig werden bei den meisten Container-Deployments VMs eine Rolle spielen. Das ist zwar keine ideale Situation, aber immerhin können wir so die Effizienz von Containern mit der Sicherheit von VMs kombinieren.

13.5 Updates anwenden

Die Möglichkeit, Updates schnell auf ein laufendes System anzuwenden, ist für die Sicherheit entscheidend, insbesondere wenn in weit verbreiteten Tools und Frameworks Lücken entdeckt werden.

Beim Aktualisieren eines containerisierten Systems folgt man mehr oder weniger diesen Schritten:

1. Finden Sie das Image heraus, das aktualisiert werden muss. Dazu gehören Basis- und abhängige Images. In »Eine Liste der laufenden Images erhalten« ist beschrieben, wie Sie das mit der CLI machen.

2. Holen Sie sich oder erstellen Sie selbst eine aktualisierte Version jedes Basisimage. Übertragen Sie diese Version in Ihre Registry oder auf Ihre Download-Site.
3. Führen Sie für jedes abhängige Image `docker build` mit dem Argument `--no-cache` aus. Übertragen Sie auch diese Images.
4. Rufen Sie auf jedem Docker Host `docker pull` auf, um sicherzustellen, dass die Images aktuell sind.
5. Starten Sie die Container auf jedem Docker Host neu.
6. Haben Sie überprüft, ob alles korrekt funktioniert, entfernen Sie die alten Images von den Hosts. Wenn möglich entfernen Sie sie auch aus Ihrer Registry.

Manche dieser Schritte klingen einfacher, als sie sind. Um herauszufinden, welche Images zu aktualisieren sind, muss man eventuell ein wenig Forschungsarbeit und Skript-Magie betreiben. Beim Neustarten der Container wird davon ausgegangen, dass Sie entweder auf Rolling Updates eingestellt sind oder eine gewisse Downtime akzeptieren. Aktuell wird zudem erst noch an der Funktionalität gearbeitet, Images vollständig aus einer Registry zu entfernen und den Plattenplatz wieder freizugeben.[6]

Verwenden Sie den Docker Hub, um Ihre Images zu bauen, beachten Sie, dass Sie Repository-Verknüpfungen einrichten können, die einen Build Ihres Image anstoßen, sobald sich eines der verknüpften Images ändert. Setzen Sie eine Verbindung zum Basisimage auf, wird Ihr eigenes Image automatisch neu gebaut, wenn sich das Basisimage verändert.

Eine Liste der laufenden Images erhalten

Mit dem folgenden Befehl erhalten Sie die Image-IDs aller laufenden Images:

```
$ docker inspect -f "{{.Image}}" $(docker ps -q)
42a3cf88f3f0cce2b4bfb2ed714eec5ee937525b4c7e0a0f70daff18c3f2ee92
41b730702607edf9b07c6098f0b704ff59c5d4361245e468c0d551f50eae6f84
```

Mit ein bisschen mehr Skript-Magie können wir noch mehr Informationen zu Gesicht bekommen:

```
$ docker images --no-trunc | \
    grep $(docker inspect -f "-e {{.Image}}" $(docker ps -q))
nginx   latest  42a3cf88f...  2 weeks ago  132.8 MB
debian  latest  41b730702...  2 weeks ago  125.1 MB
```

6. Ein Workaround ist, alle Images, die Sie behalten wollen, herunterzuladen und sie dann wieder in eine neue, leere Registry hochzuladen.

Eine Liste aller Images und Ihrer Basis- oder ganz allgemein Vorgängerimages bekommen Sie so (mit `--no-trunc` erhalten Sie die vollständigen IDs):

```
$ docker inspect -f "{{.Image}}" $(docker ps -q) | \
    xargs -L 1 docker history -q
41b730702607
3cb35ae859e7
42a3cf88f3f0
e59ba510498b
50c46b6286b9
ee8776c93fde
439e7909f795
0b5e8be9b692
e7e840eed70b
7ed37354d38d
55516e2f2530
97d05af69c46
41b730702607
3cb35ae859e7
```

Auch hier können Sie wieder mehr Informationen erhalten:

```
$ docker images | \
    grep $(docker inspect -f "{{.Image}}" $(docker ps -q) | \
          xargs -L 1 docker history -q | sed "s/^/\-e /")
nginx   latest  42a3cf88f3f0  2 weeks ago  132.8 MB
debian  latest  41b730702607  2 weeks ago  125.1 MB
```

Wollen Sie neben den Images mit Namen auch die Details der dazwischenliegenden Images haben, geben Sie beim Befehl `docker images` das Flag `-a` an. Allerdings gibt es bei diesem Befehl eine kleine Überraschung: Existiert auf Ihrem Host keine getaggte Version eines Basisimage, wird es nicht angezeigt. So basiert zum Beispiel das offizielle Redis-Image auf `debian:wheezy`, aber das Basisimage wird in `docker images -a` als `<None>` erscheinen, wenn der Host nicht explizit das Image `debian:wheezy` heruntergeladen hat (und es sich nicht um genau die richtige Version dieses Image handelt).

Müssen Sie eine Sicherheitslücke patchen, die in einem fremden Image gefunden wurde – auch in einem offiziellen Image –, sind Sie davon abhängig, dass die Verantwortlichen für das Image zügig ein Update bereitstellen. In der Vergangenheit wurde häufig eine langsame Reaktion kritisiert. In solchen Situationen können Sie entweder warten oder ein eigenes Image anpassen. Wenn Sie Zugriff auf das Dockerfile und die Quellen für das Image haben, kann es eine einfache und effektive temporäre Lösung sein, selbst das Image zu bauen.

Im Gegensatz dazu steht das typische Vorgehen bei VMs, wenn Sie Software zum Konfigurationsmanagement (Configuration Management, CM)wie Puppet, Chef oder Ansible einsetzen. Beim CM-Ansatz werden VMs nicht neu erstellt, sondern nach Bedarf aktualisiert und gepatcht – entweder über SSH-Befehle oder über einen Agenten, der in der VM installiert ist. Dieses Vorgehen funktioniert, es bedeutet aber, dass sich die verschiedenen VMs häufig in unterschiedlichen Stadien befinden. Zudem ist es durchaus ein komplexes Unterfangen, den Überblick über die VMs und ihren Update-Status zu behalten. Das ist notwendig, um den Overhead durch das Neuerstellen von VMs und das Betreuen eines Masters oder Golden Image für den Service zu vermeiden. Der CM-Ansatz lässt sich auch mit Containern umsetzen, macht das Ganze aber deutlich komplizierter und bringt keinen Vorteil – das Vorgehen mit einem Golden Image ist bei Containern sinnvoller, weil sich diese viel schneller starten und auch einfacher bauen und warten lassen.[7]

Versehen Sie Ihre Images mit Labeln

Sie finden Images und deren Inhalte viel einfacher wieder, wenn Sie beim Bauen der Images großzügig Label vergeben. Dieses Feature gibt es seit Version 1.6 und erlaubt es, ein Image mit beliebigen Schlüssel/Wert-Paaren zu versehen. Sie können die Label im Dockerfile vergeben:

```
FROM debian
LABEL version 1.0
LABEL description "Ein Test-Image zum Beschreiben per Label"
```

Sie können auch noch einen Schritt weiter gehen und Daten wie den git-Hash hinzufügen, der zum Code im Image gehört. Dazu brauchen Sie aber so etwas wie ein Templating-Tool, um den Wert automatisch zu aktualisieren.

Label können einem Container auch zur Laufzeit hinzugefügt werden:

```
$ docker run -d --name label-test \
                        -l group=a debian sleep 100
1d8d8b622ec86068dfa5cf251cbaca7540b7eaa67664a13c620006...
$ docker inspect -f '{{json .Config.Labels}}' label-test
{"group":"a"}
```

Das kann nützlich sein, wenn Sie zur Laufzeit mit Ereignissen umgehen wollen, wie zum Beispiel Container dynamisch zu Load-Balancer-Gruppen hinzuzufügen.

Gelegentlich werden Sie den Docker Daemon aktualisieren müssen, um neue Features einsetzen zu können und Sicherheitspatches oder Bugfixes zu erhalten. Dazu werden Sie entweder alle Container auf einen neuen Host migriere oder sie kurzzeitig stoppen müssen, während das Update eingespielt wird. Es empfiehlt sich, entweder die Google Group docker-dev *(https://groups.google.com/forum/#!forum/docker-dev)* zu abonnieren oder sich bei den Docker-Foren

7. Das entspricht der modernen Ideen von *Immutable Infrastructure*, bei der die Infrastruktur – einschließlich Bare-Metal, VMs und Containern – nie verändert, sondern immer nur ersetzt wird, wenn eine Anpassung notwendig ist.

(https://forums.docker.com) zu registrieren, um über wichtige Updates informiert zu werden.

13.5.1 Nicht unterstützte Treiber vermeiden

Trotz seiner Jugend hat Docker schon einige Entwicklungsstadien durchlaufen, und eine Reihe von Features wurde als veraltet klassifiziert oder sie werden nicht mehr gewartet. Der Einsatz solcher Features ist ein Sicherheitsrisiko, da sie nicht die gleiche Aufmerksamkeit und Anzahl an Updates erhalten wie andere Teile von Docker. Das Gleiche gilt für Treiber und Erweiterungen, die von Docker abhängen.

Insbesondere sollten Sie nicht den veralteten LXC-Execution-Treiber verwenden. Standardmäßig ist er schon abgeschaltet, aber Sie sollten kontrollieren, dass Ihr Daemon nicht mit dem Argument `-e lxc` läuft.

Storage-Treiber sind ein weiterer wichtiger Bereich, in dem die Entwicklung voranschreitet. Aktuell wechselt der von Docker bevorzugte Treiber von AUFS nach Overlay. Der AUFS-Treiber wird aus dem Kernel genommen und nicht mehr weiterentwickelt. Anwender von AUFS sollten in naher Zukunft zu Overlay wechseln.[8]

13.6 Imageherkunft

Um Images sicher einsetzen zu können, müssen wir uns über ihre *Herkunft* (Provenance) sicher sein: Von wo stammen sie und wer hat sie erstellt? Wir brauchen die Garantie, dass wir genau das Image erhalten, das der Entwickler getestet hat, und es darf nicht verändert worden sein – weder beim Speichern noch beim Übertragen im Netz. Wenn wir das nicht sicherstellen können, kann es sein, dass das Image beschädigt oder – schlimmer noch – durch etwas Böswilliges ersetzt wurde. Angesichts der schon angesprochenen Sicherheitsaspekte bei Docker wäre das sehr unschön – Sie sollten davon ausgehen, dass ein solches Image vollständigen Zugriff auf den Host erhalten kann.

Die Herkunft ist bei weitem kein neues Problem in der Computerwelt. Das wichtigste Hilfsmittel beim Sicherstellen der Herkunft von Software oder Daten ist der *Secure Hash*. Solch ein Hash ist so etwas wie ein Fingerabdruck für Daten – eine verhältnismäßig kurze Zeichenkette, der für die gegebenen Daten eindeutig ist. Jegliche Änderungen an den Daten führen dazu, dass sich der Hash ändert. Es gibt eine Reihe von Algorithmen, um Secure Hashes zu berechnen, die unterschiedlich komplex sind und unterschiedlich eindeutige Hashes erzeugen. Zu den verbreitetsten Algorithmen gehören SHA (mit diversen Varianten) und MD5 (welcher grundlegende Probleme hat und nicht eingesetzt werden sollte). Besitzen

8. Noch besser wäre der Einsatz des Overlay2-Treibers mit einem Linux Kernel > 4 (*https://docs.docker.com/engine/userguide/storagedriver/overlayfs-driver*)

wir einen Secure Hash für Daten und die Daten selbst, können wir den Hash für die Daten selbst berechnen und mit dem vorhandenen Hash vergleichen. Sind beide gleich, können wir sicher sein, dass die Daten nicht beschädigt oder ausgetauscht wurden. Aber ein Problem bleibt dabei – warum sollten wir dem Hash vertrauen? Was kann einen Angreifer davon abhalten, sowohl die Daten als auch den Hash zu verändern? Die beste Antwort darauf sind das *kryptografische Signieren* und Public/Private-Key-Paare.

Durch das kryptografische Signieren können wir die Identität des Herausgebers eines Artefakts überprüfen. Signiert ein Herausgeber ein Artefakt mit seinem *privaten Schlüssel*,[9] kann jeder Empfänger dieses Artefakts prüfen, ob es wirklich vom Herausgeber stammt, indem er die Signatur mit dem *öffentlichen Schlüssel* des Herausgebers kontrolliert. Wenn der Client schon eine Kopie des Schlüssels erhalten hat und dieser nicht kompromittiert wurde, können wir sicher sein, dass der Inhalt vom Herausgeber stammt und nicht verändert wurde.

13.6.1 Docker Digests

Secure Hashes sind in der Docker-Welt als *Digests* bekannt. Bei einem Digest handelt es sich um einen SHA256-Hash einer Dateisystem-Schicht oder eines Manifests, wobei das Manifest eine Metadaten-Datei ist, die die Bestandteile eines Docker-Image beschreibt. Da das Manifest eine Liste aller vom Digest identifizierten Schichten enthält;[10] können Sie überprüfen, dass das Manifest nicht manipuliert wurde, und dann alle Schichten herunterladen und ihnen vertrauen, auch wenn Letzteres über unsichere Kanäle geschieht (zum Beispiel HTTP).

13.6.2 Docker Content Trust

Docker hat Content Trust in Version 1.8 eingeführt. Dabei handelt es sich um den Mechanismus, mit dem es Herausgebern[11] möglich ist, ihre Inhalte zu signieren und damit die vertrauenswürdigen Distributionsmechanismen zu vervollständigen. Holt sich ein Anwender ein Image aus einem Repository, erhält er ein Zertifikat mit dem öffentlichen Schlüssel des Herausgebers. So kann er dann prüfen, ob das Image vom Herausgeber stammt.

---

9. Die Kryptografie mit öffentlichen Schlüsseln ist ein ausgesprochen spannendes Thema, aber nicht in diesem Buch. Mehr Informationen finden Sie in *Angewandte Kryptographie* von Bruce Schneier.
10. Ein ähnliches Konstrukt wird in Protokollen wie Bittorrent und Bitcoin verwendet und ist als *Hash List* bekannt.
11. Im Rahmen dieses Kapitels ist jeder, der ein Image pusht, ein Herausgeber – der Begriff ist nicht auf große Firmen oder Organisationen beschränkt.

Ist Content Trust aktiviert, arbeitet die Docker Engine nur mit signierten Images und verweigert das Ausführen anderer Images, deren Signaturen oder Digests nicht passen.

Schauen wir uns das Ganze mal in Aktion an. Wir beginnen damit, signierte und nicht signierte Images herunterzuladen:

```
$ export DOCKER_CONTENT_TRUST=1 ❶
$ docker pull debian:wheezy
Pull (1 of 1): debian:wheezy@sha256:c584131da2ac1948aa3e66468a4...
sha256:c584131da2ac1948aa3e66468a4424b6aea2f33acba7cec0b631bdb5...
4c8cbfd2973e: Pull complete
60c52dbe9d91: Pull complete
Digest: sha256:c584131da2ac1948aa3e66468a4424b6aea2f33acba7cec0...
Status: Downloaded newer image for debian@sha256:c584131da2ac19...
Tagging debian@sha256:c584131da2ac1948aa3e66468a4424b6aea2f33ac...
$ docker pull amouat/identidock:unsigned
No trust data for unsigned
```

❶ In Docker 1.8 muss der Content Trust durch das Setzen der Umgebungsvariable `DOCKER_CONTENT_TRUST=1` aktiviert werden. In neuen Versionen wird dies zum Standard werden.

Hier sehen wir, dass das offizielle, signierte Debian-Image erfolgreich heruntergeladen wurde. Das nicht signierte Image `amouat/identidock:unsigned` hingegen wurde nicht geladen.

Und wie schiebt man signierte Images hoch? Ganz einfach:

```
$ docker push amouat/identidock:newest
The push refers to a repository [docker.io/amouat/identidock] (len: 1)
...
843e2bded498: Image already exists
newest: digest: sha256:1a0c4d72c5d52094fd246ec03d6b6ac438364407...
Signing and pushing trust metadata
You are about to create a new root signing key passphrase. This
passphrase will be used to protect the most sensitive key in your
signing system. Please choose a long, complex passphrase and be
careful to keep the password and the key file itself secure and
backed up. It is highly recommended that you use a password
manager to generate the passphrase and keep it safe. There will be
no way to recover this key. You can find the key in your config
directory.
Enter passphrase for new offline key with id 70878f1:
Repeat passphrase for new offline key with id 70878f1:
Enter passphrase for new tagging key with id docker.io/amouat/i...
Repeat passphrase for new tagging key with id docker.io/amouat/...
Finished initializing "docker.io/amouat/identidock"
```

Da dies das erste Mal ist, dass ich etwas in dieses Repository hochgeladen habe, nachdem Content Trust aktiviert wurde, hat Docker einen neuen *Root Signing Key* und einen *Tagging Key* erstellt. Wir kommen auf den Tagging Key gleich zurück, aber zuerst möchte ich noch darauf aufmerksam machen, wie wichtig es ist, den Root Key sicher aufzubewahren. Wenn Sie diesen Schlüssel verlieren, wird es richtig kompliziert – alle Benutzer Ihrer Repositories werden keine neuen Images mehr herunterladen oder bestehende Images aktualisieren können, ohne das alte Zertifikat manuell vorher zu entfernen.

Jetzt können wir unser Image mit aktivem Content Trust herunterladen:

```
$ docker rmi amouat/identidock:newest
Untagged: amouat/identidock:newest
$ docker pull amouat/identidock:newest
Pull (1 of 1): amouat/identidock:newest@sha256:1a0c4d72c5d52094...
sha256:1a0c4d72c5d52094fd246ec03d6b6ac43836440796da1043b6ed81ea...
...
7e7d073d42e9: Already exists
Digest: sha256:1a0c4d72c5d52094fd246ec03d6b6ac43836440796da1043...
Status: Downloaded newer image for amouat/identidock@sha256:1a0...
Tagging amouat/identidock@sha256:1a0c4d72c5d52094fd246ec03d6b6a...
```

Haben Sie zuvor noch kein Image von einem bestimmten Repository heruntergeladen, lädt Docker erst das Zertifikat des Herausgebers. Das geschieht per HTTPS und beinhaltet nur ein geringes Risiko – vergleichbar mit dem erstmaligen Verbinden zu einem Host per SSH: Sie müssen darauf vertrauen, dass Sie die korrekten Credentials erhalten. Zukünftige Pulls von diesem Repository können dann mit dem bestehenden Zertifikat überprüft werden.

Sichern Sie die Schlüssel Ihrer Signatur!

Docker verschlüsselt all Ihre Schlüssel und sorgt dafür, dass private Daten nie auf die Festplatte geschrieben werden. Aufgrund der Wichtigkeit der Schlüssel empfiehlt es sich, sie auf zwei verschlüsselten USB-Sticks zu kopieren, die Sie an einem sicheren Ort aufbewahren. Um eine TAR-Datei mit diesen Schlüsseln zu erstellen, nutzen Sie folgende Befehle:

```
$ umask 077
$ tar -zcvf private_keys_backup.tar.gz \
                 ~/.docker/trust/private
$ umask 022
```

Die `umask`-Befehle sorgen dafür, dass die Dateiberechtigungen auf »schreibgeschützt« gesetzt sind.

Beachten Sie, dass der Root Key offline abgelegt werden kann, wenn er nicht eingesetzt wird, da er nur beim Erstellen oder Zurückziehen von Schlüsseln gebraucht wird.

Zurück zum Tagging Key. Dieser Schlüssel wird für jedes Repository eines Herausgebers erstellt. Er ist durch den Root Key signiert, so dass er von jedem Benutzer überprüft werden kann, der das Zertifikat des Herausgebers besitzt. Der Tagging Key kann in einem Unternehmen gemeinsam eingesetzt werden, um beliebige Images für dieses Repository zu signieren. Nach dem Erzeugen des Tagging Key kann und sollte der Root Key offline genommen und sicher aufbewahrt werden.

Sollte ein Tagging Key kompromittiert werden, kann man trotzdem weiterarbeiten. Durch das Rotieren des Schlüssels kann der nicht mehr einsetzbare Schlüssel aus dem System entfernt werden. Dieser Prozess geschieht für den Anwender unsichtbar und lässt sich auch proaktiv durchführen, um sich vor unbemerkt kompromittierten Schlüsseln zu schützen.

Content Trust kann auch die Aktualität garantieren, um sich gegen *Replay-Angriffe* zu wappnen. Bei solch einem Replay-Angriff wird ein Artefakt durch ein älteres, ebenfalls gültiges Artefakt ersetzt. So kann zum Beispiel ein Angreifer ein Binary durch ein älteres mit bekannten Sicherheitslücken ersetzen, das durch den Herausgeber signiert wurde. Da es korrekt signiert ist, kann der Benutzer dazu gebracht werden, die Version mit den Sicherheitslücken auszuführen. Um das zu vermeiden, setzt Content Trust *Timestamp Keys* ein, die mit jedem Repository verbunden sind. Diese Schlüssel werden genutzt, um die Metadaten des Repository zu signieren. Diese haben ein kurzes Verfallsdatum, so dass sie regelmäßig durch den Timestamp Key neu signiert werden müssen. Indem überprüft wird, ob die Metadaten nicht schon veraltet sind, bevor ein Image heruntergeladen wird, kann der Docker Client sicherstellen, dass er ein aktuelles Image erhält. Die Timestamp Keys werden durch den Docker Hub verwaltet und erfordert keinerlei Interaktion mit dem Herausgeber.

Ein Repository kann sowohl signierte als auch nicht signierte Images enthalten. Ist bei Ihnen Content Trust aktiviert und wollen Sie trotzdem ein nicht signiertes Image herunterladen, verwenden Sie das Flag `--disable-content-trust`:

```
$ docker pull amouat/identidock:unsigned
No trust data for unsigned
$ docker pull --disable-content-trust amouat/identidock:unsigned
unsigned: Pulling from amouat/identidock
...
7e7d073d42e9: Already exists
Digest: sha256:ea9143ea9952ca27bfd618ce718501d97180dbf1b5857ff3...
Status: Downloaded newer image for amouat/identidock:unsigned
```

Wollen Sie mehr über Content Trust erfahren, schauen Sie in die offizielle Docker-Dokumentation *(https://docs.docker.com/security/trust/content_trust)*, aber auch in The Update Framework *(http://theupdateframework.com)*, welches die zugrunde liegende Spezifikation enthält.

Diese Infrastruktur mit verschiedenen Schlüsseln ist durchaus komplex, aber Docker arbeitet hart daran, es dem Endanwender leicht zu machen. Mit Content Trust hat Docker ein benutzerfreundliches, modernes Sicherheitsframework geschaffen, das Herkunft, Aktualität und Integrität garantiert.

Content Trust ist für den Docker Hub aktiviert und läuft dort automatisch. Um es für eine lokale Registry zu verwenden, müssen Sie zusätzlich noch einen Notary-Server *(https://github.com/docker/notary)* konfigurieren und bereitstellen.

Notary

Das Notary-Projekt von Docker *(https://github.com/docker/notary)* ist ein generisches Server/Client-Framework für das vertrauenswürdige und sichere Veröffentlichen von Inhalten und das Zugreifen darauf. Notary basiert auf der Spezifikation des The Update Framework, das ein sicheres Design für das Verteilen und Aktualisieren von Inhalten bietet.

Das Content-Trust-Framework von Docker ist letztendlich eine Integration von Notary in die Docker API. Indem Unternehmen sowohl eine Registry als auch einen Notary-Server betreiben, können sie den Anwendern vertrauenswürdige Images bereitstellen. Aber Notary ist so entworfen, dass es auch alleine in einer Vielzahl von Szenarien genutzt werden kann.

Ein verbreiteter Anwendungsfall von Notary ist, die Sicherheit und Vertrauenswürdigkeit des gerne genommenen `curl | sh` zu verbessern, das auch von den aktuellen Anweisungen zur Docker-Installation eingesetzt wird:

```
$ curl -sSL https://get.docker.com/ | sh
```

Wird solch ein Download kompromittiert – schon auf dem Server oder beim Übertragen –, kann der Angreifer beliebige Befehle auf dem Computer des Opfers ausführen. Der Einsatz von HTTPS hält den Angreifer davon ab, die Daten beim Übertragen zu manipulieren, aber es ist immer noch möglich, das Herunterladen vorzeitig zu beenden und damit den Code auf potenziell gefährliche Art und Weise abzuschneiden. Das entsprechende Vorgehen mit Notary sieht so aus:

```
$ curl http://get.docker.com/ | \
    notary verify docker.com/scripts v1 | sh
```

Durch den Aufruf von `notary` wird eine Prüfsumme für das Skript mit der Prüfsumme aus der vertrauenswürdigen Notary-Sammlung für *docker.com* verglichen. Wenn beide gleich sind, wurde sichergestellt, dass das Skript tatsächlich von *docker.com* kommt und nicht verändert wurde. Schlägt der Vergleich fehl, steigt Notary aus, und `sh` bekommt keine Daten übergeben. Interessant ist auch, dass das Skript selbst über unsichere Kanäle – in diesem Fall HTTP – übertragen werden kann, denn wenn das Skript unterwegs manipuliert wird, ändert sich auch die Prüfsumme, und Notary wirft einen Fehler.

Nutzen Sie nicht signierte Images, ist es trotzdem möglich, sie zu überprüfen, indem Sie sie statt über Name und Tag über den Digest laden. Zum Beispiel:

```
$ docker pull debian@sha256:f43366bc755696485050ce14e1429c481b6f0\
ca04505c4a3093dfdb4fafb899e
```

Damit wird aktuell das Image `debian:jessie` geholt. Aber anders als beim Tag `debian:jessie` ist so garantiert, dass genau das gleiche Image geladen wird (oder gar keins). Kann der Digest auf irgendeinem Weg sicher übertragen und authentifiziert werden (zum Beispiel als per PGP signierte E-Mail von vertrauenswürdiger

Seite), können Sie auch die Authentizität des Image garantieren. Selbst wenn Content Trust aktiv ist, ist es möglich, Images über den Digest zu laden.

Wenn Sie weder einer privaten Registry noch dem Docker Hub trauen, um Ihre Images zu verteilen, können Sie immer noch die Befehle `docker save` und `docker load` nutzen, um Images zu exportieren und zu importieren. Sie lassen sich dann über eine interne Download-Seite oder durch simples Kopieren bereitstellen. Wenn Sie diesen Weg gehen, werden Sie sich allerdings schnell in der Situation wiederfinden, dass Sie eine Menge Features der Docker Registry und der Content-Trust-Komponenten nachbauen.

13.6.3 Reproduzierbare und vertrauenswürdige Dockerfiles

Idealerweise sollten Dockerfiles jedes Mal das gleiche Image erzeugen. In der Praxis lässt sich das aber nur schwer erreichen, und die Images werden mit der Zeit anders sein. Das ist natürlich eine problematische Situation, da es so schwerer wird, sicher zu sein, was sich in Ihren Images befindet. Mit den folgenden Regeln beim Schreiben von Dockerfiles kommen Sie aber zumindest nahe an die Idealsituation heran:

- Geben Sie in `FROM`-Anweisungen immer ein Tag an. `FROM redis` ist schlecht, weil so das Tag `latest` verwendet wird, das sich mit der Zeit wohl ändert – auch über größere Versionssprünge hinweg. `FROM redis:3.0` ist besser, aber es kann durch kleinere Updates und Bugfixes trotzdem Änderungen geben (die Sie aber vermutlich durchaus haben wollen). Möchten Sie sicher sein, dass Sie jedes Mal genau das gleiche Image holen, können Sie nur wie schon beschrieben einen Digest verwenden. Zum Beispiel:

  ```
  FROM redis@sha256:3479bbcab384fa343b52743b933661335448f81662036...
  ```

  Der Einsatz eines Digest schützt zudem vor unabsichtlich defekten oder veränderten Images.
- Geben Sie Versionsnummern an, wenn Sie Software über Paketmanager installieren. `apt-get install cowsay` ist in Ordnung, da sich `cowsay` vermutlich nicht ändern wird, aber `apt-get install cowsay=3.03+dfsg1-6` ist besser. Das Gleiche gilt für andere Paket-Installer wie pip – eine Versionsnummer ist besser (wenn vorhanden). Der Build wird dann zwar fehlschlagen, wenn ein altes Paket entfernt wurde, aber Sie erhalten dadurch zumindest eine Warnung. Beachten Sie, dass ein Problem bleibt: Pakete haben oft Abhängigkeiten, und diese werden mit >= definiert, so dass sie sich durchaus mit der Zeit ändern. Um die Version von Software vollständig festzuschreiben, schauen Sie sich Tools wie aptly an *(https://www.aptly.info)*, mit dem Sie Momentaufnahmen von Repositories machen können.
- Überprüfen Sie Software und Daten, die Sie aus dem Internet heruntergeladen haben. Nutzen Sie dazu Prüfsummen oder kryptografische Signaturen. Von

all den hier beschriebenen Schritten ist dies der wichtigste. Wenn Sie Downloads nicht überprüfen, sind Sie durch zufällige Defekte, aber auch durch Angreifer, die die Downloads austauschen, verletzbar. Das gilt besonders dann, wenn Software per HTTP geladen wird, bei dem es keinen Schutz vor Man-in-the-Middle-Angriffen gibt. Der folgende Abschnitt bietet dazu ein paar spezifischere Ratschläge.

Die meisten Dockerfiles von offiziellen Images sind gute Beispiele für den Einsatz getaggter Versionen und das Überprüfen von Downloads. Sie verwenden im Allgemeinen ein spezifisches Tag eines Basisimage, greifen aber beim Installieren von Software aus Paketmanagern nicht auf Versionsnummern zurück.

Software in Dockerfiles sicher herunterladen

In den meisten Fällen stellen Herausgeber signierte Prüfsummen zur Verfügung, um Downloads überprüfen zu können. So enthält zum Beispiel das Dockerfile für das offizielle Node.js-Image die folgenden Zeilen:

```
RUN gpg --keyserver pool.sks-keyservers.net \
--recv-keys 7937DFD2AB06298B2293C3187D33FF9D0246406D \
            114F43EE0176B71C7BC219DD50A3051F888C628D ❶

ENV NODE_VERSION 0.10.38
ENV NPM_VERSION 2.10.0
RUN curl -SLO "http://nodejs.org/dist/v$NODE_VERSION/\
node-v$NODE_VERSION-linux-x64.tar.gz" \ ❷
&& curl -SLO \ "http://nodejs.org/dist/v$NODE_VERSION/SHASUMS256.txt.asc" \ ❸
&& gpg --verify SHASUMS256.txt.asc \ ❹
&& grep " node-v$NODE_VERSION-linux-x64.tar.gz\$" \
SHASUMS256.txt.asc | sha256sum -c - ❺
```

❶ Holt die GPG-Schlüssel, mit denen der Node.js-Download signiert wurde. Hier müssen wir darauf vertrauen, dass es sich um die korrekten Schlüssel handelt.

❷ Lädt den Node.js-Tarball herunter.

❸ Lädt die Prüfsumme für den Tarball herunter.

❹ Nutzt GPG, um zu kontrollieren, ob die Prüfsumme von jemandem signiert wurde, dem die von uns geladenen Schlüssel gehören.

❺ Kontrolliert mithilfe von `sha256sum`, ob die Prüfsumme dem Tarball entspricht.

Wenn entweder der GPG-Test oder der Prüfsummen-Test fehlschlägt, wird der Build abgebrochen.

In manchen Fällen stehen Pakete in Fremd-Repositories zur Verfügung, womit sie sicher installiert werden können, indem das Repository und seine Signierschlüssel hinzugefügt werden. So enthält zum Beispiel das Dockerfile für das offizielle nginx-Image die folgenden Zeilen:

```
RUN apt-key adv --keyserver hkp://pgp.mit.edu:80 \
--recv-keys 573BFD6B3D8FBC641079A6ABABF5BD827BD9BF62
RUN echo "deb http://nginx.org/packages/mainline/debian/ jessie\
nginx" >> /etc/apt/sources.list
```

Der erste Befehl holt sich den Signierschlüssel für nginx (der dann dem Keystore hinzugefügt wird), der zweite fügt das nginx-Paket-Repository zur Liste der Repositories hinzu, in denen nach Software gesucht wird. Danach kann nginx einfach und sicher mit `apt-get install -y nginx` installiert werden (möglichst mit einer Versionsnummer).

Ist kein signiertes Paket und keine Prüfsumme vorhanden, ist es recht einfach, selbst etwas zu erstellen. So erzeugen Sie zum Beispiel eine Prüfsumme für ein Redis-Release:

```
$ curl -s -o redis.tar.gz \
    http://download.redis.io/releases/redis-3.0.1.tar.gz
$ sha1sum -b redis.tar.gz ❶
fe1d06599042bfe6a0e738542f302ce9533dde88 *redis.tar.gz
```

❶ Hier erstellen wir eine 160-Bit-SHA1-Prüfsumme. Das Flag `-b` weist das Tool `sha1sum` an, mit Binärdaten statt mit Text zu arbeiten.

Haben Sie die Software getestet und überprüft, können Sie in Ihrem Dockerfile so etwas wie das folgende aufnehmen:

```
RUN curl -sSL -o redis.tar.gz \
http://download.redis.io/releases/redis-3.0.1.tar.gz \
&& echo "fe1d06599042bfe6a0e738542f302ce9533dde88 *redis.tar.gz" \ | sha1sum -c -
```

Damit wird die Datei als *redis.tar.gz* heruntergeladen und `sha1sum` gebeten, die Prüfsumme zu vergleichen. Schlägt die Prüfung fehl, schlägt auch der Befehl fehl, und der Build wird abgebrochen.

Wenn Sie häufig releasen, ist es ziemlich aufwendig, all diese Details jedesmal anzupassen, daher lohnt es sich, den Prozess zu automatisieren. In vielen der offiziellen Image-Repositories, wie zum Beispiel in *http://bit.ly/1QMyDVf*, finden Sie für diesen Zweck Skripten mit dem Namen `update.sh`.

13.7 Sicherheitstipps

Dieser Abschnitt enthält praktische Tipps zum Absichern von Container-Deployments. Nicht alle Ratschläge werden für alle Deployments umsetzbar sein, aber Sie sollten sich mit den grundlegenden Tools vertraut machen, die Sie dabei einsetzen können.

Viele der Tipps beschreiben die eine oder andere Möglichkeit, Container einzuschränken, so dass sie sich nicht negativ auf andere Container auf dem gleichen

Host auswirken können. Das größte Problem sollten Sie immer im Hinterkopf behalten: Die Ressourcen des Host-Kernel – CPU, Speicher, Netzwerkzugriff, UIDs und so weiter – werden von den Containern gemeinsam genutzt. Kann sich ein Container eine davon komplett unter den Nagel reißen, sind die anderen Container nicht mehr nutzbar. Schlimmer noch: Kann ein Container einen Bug im Kernel-Code ausnutzen, ist es ihm eventuell möglich, den Host abzuschießen oder Zugriff auf den Host und andere Container zu erhalten. Das könnte entweder unabsichtlich durch fehlerhafte Programmierung oder absichtlich durch einen Angreifer geschehen, der versucht, den Host zu stören oder zu kompromittieren.

13.7.1 Einen Benutzer setzen

Führen Sie niemals produktive Anwendungen in einem Container als root aus. *Das ist wirklich wichtig!* Ein Angreifer, der sich eine Schwachstelle im Programm zunutze macht, hat vollständigen Zugriff auf den Container – einschließlich seiner Daten und Programme. Ein Angreifer, der es schafft, den Container zu verlassen, hat dann sogar root-Zugriff auf den Host. Sie würden keine Anwendung als root in einer VM oder direkt auf einem Computer ausführen – also tun Sie das auch nicht in einem Container.

Um zu vermeiden, dass root genutzt wird, sollten Ihre Dockerfiles immer einen Benutzer mit weniger Rechten erstellen und mit der `USER`-Anweisung oder einem Entrypoint-Skript zu ihm wechseln. Zum Beispiel:

```
RUN groupadd -r user_grp && useradd -r -g user_grp user
USER user
```

Damit wird eine Gruppe namens `user_grp` und ein neuer Benutzer `user` erstellt, der zu dieser Gruppe gehört. Die `USER`-Anweisung gilt dann für alle folgenden Anweisungen und wenn ein Container aus dem Image gestartet wird. Sie müssen die `USER`-Anweisung im Dockerfile eventuell nach hinten verschieben, damit erst noch Aktivitäten mit root-Erfordernis (wie zum Beispiel das Installieren von Software) ausgeführt werden können.

Viele der offiziellen Images erstellen so einen Benutzer mit wenig Rechten, verwenden aber keine `USER`-Anweisung. Stattdessen wechseln sie den Benutzer in einem Entrypoint-Skript mit dem Tool `gosu`. So finden Sie zum Beispiel im Entrypoint-Skript des offiziellen Redis-Image folgende Zeilen:

```
#!/bin/bash
set -e
if [ "$1" = 'redis-server' ]; then
        chown -R redis .
        exec gosu redis "$@"
fi

exec "$@"
```

Dieses Skript enthält die Zeile `chown -R redis .`, mit der als Besitzer aller Dateien im Data-Verzeichnis des Image der redis-Benutzer festgelegt wird. Wäre im Dockerfile eine `USER`-Anweisung verwendet worden, würde diese Zeile nicht funktionieren. Die nächste Zeile `exec gosu redis "$@"` führt den angegebenen Redis-Befehl als redis-Benutzer aus. Durch den Einsatz von exec wird die aktuelle Shell durch redis ersetzt, welches so PID 1 wird und alle Signale korrekt weitergeleitet bekommt.

Verwenden Sie gosu, nicht sudo

Das klassische Tool zum Ausführen von Befehlen als anderer Benutzer ist `sudo`. Das ist zwar mächtig und altehrwürdig, aber es besitzt ein paar Nebeneffekte, die es für den Einsatz in Entrypoint-Skripten nicht so geeignet machen. Wir können uns einmal anschauen, was passiert, wenn wir `sudo ps aux` in einem Ubuntu-Container[12] ausführen:

```
$ docker run --rm ubuntu:trusty sudo ps aux
USER  PID  %CPU  ...  COMMAND
root    1   0.0       sudo ps aux
root    5   0.0       ps aux
```

Wir haben zwei Prozesse – einen für `sudo` und einen für den eigentlichen Befehl.

Installieren wir im Gegensatz dazu gosu in einem Ubuntu-Image:

```
$ docker run --rm amouat/ubuntu-with-gosu \
                          gosu root ps aux
USER  PID  %CPU  ...  COMMAND
root    1   0.0       ps aux
```

So haben wir nur genau einen Prozess – gosu hat den Befehl ausgeführt und sich selbst ganz aus der Sache herausgenommen. Wichtiger noch ist, dass der Befehl als PID 1 läuft, so dass er – anders als beim Beispiel mit `sudo` – alle an den Container geschickten Signale erhält.

Haben Sie eine Anwendung, die darauf besteht, als root zu laufen (und können Sie das nicht ändern), überlegen Sie sich, Tools wie sudo, SELinux (siehe Abschnitt 13.9.1) und fakeroot einzusetzen, um den Prozess trotzdem zu beschränken.

13.7.2 Netzwerkzugriffe von Containern beschränken

Ein Container sollte in der Produktivumgebung nur die Ports öffnen, die er tatsächlich benötigt, und diese sollten auch nur für die anderen Container erreichbar sein, die sie brauchen. Das ist ein bisschen kniffliger, als es klingt, da standardmäßig Container alle miteinander reden können – unabhängig davon, ob

12. Ich verwende hier Ubuntu statt Debian, weil das Ubuntu-Image standardmäßig `sudo` mitbringt.

Ports explizit freigegeben wurden oder nicht. Das sehen wir durch ein wenig Experimentieren mit Netcat:[13]

```
$ docker run --name nc-test -d amouat/network-utils nc -l 5001 ❶
f57269e2805cf3305e41303eafefaba9bf8d996d87353b10d0ca577acc731186
$ docker run \
    -e IP=$(docker inspect -f {{.NetworkSettings.IPAddress}} \
    nc-test) amouat/network-utils sh -c 'echo -n "Hallo" | \
    nc -v $IP 5001' ❷
Connection to 172.17.0.3 5001 port [tcp/*] succeeded!
$ docker logs nc-test
Hallo
```

❶ Weist Netcat an, auf Port 5001 zu lauschen und alle Eingaben wiederzugeben.

❷ Schickt »Hallo« mit Netcat an den ersten Container.

Der zweite Container kann sich mit `nc-test` verbinden, obwohl keine Ports veröffentlicht oder freigegeben wurden. Wir können das ändern, indem wir beim Docker Daemon das Flag `--icc=false` setzen. Damit wird die Kommunikation zwischen den Containern deaktiviert, womit kompromittierte Container auch nicht mehr andere angreifen können. Nur explizit verlinkte Container können weiter miteinander reden.

Docker steuert die Inter-Container-Kommunikation durch das Setzen von IPtables-Regeln (für die das Flag `--iptables` für den Daemon gesetzt sein muss, was standardmäßig der Fall ist).

Das folgende Beispiel demonstriert den Effekt von `--icc=false` für den Daemon:

```
$ cat /etc/default/docker | grep DOCKER_OPTS=
DOCKER_OPTS="--iptables=true --icc=false" ❶
$ docker run --name nc-test -d --expose 5001 \
    amouat/network-utils nc -l 5001
d7c267672c158e77563da31c1ee5948f138985b1f451cd2222cf248006491139
$ docker run \
    -e IP=$(docker inspect -f {{.NetworkSettings.IPAddress}} \
    nc-test) amouat/network-utils sh -c 'echo -n "Hallo" | \
    nc -w 2 -v $IP 5001' ❷
nc: connect to 172.17.0.10 port 5001 (tcp) timed out: Operation now in progress
$ docker run \
    --link nc-test:nc-test \
    amouat/network-utils sh -c 'echo -n "Hallo" | \
    nc -w 2 -v nc-test 5001'
Connection to nc-test 5001 port [tcp/*] succeeded!
$ docker logs nc-test
Hallo
```

13. Wir verwenden hier die OpenBSD-Version.

❶ Unter Ubuntu wird der Docker Daemon durch das Setzen von `DOCKER_OPTS` in */etc/default/docker* konfiguriert.

❷ Das Flag `-w 2` weist Netcat an, nach zwei Sekunden Warten abzubrechen.

Die erste Verbindung schlägt fehl, da die Kommunikation zwischen den Containern abgeschaltet ist und kein Link existiert. Der zweite Befehl ist erfolgreich, da wir den Link hinzugefügt haben. Wollen Sie verstehen, was da hinter den Kulissen passiert, rufen Sie auf dem Host `sudo iptables -L -n` einmal mit und einmal ohne verlinkte Container auf.

Beim Veröffentlichen von Ports auf dem Host geschieht dies bei Docker standardmäßig für alle Schnittstellen (0.0.0.0). Sie können aber auch explizit die Schnittstelle angeben, an die Sie binden wollen:

```
$ docker run -p 87.245.78.43:8080:8080 -d myimage
```

Damit wird die Angriffsoberfläche verringert, indem nur Netzwerkzugriffe über die angegebene Schnittstelle möglich sind.

13.7.3 setuid/setgid-Binaries entfernen

Die Wahrscheinlichkeit, dass Ihre Anwendung keine setuid- oder setgid-Binaries benötigt, ist recht hoch.[14] Können wir solche Binaries deaktivieren oder entfernen, verhindern wir, dass sie zur unerlaubten Rechteauswertung eingesetzt werden.

Um eine Liste solcher Binaries in einem Image zu erhalten, rufen Sie `find / -perm+6000 -type f -exec ls -ld {} \;` auf. Zum Beispiel:

```
$ docker run debian find / -perm+6000 -type f -exec ls -ld {} \;
    2> /dev/null
-rwsr-xr-x 1 root root 10248 Apr 15 00:02 /usr/lib/pt_chown
-rwxr-sr-x 1 root shadow 62272 Nov 20 2014 /usr/bin/chage
-rwsr-xr-x 1 root root 75376 Nov 20 2014 /usr/bin/gpasswd
-rwsr-xr-x 1 root root 53616 Nov 20 2014 /usr/bin/chfn
-rwsr-xr-x 1 root root 54192 Nov 20 2014 /usr/bin/passwd
-rwsr-xr-x 1 root root 44464 Nov 20 2014 /usr/bin/chsh
-rwsr-xr-x 1 root root 39912 Nov 20 2014 /usr/bin/newgrp
-rwxr-sr-x 1 root tty 27232 Mar 29 22:34 /usr/bin/wall
-rwxr-sr-x 1 root shadow 22744 Nov 20 2014 /usr/bin/expiry
-rwxr-sr-x 1 root shadow 35408 Aug 9 2014 /sbin/unix_chkpwd
-rwsr-xr-x 1 root root 40000 Mar 29 22:34 /bin/mount
-rwsr-xr-x 1 root root 40168 Nov 20 2014 /bin/su
-rwsr-xr-x 1 root root 70576 Oct 28 2014 /bin/ping
```

14. setuid- und setgid-Binaries laufen mit den Berechtigungen des Besitzers und nicht mit denen des Benutzers. Sie werden normalerweise eingesetzt, um es Anwendern zu ermöglichen, temporär mit den erweiterten Berechtigungen zu arbeiten, die zum Erledigen einer bestimmten Aufgabe notwendig sind, wie zum Beispiel beim Setzen eines Passworts.

```
-rwsr-xr-x 1 root root 27416 Mar 29 22:34 /bin/umount
-rwsr-xr-x 1 root root 61392 Oct 28 2014 /bin/ping6
```

Sie können die Binaries unschädlich machen, indem Sie mit `chmod a-s` das suid-Bit löschen. So können wir zum Beispiel mit folgendem Dockerfile ein »unschädliches« Debian-Image erstellen:

```
FROM debian:wheezy

RUN find / -perm +6000 -type f -exec chmod a-s {} \; || true ❶
```

Bauen Sie das Image und führen Sie es aus:

```
$ docker build -t defanged-debian .
...
Successfully built 526744cf1bc1
$ docker run --rm defanged-debian \
    find / -perm +6000 -type f -exec ls -ld {} \; 2> /dev/null | \
    wc -l
0
$
```

Es ist wahrscheinlicher, dass Ihr Dockerfile ein setuid/setgid-Binary benötigt, als dass dies bei Ihrer Anwendung der Fall ist. Daher können Sie diesen Schritt immer gegen Ende des Dockerfiles einfügen, nachdem solche Aufrufe ausgeführt wurden und bevor Sie den Benutzer wechseln (das Entfernen von setuid-Binaries ist witzlos, wenn die Anwendung mit root-Berechtigungen läuft).

13.7.4 Den Speicher begrenzen

Durch die Begrenzung des verfügbaren Speichers schützen Sie sich vor DoS-Angriffen und Anwendungen mit Speicherlecks, die nach und nach den Speicher auf dem Host auffressen (solche Anwendungen können automatisch neu gestartet werden, um den Service beizubehalten).

Die Flags `-m` und `--memory-swap` von `docker run` begrenzen die Menge an Speicher und Swap-Speicher, die ein Container nutzen darf. Wobei das ein wenig verwirrend ist – das Flag `--memory-swap` definiert die *gesamte* Speichergröße, also normalen Speicher *plus* Swap-Speicher, und nicht nur den Swap-Speicher. Standardmäßig werden keine Grenzen gesetzt. Wird das Flag `-m` ohne `--memory-swap` verwendet, wird Letzteres auf den doppelten Wert von `-m` gesetzt. Das erkläre ich am besten anhand eines Beispiels. Wir werden hier das Image `amouat/stress` nutzen, welches das Unix-Tool stress enthält *(http://people.seas.harvard.edu/~apw/stress)*, um zu testen, was passiert, wenn die Ressourcen durch einen Prozess belegt werden. In diesem Fall werden wir das Tool bitten, sich eine bestimmte Menge Speicher zu schnappen:

```
$ docker run -m 128m --memory-swap 128m amouat/stress \
    stress --vm 1 --vm-bytes 127m -t 5s ❶
```

```
stress: info: [1] dispatching hogs: 0 cpu, 0 io, 1 vm, 0 hdd
stress: info: [1] successful run completed in 5s
$ docker run -m 128m --memory-swap 128m amouat/stress \
    stress --vm 1 --vm-bytes 130m -t 5s ❷
stress: FAIL: [1] (416) <-- worker 6 got signal 9
stress: WARN: [1] (418) now reaping child worker processes
stress: FAIL: [1] (422) kill error: No such process
stress: FAIL: [1] (452) failed run completed in 0s
stress: info: [1] dispatching hogs: 0 cpu, 0 io, 1 vm, 0 hdd
$ docker run -m 128m amouat/stress \
    stress --vm 1 --vm-bytes 255m -t 5s ❸
stress: info: [1] dispatching hogs: 0 cpu, 0 io, 1 vm, 0 hdd
stress: info: [1] successful run completed in 5s
```

❶ Diese Argumente weisen stress an, einen Prozess auszuführen, der 127 MB Speicher anfordert und nach fünf Sekunden in den Timeout geht.

❷ Dieses Mal versuchen wir, 130 MB anzufordern. Das schlägt fehl, weil wir nur 128 MB zur Verfügung haben.

❸ Jetzt geht es um 255 MB, und weil `--swap-memory` standardmäßig auf 256 MB gesetzt wurde, ist der Befehl erfolgreich.

13.7.5 Den CPU-Einsatz beschränken

Kann ein Angreifer einen Container – oder eine ganze Gruppe – dazu bringen, die CPU des Host vollständig auszulasten, werden andere Container auf dem Host nicht mehr arbeiten können, und man hat es mit einem DoS-Angriff zu tun.

In Docker wird die CPU-Zuteilung über eine *relative* Gewichtung ermittelt, wobei ein Standardwert von 1024 genutzt wird – normalerweise erhalten also alle Container gleich viel CPU-Zeit.

Auch das lässt sich am besten wieder mit einem Beispiel erklären. Hier starten wir vier Container mit dem Image `amouat/stress` von weiter oben, nur dass wir dieses Mal versuchen, so viel CPU-Anteil wie möglich zu bekommen:

```
$ docker run -d --name load1 -c 2048 amouat/stress
912a37982de1d8d3c4d38ed495b3c24a7910f9613a55a42667d6d28e1da71fe5
$ docker run -d --name load2 amouat/stress
df69312a0c959041948857fca27b56539566fb5c7cda33139326f16485948bc8
$ docker run -d --name load3 -c 512 amouat/stress
c2675318fefafa3e9bfc891fa303a16e72caf221ec23a4c222c2b889ea82d6e2
$ docker run -d --name load4 -c 512 amouat/stress
5c6e199423b59ae481d41268c867c705f25a5375d627ab7b59c5fbfbcfc1d0e0
$ docker stats $(docker inspect -f {{.Name}} $(docker ps -q))
CONTAINER       CPU %      ...
/load1          392.13%
/load2          200.56%
/load3          97.75%
/load4          99.36%
```

In diesem Beispiel hat der Container `load1` eine Gewichtung von 2048, `load2` die Standardgewichtung von 1024 und die beiden anderen Container jeweils eine Gewichtung von 512. Auf meinem Rechner mit acht Cores und damit 800% CPU, die verteilt werden können, erhält `load1` etwa die Hälfte der CPU, `load2` ein Viertel und `load3` und `load4` jeweils ein Achtel. Läuft nur ein Container, wird er so viele Ressourcen nutzen können, wie er möchte.

Durch diese relative Gewichtung sollte man meinen, dass kein Container dazu in der Lage wäre, die anderen mit den Standardeinstellungen »verhungern« zu lassen. Aber vielleicht haben Sie »Gruppen« mit Containern, die die CPU-Last gegenüber anderen dominieren. Solchen Containern sollten Sie dann eventuell einen geringeren Wert zuweisen, damit alle zum Zuge kommen. Weisen Sie CPU-Anteile zu, denken Sie an den Standardwert, so dass Container ohne explizite Angabe trotzdem die Chance haben, von der CPU etwas abzubekommen.

Alternativ kann die CPU auch über den *Completely Fair Scheduler* (CFS) verteilt werden, indem Sie die Flags `--cpu-period` und `--cpu-quota` verwenden. Auf diesem Weg erhalten Container einen CPU-Anteil (definiert in Mikrosekunden), den sie innerhalb einer bestimmten Periode nutzen können. Überschreitet ein Container seine CPU-Quota in einer Periode, muss er bis zur nächsten warten, um fortfahren zu können. Zum Beispiel:

```
$ docker run -d --cpu-period=50000 --cpu-quota=25000 myimage
```

Dieser Container wird dann alle 50 ms die Hälfte der CPU verwenden können, sofern es nur eine CPU im System gibt. Mehr Informationen zu CFS finden Sie in der Linux-Kernel-Dokumentation unter *https://www.kernel.org/doc/Documentation/scheduler/sched-bwc.txt.*

13.7.6 Neustarts begrenzen

Stirbt ein Container immer wieder und wird dann neu gestartet, muss das System nicht unerheblich Zeit und Ressourcen aufwenden, was im Extremfall auch zu einem DoS führen kann. Das lässt sich leicht mit der Neustart-Vorgabe `on-failure` statt `always` vermeiden. Zum Beispiel:

```
$ docker run -d --restart=on-failure:10 my-flaky-image
...
```

Damit startet Docker den Container höchstens zehn Mal neu. Der aktuelle Zähler lässt sich in den von `docker inspect` zurückgegebenen Metadaten unter `.RestartCount` finden:

```
$ docker inspect -f "{{ .RestartCount }}" $(docker ps -lq)
0
```

Docker setzt beim Neustart von Containern auf eine exponentielle Wartezeit (es wartet erst 100 ms, dann 200 ms, dann 400 ms und so weiter). Das alleine sollte schon DoS-Angriffe verhindern, die auf diesem Weg das System lahmlegen wollen.

13.7.7 Zugriffe auf die Dateisysteme begrenzen

Wenn Sie verhindern, dass Angreifer in Dateien schreiben, stören Sie eine ganze Reihe von Angriffen und machen das Leben von Hackern ganz allgemein schwerer. Sie können kein Skript in eine Datei schreiben und Ihre Anwendung dazu bringen, diese auszuführen, oder kritische Daten oder Konfigurationsdateien überschreiben.

Seit Docker 1.5 können Sie `docker run` das Flag `--read-only` übergeben, welches das Dateisystem des Containers komplett schreibgeschützt macht:

```
$ docker run --read-only debian touch x
touch: cannot touch 'x': Read-only file system
```

Ähnliches können Sie bei Volumes erreichen, indem Sie am Ende des Arguments ein `:ro` anhängen:

```
$ docker run -v $(pwd):/pwd:ro debian touch /pwd/x
touch: cannot touch '/pwd/x': Read-only file system
```

Die allermeisten Anwendungen müssen aber in Dateien schreiben können und sind nicht dazu in der Lage, in einer vollständig schreibgeschützten Umgebung zu arbeiten. In solchen Fällen können Sie die Ordner und Dateien herausfinden, für die die Anwendung schreibenden Zugriff benötigt, und nur diese Dateien als Volumes mounten.

Solch ein Vorgehen ist für Audits von großem Vorteil – wenn ich sicher sein kann, dass das Dateisystem meines Containers exakt dem des Image entspricht, aus dem er erstellt wurde, kann ich ein einzelnes Offline-Audit für das Image durchführen, statt jeden einzelnen Container auditieren zu müssen.

13.7.8 Capabilities einschränken

Der Linux-Kernel definiert eine Reihe von Berechtigungen – *Capabilities* –, welche Prozessen zugewiesen werden können, um ihnen einen erweiterten Zugriff auf das System zu gestatten.[15] Die Capabilities decken einen großen Funktionsbereich ab, vom Ändern der Systemzeit bis hin zum Öffnen von Netzwerk-Sockets. Früher hatte ein Prozess entweder root-Berechtigungen oder er war nur ein Benutzer, und es gab nichts dazwischen. Gerade bei Anwendungen wie ping war das problematisch, weil diese nur für das Öffnen eines Raw Network Socket root-Berechtigungen brauchte. Ein kleiner Fehler im ping-Tool konnte es so

15. *http://man7.org/linux/man-pages/man7/capabilities.7.html*

Angreifern ermöglichen, auf dem System alle root-Berechtigungen zu erhalten. Mit dem Entstehen der Capabilities ist es nun möglich, eine ping-Version zu erstellen, die gerade die Berechtigungen erhält, die es zum Erzeugen eines Raw Network Socket braucht. Potenzielle Angreifer erhalten so deutlich weniger Möglichkeiten, wenn sie einen Bug ausnutzen wollen.

Standardmäßig laufen Docker-Container nur mit bestimmten Capabilities.[16] So ist ein Container zum Beispiel normalerweise nicht dazu in der Lage, Devices wie die GPU und eine Soundkarte zu verwenden oder Kernel-Module einzufügen. Um einem Container erweiterte Berechtigungen zu verschaffen, starten Sie `docker run` mit dem Argument `--privileged`.

Aus Sicherheitsaspekten wollen wir aber die Capabilities der Container so weit wie möglich einschränken. Wir können die für einen Container zur Verfügung stehenden Capabilities über die Argumente `--cap-add` und `--cap-drop` steuern. Wollen wir zum Beispiel die Systemzeit ändern (versuchen Sie das nicht, wenn Sie nicht Dinge kaputtmachen wollen!):

```
$ docker run debian date -s "10 FEB 1981 10:00:00"
Tue Feb 10 10:00:00 UTC 1981
date: cannot set date: Operation not permitted
$ docker run --cap-add SYS_TIME debian \
    date -s "10 FEB 1981 10:00:00"
Tue Feb 10 10:00:00 UTC 1981
$ date
Tue Feb 10 10:00:03 GMT 1981
```

In diesem Beispiel können wir das Datum nur anpassen, wenn wir `SYS_TIME` für den Container aktivieren. Da die Systemzeit ein Kernel-Feature ohne Namensraum ist, wirkt sich das Setzen in einem Container auch auf den Host und auf alle anderen Container auf dem Host aus.[17]

Ein restriktiverer Ansatz besteht darin, alle Berechtigungen wegzunehmen und nur die benötigten wieder hinzuzufügen:

```
$ docker run --cap-drop all debian chown 100 /tmp
chown: changing ownership of '/tmp': Operation not permitted
$ docker run --cap-drop all --cap-add CHOWN debian chown 100 /tmp
```

Das macht das System deutlich sicherer – ein Angreifer, der in einen Container einbrechen kann, wird bei Kernel-Aufrufen sehr eingeschränkt sein. Aber es gibt ein paar Probleme:

---

16. Das sind `CHOWN`, `DAC_OVERRIDE`, `FSETID`, `FOWNER`, `MKNOD`, `NET_RAW`, `SETGID`, `SETUID`, `SETFCAP`, `SETPCAP`, `NET_BIND_SERVICE`, `SYS_CHROOT`, `KILL` und `AUDIT_WRITE`. Zu den weggelassenen Capabilities gehören unter anderem `SYS_TIME`, `NET_ADMIN`, `SYS_MODULE`, `SYS_NICE` und `SYS_ADMIN`. Mehr Informationen dazu finden Sie über `man capabilities`.
17. Wenn Sie dieses Beispiel laufen lassen, werden Sie ein zerschossenes System haben, bis Sie die Zeit wieder auf den korrekten Wert setzen. Rufen Sie `sudo ntpdate` oder `sudo ntpdate-debian` auf, um das zu erreichen.

- Woher wissen Sie, welche Berechtigungen Sie problemlos wegnehmen können? Versuch und Irrtum scheinen der einfachste Ansatz zu sein, aber was, wenn Sie unabsichtlich eine Berechtigung entfernen, die die Anwendung nur sehr selten benötigt? Das Ermitteln der erforderlichen Berechtigungen ist einfacher, wenn Sie eine vollständige Testsuite haben, die Sie gegen den Container laufen lassen können, und wenn Sie einem Microservices-Ansatz folgen, bei dem in jedem Container weniger Code und weniger »bewegliche Teile« vorhanden sind, über die man sich Gedanken machen muss.
- Die Capabilities sind nicht so nett gruppiert und feingranular, wie Sie es sich vielleicht wünschen. Insbesondere `SYS_ADMIN` umfasst sehr viel Funktionalität – Kernel-Entwickler scheinen diese Capability als Standard genutzt zu haben, wenn sie keine bessere Alternative hatten (oder sich vielleicht nicht die Mühe machen wollten, danach zu suchen). So kommt man schnell wieder zu der alten schwarz-weißen Aufteilung von Admin-Benutzer versus normaler Benutzer, die die Capabilities doch eigentlich verhindern sollten.

13.7.9 Ressourcenbeschränkungen (ulimits) anwenden

Der Linux-Kernel definiert Ressourcenbeschränkungen, die für Prozesse gesetzt werden können – zum Beispiel die Anzahl der Kind-Prozesse, die sich forken lassen, oder die Anzahl der zulässigen offenen File-Deskriptoren. Diese lassen sich auch auf Docker-Container anwenden – entweder durch Übergabe des Flags `--ulimit` an `docker run` oder durch das Setzen containerübergreifender Standards per `--default-ulimit` beim Start des Docker Daemon. Das Argument erwartet zwei Werte – eine weiche und eine harte Grenze, die durch einen Doppelpunkt getrennt werden. Die Auswirkungen hängen dabei von der angegebenen Grenze ab. Wird nur ein Wert mitgegeben, dient dieser sowohl für die weiche wie auch für die harte Grenze.

Die vollständige Liste möglicher Werte und ihrer Bedeutungen sind in `man setrlimit` beschrieben (beachten Sie aber, dass `as` nicht mit Containern eingesetzt werden kann). Von besonderem Interesse sind die folgenden Werte:

cpu

Beschränkt die CPU-Zeit auf den als Sekunden angegebenen Wert. Beim Erreichen der weichen Grenze wird dem Container ein `SIGXCPU`-Signal geschickt, bei der harten Grenze ein `SIGKILL`. Als Beispiel nutzen wir wieder das stress-Tool aus Abschnitt 13.7.4 und Abschnitt 13.7.5, um die CPU-Last zu maximieren:

```
$ time docker run --ulimit cpu=12:14 amouat/stress stress --cpu 1 stress:
FAIL: [1] (416) <-- worker 5 got signal 24
stress: WARN: [1] (418) now reaping child worker processes
stress: FAIL: [1] (422) kill error: No such process
stress: FAIL: [1] (452) failed run completed in 12s
```

```
stress: info: [1] dispatching hogs: 1 cpu, 0 io, 0 vm, 0 hdd

real 0m12.765s
user 0m0.247s
sys 0m0.014s
```

Durch das `ulimit`-Argument wurde der Container abgeschossen, nachdem er 12 Sekunden CPU-Zeit verbraucht hat.

Das kann nützlich sein, um die CPU-Belastung durch Container zu beschränken, die von einem anderen Prozess gestartet wurden (zum Beispiel das Ausführen von Berechnungen für Benutzer). Das Begrenzen der CPU-Zeit auf diesem Weg kann in solchen Situationen ein effektiver Schutz vor DoS-Angriffen sein.

nofile

Die maximale Anzahl an Datei-Deskriptoren,[18] die im Container gleichzeitig geöffnet werden können. Auch dies kann als Schutz gegen DoS-Angriffe genutzt werden, weil so sichergestellt wird, dass ein Angreifer nicht lesend oder schreibend auf den Container oder die Volumes zugreifen kann. (Beachten Sie, dass Sie den Wert von `nofile` auf *einen mehr* setzen müssen als die maximal benötigte Zahl.) Zum Beispiel:

```
$ docker run --ulimit nofile=5 debian cat /etc/hostname b874469fe42b
$ docker run --ulimit nofile=4 debian cat /etc/hostname
Timestamp: 2015-05-29 17:02:46.956279781 +0000 UTC
Code: System error

Message: Failed to open /dev/null - open /mnt/sda1/var/lib/dock...
```

Hier benötigt das Betriebssystem eine Reihe von offenen Dateideskriptoren, auch wenn `cat` selbst nur einen erfordert. Es ist schwierig, herauszubekommen, wie viele Deskriptoren Ihre Anwendung brauchen wird, aber wenn Sie einen Wert mit ausreichend Puffer angeben, sind Sie trotzdem besser vor DoS-Angriffen geschützt als mit dem Standardwert 1 048 576.

nproc

Die maximale Anzahl an Prozessen, die vom Benutzer des Containers erzeugt werden können. Das klingt erst einmal sehr nützlich, weil damit Fork-Bomben und andere Angriffsarten verhindert werden können. Leider gilt die `nproc`-Grenze nicht pro Container, sondern für den Benutzer des Containers über alle Prozesse hinweg. Zum Beispiel:

```
$ docker run --user 500 --ulimit nproc=2 -d debian sleep 100
92b162b1bb91af8413104792607b47507071c52a2e3128f0c6c7659bfbb84511
```

18. Ein *Dateideskriptor* ist ein Zeiger in einer Tabelle mit Informationen zu offenen Dateien im System. Immer dann, wenn auf eine Datei zugegriffen wird, findet sich dort der Modus (lesen, schreiben und so weiter) und ein Zeiger auf die entsprechende Datei.

```
$ docker run --user 500 --ulimit nproc=2 -d debian sleep 100
158f98af66c8eb53702e985c8c6e95bf9925401c3901c082a11889182bc843cb
$ docker run --user 500 --ulimit nproc=2 -d debian sleep 100
6444e3b5f97803c02b62eae601fbb1dd5f1349031e0251613b9ff80871555664
FATA[0000] Error response from daemon: Cannot start container 6...
[8] System error: resource temporarily unavailable
$ docker run --user 500 -d debian sleep 100
f740ab7e0516f931f09b634c64e95b97d64dae5c883b0a349358c5995806e503
```

Der dritte Container kann nicht gestartet werden, weil schon zwei Prozesse zur UID 500 gehören. Aber indem wir das Argument `--ulimit` weglassen, können wir trotzdem weiter Prozesse für den Benutzer erzeugen. Das ist zwar ein echter Nachteil, aber `nproc`-Begrenzungen können in Situationen hilfreich sein, in denen Sie den gleichen Benutzer für eine begrenzte Zahl von Containern einsetzen wollen.

Beachten Sie auch, dass Sie keine `nproc`-Grenze für root festlegen können.

13.8 Einen gehärteten Kernel ausführen

Natürlich sollten Sie das Betriebssystem Ihres Host aktuell und gepatcht halten, aber darüber hinaus können Sie sich überlegen, einen gehärteten Kernel auszuführen und Patches zum Beispiel von grsecurity *(https://grsecurity.net)* und PaX *(https://pax.grsecurity.net)* einzusetzen. PaX bietet einen zusätzlichen Schutz gegen Angreifer, die die Programmausführung beeinflussen, indem sie den Speicher manipulieren (zum Beispiel durch Pufferüberläufe). Dazu wird Programmcode im Speicher als schreibgeschützt und Daten werden als nicht ausführbar markiert. Zusätzlich wird Speicher zufällig verteilt, so dass Angreifer behindert werden, die versuchen, Code auf bestehende Prozeduren umzubiegen (wie zum Beispiel Systemaufrufe in verbreiteten Bibliotheken). grsecurity ist dazu gedacht, mit PaX zusammenzuarbeiten, und es fügt Patches hinzu, die sich um rollenbasierte Zugriffskontrolle (Role-based Access Control, RBAC), Auditing und verschiedene andere Features drehen.

Um PaX und/oder grsecurity zu aktivieren, werden Sie den Kernel vermutlich selbst patchen und kompilieren müssen. Das ist nicht so dramatisch, wie es klingt, und es gibt viele Informationen darüber (zum Beispiel bei WikiBooks *[https://en.wikibooks.org/wiki/Grsecurity/Configuring_and_Installing_grsecurity]* und InsanityBit *[http://www.insanitybit.com/2012/05/31/compile-and-patch-your-own-secure-linux-kernel-with-pax-and-grsecurity]*).

Diese zusätzlichen Sicherheitsfeatures sorgen eventuell dafür, dass bestimmte Anwendungen nicht mehr laufen. PaX bringt alle Programme zum Stolpern, die Code zur Laufzeit generieren. Zudem gibt es ein wenig zusätzlichen Overhead durch die erweiterten Sicherheitskontrollen und -maßnahmen. Wenn Sie einen vorkompilierten Kernel einsetzen, sollten Sie schließlich noch sicherstellen, dass er aktuell genug ist, um die von Ihnen genutzte Docker-Version zu unterstützen.

13.9 Linux Security Modules

Der Linux-Kernel definiert die Linux-Security-Module-(LSM-)Schnittstelle, die durch eine Reihe von Modulen implementiert ist, mit denen sich eine bestimmte Sicherheitsrichtlinie umsetzen lässt. Aktuell gibt es unter anderem AppArmor, SELinux, Smack und TOMOYO Linux. Diese Sicherheitsmodule können genutzt werden, um bei den Zugriffsberechtigungen von Prozessen und Benutzern zusätzliche Sicherheitsebenen einzuziehen, die über die normale Zugriffskontrolle auf Dateiebene hinausgehen.

Die mit Docker normalerweise eingesetzten Module sind SELinux (meist bei auf Red Hat basierenden Distributionen) und AppArmor (für Ubuntu- und Debian-Distributionen). Wir werden uns beide anschauen.

13.9.1 SELinux

Das SELinux-Modul (für *Security Enhanced Linux*) wurde von der National Security Agency (NSA) in den USA als Implementierung ihrer Mandatory Access Control (MAC) entwickelt – als Gegenentwurf zum Standard-Unix-Modell der Discretionary Access Control (DAC). Einfacher gesagt gibt es zwei große Unterschiede zwischen der Zugriffskontrolle durch SELinux und der Standard-Zugriffskontrolle von Linux:

- Die Kontrolle bei SELinux wird durch *Typen* umgesetzt, bei denen es sich im Endeffekt um Labels handelt, die Prozessen und Objekten (Dateien, Sockets und so weiter) zugewiesen sind. Verbietet die SELinux-Regel es einem Prozess vom Typ A, auf ein Objekt vom Typ B zuzugreifen, wird dieser Zugriff auch dann nicht erteilt, wenn die Dateiberechtigungen des Objekts oder die Zugriffsberechtigungen des Benutzers dies erlauben würden. Die Prüfungen von SELinux finden nach den normalen Prüfungen der Dateiberechtigungen statt.
- Es ist möglich, mehrere Sicherheitsebenen zu verwenden – ähnlich wie bei dem behördlichen Modell von vertraulichem, geheimem und streng geheimem Zugang. Prozesse, die zu einer niedrigeren Ebene gehören, können keine Dateien lesen, die von Prozessen auf einer höheren Ebene geschrieben wurden – unabhängig davon, wo sich die Dateien im Dateisystem befinden oder welche Berechtigungen sie haben. Ein »streng geheimer« Prozess könnte also eine Datei nach */tmp* mit `chmod 777`-Berechtigungen schreiben, auf die ein »vertraulicher« Prozess trotzdem nicht zugreifen kann. Das ist in SELinux als *Multi-Level Security* (MLS) bekannt, was eng mit dem Konzept der *Multi-Category Security* (MCS) zusammenhängt. MCS ermöglicht es, Prozesse und Objekte mit Kategorien zu versehen und den Zugriff zu verweigern, wenn eine Ressource nicht zur richtigen Kategorie gehört. Anders als bei MLS überlappen sich Kategorien nicht und sie sind auch nicht hierarchisch aufgebaut. MCS kann genutzt werden, um den Zugriff auf Ressourcen auf Untermengen eines

Typs zu beschränken (zum Beispiel kann durch den Einsatz einer einmaligen Kategorie die Verwendung einer Ressource auf einen einzigen Prozess eingeschränkt sein).

SELinux ist standardmäßig bei Red-Hat-Distributionen mit installiert und sollte sich auf den meisten anderen Distributionen einfach installieren lassen. Sie können prüfen, ob SELinux läuft, indem Sie `sestatus` ausführen. Existiert dieser Befehl, erfahren Sie, ob SELinux aktiv oder inaktiv ist und ob es sich im Permissive oder im Enforcing Mode befindet. Im Permissive Mode protokolliert SELinux Verstöße gegen Zugangsbeschränkungen, lässt sie aber zu.

Die Standard-SELinux-Policy für Docker ist dazu gedacht, den Host vor den Containern zu schützen, aber auch die Container untereinander zu sichern. Containern wird der Standardprozesstyp `svirt_lxc_net_t` zugewiesen, und Dateien, die für einen Container erreichbar sind, erhalten den Typ `svirt_sandbox_file_t`. Die Policy setzt Regeln um, die dafür sorgen, dass Container nur Dateien auf dem Host unter */usr* lesen und ausführen, aber in keine Host-Dateien schreiben können. Zudem erhält jeder Container eine eindeutige MCS-Kategorienummer, die dazu gedacht ist, Container davon abzuhalten, auf Dateien oder Ressourcen von anderen Containern zuzugreifen, falls ein Breakout geschehen sollte.

SELinux aktivieren

Nutzen Sie eine auf Red Hat basierende Distribution, sollte SELinux schon installiert sein. Sie können prüfen, ob es aktiv ist und sich im Enforcing Mode befindet, indem Sie an der Befehlszeile `sestatus` eingeben. Um SELinux zu aktivieren und in den Enforcing Mode zu bringen, bearbeiten Sie */etc/selinux/config*, so dass es die Zeile `SELINUX=enforcing` enthält.

Sie müssen zusätzlich dafür sorgen, dass der Docker Daemon seine Unterstützung für SELinux aktiviert hat. Dazu muss er mit dem Flag `--selinux-enabled` laufen. Wenn er das nicht tut, sollten Sie es in der Datei */etc/sysconfig/docker* hinzufügen.

Für SELinux muss der Devicemapper-Storage-Treiber eingesetzt werden. Aktuell wird daran gearbeitet, SELinux zusammen mit Overlay oder BTRFS einzusetzen, aber noch ist beides nicht kompatibel.

Bei der Installation auf anderen Distributionen schauen Sie sich am besten die entsprechende Dokumentation an. Beachten Sie, dass SELinux alle Dateien in Ihrem Dateisystem mit Labeln versehen muss, was einige Zeit dauern kann. Installieren Sie SELinux nicht einfach so nebenbei!

Aktivieren Sie SELinux, hat das einen sofortigen und drastischen Effekt auf Container mit Volumes. Sie werden standardmäßig nicht mehr lesend oder schreibend auf die Volumes zugreifen können:

```
$ sestatus | grep mode
Current mode:                   enforcing
$ mkdir data
```

```
$ echo "Hallo" > data/file
$ docker run -v$(pwd)/data:/data debian cat /data/file
cat: /data/file: Permission denied
```

Den Grund dafür sehen wir, wenn wir uns den Sicherheitskontext des Ordners anschauen:

```
$ ls --scontext data
unconfined_u:object_r:user_home_t:s0 file
```

Das Label für die Daten passt nicht zum Label für Container. Um das Problem zu lösen, müssen Sie das Container-Label mithilfe des Tools `chcon` auch den Daten zuweisen, womit wir das System darüber informieren, dass diese Dateien auch von Containern genutzt werden:

```
$ chcon -Rt svirt_sandbox_file_t data
$ docker run -v$(pwd)/data:/data debian cat /data/file
Hallo
$ docker run -v $(pwd)/data:/data debian \
    sh -c 'echo "Tschüss" >> /data/file'
$ cat data/file
Hallo
Tschüss
$ ls --scontext data
unconfined_u:object_r:svirt_sandbox_file_t:s0 file
```

Beachten Sie: Wenn Sie `chcon` nur für die Datei und nicht für den Ordner nutzen, werden Sie sie lesen, aber nicht in sie schreiben können.

Seit Version 1.7 versieht Docker Volumes automatisch mit Labeln für den Einsatz mit Containern, wenn beim Mounten das Suffix `:Z` oder `:z` mitgegeben wird. Durch `:z` wird das Volume für den Zugriff durch *alle* Container gelabelt (das ist erforderlich für Datencontainer, die Volumes mit mehreren Containern teilen), während `:Z` dafür sorgt, dass nur dieser eine Container damit arbeiten kann. Zum Beispiel:

```
$ mkdir new_data
$ echo "Hallo" > new_data/file
$ docker run -v $(pwd)/new_data:/new_data debian cat /new_data/file cat:
/new_data/file: Permission denied
$ docker run -v $(pwd)/new_data:/new_data:Z debian cat /new_data/file Hallo
```

Sie können auch das Flag `--security-opt` nutzen, um das Label für einen Container zu ändern oder das Labeling ganz abzuschalten:

```
$ touch newfile
$ docker run -v $(pwd)/newfile:/file \
  --security-opt label:disable debian sh -c 'echo "Hallo" > /file'
$ cat newfile
Hallo
```

Eine interessante Einsatzmöglichkeit von SELinux-Labeln ist das Anwenden eines Labels auf einen Container, damit dieser eine bestimmte Sicherheitsrichtlinie befolgt. So könnten Sie zum Beispiel eine Policy für einen nginx Container erstellen, die es ihm nur ermöglicht, über die Ports 80 und 443 zu kommunizieren.

Achten Sie darauf, dass Sie keine SELinux-Befehle in einem Container ausführen können. Innerhalb von Containern erscheint SELinux als deaktiviert, um zu verhindern, dass Anwendungen oder Benutzer versuchen, Befehle wie das Setzen von SELinux-Richtlinien auszuführen, welche dann von SELinux auf dem Host blockiert werden.

Es gibt viele Tools und Artikel, die beim Entwickeln von SELinux-Richtlinien helfen. Schauen Sie sich insbesondere `audit2allow` an, mit dem Log-Meldungen aus dem Permissive Mode in Policies umgewandelt werden können, die es Ihnen ermöglichen, im Enforcing Mode zu laufen, ohne Anwendungen unbenutzbar zu machen.

Die Zukunft von SELinux sieht vielversprechend aus – mit mehr Flags und Standardimplementierungen, die Docker hinzugefügt werden, sollte das Durchführen von per SELinux abgesicherten Deployments einfacher werden. Die MCS-Funktionalität sollte es ermöglichen, mit einem einfachen Flag geheime oder streng geheime Container zu erstellen, um kritische Daten verarbeiten zu können. Leider ist die Benutzerfreundlichkeit von SELinux aktuell nicht sehr groß – wer neu mit SELinux anfängt, wird sehr häufig nur »Permission Denied« lesen und keine Ahnung haben, was falsch ist und wie man es löst. Entwickler weigern sich, mit aktiviertem SELinux zu arbeiten, was wieder zum alten Problem der unterschiedlichen Umgebungen zwischen Entwicklung und Produktion führt – was Docker eigentlich gerade lösen sollte. Wollen oder müssen Sie den zusätzlichen Schutz haben, den SELinux bietet, werden Sie sich zähneknirschend mit der aktuellen Situation abfinden müssen, bis sie besser wird.

13.9.2 AppArmor

AppArmor hat einen wichtigen Vorteil gegenüber SELinux, der auch gleichzeitig ein großer Nachteil ist – es ist viel einfacher. Es funktioniert im Allgemeinen problemlos und kommt Ihnen auch nicht in die Quere, kann aber auch nicht den gleichen Schutz wie SELinux garantieren. AppArmor wendet Profile auf Prozesse an und beschränkt dabei, welche Berechtigungen sie bezüglich der Linux-Capabilities und des Dateizugriffs haben.

Nutzen Sie einen Ubuntu-Host, kann es gut sein, dass AppArmor schon läuft. Sie können das prüfen, indem Sie `sudo apparmor_status` ausführen. Docker wendet automatisch ein AppArmor-Profil auf jeden gestarteten Container an. Das Standardprofil bietet einen gewissen Schutz gegen ruppige Container, die versuchen, auf diverse Systemressourcen zuzugreifen. Sie finden es normalerweise unter */etc/apparmor.d/docker*. Aktuell kann das Standardprofil nicht geändert werden, da der Docker Daemon es beim Neustart überschreibt.

Gibt es beim Ausführen von Containern Konflikte mit AppArmor, lässt es sich für einen Container mit der Übergabe von `--security-opt="apparmor:unconfined"` an `docker run` abschalten. Ein anderes Profil für einen Container lässt sich über `--security-opt="apparmor:PROFILE"` erreichen, wobei für `PROFILE` der Name eines Sicherheitsprofils eingesetzt werden muss, das zuvor von AppArmor geladen wurde.

13.10 Auditing

Um zu kontrollieren, dass Ihr System sauber und aktuell ist, und um ganz sicherzugehen, dass keine erfolgreichen Angriffe vorgenommen wurden, sind regelmäßige Audits oder Reviews für Ihre Container und Images eine sehr gute Idee. Bei einem Audit für ein containerbasiertes System wird geprüft, dass alle laufenden Container aktuelle Images nutzen und dass diese Images aktuelle und sichere Software einsetzen. Jeder Unterschied eines Containers zu seinem Image, aus dem er erstellt wurde, sollte erkannt und kontrolliert werden. Zusätzlich sollten Audits andere Bereiche abdecken, die nicht spezifisch für Containersysteme sind, wie zum Beispiel das Prüfen der Zugriffsprotokolle, der Dateiberechtigungen und der Datenintegrität. Wenn Audits weitgehend automatisiert werden können, ist es problemlos möglich, sie regelmäßig laufen zu lassen, um Probleme so schnell wie möglich erkennen zu können.

Statt sich an jedem Container einzeln anzumelden und ihn individuell zu kontrollieren, können wir stattdessen auch das Image prüfen, aus dem der Container gebaut wurde, und dann mit `docker diff` die Abweichungen untersuchen. Das funktioniert noch besser, wenn Sie ein schreibgeschütztes Dateisystem nutzen (siehe Abschnitt 13.7.7) und sicher sein können, dass sich am Container nichts geändert hat.

Sie sollten mindestens prüfen, ob die Versionen der eingesetzten Software die neuesten Sicherheitspatches beinhalten. Das müsste für jedes Image und alle Dateien geschehen, die Sie über `docker diff` als geändert erkannt haben. Setzen Sie Volumes ein, werden Sie auch diese Verzeichnisse untersuchen müssen.

Der Aufwand, der im Auditing steckt, lässt sich deutlich reduzieren, indem Sie minimale Images einsetzen, die nur die Dateien und Bibliotheken enthalten, welche für die Anwendung unbedingt notwendig sind.

Das Host-System muss ebenfalls auditiert werden – so wie Sie das mit einem normalen Host-Rechner oder einer VM machen würden. In einem containerbasierten System ist es im Übrigen noch viel wichtiger, dass der Kernel korrekt gepatcht ist, denn er kommt ja in allen Containern zum Einsatz.

Es gibt diverse Tools zum Auditieren von Containersystemen, und es werden in naher Zukunft sicherlich noch mehr auf den Markt kommen. Docker zum Beispiel hat Docker Bench for Security *(https://dockerbench.com)* veröffentlicht, welches das System auf Übereinstimmung mit vielen der Vorschläge aus dem Docker Benchmark Dokument des Center for Internet Security (CIS, *https://benchmarks.cisecurity.org*) überprüft. Auch das Open-Source-Tool Lynis *(https://cisofy.com/lynis)* enthält eine Reihe von Checks rund um das Ausführen von Docker.[19]

13.11 Reaktion auf Zwischenfälle

Sollte etwas passiert sein, können Sie mithilfe der diversen Docker-Features schnell auf die Situation reagieren und die Ursache des Problems ergründen. Insbesondere `docker commit` kann helfen, indem ein Snapshot des kompromittierten Systems vorgenommen wird, während `docker diff` und `docker logs` die Änderungen zum Vorschein bringen, die durch den Angreifer vorgenommen wurden.

Eine entscheidende Frage, die sich beim Umgang mit einem kompromittierten System stellt, ist: »Kann ein Container-Breakout geschehen sein?« (Also kann ein Angreifer Zugriff auf den Host-Rechner erlangt haben?) Wenn Sie glauben, dass das möglich oder sogar wahrscheinlich ist, wird der Host-Rechner neu aufgesetzt und alle Container werden aus ihren Images neu erstellt werden müssen (wobei der Angreifer hier keine Eingriffsmöglichkeiten haben darf). Sind Sie sicher, dass der Angriff isoliert im Container stattfand, können sie ihn einfach stoppen und ersetzen. (Starten Sie den kompromittierten Container *niemals* wieder, auch wenn er noch Daten oder Änderungen enthält, die nicht im Basisimage enthalten sind – Sie können ihm schlicht nicht mehr trauen.)

Eine effektive Möglichkeit, Angriffe zu verhindern, kann das Einschränken der Möglichkeiten des Containers sein, wie zum Beispiel das Entfernen von Capabilities oder das Ausführen mit einem schreibgeschützten Dateisystem.

Haben Sie die Sofortmaßnahmen umgesetzt und dafür gesorgt, dass so ein Angriff möglichst nicht mehr vorkommt, können Sie sich das kompromittierte Image genauer anschauen, um die genauen Gründe und den Umfang des Angriffs zu analysieren.

Informationen zum Entwurf einer effektiven Sicherheitsrichtlinie, die auch die Reaktion auf entsprechende Vorfälle enthält, finden Sie in den »Steps for Recovering from a UNIX or NT System Compromise« des CERT *(https://www.cert.org/historical/tech_tips/win-UNIX-system_compromise.cfm)* und in den Ratschlägen auf der ServerFault-Website *(https://serverfault.com/questions/218005/how-do-i-deal-with-a-compromised-server)*.

19. Clair ist ein Werkzeug für die "Vulnerability Static Analysis for Containers" *https://github.com/coreos/clair*.

13.12 Zukünftige Features

Aktuell existieren einige neue Docker-Features rund um die Sicherheit der Container. Die Docker-Community priorisiert diese Aufgaben und besitzt nun Features in den folgenden Bereichen:

Seccomp
: Das seccomp-Feature von Linux *(Secure Computing Mode)* kann genutzt werden, um die Systemaufrufe zu beschränken, die ein Prozess durchführen kann. Seccomp wird vor allem von Webbrowsern genutzt – auch von Chrome und Firefox –, um Plugins in eine Sandbox zu stecken. Durch die Integration von seccomp in Docker können Container auf ein ausgewähltes Set von Systemaufrufen beschränkt werden. Die vorgeschlagene seccomp-Integration würde standardmäßig 32-Bit-Systemaufrufe, den Zugriff auf alte Netzwerkelemente und diverse Systemfunktionen, die Container normalerweise nicht benötigen, ablehnen. Zudem ließen sich weitere Aufrufe zur Laufzeit explizit verbieten oder zulassen. So würde es zum Beispiel der folgende Code dem Container erlauben, den Syscall `clock_adjtime` zum Synchronisieren der Systemzeit über den Network Time Protocol Daemon zu verwenden:

```
$ docker run -d --security-opt seccomp:allow:clock_adjtime ntpd
```

User Namespacing
: Wie schon erwähnt gibt es ein paar Vorschläge, das Problem mit dem User Namespacing anzugehen – insbesondere bezüglich des root-Benutzers. Wir können erwarten, bald ein Mapping des root-Benutzers auf einen mit weniger Berechtigungen nutzen zu können.

Zudem gehe ich davon aus, dass bei den diversen Sicherheitstools für Docker eine Konsolidierung eintritt – eventuell in Form von Sicherheitsprofilen für Container. Aktuell gibt es zwischen den verschiedenen Tools und Optionen einige Überschneidungen (zum Beispiel lässt sich der Dateizugriff über SELinux, das Entfernen von Capabilities oder das Flag `--read-only` erreichen).

13.13 Zusammenfassung

Wie wir in diesem Kapitel gesehen haben, sind beim Absichern eines Systems viele Aspekte zu berücksichtigen. Der wichtigste Ratschlag ist dabei, den Prinzipien der Verteidigung in der Tiefe und der Least Privileges zu folgen. Damit ist sichergestellt, dass ein Angreifer auch dann, wenn er eine Komponente des Systems kompromittiert, keinen vollständigen Zugriff auf das System hat und weitere Verteidigungslinien bearbeiten muss, um ernsthaften Schaden zu verursachen oder auf kritische Daten zuzugreifen.

Containergruppen, die zu verschiedenen Benutzern gehören oder mit kritischen Daten arbeiten, sollten in VMs laufen, die getrennt von denen anderer

Benutzer oder öffentlich erreichbarer Schnittstellen sind. Die von Containern geöffneten Ports sollten möglichst eingeschränkt sein, insbesondere wenn sie für die Öffentlichkeit erreichbar sind, aber auch intern, um kompromittierten Containern möglichst wenig Angriffsfläche zu bieten. Die für Container verfügbaren Ressourcen und Funktionalitäten sollten auf die jeweils erforderlichen eingeschränkt werden, indem Sie Grenzen bei der Speicherverwendung, beim Dateizugriff und bei den Kernel-Capabilities vorgeben. Noch mehr Sicherheit erhalten Sie auf Kernel-Ebene durch das Ausführen gehärteter Kernel und den Einsatz von Sicherheitsmodulen wie AppArmor oder SELinux.

Zudem lassen sich Angriffe durch Monitoring und Auditing früh entdecken. Insbesondere Letzteres ist in einem containerbasierten System interessant, weil sich Container leicht mit den Images vergleichen lassen, aus denen sie erstellt wurden, um verdächtige Änderungen zu erkennen. Umgekehrt können Images offline analysiert werden, um sicherzustellen, dass sie mit aktuellen und sicheren Softwareversionen arbeiten. Kompromittierte Container lassen sich leicht durch neuere Versionen ersetzen, wenn sie zustandslos arbeiten.

Container sind aus Sicherheitsaspekten ein Gewinn, weil sie eine zusätzliche Isolationsschicht und erweiterte Kontrollmöglichkeiten bieten. Ein System, das Container korrekt einsetzt, wird immer sicherer sein als ein gleichwertiges System ohne Container.

Index